国家社会科学基金一般项目
"城乡统筹联动中农民财产权利实现问题研究"
（项目号：14BFX170）最终成果

农民财产权利
实现问题研究

白呈明　著

中国社会科学出版社

图书在版编目（CIP）数据

农民财产权利实现问题研究／白呈明著. —北京：中国社会科学出版社，
2022. 12

ISBN 978 - 7 - 5227 - 1048 - 8

Ⅰ.①农… Ⅱ.①白… Ⅲ.①农民—土地所有权—研究—中国 Ⅳ.①F321.1

中国版本图书馆 CIP 数据核字（2022）第 222943 号

出 版 人 赵剑英
责任编辑 范晨星
责任校对 王佳玉
责任印制 王 超

出 版 中国社会科学出版社
社 址 北京鼓楼西大街甲 158 号
邮 编 100720
网 址 http://www.csspw.cn
发 行 部 010 - 84083685
门 市 部 010 - 84029450
经 销 新华书店及其他书店

印刷装订 三河市华骏印务包装有限公司
版 次 2022 年 12 月第 1 版
印 次 2022 年 12 月第 1 次印刷

开 本 710×1000 1/16
印 张 20.25
插 页 2
字 数 322 千字
定 价 108.00 元

前　言

　　财产权是公民权利的重中之重，在公民权利体系中居于基础性地位，其不仅关系到公民自身的生存和发展，同时也构成公民享有其他权利的前提和基础。因此，一个现代国家的公民不仅应享有基本的财产权利，而且这些基本的财产权利应得到充分的实现，有效保障公民财产权实现是法治国家的一个重要表征。

　　农民财产权利作为一个具有特定内涵和意义的概念或问题提出是近十年的事情。2011年12月，温家宝在中央农村工作会议上的讲话中代表中央指出："土地承包经营权、宅基地使用权、集体收益分配权等，是法律赋予农民的合法财产权利，无论他们是否还需要以此来作基本保障，也无论他们是留在农村还是进入城镇，任何人都无权剥夺。推进集体土地征收制度改革，关键在于保障农民的土地财产权，分配好土地非农化和城镇化产生的增值收益。"这是在中央层面首次提到农民财产权利问题。2012年6月11日公布的《国家人权行动计划（2012—2015年）》作为国家正式文件，提出要"切实保护农民的土地承包经营权、宅基地使用权和集体收益分配权"。2013年十八届三中全会《中共中央关于全面深化改革若干重大问题的决定》（以下简称《决定》）则进一步提出"赋予农民更多财产权利"。2022年10月16日，党的二十大报告则更加明确地提出"深化农村土地制度改革，赋予农民更加充分的财产权益。"在我国，农民拥有的最大财产是他们以农村集体经济组织成员身份所共同拥有的农村土地。由此，农民财产权利被赋予特定的内涵和意义，即农民财产权利是以土地权利为核心的一系列权利，包括土地承包经营权、宅基地使用权和集体收益分配权,"三权"是农民财产权利的基本内容。党的十八大以来,我国密集出台了一系列有关农民财产权利的政策文件和法律法规,从而构成农民财产权利制度体系。农民财产权利从提出到不断完善就是农民财产权利独立化、市场化和法制化的过程。农民财产权利的核心是农民对土地的权益且基本类型已明确化,重视和保障农民财产权益具有重要现实意义。

近年来,中央一方面提出要"赋予农民更多财产权利",着力于农民财产权的"还权赋能",另一方面则强调"创造条件让更多群众拥有财产性收入""多渠道增加居民财产性收入"。权利不落实,形同虚设。财产性收入的增加正是财产权利实现的必然结果,赋权与促进权利实现是权利运行的有机组成,缺一不可。从土地承包经营权"三权分置"到宅基地使用权"三权分置",再到农村集体产权制度改革的实施,莫不是党和国家有效保障农民财产权利,促进农民财产权利充分实现的重大举措。

农民财产权利实现不是一个孤立的问题,也不是一个孤立的行动,它是在与国家政治、经济、文化、法治的交相作用和互动过程中发生和推进的。一方面,农民财产权利实现的程度、质量要受国家一定时期政治、经济、文化、法治的制约和影响,表现为抑制或促进等不同的形态;另一方面,农民财产权利实现的运动和过程,同样会推动国家政治、经济、文化、法治的建设和发展。所以,我们要将农民财产权利实现的价值置放于一个更为广阔的背景下加以审视和对待,这将有助于我们更加关注农民财产权利实现问题,自觉推动农民财产权利的充分实现。农民财产权利的实现必将有助于增加农民财产性收入,缩小城乡居民收入差距;有助于进城落户农民获得城市发展的必要资金,使城镇化顺利推进;有助于促进城乡融合、乡村振兴的实现。农民财产权利实现必然要求农村土地资源要素在城乡自由流动、合理配置,城市资金、技术、人才下乡与农村土地资源要素得到有效结合。城乡二元结构正在城乡融合、乡村振兴的理念、政策、制度和实践中逐步瓦解,有助于法治乡村的建设。农民财产权利实现是以其权利法定化为逻辑起点,完备的法律制度是农民财产权利实现的前提条件,及时有效的法律救济是必要的保障。同时,农民的权利意识、维权能力和行权自主性及技能都直接影响权利实现的程度和质量。可见，农民财产权利实现的过程，也正是推进国家法治建设的过程，农民财产权利实现的实践运动构成推动法治进步不可或缺的内在动力。

农民财产权利的重要性和实现的价值，引发了我们对财产权利实现问题的高度关注。那么，农民财产权利如何实现？实现的程度和质量如何？影响农民财产权利实现的因素有哪些？对这些问题的思考和回答，需要进行系统的考察、分析和研究，也正是这些构成本成果的核心内容。

研究内容与结构、体系。研究内容包括五个部分，体例结构是按照从一般到具体和先总后分的逻辑关系组织安排的。第一部分：权利实现的一般理论；第二部分：农民财产权利及其实现的一般考察；第三部分：农民土地承包经营权实现问题研究；第四部分：农民宅基地使用权实现问题研究；第五部分：农民集体收益分配权实现问题研究。

第一部分，权利实现的一般理论。这部分核心问题是要解决本课题研究的基础理论问题，奠定本课题研究的理论基础和逻辑起点。因为，权利实现是理论法学和部门法学所共同关心的问题，但这一问题无论是在理论法学还是部门法学的研究中都是一个薄弱环节，并未形成统一的共识和理论，导致部门法学在研究具体权利实现时缺乏一般理论指导，而走向宏观的或就事论事的"非专业"性叙事。我在研究中，特别对权利实现的内涵和基本要素进行了系统分析和阐释，为研究农民财产权利实现奠定扎实的理论基础。第二部分，农民财产权利及其实现的一般考察。一方面对重要概念进行界定，另一方面对农民财产权利实现问题提出的政治、经济、社会背景、时代特征进行阐述和分析，提出观测农民财产权利实现状况的几个重要维度，并逐一进行阐释，进而从整体上评估和把握农民财产权利实现的基本特征和水平状况。第三、四、五部分，针对农民财产权利的核心组成部分，即农民土地承包经营权、宅基地使用权、集体收益分配权三大财产权利的实现问题分别进行分析研究。农民三大财产权利虽然都属于财产权利，有一定的共性，但又各成体系，具有鲜明的个性。特别是农民三大财产权利的立法状况不同，改革试点进程不同，实现路径、方式不同，权利实现所处的发展阶段不同，所以难以统在一起论述，遂采取分而论之的形式。同时，在具体研究中内容也各有侧重。例如，农民土地承包经营权立法比较完善，研究的重心也就在权利实现的路径、方式、机制方面。而农民宅基地使用权、集体收益分配权立法严重滞后，正处于改革试点期间。因此，农民宅基地使用权、集体收益分配权立法，即权利的法构造、法定化研究成为重要内容。虽然各部分研究侧重不同，但基本都体现了权利实现的过程要素。

研究方法的选择与运用。根据本课题研究内容、特点和目标的需要，我们主要选择规范研究和实证研究相结合的方法进行研究。权利实现是法定权利的实现，是以规定权利内容的法律规范为逻辑起点，只有准确、完整地理解和把握农民财产权利的内容、结构、权能，才能把控权利实现的方式、标准和质量，特别是对正处于改革之中，尚未完成权利法定化的农民财产权利实现问题的研究，更需要首先从权利的法律构造入手进行分析和探讨，否则，权利的实现就无从谈起。所以，规范研究是最基础的方法。农民财产权利实现从法定权利出发到实有权利目标达致的整个过程是最为关键，也是最为复杂的，受诸多因素的制约和影响，是一个多因素影响的实践系统。我们选择实证研究方法，从大量的实证经验材料归纳和验证农民财产权利实现的关键性指标，如权利实现的形态、影响权利实现方式选择的因素、不同行权方式产生的效果等，实证研究方法的使用很好地支持了我们对农民财产权利实现的基本判断和分析。在具体研究过程中，我们尝试选择适当的观测维度，对农民财产权利实现"起点—过程—结果"链条的关键节点进行观测，获得农民财产权利实现状况的总体性评价。总之，我们在研究方法上首先是选择适合本课题研究的基础方法，在具体研究中探索借鉴了一些其他学科的研究方法，综合运用。

研究资料的收集与数据采集。本课题研究涉及基础与应用，制度与实践等不同层面，所需资料较为广泛。资料来源，一是政策、法律和地方政府工作文本；二是村规民约、合作社章程；三是期刊研究文献；四是课题负责人近年来的农村实地调研笔记和撰写的调研报告。所用数据来自国家、地方统计部门公开的数据和农业农村部网站公开报道中的数据，也有部分是课题负责人在相关部门调研收集整理的数据。所有资料和数据真实可靠，均已注明来源。

目　　录

第 一 章

权利实现的一般理论

引言：权利实现研究提要

    法作为社会关系的调整器，自其产生以来，就带有强烈的功利色彩，因其担负着一定的使命。其使命的完成要求其必须在社会中得以落实，否则形同虚设。法律的价值理性抑或工具理性都昭示着法目标的实现，法首先必须落地。在现代权利理论产生之前，人们关注的就是法实现，所谓"法律的生命在于实施"即是。所以，在传统法理学教科书中，有专门的"法律实现"或"法律实施"的篇章，却少有专门对权利实现的论述。当然，法实现本身就蕴含作为法核心要素的行为模式——权利和义务的实现。法只有借助于其核心内容，即通过权利、义务的社会调整机制，实现对社会关系的引导、规范，才能完成其使命。可见权利义务的实现意味着法本身的实现。当现代权利理论产生之后，人们更加强烈地意识到"我们正处于一个权利的时代"，要"为权利而斗争"，"要认真对待权利"，由此，权利实现问题的提出和重视势在必然。特别是休谟"应然权利"和"实然权利"经典式的权利二元划分问世，权利的三重存在状态——应然权利、法定权利与实有权利被清晰地勾勒出来，人们不仅关注应然权利的发现和提出，以及应然权利的法定化，更加关注应然权利和法定权利如何转化为实有权利，而这个转化过程无疑就是权利的实现问题。随之权利实现的研究走向更加深入和专业，包括权利实现的内涵、价值、标准、路径、方式、条件、策略等。

    国内学者较早开展权利实现问题的研究，肇始于 20 世纪 90 年代初。

正是在这个时期，学者们宣布中国"开始迈入权利时代"。起初主要是法理学者从权利实现的概念界定、价值意义、评判标准和实现的条件、途径等方面展开研究。之后，一些部门法学者从特定权利实现的方式、路径、条件、成本、质量、程度乃至程序和策略等方面开展研究。从整体来讲，参与权利实现问题研究的学者和成果体量都不是很大，而且关注点较多地放在权利救济问题上，这与人们对权利实现的传统认识有关，即除却权利实现之障碍，权利即可得以实现，导致权利实现的研究走向偏狭。2013 年《法学研究》举办第三届青年公法论坛，"作为方法的权利和权利的方法"为题征文，并在《法学研究》2014 年第 1 期以笔谈形式刊登了八篇发言稿，程燎原的《权利理论研究的"再出发"》形象地说明了中国权利理论，包括权利实现问题研究的现实状况和发展目标。同时刊登的《权力的"助推"与权利的实现》《可行能力、国家作用与权利的行使》更是从新的视角开拓了权利行使和实现研究的领域和问题，客观上提升了权利实现问题研究的高度与深度。近几年，权利实现问题的研究又有了新的发展，即从法构造本身出发，通过对作为权利内容、作用或行使方式的权能的拓展，使权利获得更加充分的实现路径和方式。这类研究和实践集中体现在农村集体土地所有权和农民土地财产权利实现方面。"赋予农民更多财产权利"，并非创设更多的新型财产权利，而是对其所拥有的土地财产权权能进行充分的挖掘：法律规定或司法认可。如赋予农民享有集体资产的六项权能，使僵硬的"成员集体所有"的集体所有权变得灵动而富有生命力，获得最大程度的实现。此外，"权利质量"研究的兴起为权利实现研究开辟了新的路径。权利实现程度无疑是评判权利质量的一个重要指标，彰显了权利实现及其研究对于提升权利质量的价值。考察和分析权利的数量和质量的表现形态，判断权利质量的主客观标准都与权利的实现息息相关；对权利实现影响因素的分析，构成了提升权利质量的必然途径，客观上为权利实现研究提供了新的视角①。

---

① 尹奎杰：《权利质量研究的理论视域》，《河南大学学报》（社会科学版）2019 年第 2 期。

第一节　权利实现的内涵

什么是权利实现？其内涵和外延究竟是什么？这不仅关系到我们对权利实现问题的认识和把握，也关系到我们对权利实现的期许和操作，前者的正确与否决定着后者的得失与成败。前者为思想，后者为行动，行动需要正确的理论指导。

查阅所及文献，难以看到有关权利实现的严格定义，多为对权利实现的状态描述。尽管如此，我们仍可从已有的描述中获得有关权利实现问题的要旨与概貌，这并不影响我们对权利实现问题的认识和把握。现举其要著以察之。

一类是从权利实现在权利形态转化过程中的位置、功能和作用方面描述权利实现的特征。

权利的实现也就是现有权利的实现。如果现有权利中的抽象设定和普遍要求，不通过权利的实现这一中介环节，转化为公民的具体单个的行为，那么现有权利中的基本设定就不能在实际的社会生活中得以实现，因而不可避免地成为一纸空文，因之，权利的实现过程，是由可能性向现实性的转化过程。正是在这一过程中，充分展示了权利现象的社会价值及其意义。[①]

一类是从权利实现产生"实有权利"结果的逻辑关系中反推权利实现的特征和属性。

（1）权利的第三种形态即处于最后发展阶段的"实有权利"。它是通过法律的实施，法律效果的实现，特定的权利义务关系的建立，而促成人们对法定权利的真正享有，对相应义务的确实承担，它是人们权利和利益的实现和完成。[②]

（2）实有权利就是人们在现实生产生活中实实在在拥有和运用的权利，它是应有权利法定化的结果或形成的一种实有状态。其着眼点是权

[①] 公丕祥：《论权利的实现》，《江苏社会科学》1991 年第 2 期。
[②] 文正邦：《有关权利问题的法哲学思考》，《中国法学》1991 年第 2 期。

利的实践方面，是社会关系中已实现了的权利。①

（3）实有权利是权利的最终归宿和最高价值，是权利转化的最终结果，它构成了权利主体追求的最高目标。② 从某种程度上说，权利的历史就是人们追求实有权利的历史。但是权利只有经法律程序得到有效的行使和实施，在受到侵害时能得到行政的或司法的救济，即成为可诉的权利才算是"实有权利"。③

还有一类是从权利运行的过程与结果揭示权利实现的性质和特点。例如：

（1）所谓权利的实现，主要是指权利从法定状态向现实状态运动的过程。法定权利只有转化为现实权利才能成为或再现生活的事实，才对主体有实际的价值，才是真实的和完整的。在权利实现的过程中，可能会出现两种情况：一是权利不受阻碍地顺利实现；二是权利由于遭遇到外力或他人的干涉而不得不借助于救助手段来实现。根据救助手段的不同，我们又可以把后面一种情况进一步细分：一种是通过主体自身的力量排除阻碍实现权利；另一种是借助他人或公权力的力量达到实现的目的。我们可以把前者称为自力救助或权利的自我实现，后者称为他力救济或权利的干预实现。④

（2）法定权利的实现，可以从两个不同的层面理解：一方面，它描述的是一个过程，"主要是指权利从法定状态向现实状态运动的过程"；另一方面，它描述的是一个结果，指的是法定权利所欲保护的利益为权利人实际获得的状态。前者是在动态意义上描述法定权利的实现，后者则是在静态意义上对之进行描述。⑤

（3）"权利的形成是权利的第一次飞跃，而权利的实现则是权利的第二次飞跃。权利形成之后，需要从抽象的权利概念中演绎出具体的权利，也就是需要在社会实践中检验已经达成的共识——这个过程也就是权利

---

① 程燎原：《赢得神圣——权利及其救济通论》，山东人民出版社 1998 年版，第 336 页。
② 郭道晖：《法理学精义》，湖南人民出版社 2005 年版，第 96 页。
③ 张珍芳：《从"范跑跑"事件看权利实现的道德阻却及消减》，《法学》2009 年第 6 期。
④ 张珍芳：《从"范跑跑"事件看权利实现的道德阻却及消减》，《法学》2009 年第 6 期。
⑤ 吴睿：《法定权利实现的理论模型之建构》，《前沿》2013 年第 14 期。

实现的过程。如果说权利的形成是使用归纳的方法得出一个经验的结果，那么，权利的实现则是使用演绎的方法得到一个实践的产物。在这个检验的过程中，如果与权利（利益）相关的人没有发生争议，那么就表示权利已经实现，反之，就表示权利没有或者没有完全实现。任何一方强行主张其权利，只是表明一方强占了权利（这里其实是利益），权利并没有得到实现。可见，权利的实现需要具备两个基本条件：一是真实利益的获得；二是社会的再次认同。只有两个条件同时具备时，才能算得上法社会学意义上的权利实现"，"值得注意的是，法学意义上的权利实现与法社会学意义上的权利实现存在着巨大的差距。法学意义上的法定权利的实现是权利主体的权利在法律理想图景之下获得了法律上的圆满；法社会学意义上的法定权利的实现是权利主体的权利在现实社会中获得了社会再次认同。"①

从以上有关"权利实现"的描述中，我们可获得以下认知：

第一，权利实现通常所指的是法定权利的实现。

凡言及权利实现，都绕不开以权利存在形态为标准的权利分类，即应然权利、法定权利和实有权利。"应然权利是指道德权利，即权利主体应当享有的权利；法定权利是由立法加以确认的那些应然权利；实然权利是指权利主体能够实际享有的应然权利和法定权利"。② 这种权利的分类，反映了权利从提出、确认到落实的整个运行过程。应然权利作为一种道德权利或权利要求，显然不是权利实现的直接对象，只有立法者通过选择、确认形成法定权利之后，这部分应然权利才获得了国家的认可和保障，从而产生了如何将法定权利转化为权利主体在现实生活中实际享有的问题。这个转化的过程就是特定权利实现的过程，转化的结果就是权利主体所实际享有的实有权利。如果说"实然权利是指权利主体能够实际享有的应然权利和法定权利"的话，这里的应然权利不是全部的，而是部分的，是转化为法定权利的那部分，也就是和法定权利重叠的那部分。（当然，未被转化为法定权利的一些应然权利未必就一定不会转化

---

① 林孝文：《论法定权利的实现——以法社会学为视角》，《湘潭大学学报》（哲学社会科学版）2008 年第 5 期。

② 郝铁川：《权利实现的差序格局》，《中国社会科学》2002 年第 5 期。

为现实权利，但它一定不是通过法律途径，而是以其他途径或方式获得了实现。）可见，权利的法定化是权利实现的逻辑起点，权利的实有化是权利实现的目标和结果。没有权利的法定化就没有权利的实现问题，由此，也可以看出，法定权利的质量对权利实现具有与生俱来的影响。诚如有学者所分析的一样："权利的概念化、体系化、制度化、法律化，作为权利存在的理想状态，也是权利实现的基本前提，显然是权利理论研究所要追求的一个核心目标。如果权利不能以固有的结构和方式存在，并具有至高无上的法律效力，那它必然会被虚拟化、空洞化，导致权利及其规范的无力。相关的'权利条款'，只能睡大觉，变成'僵尸条款'。"① 这只是就权利法定化的技术层面而言。法定化权利的内容适当与否，对权利的实现会产生更为重要的影响。这也是为什么在研究权利实现问题时高度关注法定权利的原因所在：一方面法定权利的质量影响着权利实现能否达致实有权利的目标和结果，另一方面法定权利构成衡量和判断权利是否实现或实现程度的标准。

第二，理解和把握权利实现具有多个层面或向度。

（1）权利实现描述的是一个过程。无论是从理论逻辑的推理，还是从权利运行的实际观察都清晰地看到，权利实现是"权利从法定状态向现实状态"运动的过程。这个过程的必要性是由于法定权利与实有权利之间存在一定的差距，通过这一运动过程以弥合二者的差距。法定权利只是权利主体享有权利的起点，是获得某种利益的可能性，而实有权利才是权利的最终归宿和最高价值，是权利主体追求的最高目标。因此，没有这个转化过程，就无以达致享有实际权利的目标，法定权利也就被悬置而变得毫无意义。权利实现作为一种具有一定目标指向的运动过程，我们在考察时，所要关注的问题是介入和影响这一运动过程的相关因素，包括权利实现的参与者，基本环节和内容，方式和方法，路径和条件，动力和阻力等。我们只有充分地认识和掌握了这些相关因素，才有可能将权利实现变为一个更为自觉和理性的行为，排除阻力，成就条件，促进这一运动过程的顺利进行，以达致目标。从这个层面来讲，权利实现解决的是权利是如何实现的，权利实现的机制是什么的问题。

---

① 程燎原：《权利理论研究的"再出发"》，《法学研究》2014年第1期。

（2）权利实现描述的是一个结果，是指法定权利为权利主体所实际享有的一种结果状态。"权利的本质与意义不在于法律文本上的客观宣告，而在于权利的主观行使与实现。"① "为权利而斗争"谋求的不仅是法律上的赋权，更重要的是将权利所指向的利益变为现实的利益，只有当这种拥有实际权利（利益）的理想状态和完美结果被呈现，法定权利才意味着得以实现。如果未达致上述目标或获得此结果，法定权利就谈不上实现，或仅为部分的实现，或低水平（质量）的实现。权利实现从一种权利主体所追求的理想状态或结果来讲，其是否达致预期，包括法律的预期和权利主体的预期，对此评判应有一个客观的评判标准，以此测量权利实现与否，实现的程度和实现的质量。在这个意义上来讲，权利实现解决的是权利实现了没有，实现了多少，实现了的权利质量如何的问题。

（3）权利实现直接表现为权利人主张和行使权利的行为。权利实现作为一种权利主体追求的一种目标和结果不会自动实现，而是依赖于权利主体主张和行使权利的一系列行为，其凸显的是一种行为结果关系，或更准确地说是一种意志—行为—结果关系。权利主体主张和行使权利的行为无疑是一种意志行为，是一种具有明确目标指向的行为，即拥有实际权利、获得真实利益的行为。行为人的主观方面会对行为方式的选择、行为效果的走向产生直接的影响。其主观方面应包括权利人权利意识、权利认知、权利态度、可行能力甚至情感偏好。对权利的罔知、漠视、不知所措，以及走向另一极端的权利滥用，非理性维权对权利实现会产生什么样的影响，在经验层面已表现得淋漓尽致。当然，主张和行使权利的行为方式与对权利的定义和理解直接相关，也因权利的性质和类型不同而有异。如果将权利定义为法律对某种潜在利益的认可和保护，要将这种可能的利益状态转化为现实利益，权利主体自当以积极的作为而追求之，请求权就当属此类；而有些权利是法律对某种实然状态的认可与保护，其权利的实现仅在享有和维护，非因不法侵害而自力或请求公力救济无须权利主体积极作为即可实现。

---

① 范进学：《权利政治论：一种宪政民主理论的阐释》，山东人民出版社 2003 年版，第 13 页。

我们之所以说目前的研究获得一些有关权利实现的片段认知，意味着还很难给予权利实现一个精确的定义。我们只能从与权利实现相关的事物与现象的关系中感知权利实现的一些属性和表征，如我们从权利形态的关系中去把握权利实现。在应然权利、法定权利、实有权利的逻辑关系中，我们看到了权利实现的位置、功能和作用。显然，权利实现只是法定权利转化为实有权利的一个中介环节。法定权利正是通过权利实现活动的功能释放和作用发挥，使其由利益的可能性状态转化为实有状态。没有或弱化了权利实现的功能，法定权利就会化作美丽的幻影。这个中介环节充满了制度和实践、主观和客观、形式和内容、程序和实体、价值与技术、组织与个体、意志与行为等之间的矛盾和张力，使权利实现表现得丰富多彩或纷繁复杂，顺风顺水、一路高歌或跋山涉水、艰难险阻。现实中轻松愉快地享受权利与一旦踏上维权之路将付与余生并存的图景常现。我们还可以从权利确认（设权、赋权）、权利行使和权利实现的权利运行路线中理解和诠释权利实现。权利确认是国家行为，立法者创设何种权利，赋权于哪个主体，只是为主体行使权利和追求权利目标创造了前提。之后，则是权利何以实现，权利实现了没有，权利实现得如何的问题了。而要获得这些问题完满的答案，则需要从权利主体启动权利行使之时到权利完全落地，充分享有理想状态和完美结果地呈现整个过程，全方位地考察。如这一过程的参与者与权利行使不同的是权利实现过程的参与者不只是权利主体，而会涉及义务人，乃至国家，国家在助力和保障权利实现中担负着多种责任。权利实现的方式包括法定的和权利主体自创的方式、理性的或非理性的方式；权利实现的路径即权利实现的路线方向或渠道：私力救济抑或公力救济、合同责任竞合时选择违约还是侵权之诉；权利实现的方法和策略：即追求权利实现所使用的手段、技巧和谋略（当然以不违法为前提），如巧用媒体、社会舆论，人大个案监督等；权利实现的条件，主观条件和客观条件，特别是各种约束条件。对于权利实现得如何，即实现的程度和质量，需要设定评判标准，运用监测机制和评估机制获得结论，包括过程监测和结果监测，以此评估权利实现的程度。

第二节　权利实现的价值

　　法定权利的实现不仅是权利理论的一个重要问题，更是一个权利实践的重要问题。关注权利实现对于推动权利理论研究和权利实践无疑具有重要的意义。"要认真对待权利，就应关心应有权利，注重法定权利，着眼于现实权利，使权利内化为实现人的价值与尊严的普遍性力量。"①权利实现在法定权利向现实权利转化中的地位和作用显现了权利实现的重要功能、作用和价值。一些学者从权利的本质出发，权力对权利的影响和实现人的自由、尊严的角度考察权利实现的价值。（廖哲韬、林孝文）这更具有哲学层面的意义，其无疑是正确的。这里我们更想从权利实践层面思考，让权利实现的价值更具现实感，以唤醒和推动人们对权利实现的重视。

　　首先，从社会层面来看，权利实现是建立法治社会的重要抓手。依法治国作为治国方略，需要全面构建法治政府、法治国家和法治社会，在三者之间，我们更注重法治政府和法治国家的建设，而忽略了法治社会的建设，忽略了民众对法律的尊重和信仰的力量。

　　一个国家可以奉行法治，一个政府可以厉行法治，但民众如果心中无法，不敬畏法律，不崇尚法律，乃至疏远法律，抵触法律，法治国家则是不可能建立起来的。因为民众是一个国家，一个民族的主体，提高人民福祉是国家治理的根本出发点和归宿。只有民众真诚地信仰法律，只有让法治成为民众的基本生活方式，法治社会建设才会蓬勃发展，建设"法治中国"才大有希望。民众对法律的尊重和信仰，在很大程度上是基于社会权威。如果法律赋予民众的权利不能得到充分的实现，民众为获取法律所配置的资源和利益要付出极其昂贵的成本，望而止步；如果法律也变成了"白条"，民众还会尊重和信仰法律吗？我们国家有太多的法律被束之高阁，有太多的维权之困而被迫放弃或走向极端的案例。还有许许多多"赢了官司输了钱"的无奈。这些怪异的现象和残酷的现

① 程燎原、王人博：《权利及其救济》，山东人民出版社 1998 年版，第 314 页。

实，在无情地摧毁着民众对法律的信念，动摇着法律的权威，民众的法律情感和意识因之而走向异化。由此可见权利实现对法治社会建设影响之大。社会学者贺雪峰因反对把农民土地变为财产权利而遭到责难。他认为"农民关心的不是权利，而是利益"。其实，他只是从另外一个角度审视农民土地权利问题。农民关心的不是法律文本对其权利的宣示，而是权利能否得以真切实现而获得实实在在的利益。所以，有的学者将权利实现划分为法学意义上的实现和法社会学意义上的实现。"值得注意的是法学意义上的权利实现与法社会学意义上的权利实现存在着巨大的差距。法学意义上的法定权利的实现是权利主体的权利在法律理想图景之下获得了法律上的圆满；法社会学意义上的法定权利的实现是权利主体的权利在现实社会中获得了社会再次认同。法社会学意义上的权利实现比法学意义上的权利实现更具有现实意义，因为人毕竟是生活在社会现实之中的人，而不是生活在法律真空里的。因此，在考虑法定权利实现问题上，必须考虑到法社会学上的权利实现问题，只有在社会层面上权利的实现才是权利的真正实现。"而法社会学意义上的"权利的实现需要具备两个基本条件：一是真实利益的获得；二是社会的再次认同。"①

"赢了官司输了钱"应是这两种权利实现界定的最好诠释，其在民众权利意识、权利态度乃至法律意识形成中的作用不言而喻。由此可见，权利实现是建立法治社会的重要环节和抓手。

其次，从国家层面来讲，权利实现是提升权利质量和加强权利保障的直接动力。其表现在：

第一，法律作为社会关系的调整器，担负着政治、经济、文化等多重职能，法律是通过设定权利义务，以权利义务的激励和约束机制实现对社会关系的调整和职能的履行，以期建立起理想的社会关系和社会格局。法定权利的不能实现，实现不充分或低质量实现，意味着法律职能履行的不理想和法律目标的失落。国家必须审视权利实现的现状，提振权利实现的信心和措施。

第二，法定权利实现的质量与法定权利自身的质量密切相关。权利

---

① 林孝文：《论法定权利的实现——以法社会学为视角》，《湘潭大学学报》（哲学社会科学版）2008 年第 5 期。

设置的正当性、合理性、规范性对权利的行使和实现有着至关重要的影响。权利脱离社会经济结构的超现实性，违反权利本质的权利泛化，以及破坏权利固有结构规定性的权利表达，必将构成权利行使和实现的制约和阻滞，造成权利不能实现或实现不能。正是由于权利质量对权利实现有如此直接的影响，所以，一些学者将法定权利作为权利实现的一部分，甚至视法定权利为权利实现的标准之一。权利实现不良的信息反馈使立法者不得不重新考量立法的质量，包括权利的质量，通过提升立法（权利）质量而推动权利实现。

第三，权利实现绝非权利主体以私力所能完成之事。尽管权利实现与权利主体之能力和所持有资源息息相关，并在一定程度上决定着权利实现的程度，但离开国家之公力，权利断然不能充分实现。事实上，人们大量权利的行使与实现需要国家提供帮助和支持，否则难以为继。当然国家负有助力公民行使和实现权利之责。如公民的人身、财产安全之权利的实现，离不开国家所提供的治安之保障；公民受教育权、劳动就业及社会保障权利的实现需要国家提供的设施和条件；公民权利行使受阻，遭受不法侵害更需要公力救济予以保障。公民政治、经济、文化、社会等权利的行使与实现，都伴有国家的影子，显现国家助力的力量。反之，公民权实现的程度和质量状况也正是度量和检测国家履行助力公民权行使与实现责任状况的标尺。除却权利主体主观因素之外，其权利行使与实现的不充分和不理想，也正反映了国家助力之责的不到位和缺失，也就是国家为公民权利行使和实现所提供的必要的物质和法律保障不达标。国家未竟应尽之责或尽责之不力，从权利实现可窥一斑。国家当自察自省或为社会敦促，竭力改善助力公民权利行使和实现之状况。

最后，从个人层面来看，权利的实现意味着法律所确认的自由与利益的真实拥有和享受，具有直接真切的获得感。这些利益的获得既可能构成其生存和发展的基础，也可能为充分实现和享有其他权利提供便利和条件，除却物质和利益层面的收获，权利的实现也是人的价值和尊严的充分体现。权利实现对于个人的价值还在于权利意识的提升、行使权利的自觉和理性以及行使和实现权利的可行能力的全面提高。权利受阻或权利实现之后，反观排除阻却因素或达致目标的过程，无论是权利主体的自省，还是外部（法官、律师等）的评判，都会涉及权利主体的权利意识，权利态度，权利行使方式、路径、方法、策略等方面的成败得失，客观上会刺激权利主体或他人思考权利实现的一系列相关因素，影响其与权利实现相关的看法、态度和行为方式选择的变化。

第三节　权利实现的样态

就整体而言，权利实现是权利人通过一系列活动将法律所赋予的利益状态由可能转化为现实，并实际享有利益的结果呈现，即无争议的真实利益获得。但权利实践考察和经验感知告诉我们，权利实现的最终结果虽然是一种确定的事实状态，但这种事实状态是具有层次性的，也就是说，作为权利实现目标性结果的实有权利具有结构性特征。因此权利人实现权利的活动也具有了分层目标，并会选择不同的方式以达致目标，从而使权利实现呈现不同的样态。

一　主体行使权利型

法定权利只是对权利人享有某项权利的法律文本宣示，其所确认的利益尚处于抽象、可能的状态，权利人要获得和享有实际利益，必须通过积极的权利主张和权利行使等一系列活动追求实际享有权利和利益的结果，完成利益由可能到现实的转化。现实中，大量法律权利需要权利主体通过构建法律关系，敦促义务人积极履行义务才能落实，达致预期目标即属此类，这也是权利实现的典型形态。其昭示人们一些权利是不会自动实现的，权利主体怠于行使权利会使权利"闲置"或"休眠"。当然，这并不影响权利主体放弃权利或以转让等方式行使和实现权利。

二　权利维护型

权利的形态是多种多样的，既有对权利主体争取一定利益的许可和保护，也有对既有利益状态的确认和保障，后者如绝对权之类。此类权利所保护利益状态已为权利主体所实际享有，法律只不过是予以宣示并承诺以国家之力保障而已。此类权利非因公力或私力侵害而一直处于权利人自然享有状态。若遇侵害权利人将依私力或借公力而救济之。处于自然、持续、实际享有的权利，一方面仍然会受到国家法律或行政的呵护，以防止被侵害，如对违法犯罪、侵权行为的制裁问责规定；另一方面权利主体亦当精心维护，使其免受不法侵害。实践中，各种旨在阻却权利受损情形发生的行为即是。例如，公民为保护其环境权受损而对一些可能会对环境带来损害的工程项目选址进行抗议、阻拦（对 PX 项目、垃圾处理场项目选址，都发生过大规模的抗议活动），公民为维护消费权而进行的"打假"，等等。权利维护与权利救济不同。从广义上讲，权利救济亦可纳入权利保护之列。我们之所以将二者加以区分，是由于二者处于权利实现的不同时段，具有不同的特点。权利维护着眼于权利的"日常维护"，旨在对既有利益状态的保有或避免权利受损，故发生在权利发生损害已然之前，而权利救济则是权利行使受阻或既有利益状态受到侵害的已然之后，是一种事后补救措施。

三　权利救济型

这是指权利主体在行使权利过程中遇到障碍而使权利实现受阻或既有利益状态受到破坏后，通过私力（法律允许的范围内）或公力排除障碍推进权利实现，或借以公力而恢复被损害权利的形态。排除障碍推进权利实现，是第一种权利实现形态之特殊情况。复原被损害的权利，是针对得而复失的权利，通过权利救济恢复权利实现的原有利益状态，实质为权利的再次实现。公力救济是国家助力公民权利实现的责任，也是公民权利实现的一种保障力量。当然，公力救济并不意味着权利的当然实现，司法对权利义务的再次确认，有赖于义务人执行司法判决，否则还需要通过执行程序继续推动权利的实现。

四　权利质量提升型

权利实现之结果较之于权利实现之标准是否完满涉及实现权利的程度。未完全达致目标，或虽达于目标而存有瑕疵，可谓权利实现不充分或质量有瑕疵问题。现实生活中，权利实现不充分、不理想、不完满的情况比比皆是。这种情况的出现，或由于义务人不适当履行义务所致，或由于权利实现的基础性资源不足，或因权利主体权利行使方式、方法的选择有缺陷。权利主体由此可能不会停止权利实现的脚步，直至达到比较理想的状态。例如，教育权的实现远非"有学可上"，优质教育资源的不充分和不均衡导致公民教育权的实现打了折扣；劳动权的实现亦非"有工可做"，劳动环境和条件不达标同样会让劳动权实现有瑕疵。还有影响公民生命健康权实现的环境保护、医疗卫生状况的改善等，这些都会使权利人不断地向负有助力公民权利实现责任的国家要求提供能够满足权利充分实现的基础性资源和保障以提升权利实现的质量。

之所以做出这样的分析，是要说明权利实现的目标结果具有层次性和结构性，不同类型的权利实现，权利主体所追求的目标具有差异性，因而所使用的方式方法，所依靠的保障力量，所需求的基础性资源都会有所不同。所以权利主体应当清晰地认识自己权利实现之目标定位，采用正确的方式、方法和策略，以达致目标。

第四节　权利实现的标准

一　权利实现标准的内涵

在权利理论和权利实践中有一个很重要的问题是如何衡量和判断权利实现没有及实现的程度和实现的质量，即权利实现的衡量标准问题。建立权利实现衡量标准的意义在于：一是通过测量获知法定权利向实有权利转化的目标是否实现，实现的程度如何，质量怎样，反过来讲是实有权利与法定权利的"符合度"如何，法定权利与实有权利之间的"距离"是"缩短"了还是完全"弥合"了。从客观上讲，权利的实现程度反映着法律实现的程度和国家法治进程的水平。二是通过对权利实现程度的测量和评估，让人们可以清晰地看到权利何以实现，何以没有实现或没有很好地实现。对于前者，可以进一步分析权利实现的充分必要条件是什么。对于后者，则要检讨是国家"助力"不足，抑或权利主体能力不逮，我们改进的路线和着力点在哪里。

那么，这个标准能否建立起来？这个标准应该是什么？

我们认为，这个标准应该能够建立起来。一是客观需要这样的标准。有学者针对以往有关权利实现的界定提出了质疑和批评。"这种说法中规中矩。但一定程度上是同义反复，并没有指出权利实现的基本路径和实现标准，从这段话中人们无从判断一种权利是否实现，也无从考察权利是如何实现的。"① 也就是说，无论是权利实现的理论抑或实践都必须要回答这一问题，也能够回答这一问题。权利的法定化要求法律规则必须具有"明确、具体、肯定"的特性。无论从权利的本质出发，还是权利表达的技术要求，权利当以其固有的内容和结构呈现出来，从这个层面来讲，权利本身就具有标准的属性，权利实现不过是一种"对标"行为，依照标准化开展的一系列活动。这是从权利实现的起点而言，从权利实现的另一端来看，权利实现的最终成果是实有权利。实有权利既是目标，也是一个客观结果。权利实现活动是否获得了所追求的目标结果，本质就是对权利实现成效的客观评断标准。

二 权利实现标准主要观点

关于权利实现的标准问题，学界对此虽有论及和讨论，但总体上并不深入，见仁见智，难以达成共识。

观点一，从法社会学的角度审视权利的实现。林孝文在其《论法定权利的实现——以法社会学为视角》一文中阐述了法定权利实现所应具备的两个条件（标准）："如果说权利的形成是使用归纳的方法得出一个经验的结果，那么，权利的实现则是使用演绎的方法得到一个实践的产物。在这个检验的过程中，如果与权利（利益）相关的人没有发生争议，那么就表示权利已经实现，反之，就表示权利没有或者没有完全实现。任何一方强行主张其权利，只是表明一方强占了权利（这里其实是利益），权利并没有得到实现。可见，权利的实现需要具备两个基本条件：一是真实利益的获得；二是社会的再次认同。只有两个条件同时具备时，才能算得上法社会学意义上的权利实现。"②

而吴睿则在其《法定权利实现的理论模型之建构》一文中，就"法定权利实现的评价标准"问题，从法定权利实现的过程和结果两个方面展开论述：在过程意义上，法定权利的实现运行在不同的路径之上，同

---

① 周强：《权利实现之一种——试析"耶和华见证人"信仰权的实现》，《西部法学评论》2010 年第 6 期。

② 林孝文：《论法定权利的实现——以法社会学为视角》，《湘潭大学学报》（哲学社会科学版）2008 年第 5 期。

时也受到多种因素的影响。模式的不同及影响因素的差异决定了法定权利实现的过程，同时间接决定了法定权利的实现结果。就模式而言，包括行政、司法、非诉纠纷解决机制、私立救济等以及对这些手段的优先性选择。就影响因素而言，一个政治共同体的意识形态、历史文化、政治制度、经济形态、社会形势、法律体系、道德观念、宗教精神等都会对权利的实现产生或多或少的影响。一个政治共同体的法律制度，其所选择的法定权利实现模式以及法律制度对各影响因素的态度及应对措施，构成评价一个政治共同体的法定权利实现过程的依据。①

在结果意义上，一个政治共同体的主流观念对权利实现结果的总体评价受该政治共同体的意识形态、历史文化等因素的影响。在某些特定情形下，权利人获得了法定权利所欲保护的利益，但却无法获得社会公众的普遍认可，甚至有可能遭受社会公众的普遍批评，承受巨大的道德压力。2008年汶川地震中，作为教师的范美忠因抛弃其学生率先逃离教室，进而被社会公众广泛批评的事件即为典型。其所供职的单位也因承受不了巨大的社会压力而将其解聘，尽管范美忠在这里确实通过自力救济的方式实现了自己的生命权，但法定权利的实现结果在这里因法律之外的原因而打了折扣。一个政治共同体的法律制度，在面对这种道德压力时所采取的态度，构成评价该共同体法律制度对权利实现结果保护程度的标准。

林孝文的观点或受黑格尔关于个人取得权利所应具备的三个条件或前提的启发，即意愿的表达、对物的占有和他人的承认。"真实利益的获得"是法定权利所确认利益的实际拥有，表明法定权利已真切地转化为实有权利的真实结果的显现，可谓"事实标准"或"结果标准"。也有其他学者持有类似观点，如郑晓英在《嵌入性理论视角下的法定权利实现》的文章中就主张"对公民享有权利的评价，还应当以是否实际被主体拥有作为衡量标准，权利的法律化远非权利实现"，"利益相关人之间没有发生争议"是"社会认同"的表现。如果利益相关人之间对权利主张有争议，权利实现就会发生阻却，因此搁置或请求救济，须得到国家权威

---

① 吴睿：《法定权利实现的理论模型之建构》，《前沿》2013年第14期。

机构的进一步确认和保护。① 法社会学者反对"强占利益"式的权利实现或只求法律图景的圆满而无视社会认同的权利实现。所以，衡量和判断法定权利是否真正实现，既要看"真实利益获得"的结果是否出现，还要看这种结果是否有争议。具有"案结事了"法律效果、社会效果统一的意蕴。这两个标准相对确定、具体，具有一定的可操作性，也比较真实地再现了法定权利实现过程的情景。

权利实现过程的核心问题是权利如何实现，包括权利实现的模式选择和政治、经济、文化、历史传统等对权利实现的影响。这些因素在权利实现过程中都会发挥正向或负向的作用，影响权利实现结果的状态。事实上，法律制度对这些影响因素是难以控制的，以此评价权利实现过程只能获知所选模式以及对诸影响因素的态度和应对措施对于权利实现的妥当性，以便在今后优化权利实现模式和正确应对各种影响因素，提高权利实现质量。结果性评价标准强调权利实现结果的适法性与社会认同发生矛盾时，法律对外部压力的态度构成对权利实现结果保护程度的标准，法律对一些权利实现结果的保护因外部压力而打折扣。相对于林孝文的观点，吴睿所构建的权利实现的过程性评价标准和结果性评价标准则比较宏观，虽具有一定的合理性，但难以把握，缺乏可操作性。

观点二，郝铁川是较早开展权利实现判定标准研究的学者之一，他在《权利实现的差序格局》一文中讲道"以什么标准才能真正衡量权利的'实现'是一个不可回避的值得深入研究的问题"。他提出了两个权利实现的标准，一个是把权利的法定化当作权利实现的主要衡量标准。这是基于法定权利与实然权利存在一定的差距而设定的。法定权利通过权利实现而产生实然权利的结果，衡量权利实现与否当以法定化了的权利内容为指向和标准。"只有法律化的权利才是真实和可操作的权利。"另一个是"采用的判定标准是实际享有某项权利的人数及他们占总人口的比率"。的确，正像郝铁川所言："权利的'法定化'确实不能等同于权利的实现。"② 但这丝毫不妨碍法定权利作为权利实现的评判标准。然而郝铁川所采用的第二个评判标准却遭到了一些学者严重的质疑和激烈的

---

① 郑晓英：《嵌入性理论视角下的法定权利实现》，《晋阳学刊》2017 年第 5 期。
② 郝铁川：《权利实现的差序格局》，《中国社会科学》2002 年第 5 期。

批评。周强认为郝铁川的这一标准存在一些认识和适用上的误区，在实际中难以应用，也缺乏理论上的论证，难为人们所完全接受。主要理由是对"实际享有某项权利的人数"的统计几乎是不可能的，因为所谓"实际享有权利"本身就是不确定的，也是难以界定的。因为现实中存在放弃权利和尚未行使权利的人群对其行为的性质作何界定。另则，即使统计出实际享有权利人数所占总人口的比率，同样不能说明权利是实现了或没有实现。对此，我认为郝铁川的第二个标准固然有不周延的地方，但同理，统计"实际没有享有某项权利的人数"同样成为不可能，权利实现的"数"与"质"都有特殊或例外情况的存在，不能因此而否定抽样调查统计的意义，至少作为考察某项权利实现的整体情况是可以的①。

观点三，周强在《权利实现之一种——试析"耶和华见证人"信仰权的实现》一文中提出了"权利实现的两个标准"。周强的观点是在对郝铁川权利实现的标准进行严厉的学术批评的基础上"先破后立"的。他认为"如何算是'法定权利的实现'很难有一个固定的，易于操作的，能够被普遍认可的标准"。他结合"耶和华见证人"实现权利的样本，从权利实现过程的两个阶段分别提出两个判断标准：第一个标准是权利法定化，"即一种权利被规定在法律文本中，或者以其他某种方式得到了普遍的认同，例如成为法律体系中的一项普遍认可的原则"。该标准容易确定，也少争议。第二个标准是司法认定标准，"即某一特定权利人的法定权利在司法中得到明确的宣告和认定"，"我们不去跟踪每一个潜在的权利人，而是以潜在权利人中某一个或一部分特定权利人权利的司法宣告作为一个可供判断的标准"。由司法来认定，意味着法定权利在实践中得到了权威机关的认同，并通过科学程序进行了反复论证。这个标准内容明确，容易判断和认定。他认为："由司法机关来进行认定，与权利实现的第一个层面中由立法机关来认定恰好形成了一定的衔接和对应。"在权利法定化标准问题上无争议，然而司法认定可否作为权利实现的判断标准值得商榷。权利主体在行使权利过程中，若无争议将会顺利推进达致获得实际权利的目标，无须进入司法程序。只有当权利实现过程中出现

①　周强：《权利实现之一种——试析"耶和华见证人"信仰权的实现》，《西部法学评论》2010 年第 6 期。

障碍，需要司法救济以排除障碍之时，才会进入司法程序。权利救济固然对一些权利人权利的实现具有重要作用，"但是权利救济（尤其是公力救济）不等于权利的实现"。权利救济作为事后补救措施"有可能使权利得以实现，但是也可能使权利不能实现"。[①] 司法判决是一种"派生"的"第二性权利"，其仍存在一个实现的问题。若义务人不自觉履行，权利人需申请强制执行，通过执行程序实现权利，如果执行遇阻或执行不能，权利人之权利依然未实现。所以，将司法认定（判决）作为权利实现之标准既非权利实现之常态，也并不必然使权利实现。

三　权利实现标准的考量

综合以上权利实现标准的各种观点，我们发现，建立能为人们普遍认可和接受的权利实现标准的确是件困难的事情。每个标准都具有一定的合理性，同时又具有它的局限性。似乎只有权利法定化标准少有争议。但从权利实现的整个过程来讲，应然权利转化为法定权利，的确是权利实现的一个重要节点，为权利实现和实有权利创设了前提性条件。但问题是我们关注和讨论的是法定权利实现的衡量标准。唯有在法定权利与实有权利存在差距，通过权利实现"对标"法定权利而达致实有权利时法定权利才具有权利实现标准之意义。

法社会学者主张的"真实利益获得"的"结果标准"和"利益相关人之间无争议"的"社会认同标准"，似乎只适于作为个体的权利主体权利实现的衡量标准。公民个人作为权利人，其是否有"真实利益获得"是否与利益相关人之间有争议，是可感知的，可以通过观察和计算而做出判断。但如果我们要对某项权利在特定人群中是否有"真实利益获得"及有无争议做出评估和判断，可能就会同样遇到质疑郝铁川如何界定"实际享有权利"的难题。

至此，我们似乎已触及问题的症结所在了，即作为单个的权利主体与特定群体的权利主体能否使用同一标准衡量其权利实现状况。对个体性的权利主体是否"实际享有权利"依"结果标准"和"认同标准"即

---

① 林孝文：《论法定权利的实现——以法社会学为视角》，《湘潭大学学报》（哲学社会科学版）2008 年第 5 期。

可做出具体判断。但群体性权利主体对某项权利是否"实际享有",依现有任何一个标准都难以做出令人信服的判断。据此,我们可以在衡量某项权利的实现状况时,对个体和群体分设不同的标准予以考察。

现在的问题是我们究竟依何标准来判断某项权利在不特定人群中的实现状况。目前我们似乎很难破题,但有两种研究给予我们一定的启发。一个是关于国际人权实现问题中的监控指标研究,另一个是关于权利质量研究中的权利质量标准指标体系。在我们运用某项标准难以准确衡量和判断某项权利的实现状况时,根据该项权利的性质和类型设置若干指标进行测度,可以获得其实现状况的总体情况。

国际上认为"一项人权指标就是在特定情形下被用来衡量法律权利实现程度的一条信息"。"人权指标就是关于某个事件、活动或结果之状态的具体信息,它与人权规范和标准具有相关性,它涉及和体现人权利益与原则,它被用来评估和监控人权的促进与保护。"国内学者则将之"理解为与人权条约标准相联系的指标,它被用来衡量义务人履行义务和权利人享受权利的程度"。这些指标被划分为结构指标、过程指标和结果指标,分别用来测度某个国家遵守国际人权的意愿,监控国家实现国际人权所付出的努力(其监控的是对人权条约的事实遵守)以及一个国家的人权成就。三种指标彼此联系,综合起来才能考察一个国家的国际人权实现状况。①

权利质量研究中的有关权利的多少、大小和优劣多与权利实现密切相关,因此,特别关注和侧重考量权利的实现程度,即分析权利在现实中受到立法、执法、司法实践保障的程度。不仅要看法律制度中确认了多少有关权利的制度规范,还要看在执法、司法实践中维护和保障了多少有关权利的案件请求等。这里实际上已提出了衡量和判断权利质量的考核指标问题。他们在设立权利质量标准时,更是提出了一系列关键性指标作为测量工具。"第一,地方人大和政府对权利实现提供的财政支撑的指标情况。第二,村委会、企业和其他社会组织在承担社会责任,特别是扩大社会公众在社会参与方面的赋权行动落实情况。第三,地方司

---

① 吕建高:《国际人权实现的指标监控:一种法理疏释》,《南京大学学报》(哲学·人文科学·社会科学版)2011年第3期。

法机关、复议机关和仲裁、公证与调解机关在诉讼、复议、仲裁、公证与调解活动中对权利救济、权利保障、权利维护的案件数量情况，权利保障的程度以及相关的生效裁判执行状况。第四，信访、检举等案件的数量及状况。第五，地方律师及法律服务工作者的数量，也就是有关为权利主体提供法律服务的水平与情况，包括相关的权利保障环境、权利的法律教育、权利的法律普及等各方面的状况。"①

　　无论是国际人权实现指标监控中的结构指标、过程指标、结果指标抑或权利质量标准的系列指标，都是有关权利实现状况的观测点，对于我们建立权利实现标准具有重要的借鉴意义，特别是为解决衡量和判断非单个权利主体"实际享有权利"难题提供了一个非常有价值的思路。可以根据该权利的性质和类型设置多个观测指标以对其实现程度做出具有说服力的判断和评估。

第五节　权利实现的过程

　　我们在考察权利实现的理论与实践中，有三个问题需要面对和回答。一是什么是权利实现问题，即权利实现的内涵是什么。二是权利实现了没有，即权利实现的衡量标准是什么。三是权利如何实现的，即权利实现的过程，包括权利实现的路径、方式、方法、策略和手段等。从实践角度来讲，第三个问题是最关键的，显然也是最丰富、最复杂、最困难的，但也是必须思考和解决的问题。我们试图通过已有研究成果的启发和实践经验的提示对权利实现过程的一些节点予以描述。

　　我们阅读相关文献时会发现，原来对于权利是如何实现这一问题的描述和解释是如此的含混不清，相关概念的边界是如此的模糊，更多的是相互交叉，重复，分不清谁是谁，究竟是同一问题还是不同的问题，如权利的行使与权利实现、权力行使的方式与权利实现的方式、权利实现的路径与方式、权利实现的条件与影响（制约）因素、权利实现的方

---

① 尹奎杰：《权利质量研究的理论视域》，《河南大学学报》（社会科学版）2019年第2期。

式与权利保护（障）的方式、权利实现的方式与方法、权利实现的策略
与手段等。问题虽多，但仔细考量，这些都是在权利实现过程中发生的，
都与权利如何实现相关，且都具有重要的实践意义。厘清每一个概念的
内涵和外延显然是不现实的，但我们可以从几对关系去体会和把握权利
实现过程的重要环节，如过程与结果、目标与路径、目的与手段、方式
与方法、条件与保障、技术与策略等。这里的每一个问题都可以专著而
论之，所以我们仅作方向性考察，旨在厘清每一节点所应关注和解决的
问题，在权利实现过程中所处的地位和发挥的作用。

一 权利实现的路径

权利实现的目标是由法定权利达致实有权利，所以权利实现的运动
方向和目标是非常清晰的。何以达致目标？首先所涉问题就是路径的选
择。路径是通向某个目标的道路或渠道。路径具有指明行为方向的意义，
南辕北辙不可能达致目标。虽然"条条大路通罗马"，但也应选择便捷、
高效的通途，而非艰难坎坷的小路，至少应从主观或功利的角度做出这
样的努力。许多有关权利实现的文献，虽然都冠以"路径"之名，但由
于人们对"路径"的理解和把握不一，所以，有关权利实现的路径内容
往往相差甚远。有的从宏观角度看，有的从微观角度分析；有的从实体
角度看，有的从程序角度谈；有的从权利运行与社会发展的关系着眼，有
的从法律自身的角度入手；有的从权利整个运行过程看，有的从权利运行
的某个阶段看；有的侧重价值，有的偏好技术，如此等等，不一而足。

关于权利实现路径问题的回答，大者如"权利的实现主要有两条途
径：一是通过完善政治体制和法律制度来保障权利，这在现代社会是保
障权利的必经之路；二是通过经济和社会发展来促进权利，并通过社会
公正来维护权利，这在现代社会是实现权利的根本途径"。① 这是从权利
本身产生和存在的政治、法律以及社会基础的宏观角度考量权利的实现。
是的，权利离开了它赖以产生和存在的条件必然无以实现。小者如"设
定法定权利的目的就在于使主体获得权利，所以一般来讲，立法者将应

---

① 胡水君：《法律与社会：权利实现的两条途径》，2019 年 8 月 8 日，中国法学网，ht-
tp：//iolaw. cssn. cn/xx/201908/t20190808_ 4953419. shtml。

有权利设定为法定权利时，应以法律的形式或授权其他机关、组织规定一些明确、具体的方法、措施和途径以保障权利的实现"，"公民的一种权利能够在法律体系内得以实现，必然要求这种权利是具有可操作性的，这就要求这一权利在法律上是内容详细，途径精确的。"① 这是从微观的法律技术路线出发的一种权利实现路径。在此语境下，通常认为，法定权利实现的途径一般有两种：一是，权利主体在法律规定的各种保障措施下自觉自主地实现权利，即通过法的遵守的形式，自觉把法的要求变为自己的行动，直接实现法定权利。这一过程是法定权利的正常实现过程，不仅包括社会一般主体——公民、法人、其他组织的守法行为，也包括国家机关或授权组织适用法律，实现法律权利义务的执法行为。在这一过程中，权利主体可在法律限度内自由行使权利，也可以要求义务方做出一定积极行为来实现自己的权利，也可要求义务方不得为一定行为使自己权利得以实现②。二是，概括性的法定权利向个体化的实有权利的转化是一种非常复杂的社会活动，会受到权利规范本身、国家活动、当事者的个别利益、社会政治经济文化条件以及社会习惯、道德等因素的制约而不能顺利实现。此时，由有关机关或组织在法律规定的范围内，依据一定的程序而采取补救措施，在事后维护权利的实现。它一般由社会团体和组织、行政机关和司法机关通过适用法律的方式予以救济，即社会救济和公力救济。③

这些有关权利实现的路径选择，在一定语境下都有其合理性，但从权利实践的角度出发，却不够清晰，也缺乏可操作性。所以，在权利实现路径选择时，我们当以考虑以下因素。一是路径的合规性（合法性）。无论什么样的路径，首先以不违法为前提，要符合法律的规定和要求。基于权利自身的类型和特点，有些权利实现的路径在法律上已有明确指示，循法而行即可。如诉权之实现路径，诉讼法通过管辖、审级等规定，其路线清晰可辨，不会误入歧途。但在法律设置多选或允许权利主体自

---

①　陈红岩、尹奎杰：《论权利法定化》，《东北师大学报》（哲学社会科学版）2014年第3期。

②　黄建武：《法的实现——法的一种社会学分析》，中国人民大学出版社1997年版，第46页。

③　杨春福：《权利法哲学研究导论》，南京大学出版社2000年版，第183页。

创的情形下，权利主体在路径选择时，要充分考量所选路径的合规性，避免走向法律上的"不归路"，如规避法律或违反公序良俗等。二是路径选择要与权利的类型和性质相匹配。法定权利内容极其丰富、类型多样、性质有别，呈现不同的样态和特征。如形成权与请求权，其权利实现的作用方向显然不同。形成权实现的方向在于权利主体自身的素质和能力，而请求权的实现则指向义务主体的配合程度，权利主体需要与其斗争或合作。当然，权利实现的路径与其实现的具体目标相关，如权利所赋利益状态在存续中，只需精心呵护，免遭侵害；权利行使中遭遇阻力和障碍，则在寻求救济、力排阻却、达致目标；权利行使而国家助力不逮，条件缺失，努力方向则在于吁请国家提供权利实现之基础性资源和条件。三是路径选择要考虑可行性和效率性。通往实有权利之路的可行性首先是不为法律所禁止，不受资源与条件匮乏所阻却，不因成本高昂"得不偿失"而止步，同时也不能路漫漫而无效率。总之，路径选择是服务目标实现的，因此，路径的合规性、适当性、可行性、高效性是必须考虑的因素。

为快速便捷、充分地实现权利而选择适当的路径是必需的，不同的路径对权利的实现方式和条件会有不同的要求。在路径选择之前，无疑要确定权利状态的坐标位置和目标位置，避免方向性的错误。在通往目标的道路上需要一定的条件和保障方可前行。这就是为什么，人们在论及路径问题时，往往从行进所必经的步骤、必备的条件、需要解决的问题等方面分析。所以实现权利之路径选择，必须认识清楚在此道路上，权利人自己需要做什么，国家和社会能为我们做什么，义务人必须做什么，至少从逻辑上是可达致权利实现目标的正确方向和通道。

二 权利实现的方式

权利实现作为达致实有权利目标的过程，须通过一系列活动来完成。说到底权利实现离不开权利主体主张、行使和维护权利的行为，而人的行为在其主观意志和外部条件的共同作用下，具有多样性和可选择性的特征，这就是行为的方式问题，即行为的外部形式。方式通常和方法相联系，有人认为，方式是抽象名词，是概括的方法，方法是指某一具体事物的处理方式，比较具体。方式是上位的、稳定的，方法则在方式之下，比较灵活。具体到权利实现方式，则有不同的论述，有从法哲学角度认识的，也有从部门法角度描述的；有从权利内容方面谈的，也有从权力行使方式论的。无论从何角度讲，其基本指向是趋同的。

权利实现的方式在权利实现过程中是非常关键的，具有工具理性的意义。权利仅示以权利主体可以做什么，但如何正确地做、有效地做则是将权利之可能利益转化为现实利益的关键所在。权利实现方式上的模糊会使权利主体无所适从，难以启动权利实现之行动。权利实现方式的偏差和错误既得不到法律的保护，也得不到社会的认同，难以走向权利实现的目标。因此，权利主体了解和知晓权利实现方式的价值和类型，正确选择权利实现方式和工具，对于实现权利是非常有意义的。诚如有学者所言："民事权利或私权的行使，系权利主体就权利的内容加以主张，以实现其所得享受法律所保护的利益。权利的享有、权利的保护以至于权利的实现等，均须经由权利的行使方可达成。"[1]

权利实现方式因权利实现目标形态不同而有所不同，包括权利主体行使权利、维护权利或排除权利实现障碍获得救济。其中行使权利是一种最基本的常态的方式，权利维护与权利救济是为使已获权利结果免遭不法侵害或已遭侵害的情况下所使用的权利实现方式。

（一）从法律权利内涵和权能结构看权利实现方式

法理学者张文显在其法律权利定义中讲道："法律权利是规定或隐含在法律规范中，实现于法律关系中，主体以相对自由的作为或不作为的方式获得利益的一种手段。"[2] 权利主体是以相对自由的作为或不作为的方式使用权利，也就是说，"权利主体可以自主地决定其是否实际地享有、行使或实现某种权利，而不是被迫地去享有、行使或实现该权利。"[3]从整体来讲，权利主体借以享有、行使或实现权利的方式包括作为和不作为，反过来讲，权利主体正是通过作为或不作为的方式享有、行使权利，达到实现权利的目标。作为或不作为的内容因权利的内容不同而不同。从权利的结构或权能结构分析，能够更清晰地看到权利主体实现权

---

① 郑冠宇：《民法总则》，瑞兴图书股份有限公司2014年版，第198页。

② 张文显主编：《法理学》（第四版），高等教育出版社、北京大学出版社2011年版，第94页。

③ 张文显：《法哲学范畴研究》（修订版），中国政法大学出版社2001年版，第311页。

利的具体方式，因为权能既是权利的内容，也是权利行使的方式。

"对于保证主体实现其利益，权利包含了三种权能：一是请求权，即要求别人执行或遵守法律义务的可能性。这一权能保证权利主体要求别人（义务人）支付一定资源或不阻碍主体取得和享有资源。二是做出肯定行为的权利，即权利人自己做出法律上有意义的积极行为的可能性。这一权能表示权利人利益的实现，不需要他人的积极配合，权利人要么通过自己的实际活动来满足自己的需要（例如所有权人事实上使用自己的物品），要么通过必然的法律后果的自动产生（例如接受遗产）而实现自己的利益。三是要求，即在义务人违背法律义务的情况下，权利人要求国家机关采取强制行动的可能性。这一权能保证权利人能依靠国家权力维护其利益不受侵害，或是其受侵害后能得到恢复，或使违反义务的人受到法律惩罚。"[1] 与权利结构三种权能对应的实质是权利主体实现权利的三种方式。权利主体通过自己为或不为要求义务人为或不为，以及请求国家机关强制性排除障碍三类方式实现其权利和利益。

（二）从权利实现方式产生的依据来看权利实现方式

有学者认为，"能够促使权利主体取得实际利益的所有方式的集合就是权利实现"，"这些方式不仅来自于法律制度的直接提供，也包括权利主体自创但符合法律正当性要求的自助措施"。即权利实现方式既有法定的，也有自创的。事实上，法律不仅仅是承认权利主体对某种资源的占有和利益的获得，为实现法目的，同时也往往规定了权利主体所享有的具体权利内容和可实现的方式，以不致权利落空。例如，《土地承包法》规定了农户享有集体土地承包经营权，同时赋予其占有、使用、收益、转让、入股等权能，这些都是具体行使和实现土地承包经营权的方式。没有这些权利行使方式的规定，土地承包经营权就是抽象的、僵硬的、不能充分实现的"中看不中用"的东西。在大部分权利规定中都有这样的内容，而且随着社会经济发展的变化，物之效用的不断被认识，权能不断地拓展，权利主体行使权利的方式更加丰富和便捷，权利实现也更加充分。部门法学者在讨论权利实现方式时，也主要是从权利内容、权

[1] 黄建武：《法律关系：法律调整的一个分析框架》，《哈尔滨工业大学学报》（社会科学版）2019 年第 1 期。

能拓展方面展开的，如"国有土地所有权的行使方式"即是。"国有土地所有权的权利行使的方式主要有：第一，制定行政法规；第二，制定部门规章；第三，制定地方政府规章；第四，土地使用权出让审批；第五，土地使用权出让、租赁、作价入股等；第六，划拨土地使用权划；第七，行使土地发展权；第八，行使土地回归权，等等。"①

对于权利实现自创方式的允许和存在，有学者认为："在权利自我实现的过程中，只有伤害别人的行为才是法律检查和干涉的对象，未伤害任何人或仅仅伤害自己的行为不应受到法律的惩罚。"也就是应承认和允许以不损害他人和社会的权利自我实现的方式存在。因为"利益驱动下权利主体的主动性是私权实现的内在动因，按照自身的意愿行使权利或自行获取自己应得的给付，对权利主体来说是不言而喻的。最直接、最为有效地实现权利的方式，当属民事自助行为。""在某些情况下，民事自助行为并不一定只体现为一种事后救济、底线救济，而是权利人为直接实现权利而为的积极行为。"故吁请"将民事自助行为作为权利实现的方式设立于民法典总则"。② 允许以自创方式实现权利，不仅可以补充法律的不足，同时也是促进法律完善，丰富法定权利内容和权利行使方式的重要途径。事实上，许多权利实现方式首先是权利主体在权利实践中探索和自创的，之后才为法律所吸纳。例如，农村土地承包经营和宅基地"三权分置"，土地承包经营权入股、抵押、担保都是农民自创的权利实现方式，在实践中早已存在和发展，且为实践证明是行之有效的实现方式，政策与法律的规定不过是对实践经验的认可。

（三）从权利实现方式的具体形态来看权利实现方式

"权利的行使，因权利种类的不同而有不同的行使方式。有须为法律行为的，如法定代理人对限制行为能力人所订立的合同为事后的承认或解除等；有须为事实行为的，例如所有权人就所有物加以使用或变更等。"（陈华彬）因不同种类权利实现的利益目标不同，故以不同的方式行使权利才能达致利益目标。财产权与人身权、形成权与请求权、绝对

---

① 刘俊、朱小平：《国有土地所有权权利行使制度研究》，《江西社会科学》2012年第2期。

② 沃耘：《让权利得到实现——民法典民事自助行为制度的立法设计》，《政法论丛》2011年第6期。

权与相对权、物权与债权、用益物权与担保物权权利的内容不同,权利实现的利益形态不同,权利行使的方式也就各不相同,如形成权人以单方意思表示的方式即可行使其权利,合同解除权之法定解除中的单方解除的通知方式即是。相对权则如表演者通过合同方式实现自己的权利。[1]所有权人对所有物之占有、使用、出租、处置等都是行使权利或实现权利的方式。权利主体为维护自身或他人人身财产权利,对不法侵害行为施以反制的正当防卫也是生命健康权的实现方式。凡根据权利的类型、特点、利益要求施以促进目标实现的各种方法、手段皆在权利实现方式之列,但选择何种方式,则以权利类型自身特点和要求相适应。

(四)从权利的性质和属性特征看权利实现方式

权利从一定意义上讲是国家对社会资源和利益的分配方式。因此,权利的实现意味着权利主体获得有价值的资源和利益。对权利主体完全是一种利好,当然在实现之前,仅为可能,由于权利的实现与否对他人和社会是无害的,故权利是一种行为的可能性,而非必然性;行使权利的方式具有选择性,而非唯一性;权利可以放弃,在一定条件下也可以转让。权利的这些特性决定了权利行使的方式,"除了直接实现,大部分与人身可分离的权利还可以通过转让、放弃,甚至证券化等多种方式行使。"[2]

有些权利的行使方式则与该权利所涉事物的属性特征密切相关,事物的属性特征决定了权利行使的方式只能如此。例如,《婚姻法》第38条所规定的"探望权"的行使方式就是由"探望"自身特点所决定的。"离婚后,不直接抚养子女的父或母,有探望子女的权利,另一方有协助的义务。行使探望权利的方式、时间由当事人协议;协议不成时,由人民法院判决。"实践中,"探望权的行使方式包括探望性探望和逗留性探望。探望性探望是指探望权人到直接抚养子女一方的家中或者指定的地点进行探望;而逗留性探望则是指探望权人可以在双方约定或法院判定的探望时间内,将未成年子女领走并按时送回。"[3] 这种权利行使方式符

---

① 崔立红、韩笑:《合同视野下的表演者权利实现研究》,《知识产权》2013 年第 8 期。

② 胡成蹊:《权利质量之探析》,《厦门大学法律评论》2013 年第 1 期。

③ 淄博中院:探望权行使时间和方式的正确认定,http://zbzy.sdcourt.gov.cn/zbzy/362175/362433/1780109/index.html。

合离婚当事人的特殊性要求，为双方所能接受，具有可操作性。

（五）从权利实现方式选择的影响因素来看权利实现方式

从上面的论述可以看出，在权利实践中可供权利主体选择的权利实现方式是多种多样的。那么，权利主体当如何选择？选择中会受哪些因素的制约和影响？这是应当严肃面对的一个问题，因为这是一个非常重要而却为民众所不熟悉和掌握的问题，也是为一些律师搞得非常偏狭的问题。现实生活中，大量非理性维权，甚至滥用权利的现象非常普遍。因而，正确选择和选择正确的权利实现方式于己于人、于国家于社会都具有积极正向的意义。

首先是物质条件影响法定权利实现的方式。实现权利的方式虽有多种多样，但权利主体在做出选择时，必然要受到诸多条件的制约和影响，从物质层面来讲，权利实现需要拥有一定的基础性资源和条件，乃至需要付出高昂的成本。这样在选择权利实现方式时就要考虑资源条件的占有情况和成本的承受能力，选择与之匹配的方式，如教育权实现中的择校（为获取优质教育资源），维权中的上访抑或仲裁、诉讼等。有些权利实现的方式虽然高效、便捷，但权利主体因没有充分的资源条件和经济实力，不得不选择低成本且低质量、低效率的权利实现方式，如进城务工的农民工子女所就读的学校基本都是师资或基础条件较差的学校。为人们所诟病的上访维权或许多非理性维权方式，固然有些属于企图"违法获利"者，但也有许多是受维权条件所限而做出的无奈选择。特别是在一些交通不便的贫困山区，"法律不毛之地"，农民维权方式的选择更是有极大的局限性。《秋菊打官司》中，我们所看到的不应只是"要个说法"，同时看到的是物质匮乏所带来的维权困境，秋菊需要挺着大肚子，卖了辣椒，换取"讨说法"的盘缠，不得不接受"李公安"式的调解。城市贫困者同样会遭遇维权的困境，农民工讨薪、公司小职员劳动维权所发生的各种极端行为正是这一问题的另样表现或折射。此外，随着现代科技的发展，互联网的普及，以及大数据、人工智能进入现代人们的工作与生活，也包括法律生活，正在影响甚至改变着人们权利实现方式的选择，如网络维权，网络举报，通过在线申请系统申请复议、提起诉讼，借助产权交易平台进行产权交易，等等。这些较之传统权利实现方式则更加便捷、高效、经济。

其次是主观方面对权利行使方式选择的影响。其实权利实现方式的选择深受权利主体认识能力和心理素质等方面的影响。主体的法律意识、法律知识、法律技能、个人情感偏好、睿智理性对权利实现方式的选择不无影响。有学者将之称为"主体形态的权利实现方式",其最基本的范式包括理性的方式和非理性的方式。他们认为:"赋予性权利的主动权在国家意志,国家意志可以根据所设定的享有条件作出许可或剥夺权利的决定,享受权利的主动权则在主体自身,享受的标准、方式、类型、手段、取舍等都具有鲜明的主体性或个性特征,它是不能通过外在的力量被剥夺的。其结构是:法律性权利—权利实现方式—主体需要的满足和体验。在这种主体地位得到回归的权利关系中,权利实现方式的合理性与主体对自身利益的诉求、所处情景及其所能选择的工具相关。"①

(六)权利实现的理念对权利实现方式选择的影响

耶林的《为权利而斗争》可谓已深入人心,权利的获得与实现无不体现了一种斗争哲学。但在权利实践中人们也认识到,权利的实现不仅仅是一味的斗争,同时还有合作的一面,因为"权利的生成与实现实际是在'斗争'与'合作'这两种方式的共同作用下来完成的,即一项权利的生成与实现,一方面必须有主体的主观努力,具有积极主张、争取、斗争的行为;另一方面,还要有权利的相对方承认、同意、合作的行为,两者缺一不可"。②"所谓权利实现上的合作是指权利享有者与权利指向的对象以权利为背景或依托而展开的理解、宽容、妥协和让步,并在此基础上形成权利享有者与权利指向对象之间的合作关系。"③可见权利实现的理念更新促使权利实现方式的转换。不同的权利实现理念必然支配和产生不同的权利实现方式。这种从斗争到合作既是理念,也可视作行为方式,被广泛地运用于政治或商业谈判,矛盾纠纷的化解。和解、调解中的理解、宽容、妥协、让步成为实现双方利益最大化的经典方式和

---

① 颜万发:《论主体形态的权利实现方式》,《九江学院学报》(哲学社会科学版)2010年第3期。

② 李拥军、郑智航:《从斗争到合作:权利实现的理念更新与方式转换》,《社会科学》2008年第10期。

③ 郑智航:《从斗争到合作:权利实现的理念更新与方式转换》,《社会科学》2008年第10期。

方法。

以上，我们只是简略考察和梳理了有关权利实现的一些基本问题，但这些理论和知识足以成为我们研究农民财产权利实现问题的理论思维、分析工具、考量指标和实践指南。我们的法学理论对部门法研究缺乏应有的指导、支撑和服务，这一直为人们所诟病，导致部门法研究陷于理论洼地。农民财产权利实现问题的研究和实践也难脱此窠臼，特别是正面临改革、立法、实践关键时期的农民土地承包经营权、宅基地使用权、集体收益分配权"三权"实现问题，更需要相关理论的指导与引领。这也正是我们做这一部分基础理论考察和梳理的目的所在。

第 二 章

农民财产权利及其实现的一般考察

第一节　财产与财产权利

一　财产与财产权利的内涵

厘清和把握有关财产与财产权利的内涵、属性、类型、特征等一系列关键性概念和理论，对于考察和研究农民财产权利实现问题研究是非常必要的，其将有助于我们对农民财产权利问题获得正确认识和准确把握，对农民财产权利实现路径、方式、标准、质量等问题的认识、选择和判断具有基础性的意义和价值。

首先是财产与物的关系问题。我们在讨论农民的土地承包经营权、宅基地使用权、集体收益分配权实现问题时往往要涉及承包地、宅基地、集体收益和土地承包经营权、宅基地使用权、集体收益分配权的关系问题，如农地流转、入股，宅基地转让和退出的客体究竟是什么，特别是"三权分置"下关于农民土地承包权、农户宅基地资格权内涵的争议，都无不与财产与物的关系问题有一定的关联。财产与物的关系极为密切，古希腊思想家色诺芬对财产与物进行了深入的探索，他认为财产与主体是不可分的，财产必须是主体拥有的利益，脱离主体、拥有意志的物并不能成为财产。可见"物"并不一定就是财产，财产一定是与人的利益密切相关的，并且是人与物的一种紧密结合。中国学者认为财产是属于某人所有的具有金钱价值的物质的总称①。显然，它不仅指有体物，而且

---

① 易继明、李辉凤：《财产权及其哲学基础》，《政法论坛》2000 年第 3 期。

包括权利，一般来说仅指资产，有时也包括负债，即消极财产。《法学大辞典》对财产的解释是：（1）有货币价值的物权客体，即有体物；（2）对物的所有权，某物归属某人所有即被视为某财产；（3）具有货币价值的有体物和对财物的权利的总和。由此可见，"财产"一词涉及物、物权、权利、财产权等多个概念。把"财产"和"财产权"混用，并不单是中国法学中出现的情形，《牛津法律大辞典》也把财产和财产权合为一条。这说明，"财产"一词可用指狭义的资产、财物，但在很多情况下是指广义的，既包括财物又包括财产权的集合体。随着经济和科技的迅猛发展，财产的表现形式在不断地扩张，除了传统的有形物体外，还包括股票、提单、存单等有价证券、知识产权与其他无形财产，新的财产形式的大量涌向改变了固有的财产概念。财产形式的发展说明，财产是和社会的经济条件相联系的，不是从法的概念中产生出来的，相反，法律是对事实的财产关系的确认。① 只有在法律赋予主体享有某种权利时，主体才享有某种财产，缺乏了法律上的权利依托，财产便失去了其存在的价值。②

其次，在财产被赋予多重意义的同时，财产权利也被认为不是一个单独的概念，而是一组数量庞大的概念的总称，是一个"范畴"，同时也是一个"概念"——一个最高的"种概念"。财产权利作为一个观念体系，不是从天上掉下来的，不是人们的头脑中固有的，不是上帝创造世界时恩赐给人们的，也不像卢梭讲的那样是"天赋"的；它的产生，源于实践，源于人类社会商品交换即"交易"的实践③。中国《民法总则》第五章对民事权利进行了规定，其中，第113—127条列举了各种财产权利。如第113条规定："民事主体的财产权利受法律平等保护"，但并未对"财产权利"的概念进行界定，紧随其后的第114—127条以列举的方式规定了物权、债权、知识产权、股权和其他投资性权利、继承权、数据和网络虚拟财产等具体财产权利，进一步将财产权利类型在立法上明确下来。那么到底何为"财产权利"呢？随着时间的推移，经济社会的

---

① 彭汉英：《财产法的经济分析》，中国人民大学出版社 2000 年版，第 37—38 页。
② 梅夏英：《财产权构造的基础分析》，人民法院出版社 2002 年版，第 202 页。
③ 纪坡民：《产权与法》，三联书店 2001 年版，第 29 页。

发展,学者们对财产权利的内涵和外延认识亦有不同。如 20 世纪日本著名民法学家我妻荣认为,财产权利是指以能带来的社会生活上利益的财货为内容的权利,原则上应具有经济价值、可以作为转让或担保客体的权利。① 中国著名民法学家杨立新认为财产权是指与权利人的人格、身份相分离,直接体现某种价值的权利。② 民法学者田土城、王康在结合财产权概念的历史发展——"物"与"财产"的重合与分离、财产权概念的哲学思考——主体与客体的形式与关系、财产权概念的时代内涵——确定性与开放性的冲突与平衡的基础上提出,财产权利应是指主体对具有直接经济价值的利益所享有的,基于法律规定或相对人约定产生的,以该利益的归属或利用为内容的固有权利。③ 可见,伴随着社会科技进步所带来的新的财产形式(无形财产、网络虚拟财产等)的涌现,财产权利的概念并非一成不变,而是会不断地做出调整和扩张。

二　财产权利的基本类型

以下关于财产权利类型的理论和知识,不仅仅是出于论述体系化的考虑而进行的简单重复或回顾,而是有关农民财产权利的理论、制度和实践之间存在的巨大张力,需要我们对已有知识的巩固,有的则是反思。农民土地承包经营权"物权"与"债权"之争因立法而有定论,但承包地经营权流转具有"物权性流转"和"债权性流转"之分的分歧仍然存在。第三方宅基地使用权是"次级用益物权"抑或"法定租赁权",宅基地资格权是人身权、财产权抑或复合权尚未分明。农民集体资产股份权既涉及集体财产所有权,也涉及成员财产权的认识和边界,还有承包地、宅基地和农民集体资产股份权的继承权等问题都需要我们一一面对和消解。

时下财产权利形式和种类的膨胀现象被西方的一些法律学者称为"权利的爆炸",然而在财产权利结构体系中,物权与债权是近代民法以来形成的两大基本范畴,无论是财产权理论还是财产权立法,依然保留

---

① [日]我妻荣:《民法大意》,岩波书店 1971 年版,第 42 页。

② 杨立新:《民法总则》,法律出版社 2013 年版,第 424 页。

③ 田土城、王康:《〈民法总则〉中财产权的体系化解释》,《河北法学》2018 年第 12 期。

了这种主流思想。但是，物权与债权并不能周延一切财产权利类型。在科技日新月异的今天，财产权利已不再局限于传统观念中的物权、债权和知识产权，财产权利的类型趋于多样化和复杂化。

（一）物权

物权的概念起源于罗马法，1900 年的《德国民法典》明确使用了物权的概念并对大陆法系国家的民事立法影响深远。物权是指直接支配、管领特定物、排他性地享受其利益的权利。[①] 中国 2007 年通过施行的《物权法》则遵循了传统大陆法系"物权法定"的原则，如第 5 条规定："物权的种类和内容，由法律规定。"那么，依照《物权法》的规定，物权的种类包括所有权、土地承包经营权、建设用地使用权、宅基地使用权、抵押权、质权、留置权等。物权作为最传统最典型的财产性权利，其属于财产权是确定的。在中国，农民最主要和最重要的财产就是土地，亦即土地财产权利。无论是土地承包经营权还是宅基地使用权都具有用益物权的性质。"三权分置"下农地经营权、宅基地使用权流转，以及"两权"抵押担保贷款均属于用益物权和担保物权的范畴。

（二）债权

民法上"债"的概念仍然起源于罗马法，但不同于老百姓口中的"债"和中国固有法上的"债"，后者认为的"债"仅指债务，而民法上的"债"不仅指债务，也包含债权，表示的是债权债务关系。依照《民法总则》第 118 条的规定，债权是因合同、侵权行为、无因管理、不当得利以及法律的其他规定，权利人请求特定义务人为或者不为一定行为的权利。可见债是一种特定人之间的、以当事人之间的请求为特定行为的法律关系，这种"特定行为"可以是支付金钱，也可以是交付物，也可以是权利的转移，也可以是完成一定行为；可以是作为，也可以是不作为。所有这些行为可以用"给付"这个词高度概括。通说认为，给付都具有财产性质，因此，债的关系也是一种财产关系。[②] 债权属于财产权是肯定的，但是，并非所有的债权都是财产权，能够作为财产权的是具有直接经济价值的那些债权。此外，债权物权化和物权债权化在研究农

---

① 陈华彬：《民法总论》，中国法制出版社 2011 年版，第 202 页。
② 江平：《民法各论》，中国法制出版社 2009 年版，第 100 页。

民土地财产权利及其实现上具有重要的意义。

（三）其他无形财产权

无形财产权也是一个庞大、繁杂的权利体系，它不仅包括知识产权、股权和其他投资性权利等，还包括时下备受关注、具有很强技术性并极具争议的虚拟财产权。知识产权是以对于人的智力成果、商业标志等的独占排他的利用从而取得利益为内容的权利。股权是指公司的股东对公司享有的人身和财产权益的一种综合性权利，是股东基于其股东资格而享有的从公司获取经济利益，并参与公司经营管理的权利。《民法总则》第123、125条分别对知识产权、股权和其他投资性权利予以确认，属于财产权毫无争议。

（四）国家和集体财产权

民法作为私法，其中的财产权似乎也应限于私有财产。中国《物权法》突破性地将国家与集体所有权纳入民法领域进行规定。有学者认为，公有制宪政制度决定了中国民法典不应将国家财产制度排除在外，实现财产法与公有制的有机耦合应是制定中国民法典的价值目标。故此，公有制范畴内的国家和集体财产权也属于民法财产权的一部分，应无疑问。但是，国家所有权在权利性质、权能设置、行使方式、法律保护等方面与传统民法上的所有权存在重大差别，已脱离传统物权和所有权的理论构成和立法结构。马俊驹教授认为，国家所有权具有私权和公权的二重性，受私法和公法共同调整，是一种特殊的混合法律关系。而集体所有制和集体所有权，特别是集体土地产权问题就更为复杂，理论界和实务界的纷争从未消停，几乎贯穿农村改革的整个过程。集体所有权和集体土地产权因其制度规定的模糊性而一直饱受责难，集体产权改革也就一直成为农村改革的重头戏。国家和集体财产权作为私法上的财产权，其在民法中的规则也要保持私法属性，主要解决其在私法范畴内的概念、权能、权利的变动等问题，但要针对其特点做出特别规定。关于国有和集体资源的配置、管理、相关职责分配等规则应属于公法范畴。[①] 但事实上，一些具有私法属性，应由私法调整的内容却借助于公法而规定，宅基地使用权就是明显的例子。

---

① 田土城、王康：《〈民法总则〉中财产权的体系化解释》，《河北法学》2018 年第 12 期。

（五）继承权

《继承法》上的继承是指财产继承，专指生者对死者财产权利义务的承受。继承权是指自然人依照法律的规定或被继承人生前所立的合法有效医嘱承受被继承人遗产的权利。显然，继承权是具有双重性质的权利，既有财产权内容又有人身权内容。继承权虽有着很强的身份性、人格性，然立法更倾向于将继承权定位为财产权，《民法总则》第124条对继承权做出了规定，即"自然人依法享有继承权。自然人合法的私有财产，可以依法继承"也延续了这一思路。此外，于2018年修改的《农村土地承包法》第32条规定：承包人应得的承包收益，依照继承法的规定继承。林地承包的承包人死亡，其继承人可以在承包期内继续承包。对农民土地财产权利的继承进行了明确规定。在农村集体产权制度改革中，同样赋予农民集体股权继承权能。

三　财产权利的一般特征

当今的财产权利类型趋于多元化，内容也更加复杂，结合财产权利的价值性，以下尝试对财产权的共通性进行归纳总结，抽象出财产权利的一般特征。

（一）财产权的普遍性

财产权的普遍性是指主体拥有多种形式的财产权。在当代市场经济体制下，只要是能产生一定经济利益的资源，在其上均能形成一定的财产权法律关系。[1] 这是因为发达的市场经济使生产要素全面市场化，市场在把多种生产要素卷入市场交换体系的同时，也使财产充分地泛化。财产的主体既可以是独立的自然人，也可以是法人、国家或其他公共团体。财产权既可以表现为所有权、债权、继承权，也可以表现为知识产权、股权、虚拟财产权等，这些"无形的财产"实际上正是法律基于市场生产要素的多样性而给予权利人的一种法定行为自由，他人对这种无形的行为边界不得侵犯。随着社会的进一步发展，许多新的行为方式也将被界定为财产形式，财产权体系将进一步扩展。[2] "赋予农民更多财产权利"

---

[1] 梅夏英：《财产权构造的基础分析》，人民法院出版社2002年版，第204页。
[2] 梅夏英：《财产权构造的基础分析》，人民法院出版社2002年版，第204—207页。

是党的十八大以来中国解决"三农"问题的重要举措，党和政府不仅明确土地承包经营权、宅基地使用权和集体收益分配权是法律赋予农民的重要财产权利，还通过出台一系列重要政策法律不断地向农民"还权赋能"，使农民财产权利得到极大的丰富和拓展。

（二）财产权的价值性

财产权利直接体现经济价值。一般来说，财产权利是可以用货币衡量的权利，难以换算为金钱的权利是非财产性的，这是将民事权利划分为人身权和财产权的一个基本标准。当然，这也并非绝对。谢怀栻先生认为，没有金钱价值的给付也可以成为债权的内容，《德国民法典》第241条、《日本民法典》第399条也有类似规定。但无论如何，财产权的价值性应是财产权的最基本属性，否则人们就失去了追求财产权利的内在动力，也就失去了规定和保护财产权的意义。更何况，正是由于财产权的价值性才使其构成公民行使和享受其他权利的重要基础，此亦谓"公民合法财产神圣不可侵犯"之所处。中国大力保护农民土地承包经营权、宅基地使用权和集体收益分配权等财产权利，促进农民财产权利的充分实现，就是彰显农民财产权的经济价值功能和保障农民财产权利向经济利益的转化。

（三）财产权的让渡性

财产权的让渡性是指财产权利是可以转让的，可以在市场上进行流通，这也是财产权与人身权的重要区别。各国法律均对财产权利的转让进行了规定，除法律的禁止性及限制性规定及依权利性质或当事人协议之外，财产权利都可以自由转让。这既是财产权的特性，更是财产权利的重要功能，可以实现市场资源的有效配置，充分发挥财产权利的经济价值。由此可见，财产权利的可转让性是与生俱来的特性，法律对其加以明确，是社会交易实践的需要。法律越是对市场主体的财产权界定得明确，越能促进财产权利价值功能的发挥和市场交易秩序的健康发展。中国法律规定农地使用权人在承包期内或流转合同期内对农地享有转让、转包、出租、互换、入股、担保、抵押等权利；宅基地制度改革中的宅基地使用权以出租、入股、合作等形式盘活利用，以及农村集体产权制度改革中赋予农民集体资产股份转让、抵押、继承等权能，这些无不体现了农民财产权让渡性的特征。农民财产权利的让渡不仅实现了资源要素在城乡之间的自由流动和有效配置，同时也是增加农民财产性收入、实现财产权利的制度性路径。

第二节　农民财产权利及其构成

一　农民财产权利问题的提出

农民财产权利作为一个一般性概念，只要农民实际拥有受法律保护的财产，就应当存在农民财产权利问题，比如新中国成立初始中国农民就依据《土地改革法》享有所分配土地和房屋所有权等财产权利。从这个意义上来讲，农民财产权利问题由来已久，而且是一直在存续和发展中。然而，农民财产权利作为一个具有特定内涵和意义的概念或问题的提出则是近十年的事情。2011 年 12 月，温家宝在中央农村工作会议上的讲话中代表中央指出："土地承包经营权、宅基地使用权、集体收益分配权等，是法律赋予农民的合法财产权利，无论他们是否还需要以此来作基本保障，也无论他们是留在农村还是进入城镇，任何人都无权剥夺。推进集体土地征收制度改革，关键在于保障农民的土地财产权，分配好土地非农化和城镇化产生的增值收益。"这是在中央层面首次提到农民财产权利问题。2012 年 6 月 11 日公布的《国家人权行动计划（2012—2015 年）》作为国家正式文件提出要"切实保护农民的土地承包经营权、宅基地使用权和集体收益分配权"。十二届全国人大一次会议开幕会上，温家宝在政府工作报告中强调，"农村土地制度关乎农村的根本稳定，也关乎中国的长远发展，其核心是要保障农民的财产权益，底线是严守 18 亿亩耕地红线。始终注重保护法律赋予农民的财产权利，调动农民积极性。"2013 年十八届三中全会《中共中央关于全面深化改革若干重大问题的决定》（以下简称《决定》）则进一步提出"赋予农民更多财产权利"。2022 年 10 月 16 日，党的二十大报告则更加明确地提出"深化农村土地制度改革，赋予农民更加充分的财产权益"。[①] 在中国，农

---

① 习近平：《高举中国特色社会主义伟大旗帜　为全面建设社会主义现代化国家而团结奋斗——在中国共产党第二十次全国代表大会上的报告》，人民出版社 2022 年版，第 31 页。

民拥有的最大财产是他们以农村集体经济组织成员身份所共同拥有的农村土地，包括农用地、农村集体建设用地、未利用地等①。由此，农民财产权利被赋予特定的内涵和意义，"三权"也就成为农民财产权利的基本内容。党的十八大以来，中国密集出台了一系列有关农民财产权利的政策文件和法律法规，从而构成农民财产权利制度体系。农民财产权利从提出到不断完善就是农民财产权利独立化、市场化和法制化的过程。农民财产权利的核心是农民对土地的权益，且基本类型已明确化，重视和保障农民财产权益具有重要现实意义。

二 农民财产权利的基本内涵

财产权是公民的基本权利，公民的财产权受法律保护。但一直以来，中国农民的财产权利存在概念模糊这一突出问题，在法律上对其内涵进行界定至关重要，只有权利清晰才能在城镇化进程中更好地保护农民财产权益，保证城镇化健康有序推进，实现城乡融合发展。

党的十八届三中全会《决定》指出："产权是所有制的核心。"根据新制度经济学的观点，为了提高产权的可交易性、实现资源的有效配置，产权必须是清晰的。这就要求清晰界定市场参与主体的各项财产权利和财产责任。根据中国的现实情况和党的十八届三中全会精神，结合农村改革以来的发展脉络，我们认为，《决定》强调赋予农民更多财产权利，主要是指农民的土地财产权利，具体包括土地承包经营权、宅基地使用权和集体农民收益分配权。我们所研究的农民财产权利实现问题，也正是在这个意义上限定农民财产权利的范围，即主要研究的是农民土地承包经营权、宅基地使用权和集体农民收益分配权这"三权"的实现问题。

界定农民财产权利，要按照《决定》提出的"归属清晰、权责明确、保护严格、流转顺畅"十六字方针展开。首先是充分保障承包地的占有、使用、收益、流转权以及承包经营权抵押、担保、入股。当然，其前提是要坚持农村基本经营制度，稳定土地承包关系，落实耕地保护制度。其次是加快改革农村宅基地制度，细化完善农户宅基地的用益物权，慎重稳妥地推进农民住房财产权的抵押、担保、转让。最后是有效保障农民集体经

---

① 张晓山：《关于赋予农民更多财产权利的几点思考》，《农村经济》2014 年第 1 期。

济组织成员的财产权利，积极发展包括社区股份合作社在内的各类农民股份合作经济组织，加快界定农民对集体资产股份占有、收益、有偿退出及抵押、担保、继承等权利。① 时下，农民应该是指在中国现行的户籍管理制度中，户籍登记在农村且持有农业户口的中国公民。当然，为了促进城镇化的顺利发展和出于对进城落户农民利益的特殊保护，进城落户农民的"三权"依然受到法律的保护。所以，我们这里所指的农民财产权利是农民享有的民事法上的权利，其并非一个单一的所有权概念，而是一个权利束。农民财产权利应该定义为，在中国现行的户籍管理制度中，户籍登记在农村并且持有农业户口（现在城乡均已登记为居民户籍）的中国公民，依法对其所有的财产的占有权、使用权、收益权和转让权，以及运用这几个权利获取相应经济利益的权利，包括土地的承包经营权、宅基地使用权、集体收益分配权等一系列财产权利。农民财产权利是一个不断变化的开放性概念，随着经济社会的发展，制度的创新，法律将会不断赋予农民财产权新的权能，社会越是文明、开放，农民被赋予的土地财产权利的内容将越丰富。

从农民财产权利的内涵可知，其有以下特点：第一，农民财产权是农民的一项基本权利和人权。中国宪法第 13 条规定："公民的合法的私有财产不受侵犯。国家依照法律规定保护公民的私有财产权和继承权。"宪法在第一章总纲中对公民财产权的保护做出了规定，足见财产权在人们生活中的重要性。宪法作为中国的根本法和母法，民法是中国的基本法，是宪法的下位法，而农民财产权利作为民法上的内容自然要与宪法上的财产权保持一致。只有对农民财产权利法制化，树立权利本位理念，才会将保护农民权益落到实处，只有产权清晰、明确才会建立起健康有序的产权流转市场，刺激农业和农村的发展。第二，农民财产权利享有主体的特殊性。农民财产权利是农民作为农村集体经济组织成员享有的法定权利，具有突出的身份特征。源于中国的城乡二元结构，农民不仅是一个职业，更体现的是一种身份，它将农民和农村集体土地紧密联系在一起。中国的农民财产权利体系正是在这样一个背景下建立，因此，农民财产权利的享有者仅限归属于某一农村集体的农民。第三，农民财

---

① 孔祥智、刘同山：《赋予农民更多财产权利：必要性、内涵与推进策略》，《教学与研究》2014 年第 1 期。

产权利内容广泛且不断扩张。农民财产权利是一个权利束，内容非常广泛，核心是农民土地财产权利，具体包括土地承包经营权、宅基地使用权、集体收益分配权、农民财产抵押担保权、流转权等权利。而且随着社会的发展和农地改革的深入，其内容在不断地扩充。第四，农民财产权以合法流转为核心要素的权利。合法流转是财产权的核心，也是提高农民财产性收入、统筹城乡发展的关键。如新的《土地承包法》将"三权分置"法制化，放活了经营权，促进了土地资源的有效利用。

三　农民财产权利的主要类型

土地财产权利是农民财产权利的核心，是农民根本利益的集中体现，主要类型为土地承包经营权、宅基地使用权和集体收益分配权。

（一）土地承包经营权

农民土地承包经营权是与中国农村基本经营制度密切相关的一项农民财产权利。中国农村基本经营制度是以土地集体所有为核心，家庭承包经营为基础，统一经营和分散经营结合的农业经营体制。其从农地产权制度、农业经营主体和农业经营方式三个方面廓清和界定了农村基本经营制度的内涵和边界。中国农村改革不仅起始于调整农民和土地的关系，同时也把处理好农民和土地的关系始终贯穿农村改革的全过程。农业生产的特点决定了家庭承包经营在农业生产中的基础性地位。家庭承包经营基础性地位的保障和实现，必然要求变革农村土地集体所有制的产权结构，实行所有权和经营权"两权分离"，赋予农民土地承包经营权，让农民获得土地这一生产资料的占有、使用、收益和处分权利，从而开展生产经营活动。可见，农民土地承包经营权是中国农村集体土地实行家庭承包经营制以来所产生的一类新型农民财产权利。土地承包经营权是指土地承包经营权人对于其依承包合同而占有的属于集体所有的或者国家所有，由集体经济组织使用的耕地、林地、草地等享有的占有、使用和收益的权利。尽管土地承包经营权的内容一直在发展演变，特别是2018年《农村土地承包法》的修改，完成了农地"三权分置"的法构造，将农地所有权、资格权和经营权成功入法，但新法仍然保留了土地承包经营权的传统概念，本课题研究的农民财产权利也正与此相契合，故将土地承包经营权作为农民财产权利的主要类型予以考察研究。

土地承包经营权是中国农村土地集体所有制框架下的特有概念，是农民作为农村集体经济组织的成员而天然获得的承包使用集体所有土地的权利。由此，土地承包经营权具有以下特征：第一，土地承包经营权的客体是农村土地。农村土地的范围不限于农村集体所有的土地，还包括国家所有依法由农民集体使用的耕地、林地、草地，以及其他依法用于农业的土地。第二，取得土地承包经营权须以集体经济组织成员身份为前提。土地承包经营权是集体经济组织成员成员权和财产权的集中表现，是集体成员以其特定身份从农村集体获取的一项财产权利。农村土地承包经营以户为单位，实际上是"按人分地，按户经营"。第三，土地承包经营权属于用益物权，权利内容主要由法律规定。

根据《物权法》《农村土地承包法》的规定，土地承包经营权作为用益物权应具有占有、使用、收益和一定的处分权，具体内容包含以下方面：第一，自主经营权。自主经营权主要表现为承包人依法享有承包地使用、收益的权利，有权自主组织生产经营和处置产品，只要承包方依法进行正常的生产经营活动，并履行了承包义务，其他任何人都不得干涉。第二，流转权。土地承包经营权作为财产权，权利人可以对其进行处分。承包人依法互换、转让土地承包经营权、依法流转土地经营权就是权利人对其财产权进行流转的体现。第三，土地征收、征用、占用补偿权。在土地被国家征收、征用或占用的情况下，土地上的承包经营权要么消灭，要么权利人不能正常行使财产权，此时用益物权人当然有权依法从国家获得相应的补偿。第四，抵押担保权。新的《土地承包法》赋予了农民更多的权能，可以利用承包地上的土地经营权进行抵押贷款融资，进一步发挥其作为财产权的功能。第五，出租权与入股权。《土地承包法》第36条规定："承包方可以自主决定依法采取出租（转包）、入股或者其他方式向他人流转土地经营权，并向发包方备案。"赋予了农户更多的处置承包经营权的权利，也将土地上的财产权利进一步金融化。第六，退出权。《土地承包法》第27条规定在自愿、有偿的原则下，承包户可以将自己的承包经营权在本集体经济组织内转让或者交回给发包方并享有获得经济补偿的权利。立法上自愿、有偿退出得以确认，承包户也多了一种处分自己权利的方式。此外，如果农户自己不从事生产经营，而将土地经营权转让其他主体后，其仍享有土地承包权。

（二）宅基地使用权

中国宅基地制度在20世纪60年代初就已基本形成，包括宅基地所有权制度、宅基地使用权制度和宅基地管理制度。宅基地使用权是农民早已实际享有的一项财产权利。2007年《物权法》将宅基地使用权以用益物权规定之，即宅基地使用权是指宅基地使用权人依法对集体所有的土地享有占有和使用的权利，有权依法利用该土地建造住宅及其附属设施。基于宅基地制度固有的一些局限和宅基地功能的发展变化，党的十八大以来加快了宅基地制度改革的步伐。2015年，在国家层面开始了包括宅基地制度改革在内的"三块地"改革试点。特别是2018年中央一号文件推出宅基地"三权分置"政策，即落实宅基地集体所有权，保障农户资格权，适度放开宅基地使用权和农民房屋所有权。自此，宅基地使用权概念和内容在学界和政策界有了多种理解和阐释。然而，出于我们课题研究自身的特性，即农民财产权利实现是法定权利的实现，而非应然权利之实现，更何况我们主要是针对以农民个体为权利主体的财产权利实现问题进行研究，所以，在这里我们仍然沿用传统的宅基地使用权概念。有关宅基地"三权分置"下的宅基地使用权概念和权利内容，我们将在后面的研究中专门讨论。

宅基地使用权是农民财产权的重要组成部分，作为用益物权具有以下特征：第一，主体的特定性。宅基地使用权的主体仅限于农村居民，且属于该农村集体经济组织成员，这就使得宅基地使用权与村集体组织的成员资格紧密联系在一起。第二，宅基地使用权是农民以户为单位享有的权利，而不是个人享有的权利。宅基地实行"一户一宅"的制度，即每户农村居民只有一处宅基地。农村村民出卖、出租、赠与住宅后，再申请宅基地的，不予批准。第三，宅基地使用权是一种用益物权，根据现行法律规定，其权能仅限于占有和使用权，无收益、处分权，即"限制流转，严禁抵押"。宅基地使用权本身也担负着一定的社会保障功能，因此法律对其转让进行了严格限制。

结合相关法律规定，宅基地使用权的内容主要体现在以下方面：第一，占有、使用权。农户申请取得宅基地使用权的目的是建造住房及其附属设施供其使用，要行使权利当然以占有为前提，不过在农房出租的情况下，则不成立直接占有，但可以通过收取租金而获益。从宅基地使用权的功能及"一户一宅"的规定来看,占有和使用应是宅基地使用权的两个主要权能,出租而获取租金的收益权能仅为其次要内容。第二,流转权。宅基地使用权作为用益物权,权利人自然享有处分权,可以将其权利转让。但宅基地使用权的取得具有身份性、无偿性和福利性,又与公民的基本居住权息息相关,因此法律对其流转做出了严格的限制,且一旦转让后将无法再申请到宅基地使用权。由此可见,农户可以对依法取得的宅基地使用权进行处分,但处分的内容是法定的,法律没有规定的情形不得做出。第三,宅基地上所附农房的抵押担保权。农房抵押贷款制度在各试点地区已实施三年,对于解决农民贷款难的问题有着积极的作用,也为农房抵押贷款的法制化积累了丰富的经验、奠定了坚实可靠的制度基础。第四,退出权。2019 年修订的《土地管理法》第 62 条规定:"国家允许进城落户的农村村民依法自愿有偿退出宅基地,鼓励农村集体经济组织及其成员盘活利用闲置宅基地和闲置住宅。"首次赋予了农民自愿、有偿退出宅基地的权利,对于土地资源的有效利用有着重要意义。

（三）集体收益分配权

中国基本经济制度包括农村实行集体所有制,即以土地为核心的生产资料归农民集体所有。农民集体是由农民集合而成的组织体,所以集体所有实质上是农民集体成员集体所有。集体所有权与集体成员权既有联系又有区别。集体经济本身就是一种集体成员利用集体资源通过联合与合作的方式共同发展的经济形态,集体成员从集体收益中获取一定的利益是集体所有权实现的重要表现。从集体经济产生以来,农民就以集体成员的身份通过不同的方式参与集体收益分配。所以,参与集体收益分配既是农民作为集体成员的成员权,也是农民的一项财产权利和经济权利。对此,学界和实务界并无异议,普遍认为集体收益分配权是指农民作为集体经济组织的一分子,有参与集体所有的各种自然资源和资产收益分配的权利,即集体收益分配权是农民个体基于其在集体中的地位而对集体所有财产的收益提出的分配请求权利[1],是农民集体成员基于其

① 张安毅:《户籍改革背景下农民集体所有权与收益分配权制度改造研究》,《中国农业大学学报》(社会科学版) 2015 年第 2 期。

成员资格所享有的、可分配的集体收益进行分配的权利。[①] 也有人提出集体收益分配权作为集体成员享有的权益，是一种具有经济性质的自益权，包括请求分配集体收益的权利以及实际获得集体收益的权利。同时，为确保其权利的充分实现，也享有对集体收益分配情况的知情权、监督权和参与权。

集体收益分配权是法律赋予农民的一项重要财产权利，具有以下特点：第一，主体的特定性。一般情况下，集体收益分配权的主体是本集体经济组织内的成员，即具有成员权资格是享有集体收益分配权的前提条件。第二，权利的复合型。集体收益分配权是一种综合性的权利，具有很强的身份性，但不可否认其本质上是一项财产权，该权利所及的范围仅为可供分配的集体收益。第三，权利实现的可能性。集体收益分配权的主体是成员和集体经济组织，成员收益分配权利的实现仅是一种可能性，即集体经济组织有可供分配的财产或由此产生的收益并按照规定进行分配，因此，集体收益分配权是期待权，并不具有必然性。

集体收益分配权是中国农村集体组织在市场经济背景下发展到一定阶段的产物，随着农村改革的进一步深化，农民获取的集体收益分配权的范围也在不断地扩张，这对于增加农民的财产性收入具有重要的意义。目前来看，农民集体收益分配权的内容主要包含以下具体权利：第一，集体投资经营收益分配请求权。主要包括利用集体财产经营取得的收益，如以土地使用权入股投资，通过土地、林地发包所得收益，出售集体不动产（房屋、土地等）和动产（农副产品、渔副产品等）所得收益；租赁集体不动产和动产所得收益；集体建设用地转让、出租、入股形成的收益；利用集体财产投资取得的收益，如集体参股、控股或独资举办各类企业的分红、福利等。第二，集体补助（偿）收益分配请求权。主要包括新农村建设政府投入资金、农村经济发展专项资金、征地补偿款收益、政策性奖励款项等。第三，其他集体收益分配请求权。如公益捐助、社会帮扶等取得的收益。[②]

集体收益分配权不仅涉及谁来分配、分配给谁、分配什么的问题，

---

① 管洪彦：《农民集体成员权研究》，中国政法大学出版社 2013 年版，第 45 页。
② 申亮、梁欢、王强：《农村集体收益分配权研究》，《安徽农业科学》2013 年第 22 期。

还涉及如何分配的问题。前三者实质上就是集体收益分配法律关系构成问题，即集体收益分配法律关系的主体、客体和权利义务，其在前边的论述中均有交代。在实践中，最为复杂的是如何分配的问题，既涉及分配的依据，又涉及分配的标准。关于集体收益分配的依据涉及有关政策、法律、村规民约和合作社章程。在国家层面的政策法律一般不涉及集体收益分配问题，即使有，也只是原则性的规定。如土地补偿款的分配就要求"主要用于被征地农民"，但一些地方性法规或地方政府规章中则有土地补偿款分配时集体留存与分配给农民的比例规定，或"二八开"或"三七开"不等。实践中，集体收益分配的原则、范围、标准的规定主要存在于村规民约和合作社章程。由于这些"民间法"的规定往往与国家法相冲突，从而导致集体收益分配中引发大量矛盾纠纷。随着农村集体产权制度改革的推进，集体经营性资产进行股份合作制改造，通过折股量化，将集体成员持有的集体资产股份（或份额）作为集体收益分配的依据，并规定于集体股份经济合作社章程，有效解决了集体收益如何分配的问题。

第三节　农民财产权利实现的一般考察

一　农民财产权利实现的内涵

财产权是公民权利的重中之重，在公民权利体系中居于基础性的地位，其不仅关系到公民自身的生存和发展，同时也构成公民享有其他权利的前提和基础。因此，一个现代国家的公民不仅应享有基本的财产权利，而且这些基本的财产权利应得到充分的实现，有效保障公民财产权实现是法治国家的一个重要表征。

农民是中国最大的群体，有八亿之多（户籍人口），农民的财产权利问题尤显突出和重要。2011年12月28日，温家宝就在中央农村工作会议上的讲话中代表中央提出"土地承包经营权、宅基地使用权、集体收益分配权等，是法律赋予农民的合法财产权利"。"三权"就成为农民财产权利体系的重要内容。近年来，中央有关农民财产权利的政策、法律密集出台，促进农民财产权利实现的政策举措一个接着一个。一方面提出要"赋予农民更多财产权利",着力于农民财产权的"还权赋能",另一方面则强调"创造条件让更多群众拥有财产性收入""多渠道增加居民财产性收入"。权利不落实,就会形同虚设。财产性收入的增加正是财产权利实现的必然结果,赋权与促进权利实现是权利运行的有机组成,缺一不可。从土地承包经营权"三权分置",到宅基地使用权"三权分置",再到农村集体产权制度改革的实施,莫不是党和国家有效保障农民财产权利,促进农民财产权利充分实现的重大举措。

农民财产权利是以土地权利为核心的一系列权利,包括土地承包经营权、宅基地使用权和集体收益分配权。这些权利是法律赋予农民的合法财产权利,在《宪法》《物权法》《土地管理法》《农村土地承包法》等法律法规中都有明确的规定和体现。尽管这些权利的结构还不尽完善,权能不够完整,但作为法定权利的存在是毫无疑问的。"法律的生命在于实施",赋权不是目的,只有将农民财产权利真正落实,让广大农民充分行使和享受财产权利,具有真切的获得感,法律的价值才能实现。这就是权利的实现问题,如果权利不能实现,就形同虚设,毫无意义。

权利实现是指权利主体以法定的方式或以法律允许的自创方式行使权利,维护权利,并能获得国家物质和法律保障,从而享受权利所带来的利益的活动。由此可见,权利的实现既是一个追求目标利益的过程,也是一种享有目标利益的结果。从权利运行过程来看,权利实现就是从法定权利走向实有权利,赋权只是权利的法定化,是权利实现的前提和起点。科学的权利结构不仅应有明确的权利内容,还应包括权利行使的方式和路径,为权利实现奠定良好的基础。如农民财产权的各项权能,其既是财产权利的内容,也是行使权利的方式和实现权利的路径。

纵观权利实现的过程,可以观察到其中包含了一系列的要素和条件:权利实现的内容应包括权利实现的路径、方式、方法、策略、权利实现的保障、权利实现的质量、权利实现的标准等;权利实现的过程包括权利行使、权利维护、权利救济等。权利实现的条件,包括权利主体层面的权利意识、权利态度、行使权利的能力,国家层面的法律制度供给、物质保障,法律救济等,社会层面的权利文化、舆论导向、对权利的尊重程度等。这些也正是我们考察和审视农民财产权利实现问题的重要内容。

二　农民财产权利实现的价值

农民财产权利实现不是一个孤立的问题，也不是一个孤立的行动，它是在与国家政治、经济、文化、法治的交相作用和互动过程中发生和推进的。一方面，农民财产权利实现的程度、质量要受国家一定时期政治、经济、文化、法治的制约和影响，表现为抑制或促进等不同的形态；另一方面，农民财产权利实现的运动和过程，同样会推动国家政治、经济、文化、法治的建设和发展。所以，我们要将农民财产权利实现的价值置放于一个更为广阔的背景下加以审视和对待，将有助于我们更加关注农民财产权利实现问题，自觉推动农民财产权利的充分实现。农民财产权利实现的价值至少体现在以下几个方面：

（一）有助于缩小城乡居民收入差距

长期以来，中国致力于解决农民增收问题，这是基于城乡居民收入差距存在重大鸿沟的缘故。中国的贫困主要发生在农村，是农村的贫困，实质上就是农民的贫困。"小康不小康，关键看老乡"一语道出了问题所在。所以，几十年来，中央的一号文件每每都是有关三农问题的，因此也才有了一系列的农村改革，有了"脱贫攻坚战"。历年的城乡居民可支配性收入数据，让我们可以清楚地看到城乡的差别，清楚地认识到农民的窘境，也认识到了振兴乡村的战略意义。2019 年全年全国居民人均可支配收入 30733 元，城镇居民人均可支配收入 42359 元，农村居民人均可支配收入 16021 元；2018 年全年全国居民人均可支配收入 28228 元，城镇居民人均可支配收入 39251 元，农村居民人均可支配收入 14617 元；2017 年全年全国居民人均可支配收入 25974 元，城镇居民人均可支配收入 36396.2 元，农村居民人均可支配收入 13432.4 元；2016 年全年全国居民人均可支配收入 23821 元，城镇居民人均可支配收入 33616.2 元，农村居民人均可支配收入 12363.4 元。[①] 从这些数据的变化，我们虽然看到农村居民收入在不断提升，城乡居民收入差距在逐步缩小，但差距问题依然很严重，我们需要改变这一现状。增加农民收入的路径、措施可能有千万种，受各种约束条件的限制而往往会减弱其成效。当我们直面农

---

① 笔者根据国家统计公报整理。

民收入结构的现实时，我们就会深刻理解"赋予农民更多财产权利""增加农民财产性收入渠道"的政策意蕴和保障农民财产权利实现的价值。在农民收入的家庭经营性收入、工资性收入、转移性收入、财产性收入四大构成中，财产性收入比例最小，仅为3%—4%。2012年的数据显示，农民收入四个方面：家庭经营性收入，约占总收入的46.2%；工资性收入，占42.5%；转移性收入，占8.1%；财产性收入，占3.3%。2013年至2018年，农民财产净收入分别为195元、222元、252元、272元、303元、342元，占比分别为2.1%、2.1%、2.2%、2.2%、2.3%、2.3%。农民财产净收入仅从195元增长至342元，收入构成占比从2.1%提高到2.3%。从农民收入结构数据可以看出，中国农民收入构成占比一直在发生变化，由经营性收入为主转向工资性收入为主，随着国家农业支持政策的落地和扶贫攻坚的推进，转移性支付大幅提升，农民转移性收入占比有了很大提高，但农民财产性收入的占比最低的状况始终没有改变。在农民财产性收入中，主要是农民土地流转租金和房屋出租收入（主要是城中村），受自然禀赋、地域区位和农地市场影响，农地流转租金普遍较低，导致大量土地撂荒，无收益。宅基地财产权由于受"限制流转，禁止抵押"政策约束，其财产价值难以实现；而集体收益分红部分，在广大中西部，集体经济普遍"空壳化"，多数集体经济无收益，无分红，只有发生土地征收征用时，可获得少量土地补偿款分配。据农业部数据显示，截至2016年年底，全国农村集体资产总额是3.1万亿元（不包括土地等资源性资产）。在统计的55.9万个村中，经营收益5万元以上的村达到14万个，占总数的1/4。集体没有经营收益或者经营收益在5万元以下的村有41.8万个，占总数的74.9%。党的十八大以来，党和政府高度重视农民财产权利问题，将推进土地制度改革的基本出发点明确定位于增加农民的财产性收入。通过一系列的制度创新和改革举措，农民财产性收入低微的局面有所改观。近年来，受农村土地征收补偿水平提高、农民土地流转和房屋出租增多、参加入股投资分红人数增加等因素影响，农民的财产性收入不断增长。加之，农地和宅基地"三权分置"政策的实践和入法，"三块地"改革试点的推进，农村集体产权制度改革试点的全面推开，为农民财产权利的实现创造了良好的制度环境和市场条件，极大地提升了增加农民财产性收入的发展空间。农民可以通过转让、出租、入股等多种方式流转承包地经营权，以出租、入股、合作等方式盘活利用闲置宅基地和房屋，以转让、出租、入股等方式进行集体经营性建设用地入市，还可以通过所拥有的集体资产股份权参与集体收益的分配。总之，农民财产权利实现的路径更多了，农民财产性收入逐步增加已成为现实。有数据显示，近几年，发达地区农民收入构成中股金分红占比达 15%—20%，可见，农民财产权利的实现，农民财产性收入的增加是缩小城乡居民收入差距的重要途径和方式。

（二）有助于城镇化的顺利推进

城镇化是一个国家走向现代化的必由之路，中国同样遵循这一规律，稳步推进城镇化的发展。截至 2019 年年底，中国城镇常住人口 84843 万人，城镇化率达到 60.60%，而户籍人口城镇化率仅为 44.38%。城镇化的一个重要标志是农民进城，实现从身份、职业、生活空间到生活观念的全面转变，完成"市民化"，彻底融入城市社会。但是基于中国城市社会保障供给的局限，进城落户农民尚未完全纳入城市社会保障，距完全融入城市社会尚有时日，所以常常被诟病为"半拉子城镇化"，也就是进城落户农民依然存在"留不住"的风险。为此，中国从政策到法律上为进城落户农民提供了特殊的保护措施，即保留进城落户农民在农村的财产权利，包括土地承包经营权、宅基地使用权和集体收益分配权，规定了不得以农民丧失"三权"为进城落户的条件，解除进城落户农民的后顾之忧。与此同时又为进城落户农民通过实现财产权利，为其在城市生存和发展提供必要的资金支持创设了制度性的通道。一方面，进城落户农民与在乡农民一样可以通过承包地、宅基地流转，集体资产股权转让增加财产性收入；另一方面，可以在依法、自愿、有偿的前提下退出"三权"，获得在城市发展的必要资金。可见，农民财产权利的充分实现，可以为进城落户农民在城市"留得住"，实现市民化提供必要的物质支持，从而推进中国城镇化的顺利进行。实践中，已有大量农民通过宅基地退出置换城镇住房或以宅基地"资格权"置换城镇住房从而获得了在城市稳定生活和发展的重要条件，使进城落户农民能够在城市落地生根。随着支持和保障农民财产权利实现的政策与法律的落地、体制与机制的完善，农民财产权利实现得更加充分，对城镇化发展的支持效应会更加显著。

（三）有助于促进城乡融合、乡村振兴的实现

中国的城乡二元结构正在城乡联动、城乡统筹发展、城乡一体化发展和城乡融合、乡村振兴的理念、政策、制度和实践中逐步瓦解。从宏观层面来看，农民财产权利实现的过程，也正是中国逐步走向城乡融合的过程。单纯的农村视角或城市视角的政策法律、体制机制难以形成农民财产权利充分实现的社会基础和外部条件。本课题在设计申报时就是基于这样的认识，在城乡联动视域下思考和实践农民财产权利的实现。农民财产权利是以土地权利为核心的权利体系，其权利实现必然要求农村土地资源要素在城乡自由流动、合理配置，而这一过程的完成需要打破城乡之间的制度壁垒，让农民财产权利实现获得要素市场的支持。城市资金、技术、人才下乡，缺乏与农村土地资源要素的有效结合，也无用武之地。城乡融合的体制机制为农民财产权利的实现创造了必要的条件。农地和宅基地"三权分置"设计的价值就在于将社会主体、社会资本与农民财产权实现恰如其分地联结在了一起，盘活利用闲置宅基地和农房，同样为资本下乡和农民财产权利实现提供相互支撑的制度平台。城乡资源要素的有效结合和效用发挥将推动乡村振兴战略的扎实推进。可见农村资源要素和城市资源要素的流动与结合正是以农民财产权利的行使和实现为中介，农民财产权利实现是推动城乡融合和乡村振兴的重要力量。

（四）有助于法治乡村的建设

农民财产权利实现是以其权利法定化为逻辑起点，完备的法律制度是农民财产权利实现的前提条件，及时有效的法律救济是必要的保障。同时，农民的权利意识，维权能力和行权自主性及技能都直接影响到权利实现的程度和质量。可见，农民财产权利的实现与国家法治建设，特别是乡村法治建设息息相关，与相关立法、执法、司法、法律公共服务、公民法律意识的发展水平有着直接的关系。既往农民财产权利实现程度低、质量差，农民财产性收入占比微小，反映出中国有关农民财产权利法律制度存在不健全、不完善，甚至阻碍、限制农民财产权利实现的严重问题。推进有关农民财产权利制度的改革和完善，成为促进农民财产权利实现的重要路径。针对农民财产权利实现的制度障碍和制度缺失问题，通过农村"三块地"改革、农村产权制度改革和农地"三权分置"、

宅基地"三权分置"改革实践探索，已完成了《农村土地承包法》和《土地管理法》的修改，《农村集体经济组织法》已纳入立法规划，而《物权法》《担保法》与宅基地制度改革相冲突的问题亟待解决。农民财产权利实现中来自不同方面的侵害、矛盾纠纷，需要得到及时有效的法律救济。近年来，中国由协商、调解、仲裁、诉讼等构成的多元化纠纷解决机制的逐步构建和完善对于农民财产权利实现提供了重要保障。农民在财产权利实现的实践中，其权利意识、维权能力和行权技术得到一定的锻炼和提升，特别是在具有普遍性的集体收益分配（主要是征地补偿款分配）和征地拆迁补偿争议纠纷的维权抗争中，农民的权利意识和维权能力显著进步。所以，农民财产权利实现的过程，也正是推进国家法治建设的过程，农民财产权利实现的实践运动构成推动法治进步不可或缺的内在动力。

三　农民财产权利实现的观测

农民财产权利的重要和实现的价值，引发我们对财产权利实现问题的高度关注。那么，农民财产权利如何实现？实现的程度和质量如何？影响农民财产权利实现的因素有哪些？这些随之而来的问题，需要我们进一步思考和回答。对这些问题的思考和回答，我们将在之后的农民"三权"实现研究中进行系统的考察和分析，但在这之前，我们需要对农民财产权利实现的总体情况进行初步的评估。我们将选择一些重要的维度来观测农民财产权利实现的基本状况，通过这些维度一方面可以总体性地把握农民财产权利实现所处的水平状态，另一方面从这些维度也可以反观影响农民财产权利实现的相关因素，对于之后系统考察农民"三权"实现问题具有指引方向的意义。总体把握农民财产权利实现的水平状态，也是对我们开展农民财产权利实现问题研究价值的一种验证。如果说，农民财产权利实现的整体水平状态比较好，实现的程度和质量比较理想，那么我们研究的空间将大大缩小，甚至会改变我们研究的内容和方向。反之，说明我们研究的价值、内容和方向毋庸置疑，应予以坚持，并进行深入系统的研究。

根据权利实现的内涵及权利实现的标准、质量、路径、方式、条件等一般理论，我们选择以下几个维度对农民财产权利实现状况进行观测。

当然，这些维度的选择不可能是全面的和体系化的，因而对农民财产权利实现状况也不可能是精准的测量，只能是一个基本面上的评判和整体性的把握。

（一）利益实现维度

权利的本质不过是以国家名义和法律手段对社会资源所做出的一种分配，作为财产权利则是对具有经济价值的社会资源的制度性配置。所以财产权利实现的目标或结果无疑是一种显性的物质利益的获得，可以表现为实际的占有、利用和收益。由于财产权利的经济价值性和可流转性，权利人并不满足于自己的占有和利用，而往往是通过权利（权能）的让渡而转化为一定的收益，以获取更大、更多的利益，从而形成财产性收入。"赋予农民更多的财产权利"与"增加农民财产性收入"，正是对农民财产权利赋权与财产权利实现内在逻辑关系的最好阐释。农民通过财产权利行使获取财产性收入构成权利实现的重要标志，比如农民通过转让、出租、入股的方式流转土地经营权，以出租、入股、合作等方式转让宅基地使用权所获取的收益，以及农民凭借集体资产股份权参与集体收益分配（分红），或通过股权转让、抵押等方式所获取收益，凡此种种财产性收入，正是农民"三权"实现的结果。所以，利益实现维度，正是通过农民财产性收入的有无和多少来测量农民财产权利实现的程度和质量。

（二）权利救济维度

"有权利就有救济"标示着权利的实现必须要有权威性的保障，否则权利同样会沦为虚设，成为"毫无意义的空气震动"，因为权利既可能在毫无争议和阻碍中顺利实现，也可能因侵权和争议的发生而阻滞。在后一种情况下，就需要通过权利救济排除阻力而达成权利实现的目标。权利救济除一定范围内法律所允许的自力救济之外，更多的是需要建立权威性机构和多元化纠纷解决机制的公力救济来完成。权利实现中是否遭遇侵权、纷争，这些侵权、纷争的数量、规模和复杂性将直接影响到权利能否实现和多大程度的实现。同样，在权利遭遇侵害和纷争时能否得到及时有效的救济，也将决定权利能否实现，实现的程度和质量。没有及时有效的救济，权利的实现可能会千难万险，风险丛生，充满了不确定性。即使获得救济，也并不意味着权利一定能够圆满实现，如裁判结果不能执行，救济成本高昂也会导致权利不能实现或实现的质量大打折扣。通过权利救济维度，我们可以清晰地观测到农民财产权利实现的程度和质量。

（三）制度供给维度

农民财产权利作为一种制度性安排，需要通过法律制度设权、赋权，形成明确而肯定的权利规则。农民财产权利的运行同样离不开制度支持。虽然我们所言的权利实现是以法定权利为起点，但这个处于逻辑起点的权利制度的完备程度，对权利的实现有着至关重要的影响。因为，有关权利的制度性规定，应是一个完整而严谨的体系结构，不仅规定有权利内容、权能设置，还应有权利行使和实现的方式。一个内容含混、权能残缺的权利制度是无法行使和实现的，更遑论权利制度之间存在矛盾冲突。一项权利的行使和实现除了权利规定本身的完备性之外，还往往需要一些配套制度的支撑，如农民"三权"的退出，如果没有相应的社会保障制度支持，就会因缺乏退出动力而使权利悬置。农地经营权流转、宅基地使用权转让，如没有相应的不动产登记制度和产权流转交易制度支持，这些权利的行使和实现就会因缺乏安全性而受阻。此外，农民财产权利实现往往需要借助于一些政策工具才能完成。如宅基地退出中，土地增减挂钩，移民搬迁，生态和贫困治理等政策工具的运用，是农民宅基地退出权得以实现的重要条件，否则难以成行。所以，制度供给维度包括规定农民财产权利的法律制度本身和支持权利实现的配套制度以及相应的政策工具三个方面。

（四）产权流转交易市场维度

法律上的设权、赋权、确权为权利的实现创造了前提性条件，但权利的实现还有赖于权利的行使、流动和保障，否则权利永远处于抽象和休眠状态。产权的流转和交易就是让权利动起来，通过权利让渡，在运动中实现权利的独占利益。以土地权利为核心的农民财产权利的实现过程，在很大程度上就是一个产权流转交易的过程。产权流转交易以安全、便捷、高效和利益最大化为基本取向，而产权流转交易市场化则是满足产权流转交易基本取向的最佳路径。完善的平台、规范的运行、优质的服务、准确的信息、灵敏的反应是成熟的产权流转交易市场的基本特征，也是产权流转交易者实现利益最大化的根本保证。与之相反，孤立、低效、信息闭塞、信息不对称、信用风险、合同欺诈等恰恰是农民个体自发产权流转交易的致命弊端。通过农民对产权流转交易市场的认知度、参与度、交易活跃度及交易完成量可以从另一个角度真实地反映出农民财产权利实现的程度。

四　一些具体的观测与分析

（一）利益实现维度的观测

利益的实现，既是保障与强化农民财产性权利的根本出发点，也是重要的衡量标准。这里我们将从农民财产性权利的界定出发，结合统计、调查以及调研资料，对近年来中国农民财产性权利在利益维度上实现的基本现状以及地区特点进行考察与比较分析。

1. 农民财产性收入界定

在统计中，城乡居民收入一般由经营净收入、工资净收入、转移净收入和财产净收入四部分构成。经营性收入是经营主体通过生产经营和管理而获得的收入；工资性收入是由于受雇于单位或者个人，提供劳动而获得的收入；转移性收入是无须付出任何物品或劳务就能获得的收入，如离退休金、价格补贴等。"财产性收入"是劳动收入、经营性收入等收入之外的一类收入，其往往指的是一国公民对于自己所拥有所有权的金融资产和自然资源，通过借贷、投资等方式出让使用权而获得的收入。如，联合国及欧盟委员会主编的《国民账户体系》（1993）就将财产性收入界定为"在一定时间内将资产的使用权出让给他人而产生的支付给资产所有者的报酬"。《国民账户体系》2008 年修订版也指出财产收入是由于贷出金融资产或者出租自然资源（包括土地在内）给其他单位在生产中使用而获得的收入，具体包括两个部分：其一，由于使用金融资产而产生的应付收入被称为投资收入；其二，由于出租自然资源而产生的应付收入则被称为地租。

目前，中国学界和政府部门对此认识存在分歧，没有统一的定论，与国际上通行的《国民账户体系》也不一致。学界通常认为，财产性收入是指家庭拥有的动产、不动产所获得的收入，包括利息、租金、专利收入、红利收入、财产增值收益等。国家统计局将"财产性收入"界定为金融资产或有形非生产性资产的所有者向其他机构单位或个人提供资金或将有形非生产性资产供其支配，作为回报而从中获得的收入。在国家统计局《住户收支与生活状况调查方案》中，居民财产净收入包括利息净收入，红利收入，储蓄性保险净收益，转让承包土地经营权租金净收入，出租房屋财产性收入，出租机械、专利、版权等资产的收入，其他财产净收入，房屋虚拟金 8 个项目收入。国际上，财产性收入有严格的来源规定性，中国在理论研究层面和统计实务层面对财产性收入的来源范围理解和把握得比较宽泛一些，以致有人批评这种宽泛的统计口径实际上是混淆了财产收入与财产性收入的区别，以财产收入代替了财产性收入。财产收入与财产性收入二者的范围是不同的，以财产收入代替财产性收入实际上扩大了财产性收入的统计范围。

　　基于对财产性收入的界定及其特点，农民的财产性收入应该指的是农民将自己所拥有所有权的金融资产和自然资源，通过借贷、出租、投资等方式出让使用权而获得的收入。广义来说，农民财产性收入主要来自土地、房屋与资金（金融资产）。其中，土地财产性收入是对农村土地征用和土地经营权流转而从中获得的收入；住房财产性收入是通过房屋出租、出售和拆迁补偿等方式取得的收入；资金财产性收入是农民通过将自有资金储蓄、借贷、证券投资等方式获得的利息、股息、红利等收入。（付宇等，2012；彭宏伟，2015）也有的学者认为，农民财产性收入主要是与土地要素密切相关的一类财产性收入，即农民通过对自己所拥有的土地行使占有权、使用权、收益权、处置权等所取得的相应收入，即农民对所拥有的土地（具体包括承包地和宅基地）以任何形式流转（如出租、转让、入股等方式）所获得的流转收益以及土地征收补偿所获得的土地补偿费、安置补助费、青苗补偿费等补偿收益。　（金丽馥，2013；农业部经管司研究课题组，2012；丁琳琳等，2015）

　　在这里，我们所称的农民财产性收入是指农民基于其土地财产权利和与土地财产权相关的财产权所获得的各种收益，即农民通过对所享有的土地承包经营权、宅基地使用权、集体收益分配权的行使而获取的各种收益。其主要包括农民以出租、转让、入股等方式流转土地经营权的收益；农民以出租、入股、合作等方式转让宅基地使用权或退出宅基地所获取的收益；农民以其集体资产股权在集体经济组织的分红等收益。我们这样理解和把握农民财产性收入是与近年来中央通过农地产权制度

改革、宅基地制度改革、集体产权制度改革,以及土地征收制度改革和
集体经营性建设用地入市等一系列改革"赋予农民更多财产权利"以
"增加农民财产性收入"的文件规定和精神在实质上是一致的,符合中国
实际,也是适当的。

2. 农民财产性收入的总体状况

农民土地财产性收入的高低是反映农民土地财产性权利实现的最直
接也是最重要的指标。根据国家统计局最新的结果可以看到(见图 2-1、
表 2-1),全国农民人均可支配收入不断提升,从 2013 年的 9430 元上升
至 2018 年的 14617 元,增长了 55%。从收入构成来看,其增长的主要来
是自工资性收入与经营性收入。相比之下,农民人均可支配的财产性收
入最少,涨幅最小。2013 年至今,仅从 195 元增长至 342 元。

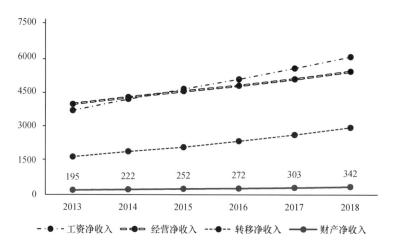

图 2-1 全国农民各类可支配收入构成(%)

数据来源:《中国统计年鉴》。

从农民财产性收入构成的占比来看,工资性收入占比不断上升。到
2015 年,超过经营性收入,达到 40.4%。此后不断上升,2018 年达到
41%。经营性收入占比仅次于工资性收入,但呈逐年下降的趋势,到
2018 年降至 35.7%。相比之下,财产性收入占比最低,平均在 2% 左右,
且涨幅非常有限,2013—2018 年,仅增长 0.2 个百分点。

由此可见,在中央政府不断通过强化农村土地制度改革,增加农民

财产性收入的背景下，中国农民财产性收入不论在绝对金额、相对比重还是增长速度上都还有很大的提升空间，农民财产性收入增长乏力的问题仍然突出。

表 2 - 1　　　　　　　　农村居民人均可支配收入（元）构成

	2013 年	2014 年	2015 年	2016 年	2017 年	2018 年
人均可支配收入	9430	10489	11422	12363	13432	14617
工资性收入	3653	4152	4600	5022	5498	5996
经营净收入	3935	4237	4504	4741	5028	5358
转移净收入	1648	1877	2066	2328	2603	2920
财产净收入	195	222	252	272	303	342

数据来源：《中国统计年鉴》。

3. 农民财产性收入构成及地区比较

考虑到数据可得性的问题，我们利用地方统计年鉴及全国收入调查数据（中国家庭收入调查 CHIP）进一步考察农民财产性收入内在构成及其变动趋势。首先，从各省统计年鉴针对农民财产性收入具体构成的统计口径来看，主要涉及利息净收益、红利净收益、储蓄性保险净收益、转让承包土地经营权租金净收益、出租房屋净收益、出租其他资产（包括机械、专利、版权）净收入、自有住房折算净租金 7 类。

表 2 - 2　　　　　　　　农民财产性收入主要类别界定

类别	界定
利息净收益	按照双方事先约定的金融契约条件，借出金融资产（存款、债券、贷款和其他应收账款）的住户或个人从债务方得到的本金之外的附加额。利息收入是应得收入，包括各类定期和活期存款利息、债券利息、个人借款利息等，银行代扣的利息所得税也包括在内
红利净收益	住户或个人作为股东将其资金交由公司支配或处置而有权获得的收益。包括股票发行公司按入股数量定期分配的股息、年终分红以及从集体财产入股或其他投资分配得到的股息和红利。股票买卖结算后获得的收益（含亏损）不包含在内，应计入"非收入所得"

类别	界定
储蓄性保险净收益	住户或个人参加储蓄性保险,扣除缴纳的保险本金及相关费用后,所获得的保险净收益。不包括保险责任人对保险人给予的保险理赔收入
转让承包土地经营权租金净收入	住户将拥有经营权或使用权的土地转让给其他机构单位或个人获得的补偿性收入扣除相关成本支出后得到的净收入,也包括从其他机构单位或个人获得的实物形式的收入

其中,与农民土地财产性收益密切相关的主要有红利、转让承包土地经营权租金净受益、出租房屋净收益,前者涵盖农民土地承包经营权流转所得收益以及土地入股红利收益,后者则涵盖宅基地使用权出让获得的收益。

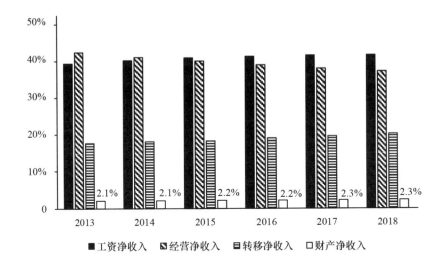

图 2-2　全国农民各类可支配收入构成

数据来源:《中国统计年鉴》。

从可得的各省统计资料来看,重点选择浙江、山东、吉林、山西及陕西五个既有公开数据,也具有地区代表性的省份。如表 2-2、图 2-3 所示,五省农民人均财产性收入总体呈自东向西递减趋势,反映了农民财产性收入与经济发展水平之间有着密切的联系。

以东部发达省份浙江为例，2015—2017 年，浙江省农村居民人均财产性收入从 608 元上升至 718 元，是同时期国家平均水平的 2 倍多。然而，同其他收入类型相比，其数额仍然是最低的，2017 年占人均可支配总输入 2.8% 左右，高出全国平均水平 0.5 个百分点。浙江省农民人均财产性收入在 2015 年达到 608 元，比陕西省高出近 3 倍。山东、吉林分别从 2015 年的 326.3 元、198.6 元上升至 2017 年的 390.8 元、289.1 元。吉林省的涨幅较为突出，三年间增长了 90.7 元，仅次于浙江。此外，中西部地区财产性收入较低，山西、陕西分别为从 150 元、152.5 元上升至 181.8 元、185.1 元，增幅有限。

从具体构成来看，呈现较明显的地区特征（见表 2-3、图 2-3、图 2-4）。2015 年，以浙江省为代表的，人均农地资源较少、市场经济发展水平更高的东部发达地区，其农民财产性收入主要来自红利与房屋出租收益，2015 年这两块收入分别达到 203 元、221 元，占总财产性收入的 69.7%。相比之下，以吉林、山东为代表的东部及东北地区农业产出与农地资源大省，其农民财产性收入则主要来自转让承包土地经营权租金净收益，具体金额分别为 154.7 元、146.7 元，占总财产性收入的 47.4%、73.9%。此外，以陕西、山西为代表的农地资源较为丰富、市

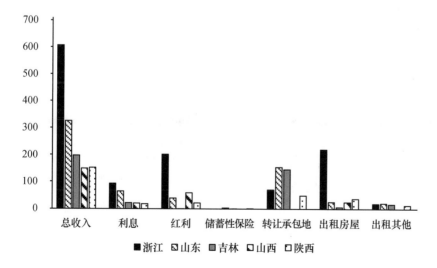

图 2-3　农民财产性收入及其构成（元），2015 年

数据来源：各省统计年鉴。

场经济发展水平较低的中西部地区，农民财产性收入构成相对均衡，且以土地流转收益以及房屋出租收益为主。其中，山西省农民的红利收入较高，人均达58.9元，占比39.8%。陕西省农民财产性收入更多来自土地流转以及房屋出租收入，二者占比分别达到32.4%、24.4%。

表2-3 五省农村居民人均财产性收入构成情况，2015年

	总和	利息	红利	储蓄性保险	转让承包地	出租房屋	出租其他
浙江省	608.0	94.0	203.0	0.0	71.0	221.0	19.0
		15.5%	33.4%	0.0%	11.7%	36.3%	3.1%
山东省	326.3	65.3	39.7	3.7	154.7	25.3	20.6
		20.0%	12.2%	1.1%	47.4%	7.7%	6.3%
吉林省	198.6	22.2	0.5	0.5	146.7	6.4	17.1
		11.2%	0.3%	0.2%	73.9%	3.2%	8.6%
山西省	150.0	20.7	59.8	0.5	0.0	24.8	0.0
		13.8%	39.8%	0.3%	0.0%	16.6%	0.0%
陕西省	152.5	18.7	21.8	1.0	49.4	37.2	13.0
		12.3%	14.3%	0.7%	32.4%	24.4%	8.5%

数据来源：各省统计年鉴。

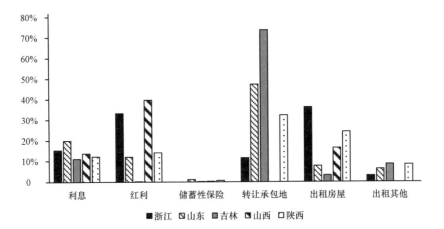

图2-4 农民财产性收入构成占比（%），2015年

数据来源：各省统计年鉴。

到 2017 年（见表 2-4），五省农民人均财产性收入都有不同程度的上升，浙江省不仅财产性收入水平最高，而且增幅也最大，两年间收入水平从 608 元上升至 718 元。相比之下，吉林和山东农民财产性收入增幅居中，分别增长 64.5 元、90.5 元；山西和陕西涨幅较小，分别为 31.8 元、32.6 元。从收入构成的变动情况来看，基于地域差异的构成模式依然稳定。浙江农民人均可支配的财产性收入中，红利和房屋出租仍然是主要收入来源，其中红利收益在 2017 年有所下降，为 266 元，出租房屋收益有所上升，为 251 元，二者加总占总收益的 72%。转让承包土地经营权租金净收入尽管有所上升，但相对较低，为 81 元，占财产性收入的 11.2%。山东、吉林农民财产性收入中，土地流转收入占比虽略有下降，但仍然比重最高且数额继续增加，分别达到 163 元、210.4 元。此外，山东省农民的房屋出租收益数额及比重增幅显著；吉林省农民红利收入及比重有较明显的上升。

表 2-4　　　　五省农村居民人均财产性收入构成情况，2017 年

	总和	利息	红利	储蓄性保险	转让承包地	出租房屋	出租其他
浙江省	718.0	84.0	266.0	3.0	81.0	251.0	24.0
		11.7%	37.0%	0.4%	11.3%	35.0%	3.3%
山东省	390.8	66.6	25.7	8.0	163.0	50.3	5.0
		17.1%	6.6%	2.0%	41.7%	12.9%	1.3%
吉林省	289.1	31.2	19.5	1.7	210.4	12.6	11.2
		10.8%	6.7%	0.6%	72.8%	4.4%	3.9%
山西省	181.8	11.4	103.2	0.5	0.0	24.2	0.0
		6.3%	56.8%	0.3%	0.0%	13.3%	0.0%
陕西省	185.1	6.9	27.1	0.9	64.0	49.0	7.5
		3.7%	14.6%	0.5%	34.6%	26.5%	4.1%

数据来源：各省统计年鉴。

中西部地区以陕西为例可以看到（见表 2-5 至表 2-7），党的十八大以来，陕西省在农民增收上做了一系列工作，根据我们的调查发现：（1）农业供给侧结构性改革持续加快。果畜菜茶等特色产业不断

壮大，新产业新业态蓬勃发展，新型经营主体和现代园区呈较快增长态势。创建全国休闲农业和乡村旅游示范县（区）10 个，新增国家电子商务进农村综合示范县 19 个；培育明星企业 56 个，创建省级示范合作社 912 家，示范家庭农场 1772 个，认定职业农民 4.27 万人；全省建成省级现代农业园区 362 个，带动各类园区 2495 个；全省农民工返乡创业 48.1 万人，创办新企业或新的经济实体 25.8 万个。（2）城乡融合发展持续提升。农村生产生活条件不断改善，水电路网等基础设施不断完善，城乡公共服务均等化水平不断提高，新农村建设迈出新步伐。9 个镇列入第二批全国特色小镇，35 个重点示范镇、31 个文化旅游名镇建设明显加快，城镇化率达到 56%。创建了 840 个美丽宜居示范村，10 个村列为全国改善农村人居环境示范村，71 个村列入国家级传统村落名录。（3）脱贫攻坚工作持续推进。500 多万贫困人口脱贫，108 万群众实现易地搬迁，贫困发生率下降到 7.55%。至 2020 年脱贫攻坚任务全面完成，贫困县如期摘帽、1261 个贫困村达标退出、40.5 万贫困人口脱贫。四是农村改革持续深入。农村承包地确权颁证率达到 97.2%，农村集体产权制度改革全力推进，"三变"改革加速扩面。实施改革的村达到 4294 个，其中 2602 个村完成清产核资，1752 个村完成成员界定，977 个村完成股权量化，1019 个村成立集体经济组织并在农业部门申领证书，439 个村有分红。在此背景下，陕西农村居民收入有了较快的增长。到 2017 年，农村居民人均可支配收入达到 10265 元，较 2012 年的 6285 元增加 3980 元，累计增长 63.3%，年均增长 10.3%。作为农民收入主要来源之一的财产净收入，增速居四项收入来源之首，2017 年，农村居民人均财产净收入达到 185 元，较 2012 年的 86 元增加 99 元，累计增长 115.1%，年均增长 16.6%。同时，随着人均财产净收入的快速增长，其占农村居民人均可支配收入的比重由 2012 年的 1.4% 提升至 2017 年的 1.8%，上升 0.4 个百分点。

表 2-5　　　　2012—2017 年陕西农村居民人均可支配收入（元）

	2012 年	2013 年	2014 年	2015 年	2016 年	2017 年
可支配收入	6285	7092	7932	8689	9396	10265

续表

	2012 年	2013 年	2014 年	2015 年	2016 年	2017 年
工资性收入	2515	2887	3217	3548	3916	4272
经营净收入	2336	2530	2751	2909	3058	3242
财产净收入	86	90	120	152	159	185
转移净收入	1348	1585	1845	2080	2263	2566

表 2 - 6　　2013—2017 年陕西农村居民人均可支配收入增幅 （%）

	2013 年	2014 年	2015 年	2016 年	2017 年	累计增速	年均增速
可支配收入	12.8	11.8	9.5	8.1	9.2	63.3	10.3
工资性收入	14.8	11.4	10.3	10.4	9.1	69.7	11.2
经营净收入	8.3	8.7	5.7	5.1	6.0	38.8	6.8
财产净收入	4.7	33.3	26.7	4.6	16.4	115.1	16.6
转移净收入	17.6	16.3	12.8	8.8	13.4	90.4	13.7

表 2 - 7　　2012—2017 年陕西农村居民人均可支配收入结构 （%）

	2012 年	2013 年	2014 年	2015 年	2016 年	2017 年
可支配收入	100.0	100.0	100.0	100.0	100.0	100.0
工资性收入	40.0	40.7	40.6	40.8	41.7	41.6
经营净收入	37.2	35.7	34.7	33.5	32.5	31.6
财产净收入	1.4	1.3	1.5	1.7	1.7	1.8
转移净收入	21.4	22.3	23.2	23.9	24.1	25.0

　　陕西省 2019 年全年农村居民人均可支配收入 12326 元，比上年增加 1113 元，增长 9.9%。其中，工资性收入 5025 元，占比 40.8%，增长 8.7%；经营净收入 3792 元，占比 30.8%，增长 8.1%；财产净收入 214 元，占比 1.7%，增长 9.1%；转移净收入 3295 元，占比 26.7%，增长 14.1%。农村居民人均生活消费支出 10935 元，比上年增加 864 元，增长 8.6%。

　　从财产性收入构成来看，六成收入来源于土地和房屋租金。在财产净收入内部结构中，转让承包土地经营权租金净收入与出租房屋财产性收入一直是财产净收入的主渠道。2017 年，人均转让承包土地经营权租金净收入 64 元，占财产净收入的 34.6%；人均出租房屋财产性收入 49 元，占财产净收入的 26.5%。此外，其他财产净收入占 15.9%，红利收入占比为 14.7%，出租机械、专利、版权等资产的收入占比为 4.1%，利息净收入占比为 3.7%，储蓄性保险净收益占比为 0.5%。

尽管如此，陕西农村居民收入水平低，财富积累少，财产增值能力弱。（1）财产性收入水平明显低于全国。2017 年，全国农村居民人均财产净收入 303 元，占农村居民人均可支配收入的 2.3%。陕西农村居民人均财产净收入低于全国平均水平 185 元，占农村居民人均可支配收入不足 2%，低于全国 0.5 个百分点。（2）财产净收入增长主要依靠土地和房屋，尽管增速快，但水平低，占比小，对农村居民增收贡献率很小。2017 年农村居民财产净收入对人均可支配收入增长的贡献率仅为 3%。其中，转让承包土地经营权租金净收入与出租房屋财产性收入对农村居民收入增长的贡献率分别为 1.0%、0.7%。据国家统计局陕西调查总队调查，2019 年上半年，陕西农村居民人均可支配收入为 6184 元，同比增长 9.7%，人均消费支出 5416 元，同比增长 8.7%。虽然四项收入都有所增长，但财产净收入贡献较弱。上半年，农村居民人均财产净收入 141 元，同比增加 9 元，增长 7.0%；对可支配收入增长贡献 1.6%，拉动可支配收入增长 0.2 个百分点。（见表 2 - 8）

表 2 - 8 　　　　　2019 年上半年陕西农村居民可支配收入情况

	本年 （元）	上年 （元）	增幅 （%）	占比 （%）	贡献率 （%）	拉动收入 （%）
可支配收入	6184	5636	9.7	-	-	-
工资性收入	2867	2610	9.8	46.4	47.0	4.5
经营净收入	1406	1344	4.6	22.7	11.3	1.1
财产净收入	141	132	7.0	2.3	1.6	0.2
转移净收入	1770	1550	14.2	28.6	40.2	3.9

资料来源：以上有关陕西农村居民人均可支配收入数据来自国家统计局陕西调查总队。

总之，中国农民财产性收入的地域特征较为明显，概括来看可以根据农地资源规模与市场化发展水平这两个基本维度划分为三种基本类型：

其一，在土地资源稀缺、市场产业化水平高的地区（东部沿海发达省份），农民土地财产性收入以土地入股红利和房屋出租收益为主；其二，在土地资源丰富、农业市场产业化发达的地区（东北和东部农业大省），农民土地财产性收入以土地承包经营权流转收益为主导；其三，在农地资源比较丰富、农业市场产业化程度较低的中西部地区，农民财产性收入构成相对均衡，以经营权流转以及房屋出租为主。

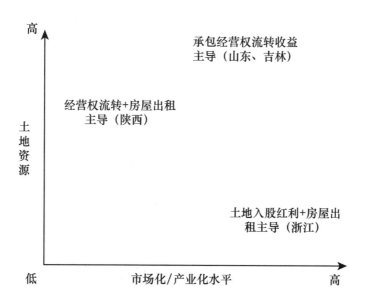

图 2 - 5　中国农民财产性收入的地域特征

　　综上所述，我们可以看出，中国农民财产性收入呈现两个特点：一是总体水平低，占比小，贡献率低。虽然各地区发展不平衡，特别是东西部，但也未能改变整体处于低位水平的状态，说明当前中国农民财产性权利实现还不够充分。二是未来发展空间比较大，预示着农民财产性收入会有较大幅度提高，农民财产性权利实现的程度和质量都会有较大改善。这是因为，目前农民财产性收入主要表现为土地流转收益和房屋出租收益，而占有相当大比例的宅基地转让、退出收益和集体经济组织分红，由于受政策法律的限制基本没有纳入统计范围。但随着宅基地制度改革和集体产权制度改革的深入，改革成果转化为相应的法律，农民财产性收入和农民财产权利实现都会有很大的进步。

(二) 权利救济维度的观测

从权利救济维度观测农民财产权利实现状况，我们将从农村土地纠纷发生和土地纠纷解决机制两个层面切入。农民财产权利是以土地权利为核心的权利体系，从这个意义上来讲，农村土地权益纠纷的发生意味着农民财产权利实现遭遇阻滞，需要权利救济，而权利救济则是以纠纷解决机制为核心的一系列活动。土地权益纠纷的多发性、规模性、复杂性无疑会导致农民财产权利实现的阻滞和不确定。权利救济是否及时有效，纠纷解决机制是否健全完善将直接影响到权利实现的程度和成本。

1. 关于农村土地权益纠纷

中国是一个农业大国，同时也是一个农民大国，拥有八亿之众的农民。在当前，土地仍是绝大多数农民的重要生产资料和生活保障。因此，国家赋予农民的财产权利仍以土地权利为核心，其包括土地承包经营权、宅基地使用权和集体收益分配权。值得注意的是，在中国工业化、城市化快速发展过程中，土地又是极为重要的生产要素和市场要素，是社会经济发展的重要基础。因此，农民土地权益不可避免地卷入利益旋涡，成为一个巨大的利益轴心。围绕这一轴心，各利益主体间展开了激烈的竞争与博弈。各种矛盾、冲突和纠纷纷至沓来，甚至形成激烈的对抗，严重危害社会稳定和发展。目前，农村土地权益纠纷案例数依然居高不下，受到全社会的高度关注。农村土地权益纠纷的类型、规模、成因、发展趋势通常受到一个地区的产业结构、工业化城市化进程、国家和地方政策法规乃至国内外经济形势等多种因素的制约和影响，具有广泛的社会基础，表现出巨大的时空差异，呈现起伏发展的态势。农村土地权益纠纷因此也具有内部性和外部性、群体性和对抗性、长期性和阶段性、原发性和衍生性、内敛性和外溢性以及集中爆发性等多样复杂的特征。

从宏观层面来看，根据农民财产权利类型的划分，我们可以将农民土地财产权益纠纷基本形态分为农民土地承包经营权纠纷、宅基地使用权纠纷和集体收益分配权益纠纷。在每类纠纷之下又表现为纷繁复杂的具体形式和样态。

一是农村土地承包经营权纠纷。农村土地承包经营纠纷是农村土地权益纠纷中最基本、最普遍、最主要的类型。其又可根据不同的标准做出许多具体的分类。这里我们仅以法律文件中规定和体现的农村土地纠纷类型为例，就可见其多样性和复杂型。

2005 年 3 月 29 日由最高人民法院审判委员会第 1346 次会议通过，2005 年 9 月 1 日起施行的《最高人民法院关于审理涉及农村土地承包纠纷案件适用法律问题的解释》（法释〔2005〕6 号），对人民法院应当依法受理的农村土地承包民事纠纷的类型进行了列举，主要有："（一）承包合同纠纷；（二）承包经营权侵权纠纷；（三）承包经营权流转纠纷；（四）承包地征收补偿费用分配纠纷；（五）承包经营权继承纠纷。"该司法解释同时还规定："集体经济组织成员因未实际取得土地承包经营权提起民事诉讼的，人民法院应当告知其向有关行政主管部门申请解决。集体经济组织成员就用于分配的土地补偿费数额提起民事诉讼的，人民法院不予受理。"

2011 年 2 月 18 日《最高人民法院关于修改〈民事案件案由规定〉的决定》（法〔2011〕41 号第一次修正）对农村土地承包纠纷进行了细化，使我们能够从另外一个角度观察农村土地承包纠纷的类型。其中，土地承包经营权纠纷包括：（1）土地承包经营权确认纠纷；（2）承包地征收补偿费用分配纠纷；（3）土地承包经营权继承纠纷。农村土地承包合同纠纷包括：（1）土地承包经营权转包合同纠纷；（2）土地承包经营权转让合同纠纷；（3）土地承包经营权互换合同纠纷；（4）土地承包经营权入股合同纠纷；（5）土地承包经营权抵押合同纠纷；（6）土地承包经营权出租合同纠纷。抵押权纠纷包括土地承包经营权抵押权纠纷。

2009 年 6 月 27 日第十一届全国人民代表大会常务委员会第九次会议通过，2010 年 1 月 1 日起施行的《农村土地承包经营纠纷调解仲裁法》第 2 条规定："农村土地承包经营纠纷调解和仲裁，适用本法。农村土地承包经营纠纷包括：（一）因订立、履行、变更、解除和终止农村土地承包合同发生的纠纷；（二）因农村土地承包经营权转包、出租、互换、转让、入股等流转发生的纠纷；（三）因收回、调整承包地发生的纠纷；（四）因确认农村土地承包经营权发生的纠纷；（五）因侵害农村土地承包经营权发生的纠纷；（六）法律、法规规定的其他农村土地承包经营纠纷。因征收集体所有的土地及其补偿发生的纠纷，不属于农村土地承包仲裁委员会的受理范围，可以通过行政复议或者诉讼等方式解决。"

此外，农业部办公厅 2005 年 3 月 22 日颁布《关于建立农村土地承包问题上访情况定期报告制度的通知》，决定从 2005 年 4 月 1 日起建立土地承包纠纷定期报告制度。其附件 3《（×月）到本级反映土地承包纠纷分类情况月报表》所列土地承包纠纷亦可作为参考："（一）土地承包类：1. 要求实行二轮延包，2. 延包时未得到土地，3. 要求补发权证，4. 机动地问题，5. 承包期内违法收回，占用承包地，6. 务工经商农民返乡要地，7. 承包期内违法调整承包地，8. 其他类型承包纠纷；（二）土地流转类：1. 强迫土地流转，2. 土地流转收益纠纷；（三）征地补偿费分配纠纷：1. 征地补偿费分配不公，2. 农村集体非法截留、扣押、挪用、挥霍征地补偿费；（四）其他纠纷：农嫁女承包权益问题，外来户承包权益问题，其他特殊人群承包权益问题。"

从以上法律、司法解释、司法文件及政府规章中，我们大致可以看到农村土地纠纷，特别是农村土地承包经营纠纷的主要类型。值得注意的是，随着农地"三权分置"入法，土地承包经营权的充分配置，承包地经营权流转势在必行，其流转方式既有债权性流转，又有物权性流转，法律关系更为复杂。其间，矛盾纠纷发生在所难免，农民财产权益保障也更为复杂和困难。

至于土地承包经营权纠纷的发展态势，事实上，土地承包经营权纠纷往往被分流到多处，以不同的纠纷解决机制予以化解。这里我们仅以进入司法程序，通过司法裁决的部分为例予以说明。

根据中国裁判文书网的不完全统计（见图 2 - 6、图 2 - 7），中国农民土地承包经营权纠纷仍是目前农地纠纷的主要类型，2015 年以前的案件，矛盾比较单一，主要集中在土地被国家开发征用后，土地补偿金、安置费、青苗和附着物补偿费分配方面。2015 年以后，随着国家土地政策进一步调整，尤其因农户承包地进行测绘确权而引发的农民土地承包经营权、转包、土地流转、违规收回土地、离婚分割承包、代耕代种土地返还等类型的案件不断增多，总体处于较高水平且自 2013 年以来呈现大幅增长的趋势，但在 2018 年以后有了明显的下降。但总体来看，全国范围土地承包纠纷发生率仍然较高。从各省相关案件总数的分布来看，排在前六位的分别是河北、吉林、辽宁、黑龙江、内蒙古、河南，以东北和中西部地区省份为主。相比之下，东部省份主要集中在河北、江苏、山东。

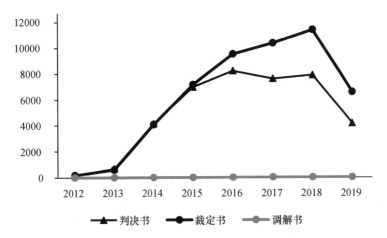

图 2 - 6　全国土地承包经营权纠纷案件数（不完全统计）

数据来源：中国裁判文书网。

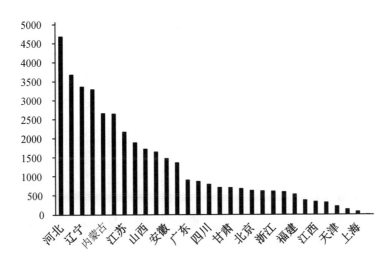

图 2 - 7　各省土地承包经营权纠纷案件数，2012—2019 年（不完全统计）

数据来源：中国裁判文书网。

二是宅基地使用权纠纷。现行宅基地政策法律对宅基地使用权权能作了非常有限的规定，对其流转交易进行严格的限制，形成了"限制转让，禁止抵押"的基本特征。通常是通过房屋出租、买卖、赠与等方式实现宅基地的转让。随着宅基地制度改革的深入，相关政策法律的出台，近年来宅基地使用权纠纷呈现越发增多的趋势（见图2-8、图2-9）。2019年新的《土地管理法》已作出了鼓励农村集体组织和农民盘活利用闲置宅基地和闲置房屋的规定，同时允许进城落户农民依法自愿有偿退出宅基地。之后，有关宅基地立法将进一步跟进和完善。可以预见，宅基地使用权纠纷也会相应增多。根据中国裁判文书网的数据显示，2014—2018年宅基地使用权纠纷呈直线上升趋势，2018年高达5714件。宅基地使用权纠纷，涉案主体范围广，多是历史遗留问题，加之利益关系复杂，目前处理起来存在很大难度。宅基地使用权纠纷复杂的原因在于：一是宅基地流转法律不健全，宅基地改革多是政策推动的，与相关法律无法协调。二是宅基地使用权权能不完整。宅基地使用权是用益物权，却缺乏收益权能，宅基地流转、租赁、抵押、入股等在相关法律法规中都是严格受限的，所以出现了大量宅基地"隐形交易"的情形。

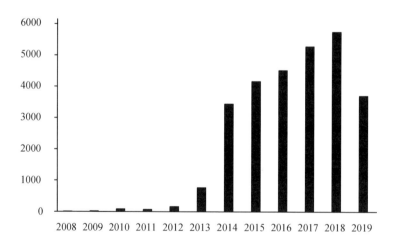

图2-8 全国宅基地使用权纠纷案件数（不完全统计）

数据来源：中国裁判文书网。

三是农民集体收益分配纠纷。这类纠纷最典型的是集体土地征收土地补偿款分配纠纷。中国集中、大面积发生农民集体收益分配纠纷是在

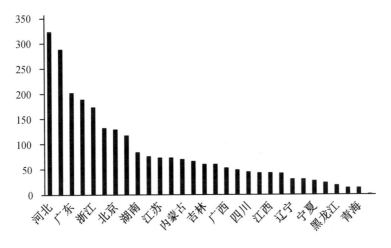

图 2-9　各省宅基地使用权纠纷案件数（不完全统计）

数据来源：中国裁判文书网。

21 世纪初期。工业化、城镇化迅速推进，大量征占农村集体土地。一方面，许多农民因此而失地，成为失地农民；另一方面因征地而产生的巨额土地补偿款需要分配。由于中国缺乏相关立法，集体收益分配主要依据村规民约和村集体制定的集体收益分配方案实施。受传统风俗习惯、户籍制度等因素的影响，村规民约的规定往往与国家政策法律相抵触，严重侵害了以"嫁城女"、离异妇女为代表的农村"特殊人群"的集体收益分配权，表现为村集体对"嫁城女"及其子女不予分配或少分配土地补偿款，于是产生纠纷。纠纷遍及全国，几乎有征地的地方，就有集体收益分配纠纷的发生。纠纷不仅面广量大，影响广泛，而且缺乏相应法律法规的调整。最高人民法院先后作出的相关的四个司法解释也相互矛盾，莫衷一是。特别是此类纠纷的审理涉及集体经济组织成员界定这一长期困扰法院、政府和农村集体组织的"老大难"问题，加大了问题处理的难度。陕西省高级人民法院出台的《关于审理农村集体经济组织收益分配纠纷案件讨论会纪要》就客观真实地描述了当时的现实情况："近年来，我省涉及农村集体经济组织收益分配纠纷越来越多，诉诸到法院的此类争议案件明显增加。由于法律法规对如何处理此类争议的规定不尽明确，最高法院有关司法解释亦不一致，各地法院在受理、裁判和执行此类案件时，都程度不同地遇到了一些困难。"出于社会稳定的政治考虑，司法机关往往采取不予受理或选择性受理的处置方式，即使受理裁决了也难以执行，这种状况又加剧了纠纷的激化升级。这类纠纷一直长期持续存在。除农地征收补偿费分配纠纷之外，农民集体收益分配纠纷还包括其他集体土地收益分配纠纷、环境污染补偿费款项分配纠纷、其他集体款项分配纠纷。除此之外，值得注意的是，2017 年始在全国逐步推开的农村集体产权制度改革，是落实农民集体收益分配权的重大制度创新。此项改革以清产核资、成员界定、折股量化、成立集体股份经济合作社为主要内容。最为重要的是对集体成员身份进行了界定和确认，规定了集体经济组织成员享有集体资产股份权能，明确了集体经济组织成员以其拥有的集体资产股权（或份额）作为分配集体资产收益的依据。这一改革为预防和化解集体收益分配纠纷奠定了制度基础。应当注意的是，改革只是解决问题的开始，并不意味着问题的终结。由于农村集体产权制度改革主要是依靠政策推进，相关立法尚处于立法规划阶段，改革的成果还没有得到法律的确认和保障，更何况集体成员身份界定和确认是一个动态的、复杂的问题，不可能一劳永逸。一些深层次的问题暂时被淡化或遮蔽、转移，如新增人口的集体成员身份问题。此外，股权管理、转让、继承等更为复杂的问题，矛盾还没有显化，由此而引发的纠纷同样不可避免。

目前农村集体经济组织收益分配纠纷的解决上存在几个难题：一是集体经济组织成员身份界定标准不统一，使得农村集体经济组织收益分配主体资格出现了不确定状态；二是缺乏统一的分配规则，使得特殊群体的集体收益分配权受到侵害；三是司法救济不畅问题，法院在是否受理和如何处理集体收益分配纠纷案件中缺乏统一的认识和裁判尺度，导致农民集体收益分配权受到侵害而无法救济。

2. 关于农民财产权益纠纷解决机制

中国传统的农村土地纠纷解决机制以人民调解、行政调处和司法诉讼为主。随着农村土地纠纷类型和规模的重大变化，中国又先后建立起了以农村土地承包经营纠纷仲裁制度、征地补偿标准争议协调裁决制度为主要内容的农村土地纠纷解决机制，并在应对"信访潮"的过程中逐步建立了特殊的信访纠纷解决机制。实践中，还有一些纠纷解决机制在实际发挥作用，如乡镇调处纠纷机制、民族宗教解决纠纷机制、新型农村自治组织解决纠纷机制。可以说，中国多元化纠纷解决机制体系已初步形成，这些纠纷解决机制以其各自特有的机理和方式在不同领域和不同层面对解决农村土地纠纷发挥着重要作用。但传统纠纷解决机制正面临新的挑战，新机制还不够成熟完善，体制外的机制尚需规范和培育。此外，多元纠纷解决机制尚缺乏有效的衔接、互动和整合，客观上削弱了解决矛盾纠纷的整体合力。

（1）农村土地纠纷的乡村人民调解。农村人民调解土地纠纷的基本特点：农村人民调解是为广大农民所熟悉的基础性和常规性的纠纷解决机制。大量常见多发、利益关系比较简单的农村土地纠纷为乡村人民调解所解决。农村人民调解的基本依靠力量是村干部，村干部借助其所拥有的政治权力、经济资源、人情面子、个人威望等社会资本调解纠纷。"变通"是农村人民调解的主要特色，包括调解方式方法的变通和对既有规则的改造。其既可构成对政策法律的规避，也可使脱离实际的政策法律获得实施条件。农村土地纠纷调解是调解者展示其经验与技术、智慧与魅力，充满迷幻色彩的大舞台。人们因过度关注调解技术，以致忽略了调解所依据的实体规则，甚至误将调解的方式方法当成了调解的全部，使许多调解者陷入调解规则正义的无意识状态。

农村人民调解存在的主要问题：农村人民调解纠纷的作用发挥不足，中国人民调解员年均调解纠纷不足一件。村庄"空心化"使许多农村组织瘫痪，农村调解组织名存实亡现象严重。农村精英的大量外流，使调解人才严重匮乏。农村干部队伍素质蜕化，致其权威不足。一些农村土地纠纷的发生本身与村"两委"、乡镇政府、上级行政命令有关，加之土地纠纷群体性、对抗性的特点，使农村人民调解发挥作用的空间非常有限。社会转型期农民思想观念、价值取向和行为方式发生重大变化，往日通行的规则不再被认同，传统的调解方式难以奏效。基层司法所的壮大挤压了农村人民调解的发展空间。乡村人民调解已不再是建立乡村内生秩序的自觉行为，而成为国家社会控制的工具，致其内生动力严重不足。在稳控政治下，县乡政府主动吸纳矛盾纠纷，加之乡村人民调解在多元化纠纷解决中的比较劣势，农村矛盾纠纷大量外溢，寻求外部和更高层级政府解决。社会转型期农村人民调解正走向衰微。

（2）农村土地承包经营纠纷仲裁机制。农村土地承包纠纷虽然在整体上呈下降趋势，但从西部地区的实际情况和农村土地承包经营管理的角度来看，农村土地承包纠纷，无论数量还是影响都不容忽视，仍然是影响农村社会稳定的重要因素。农村土地承包纠纷仲裁历史很短，还是一种新型的纠纷解决机制。农村土地承包纠纷分散、零星、阶段性爆发以及标的小、举证不规范、调查取证难，多发于家庭成员之间和农村"熟人社会"等特点，决定了司法解决的"不经济性"和人民调解的"缺乏权威性"，为农村土地承包纠纷仲裁留下巨大的发展空间。农村土地承包纠纷仲裁的作用已经显现，分流了大量农村土地承包纠纷，节约了司法资源。农村土地承包纠纷仲裁机制特色鲜明，集中体现在适应"农村、农民、农地"的特点。仲裁人员通常现场办案，将实地勘察和解决问题合二为一；案件仲裁以解决纠纷为目标，不囿于自身的方式和资源，通常与村组、乡镇联合调解，吸收当地村干部和村民参与，彰显纠纷解决公开、透明、民主的特点；处理纠纷不拘泥于当事人的诉请，根据农村、农民的实际，"一揽子"解决问题，力求案结事了；处理纠纷灵活变通，以能够实际执行为目标，将权利义务落到实处；农村土地承包纠纷仲裁人员多为农村土地承包管理人员，通晓农村土地承包政策、法律，熟悉辖区内农村情况，调解或裁决客观可行，易为当事人所接受。农村土地承包纠纷仲裁存在的主要问题：①农村土地承包纠纷仲裁刚起步，地方政府的重视和农民的了解远远不够。②仲裁机构无专职仲裁人员，大多为短期培训后取得仲裁员资格的农经工作人员，其法律专业知识和技术欠缺。③农村土地承包纠纷仲裁存在过度"司法化"倾向。④农村土地承包纠纷仲裁裁决多于调解，因纠纷以权属争议和侵权纠纷居多，其标的的特殊性难以强制执行。⑤农村土地承包纠纷仲裁案件中少有法律工作者或律师介入，法律服务严重缺位。

（3）农村土地权益纠纷信访解决机制。自2003年全国信访潮以来，农村土地问题一直是信访中最突出的问题。农村土地信访问题，不仅数量多、规模大、类型复杂、方式多样，而且所涉主体众多、权益重大、关系复杂、对抗性强、解决难度大。因此，在制度和实践层面，信访救济功能被日益强化。信访化解社会矛盾纠纷虽然有许多受质疑的地方，但从现实功利的角度考量，客观上化解了大量农村土地纠纷。信访化解矛盾纠纷的特质与机理，概括起来就是"一个中心，两个集中"，即以解决问题为中心，通过集中资源、集中权力解决信访问题。集中一切可资资源，包括政治、经济和人力资源，服务于解决信访问题。集中权力，让信访部门由虚变实，由边缘到中心，由协调到决策、指挥、协调三位一体。客观地讲，信访解决问题是政治色彩有余，法律品性不足。只有在政治高压态势下，通过政治动员与运作，才有可能集中资源、集中权力，形成信访大格局。但信访制度本身并不是一种独立的、常态的纠纷解决机制。在将信访解决问题的主要内容、手段和方式进行客观排除和还原，各归其位后发现：信访解决问题的方式多为行政权力的运用，或政府部门的履职行为，或属行政调解、人民调解、民间调解的范畴。信访制度的救济功能和解决信访问题的能力，不过是特殊时期政治动员式解决问题的代名词而已。据此，我们认为，信访制度在社会转型期被赋予救济功能，承担集中化解社会矛盾纠纷的使命而成为一种特殊的纠纷解决机制，有其现实合理性，但从严格的法治角度考量，信访制度并不是一种独立的、常态的纠纷解决机制。随着全面依法治国的深入，国家治理现代化、法治化水平的提高，信访必将还原其本位，作为一种纠纷解决机制的功能将逐步退出。

（4）农村土地权益纠纷司法解决机制。农村土地纠纷案件类型变化、区域分布、数量规模、发生频率具有不平衡的特点，所以各地法院审理的农村土地纠纷案件数量和类型也存在差异。全国各级法院每年审结涉农民事案件为20多万件，其中农村土地纠纷案件占相当大的比例。司法以其权威、专业、公正而著称，但也因其周期长、成本高、技术性强而使农村土地纠纷进入司法程序而受限。一些客观因素的存在，直接或间接影响了司法作为农村土地权益纠纷最权威的救济方式作用的发挥，例如：①"打官司"非农民纠纷解决的首选方式。②法院对受案范围内的一些农村土地纠纷，或拒绝受理或做选择性受理。③大量征地纠纷因制度性原因难以进入司法程序。④多元化纠纷解决机制分流了土地纠纷。现实中，大量农村土地纠纷因制度性障碍、资源配置不当或人为因素而被排斥在司法大门之外。许多重大农村土地纠纷的解决，由于司法的缺位或介入不足，导致过度依赖行政和政治方式解决。

（5）农村土地权益纠纷乡镇调处机制。乡镇人民政府调解和处理农村土地纠纷是其法定职责。根据现行法律法规相关规定，乡镇人民政府调解和处理的矛盾纠纷主要集中在有关土地、林地、草原等资源性财产的所有权和使用权争议以及农村土地承包经营纠纷。乡镇政府作为联结广大农村和八亿农民的最基层政府，在调解和处理农村土地纠纷中具有无以替代的地位和作用。乡镇人民政府调解和处理矛盾纠纷具有日常化的特点，解决矛盾纠纷是乡镇工作的重要组成部分和乡镇干部的基本素养。乡镇没有以"分工""管辖"和"程序"等方式解决矛盾纠纷的工作体制。在乡镇政府各种矛盾纠纷都被"问题"化，解决形形色色的"问题"是其日常工作的基本内容。乡镇人民政府调解和处理矛盾纠纷的程序，通常根据矛盾纠纷的性质、严重程度分别或依次由驻村干部、包片领导、分管领导、主要领导、联席会议（矛调中心）解决。乡镇政府调处矛盾纠纷呈现混沌状态。乡镇政府调处矛盾纠纷因其组织形态多样、身份混同、方式多样，容易混淆矛盾纠纷调处的性质和法律效力。乡镇政府调处矛盾纠纷就其性质而言，有的属于日常工作中的教育劝导，有的属于行政调解，有的属于人民调解，有的属于行政决定，其法律效力各异。但在现实中，乡镇对此少有区分者，导致行政调解和行政处理边界不清。这既有认识上的原因，也有规避法律风险的考虑。乡镇政府调处矛盾纠纷职能面临转型考验。中国正处于社会转型期，乡镇同样处在由传统压力型政府向现代服务型政府的转型过程中。这种双重转型，使得乡镇运用固有的工作方式和手段难以化解社会矛盾纠纷，需要随着社会的发展变化和自身改革的推进不断调适，在继承与创新中完善其独特的矛盾纠纷调处机制。

综上所述，一方面是农民财产权利纠纷不可避免地大量发生，农民的财产权利实现遭受来自多方面的侵害和障碍；另一方面我们所构建的多元化纠纷解决机制，基于自身的局限和外部的制约，既不能充分释放自身的能力，又难以形成有效的合力，对农民财产权利救济是有限的也是不充分的。所以，从农民财产权利救济的维度观测，农民财产权利实现远未进入理想状态。

（三）产权流转交易市场维度

1. 产权流转交易市场的价值

高质量的市场经济要求有完善的产权制度，以实现产权的有效。产权涉及生产关系的各个层面，关系多方主体的利益，归属清晰、权责明确、保护严格、流转顺畅是现代产权制度的基本特征①。产权交易制度是产权制度的重要组成部分，而产权交易市场是实现产权交易的重要方式和机制。产权市场作为典型的有形市场，是一种在无形市场基础上增加交易约束的制度安排，其可通过集中、公开、程序化的交易，产权交易市场完成了对资产评估价值的二次发现，节省了产权所有者的监督成本，降低了资产流转中的代理成本，从而实现交易者利益最大化。②

农村产权交易市场如技术产权交易市场、文化产权交易市场、知识产权交易市场一样，是市场交易体系的有机组成部分。随着农村劳动力持续转移和农村改革不断深化，农户承包土地经营权、林权等，各类农村产权流转交易需求快速增长。农村产权流转交易市场作为促进农村产权流转交易安全、便捷、高效、规范的重要方式和条件，同时也是促进农民财产权利实现的重要条件和保障。农村产权流转交易市场和服务平台建设与完善受到高度重视，并得到一定程度的发展。2008 年 10 月，成都市成立了全国首个农村产权交易所。随后重庆、武汉、广州等大城市也随之设立了这类机构。2017 年全国农村集体产权改革试点推开以后，为了适应农村集体产权改革的需要，全国各地普遍建立起了农村产权流转交易市场，形成了省、市、县、乡镇、村五级或市、县、乡镇、村四级农村产权流转交易市场体系，为盘活农村资源资产、壮大集体经济、增加农民财产性收入发挥了重要作用。

2014 年中央 1 号文件就提出要引导规范农地入市。2014 年 7 月公布的《农业部关于组织申报第二批农村改革试验区和试验项目的通知》将"农村集体产权流转交易市场建设"作为深化农村集体产权制度改革的重要内容纳入试点工作。同年 12 月，国务院发布《关于引导农村产权流转交易市场健康发展的意见》（国办发〔2014〕71 号）（以下简称《意见》），首次针对农村产权流转交易市场和服务平台的性质功能及运行监管等方面做了较为详细的规定。根据《意见》规定，农村产权流转交易市场是"为各类农村产权依法流转交易提供服务的平台，包括现有的农

---

① 任保平：《建设高质量的社会主义市场经济体制》，《政治经济学评论》2020 年第 1 期。

② 左飞：《产权市场的制度意义及其评价———一个制度变迁的视角》，《当代经济》2020 年第 3 期。

村土地承包经营权流转服务中心、农村集体资产管理交易中心、林权管理服务中心和林业产权交易所，以及各地探索建立的其他形式农村产权流转交易市场"。从服务对象来看，其以服务农户、农民合作社、农村集体经济组织为主，流转交易目的以从事农业生产经营为主，具有显著的农业农村特色；从流转交易的农地产权来看，以农户承包土地经营权、集体林地经营权为主，不涉及农村集体土地所有权和依法以家庭承包方式承包的集体土地承包权，以及农户宅基地使用权、农民住房财产权、农户持有的集体资产股权，具有明显的资产使用权租赁市场的特征（见表2-10）；从服务功能来看，交易市场既发挥信息传递、价格发现、交易中介的基本功能，又注意发挥贴近"三农"，为农户、农民合作社、农村集体经济组织等主体流转交易产权提供便利和制度保障的特殊功能；从服务内容来看，主要以发布交易信息、受理交易咨询和申请、协助产权查询、组织交易、出具产权流转交易鉴证书，协助办理产权变更登记和资金结算手续等基本服务。此外，各地可以根据自身条件，开展资产评估、法律服务、产权经纪、项目推介、抵押融资等配套服务，还可以

表2-9　　　　　　农村产权流转交易市场农地产权交易品种

	内容
农户承包土地经营权	指以家庭承包方式承包的耕地、草地、养殖水面等经营权，可以采取出租、入股等方式流转交易，流转期限由流转双方在法律规定范围内协商确定（家庭承包方式取得的土地经营权；其他承包方式取得的土地经营权；集体经济组织未发包的土地经营权；其他依法可流转交易的土地经营权）
林权	指集体林地经营权和林木所有权、使用权，可以采取出租、转让、入股、作价出资或合作等方式流转交易，流转期限不能超过法定期限
四荒地使用权	指农村集体所有的荒山、荒沟、荒丘、荒滩使用权。采取家庭承包方式取得的，按照农户承包土地经营权有关规定进行流转交易。以其他方式承包的，其承包经营权可以采取转让、出租、入股、抵押等方式进行流转交易

引入财会、法律、资产评估等中介服务组织以及银行、保险等金融机构和担保公司，为农村产权流转交易提供专业化服务。2016 年，农业部又印发了《农村土地经营权流转交易市场运行规范（试行）》的通知（农经发〔2016〕9 号），专门针对农村土地经营权流转交易市场的内涵，农村土地经营权流转交易的条件、交易品种、材料提交、信息发布、价格评估、抵押登记、交易流程等方面做了更加细致的规定。农村产权流转交易市场制度的建立和逐步完善，为农村产权流转交易健康有序发展、促进农民财产性收入增加和农民财产权利实现奠定了重要的制度基础。

2. 全国层面的农村产权流转交易市场观察

从全国层面来看，目前关涉农民财产性收入和财产权利实现的农村产权流转交易类型主要是农户承包土地经营权流转交易。这里蕴藏着巨大的市场供应和需求量，也必将是一个巨大的农村产权流转交易市场。我们从农户承包土地经营权流转交易情况就可以窥测到农村产权流转交易市场对农民财产性收入和财产权利实现的影响。当然这些农村产权流转交易的完成包括了有形市场和无形市场两部分。

根据国家统计局公布数据（见表 2 - 10），2004—2007 年，农村承包地流转规模没有太大变化，仅从 0.58 亿亩上升至 0.64 亿亩，占家庭承包土地面积 5.2%，占全国耕地总面积的 2.97% 左右。此后随着农地改革的逐步推行，流转规模逐年稳步上升，到 2016 年，全国家庭承包耕地流转面积超过了 4.7 亿亩，占家庭承包土地面积的 35.1%，十年间增长了 6 倍多。2017 年全国经营权流转的土地面积为 5.12 亿亩，到 2018 年发展为 5.39 亿亩，增速为 5.3%，占二轮土地承包面积的 37% 以上。农村土地流转有力地推动了农业规模化发展，充分发挥了适度规模经营在规模、资金、技术、信息、人才和管理等方面的优势。根据第三次全国农业普查结果，2016 年耕地规模化（南方省份 50 亩以上、北方省份 100 亩以上）耕种面积占全部实际耕地耕种面积的比重为 28.6%。结合土流网数据中心公布的平台数据来看，各省相比，山东土地流转规模最大，其后依次为河北、内蒙古、广东、北京、安徽、辽宁、四川、吉林、黑龙江。

从土地流转的方式和去向来看（见图 2 - 10 至图 2 - 11），大多数农地转向用于非粮食生产，从转让形式来看，农地转让所占比重最高，达到53%；出租次之，为34%；此外，转包与合作经营的比重较低，均为6%；入股比重最低，仅有1%。其中，转入农户的土地规模最大，从2010年1.0亿亩左右，增长至2016年近1.7亿亩；转入企业的农地规模次之，但增长趋势较为缓慢，2010年大约有1000万亩，到2016年接近5000万亩。转入专业合作社的规模最小。

表2-10   农地流转情况

	流转面积（亿亩）	占家庭承包面积比（%）	耕地农户（万户）	承包耕地面积（亿亩）
2007	0.64	5.2	22104	1.27
2008	1.09	8.07	22167	1.28
2009	1.50	12.1	22192	1.31
2010	1.87	14.7	22251	1.33
2011	2.28	17.8	22103	1.33
2012	2.78	21.5	22127	1.34
2013	3.41	25.7	22869	1.36
2014	4.03	30.4	23057	1.34
2015	4.47	33.3	23022	1.33
2016	4.70	35.1	23009	1.33

数据来源：中国农业发展报告。

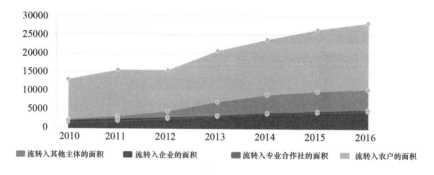

图2-10 土地流转去向（万亩）

数据来源：土流网。

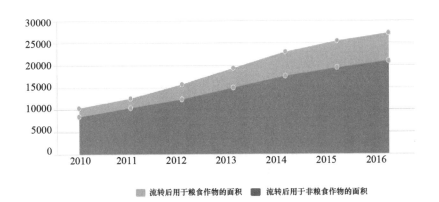

图2-11　土地流转用途（万亩）

数据来源：土流网。

考虑到宏观统计数据的局限性，我们利用2013年中国家庭调查微观数据，进一步比较土地流转及其收益的总体情况与地区差异。

一方面，如图2-12所示，从农地流转率（指2013年家中转包出去的土地面积占当年经营和闲置的土地总面积）来看，中西部地区土地流转率较高，东部地区相对较低。

从流转去向来看（见图2-13），东部及中部省份土地流向企业或大农户的规模较大，东部如广东省，每户平均流出给企业或大农户的规模在3.5亩左右，占总流出比重的55.6%；中部如湖北省，每户平均流出给企业或大农户的规模在6.1亩左右，占总流出比重的56.0%。西部地区土地更多流向村集体，如四川省每户平均流出给村集体的规模在2.9亩左右，占总流出比重的46.0%。此外，云南、山东、重庆等地土地流向个人的规模也较大，特别是云南，每户平均流出给个人的规模在4.1亩左右，占总流出比重的51.2%。

另一方面，从土地流转费用来看（见图2-14至图2-16），尽管调查中，东部地区土地转出的比率低于中西部，但不论是土地流出还是流入的收入，东部地区明显高于中西部地区，特别是北京、广东等经济发达地区，土地转包（流出）平均每亩收入分别达到1775元、1511元；土

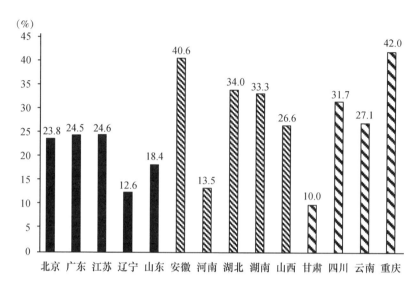

图 2 - 12 土地流出率

数据来源：CHIP 2013 调查数据。

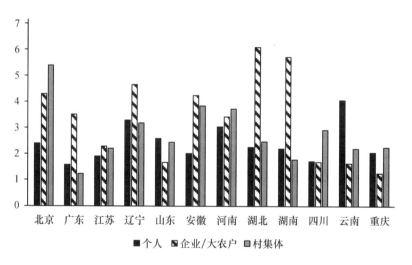

■个人 ▨企业/大农户 ▤村集体

图 2 - 13 土地流转去向（亩）

地接包（流入）每亩平均费用 958 元、1035 元。此外，诸如四川、云南及重庆等西南地区农民，平均每亩转包土地收入也相对较高，而西北地区最低，如甘肃在这一年土地转包平均每亩只有 317 元，土地接包（流入）每亩平均费用 118 元。从土地流转收入占总收入的比重来看，北京占比最高，达到 6.24%，广东最低，仅有 0.93%。

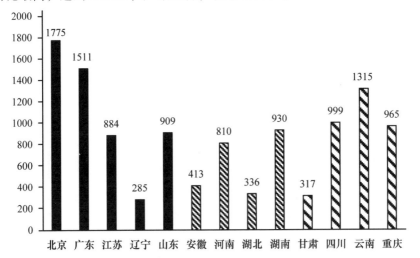

图 2-14　土地转包平均每亩的转包费用—转出（元）

数据来源：CHIP 2013 调查数据。

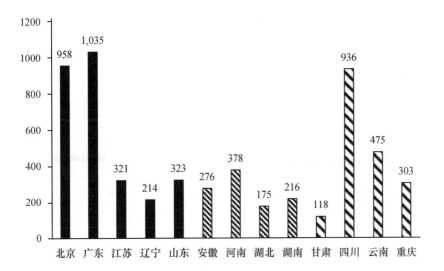

图 2-15　土地转包平均每亩的接包费用—转入（元）

数据来源：CHIP 2013 调查数据。

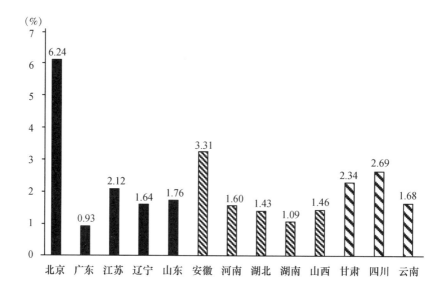

图 2 - 16 土地流转收入占比

3. 地方农村产权流转交易市场观察

为了准确、客观地评估农村产权流转交易市场对农民财产性收入和财产权利实现的影响机理和程度，我们在陕西做了较为系统的调研。调研层面涉及省、市、县（区）、乡镇（街办）和村庄。我们重点选取了西安市和商洛市的部分农村产权流转交易市场进行调研，同时我们还选取了 2014 年 11 月以来承担农业部等部委"农村产权流转交易市场建设"试验任务的西安市高陵区作为调研点，以便进行比较观察。

根据陕西省农业农村厅的数据显示，目前，陕西全省建成市级农村产权交易中心 1 个（西安市农村产权交易中心），县级交易中心 103 个，全省县级农村产权交易中心实现了全覆盖。截至 2019 年年底，累计入场交易 9850 宗，涉及土地 178.8 万亩，交易金额 25.8 亿元，有 17 个县区开展了农村产权抵押担保贷款业务，放贷金额达 8.9 亿元。

西安、商洛农村产权流转交易市场建设与运行情况

西安、商洛高度重视农村产权流转交易市场建设工作。当地按照中央、省关于引导农村产权流转交易市场健康发展的意见，在机构设立、规则制定、服务平台打造、工作机制探索、业务拓展等方面，做了大量

积极有效的工作，取得了一定的成效。

（1）着力构建农村产权流转交易服务体系。科学、合理、完善的农村产权流转交易服务体系是农村产权流转交易市场有效运行的重要基础。西安和商洛市均建立了体系完整、运转有效的农村产权流转交易服务体系。西安市全面推行"一建四有"的农村产权流转交易服务体系：1个市级农村产权流转交易大厅，11个区县级产权交易中心，152个镇街级农村产权交易服务中心，1495个村建立起独立对外办公场所或与便民服务中心合署办公的产权交易服务站。全市各级产权交易部门拥有2358名交易信息员。商洛市建立起县、镇、村三级联动的农村产权流转交易服务体系。县一级设产权流转交易中心，镇（办）依托农综站开展产权流转交易业务，村（社）吸收文件担任信息搜集联络员。

（2）努力拓展服务功能，积极探索工作机制。西安、商洛对农村产权流转交易市场正确定位，不断拓展服务功能，努力将其打造成为集信息发布、产权交易、法律咨询、资产评估、抵押融资等于一体的为农服务的综合平台。因此，各地在交易品种、服务内容、制度规则和监督管理等方面结合本地实际，积极探索，大胆创新，有力地促进了农村产权流转交易服务工作。西安市在机构体系构建、制度规则完善、服务内容拓展等方面开展了卓有成效的工作，发挥了重要的示范引领作用。西安市高陵区结合其所承担的国家试点项目，积极探索集体建设用地入市、"两权抵押贷款"、"共享村落"推出（宅基地使用权流转）等农村产权流转交易服务方式和机制。商洛市根据本地林地面积广、扶贫资金项目多、中药材种植和茶园发展快等特点，加强农地和林地流转交易服务，有效解决了村企联合的用地瓶颈。商南县试马镇及时出台相关政策，积极引导规范农村产权交易，坚决制止扰乱农村产权流转交易市场的行为，对保护农民土地权益和工商资本合法权益发挥了重要作用。

（3）农村产权流转交易量逐渐增加。如截至2019年7月12日，西安市农村产权流转交易中心共发布各类农村产权流转信息19319条，成交4480笔，成交金额8.1亿元。2019年6月28日，市产权交易中心组织了农村产权交易集中签约仪式，16个区县、开发区涉及农村集体经营性资产出租、农户个人土地承包经营权流转、土地托管、农业新品种授权、农业技术转让等方面共20个农村产权流转进行了交易项目签约，合约总金额 7.75 亿元。西安市蓝田县农村产权流转交易中心累计发布各类农村产权交易信息 1000 余条。商洛市山阳县农村产权流转交易中心启动运行以来，新增土地流转面积 8520 亩，全县土地流转面积达到 3.69 万亩（其中转包 6510 亩，出租 27290 亩，入股 3100 亩，涉及农户 5286 户、贫困户 2540 户），完成流转交易鉴证 16 宗，涉及土地面积 5460 亩，交易金额 438 万元。丹凤县受理土地流转、村级资产处置等农村产权交易 18 笔，办理土地流转 8754 亩、金额 2856 万元。商南县试马镇农村产权流转交易中心对全镇 12 个村（社区）的林地、土地产权信息进行了全面摸底和储备，累计储备了 228 条农村产权信息资料（其中土地 10980 亩，林地 12584 亩，共有 4478 亩土地拟流转），流转土地 6210.8 亩，发布土地承包经营权流转信息 112 条，有效解决了农民土地闲置和企业找不着用地的问题，使农村产权达到最大化收益，增加了农户收入，促进了村集体经济发展。

从调研地情况来看，农村产权流转交易市场建设虽然有了一定的发展，但总体来看，尚属初步发展阶段，仍存在许多困难和问题，需进一步改进和完善，主要表现如下：

（1）农村产权流转交易平台建设有差距。农村产权流转交易平台是由机构、制度、规则、场所、人员、设施、设备等一系列要素构成的，高水平的平台建设有赖于各要素的齐全和完善。从实际情况来看，经济发达、财力充足的地区，软、硬件建设都比较充分，但经济欠发达的地区，平台建设相对比较落后，无论是设施设备条件还是专业人员配备都不能满足工作需要。产权交易平台在涉农县区虽然实现了全覆盖，但因缺少统筹规划协调，县级平台多数封闭运行，协同联动能力弱，部分县区交易中心处于"空转"或等待观望状态。县一级交易中心主要依托农经站，乡镇的交易中心则主要依托农综站开展工作，但在人员编制、经费支持、人员配备、设施设备供给等方面存在资源整合困难和工作支持不足的问题。访谈中一位镇农经干部说，乡镇农经干部本来就很少，才 1—2 人，新增了产权流转交易业务，但未增编增人，造成无编制、无固定经费、无专业队伍的现象。交易站负责人说，他在镇政府是负责人武工作的，领导又安排他兼管产权流转交易，来了业务，他还得再去找懂业务的人办理。因此，工作中他也就缺乏主动性和专业性。村（社）交易点虽以信息收集为主，但没有专设人员，容易流于形式。我们走访的一些村级产权交易站实际上就是在社区服务大厅放了一张桌子，桌子上放了一个信息登记簿，日常工作主要是社区居民自有房屋租赁信息登记。

（2）业务开展不平衡，主要表现在区域、层级、交易类型、服务功能等方面。有些地方的农村产权流转交易服务工作开展得比较全面、规范，成绩突出，有的地方则无实质性进展，了无建树，甚至在同一市区、县域差距也比较大。有的地方服务内容仅有信息上传，年上传量只有十几条，且以消耗性生物资产为主（如土鸡出售）。有的地方土地流转、林权交易实际发生量很大，但交易鉴证却寥寥无几。大部分产权流转交易中心交易规模偏小、成交价格偏低、交易品类单一；有关政策咨询、项目推介、资产评估、抵押融资等方面的服务能力较弱。造成这种情况的原因，既有客观条件的制约，也有宣传不到位、工作机制不灵活、主观努力程度不够等方面的因素。

（3）农民进场交易意愿不强。调研发现，县、镇产权流转交易中心交易量小并不意味着该地区实际交易发生就少。现实中农村土地流转很多，许多农民进城打工后地没人种了，愿意流转，但一般规模较小，十多亩，几十亩的，农民自发交易，来交易中心的很少。乡镇干部说农民嫌麻烦，免费都不愿到交易中心来交易。交易实际都大量发生在村上。镇上要求农民土地流转要到交易中心备案，但一般都是村上信息员向上传递土地流转信息，镇上所谓的成交量实际是各村上报数据的统计结果。

（4）市场化程度较低。农村产权流转交易本身就是一种市场活动，因此农村产权流转交易服务也应服从市场规律和要求。中央相关文件规定："农村产权流转交易市场是政府主导，服务'三农'的非营利性机构，可以是事业法人，也可以是企业法人。"但从目前实际运行情况来看，所设机构均为农业行政管理部门领导下的事业单位，主体单一，缺乏竞争和活力。机构设置都以行政区划为界，业务开展局限于所辖区域，切割了市场体系。另外，一些地方以行政命令代替市场规则，对土地流转交易的场所、价格做出了强制性规定，不利于农村产权流转交易市场的健康发展。如镇政府规定所有农村产权交易必须进入镇交易平台，不得私下交易。同时对土地流转价格设定上、下限，农地流转价格必须在

600—800 元，林地在 350—400 元。乡镇干部称这样规定既是要保护农民利益，也是要保护企业利益，防止农民哄抬流转费，扰乱土地流转市场，影响招商引资，否则就没有企业敢入村搞项目了。

高陵"农村产权流转交易市场建设"试点的观察

西安市高陵区，2014 年 11 月被农业部等部委确定为"农村产权流转交易市场建设"试验点，至 2019 年年底试验期届满，开展了为期五年的试验工作。其取得的主要成效有：

（1）产权流转交易平台建设较为先进。一是搭建了以"区级为主、街村补充"的三级农村产权交易平台。设立区级农村产权流转交易服务中心，在 7 个街道办事处和 86 个行政村分别设立农村产权流转交易服务站、点，成立高陵区农村集体产权流转交易监督管理委员会。二是依托现有交易平台，搭建了基于互联网的流转交易信息服务平台和"高陵农经"微信公众平台，联通流转交易、确权登记、"三资"管理等三个系统，实现数据互通、信息共享。三是完善中介服务平台。引入 3 家评估公司参与农村产权价值评估业务，建立第三方价值评估平台，为金融机构放款及集体资产转让提供价值参考；引入西安市公物拍卖行等 3 家拍卖公司，为农村产权交易提供专业化的竞价服务；引入 2 家招标代理公司，对集体工程等招标进行服务；签约"土流网"等服务机构，共同推进产权交易。

（2）流转交易产品类型有所拓展。流转交易产品从单一的土地承包经营权，逐步拓展到土地承包经营权、集体经营性建设用地、宅基地使用权流转等多种农村产权流转交易产品，并开展了以土地经营权和农民住房财产权为主的农村产权抵押担保流转。

（3）流转交易方式比较灵活。土地承包经营权流转交易是最普遍的流转交易产品类型，为了进一步促进土地承包经营权流转交易，高陵区探索建立土地"预流转"机制。一是村集体主动组织群众，取得自愿书面委托后，将零散的承包土地整合起来集中连片对外流转。二是村集体采取土地托管的方式，在不改变农户土地经营权的前提下整合土地资源，适时根据需要组织农户流转土地。建立土地流转预审机制。对提出土地流转的工商企业，和拟规模化组织农户对外流转土地的街村组，由区农经等部门，联合对经营能力、土地性质、权属关系、产业规划等情况进行预审。完善土地流转风险防范机制。对原有的履约保证金制度进行修改，明确"反包倒租"、入股、购买履约保证保险等6种情况可以免交履约保证金。探索土地集体托管机制。还引入现代科技利用农村产权交易中心网站的竞价平台进行"网拍"，通远街道办事处大夫雷村集体经济合作社228.75亩土地（含附着物）12年的经营权，成功拍卖477.98万元，成为全省农村土地经营权首次竞拍的经典案例。为了推动土地经营权和农民住房财产权为主的农村产权抵押担保流转，建立了农村产权抵押担保机制，设立5000万元农村产权抵押担保基金，由区属三阳农村产权融资担保公司作为担保机构，明确担保基金与银行的风险分担比例，并由区财政每年对担保基金的损失进行补充；建立了农村产权抵押风险补偿机制，设立500万元风险补偿基金，在处理抵押物后所得款项不足偿还全部贷款本息时，按照本息净损失的50%启用风险补偿基金对债权人进行补偿；建立了不良贷款抵押物收储机制，设立500万元农村产权收储基金，指定区农村产权收储中心专款专用收储不良贷款抵押。探索集体经营性建设用地使用权流转交易。建立起了覆盖全区的城乡建设用地基准地价体系和公开公平的交易管理制度，规定辖区内集体经营性建设用地使用权租赁、入股、出让、转让等一律在区农村产权交易市场内进行。创新"共享村落"模式，实现农民闲置宅基地和房屋流转交易。区政府出台文件，规定由农户委托村集体经济合作社，将农民闲置宅基地使用权和农房所有权在高陵区农村产权交易中心进行公开出租，让闲置资源得以重新利用。在张家、南郭两村单户出租的同时，耿镇周家、泾渭梁村、张卜贾蔡等村也在积极尝试连排出租和整治后联营等其他共享模式。

（4）产权流转交易量增长较大。截至目前，农村产权交易额累计达5.9亿元；土地流转10.8万亩（在区交易中心备案435宗、1.95万亩）2.34亿元；完成集体经营性建设用地入市34宗、347.3亩，成交总价款12678.2万元，收取土地增值收益调节金3427.5万元。其中，2019年完成集体经营性建设用地入市14宗、122.456亩，成交价款5792.5663万元，收取土地增值收益调节金1624.58万元；"共享村落"共完成交易14宗，成交总价150.52万元。其中，2019年，交易8宗、49.52万元；农村产权抵押贷款667笔、22800.07万元，其中土地经营权抵押贷款602笔21630.07万元（"抵押+担保"形式贷款2455万元）、农民住房财产权抵押贷款 65 笔 1170 万元（"抵押＋担保"形式贷款 321 万元）、集体经营性资产 1 笔金额 100 万元；完成 2 个集体项目招投标，标的总额达 200 万元。

五年的"农村产权流转交易市场建设"试验取得了一定的成绩，但仍存在一些深层次的困难和问题，影响了农村产权流转交易市场的发展，制约着农民财产性收入的增加和财产权利的实现。其主要表现如下：

一是平台作用发挥不充分。农村产权交易市场的交易宗数、交易总额都比较小，平台的作用没有充分发挥。区级交易平台平均每天的交易量只有 1 宗；街道级交易平台每天的交易量更小，而且主要工作内容是交易审核，很少涉及资产评估、组织交易、资金结算等核心业务；部分村级交易平台作用几乎没有发挥。

二是部分品种交易受限较大。高陵区大部分村没有经营性资产、农业类知识产权、林地、"四荒"地等，农村产权交易市场交易的主要品种是"三块地"（农地、集体经营性建设用地和宅基地）及其附着物。基于承担试验任务的特殊性，农村产权流转交易品种较非试验区有了较大的拓展，特别是将集体经营性建设用地使用权和农户闲置宅基地及房屋列入流转交易范围，丰富了农村产权流转交易品种类型。但由于改革不到位，政策与法律之间的冲突，致使束缚"三块地"交易的政策法规和现实因素也比较多，造成交易的环节多、审批多、限制多，盘活利用不够顺畅。

三是服务监管边界不清晰。在现有制度框架下，农村产权交易市场，既有中介服务的性质，又有对农村集体资产资源交易监管的性质。由于服务和监管两个方面的边界不够清晰，存在彼此越位或缺位的现象。例如，为了方便农村集体开展经营、把握市场机遇，需要尽量提高交易的额度限制、简化交易程序、放宽监管标准；但为了确保集体资产保值增值，又需要严格限制农村集体自主交易的额度，严格审批，尽量采取招拍挂等形式进行交易，客观上阻碍、限制了农村产权交易市场的正常运行。

四是农民进场交易的积极性不高。我们从前面的数据可以看到，全区土地流转 10.8 万亩，而在区交易中心备案的只有 435 宗、1.95 万亩，说明大部分土地流转交易是在场外私下进行的，可能会加大产权流转交易的风险。①

从以上不同层面对农村产权流转交易市场所做的观测，可以看到，中国农村产权流转交易市场和服务平台建设已有初步发展，正在逐步健全和完善中，其对农民财产性收入增加和财产权利实现的积极影响也正在逐渐显现。但我们同时也看到，中国农村产权流转交易市场建设发展不平衡，大部分还处于初步发展阶段，虽然农村产权流转交易市场体系已形成，但其交易平台的功能和作用尚未有效发挥。一是产权流转交易品种不丰富，主要局限于土地承包经营权交易，更为重要的宅基地使用权、农民集体资产股权、集体经营性建设用地使用权等农村产权还未成为普遍的交易品种，交易量严重不足；二是平台的法律服务、产权评估、信息咨询、抵押融资等服务功能缺失或能力不足，对产权流转交易的支持服务不力；三是产权流转交易市场化程度低，行政色彩浓厚，缺乏内生动力和竞争力；四是农民进场交易的意愿不强，参与度不高。由于这些问题的存在，农村产权流转交易市场表现得还不够成熟，交易还不够活跃，对增加农民财产性收入的支持力度还不够大。从这个维度来看，当前农民财产权利实现的程度仍然是不充分的、有限的，仍有巨大的潜力可以挖掘。

（四）制度供给维度

农民财产权利的实现从起点到目标的整个过程都离不开制度的支持与保障。权利法定化仅仅解决了设权与赋权问题，即权利的设定与权能的赋予。当然，一个权利结构不完整、权能残缺不全的权利必然导致权利人行权的困境。但即使是一项结构完整、权能完善的权利，仅凭权利人的意愿与努力也很难达致权利实现的目标。因为权利的实现不仅仅取决于立法者和权利主体的意志，权利人在行权过程中若缺乏相应的配套制度和政策工具的支持，没有法律救济的保障，也只能"望权兴叹"，这就是实践中许多权利被悬置的问题所在。从制度供给维度观测权利的实现状态，可以直观权利运行中的制度影响，也就是权利实现的制度性约束。以下我们从制度供给维度观测农民"三权"实现。

1. 农民土地承包经营权实现与制度供给

———————

① 高陵数据来自笔者在高陵区农经中心调研整理。

在农民"三权"中，土地承包经营权实现得相对比较充分，实现程度较高。对此，农地流转交易量和农民财产性收入结构中土地流转收入的占比情况可以印证。那么，何以使农民土地承包经营权实现较为充分呢？我们从制度供给的角度可以做出一个解释。首先，从土地承包经营权法构造，即权利设定和权能配置来看，自 20 世纪 80 年代初施行农村土地家庭承包经营制以来，至今已有四十个年头了，经历了从政策调整为主到法律调整为主的不同阶段。从法律调整来看，已有 2003 年的《农村土地承包法》、2007 年的《物权法》和 2018 年新修改的《农村土地承包法》等专门法律的调整，立法是相对比较完善的。在起初阶段，赋予农民家庭土地承包经营权，主要体现保障功能，解决农民的"吃饭问题"，所以仅赋予农民土地承包经营权以占有和使用两项权能，没有收益和处分权能，也就是没有财产功能属性，仅满足其生产经营之需。因此，农地在法律上是不能流转的。随着工业化、城镇化的发展，人地分离现象日趋突出，大量土地被撂荒，造成土地浪费。另外，人地矛盾导致"有人无地种""有地无人种"的现象也日趋严重；农村经营方式变革，适度规模经营要求土地流动。在这种背景下，农村土地承包经营权权能拓展已成必然。《物权法》将农村土地承包经营权界定为用益物权，赋予了占有、使用和收益权能。土地承包经营权流转得到法律的确认，其财产功能得到一定程度的彰显。特别是农地"三权分置"入法，2018 年修改后的《农村土地承包法》将农民土地承包经营权权能扩展为占有、使用、收益和一定的处分权，包括转让、出租、交换、入股、退出和抵押等权能。完整的权能结构，实质上就是为农民行使土地承包经营权开辟了更为广泛的通道，行使权利的方式更加多样化，权利实现的条件也更加充分。但是，完善的权能，仅仅为农民权利实现奠定了制度基础，创造了必要条件，至此权利实现仅有了一个良好的开端。那么，有了完备的法律之后，权利主体在行权过程中又何以不能缺少配套制度和政策工具的支持？权利行使中可能遭遇侵权和争议等阻滞需要法律救济制度的支持已属于常识的范畴，但配套制度和政策工具对于法律实现的价值则往往被人们忽视。农民土地承包经营权实现的主要路径是土地流转，即通过土地承包经营权部分权利的让渡获得收益。农民土地流转涉及流转意愿、能否流得出、流转能否实现利益最大化等问题。许多研究已证实，影响农民土地流转（包括退出）意愿的一个重要因素就是流转"失地"后能否获得必要的社会保障、新的就业机会和新的收入渠道；农民即使有流转的意愿，还存在能否流得出的问题，流入方的需求、流转市场的发育程度将起决定性作用；即使流得出，价格低廉、充满风险和不测，其权利实现仍是存在许多变数。化解这些问题的一个重要途径正是相关配套制度和政策工具的支持。农民社会保障制度、土地确权登记颁证制度、土地承包经营纠纷仲裁调解制度、进城落户农民土地承包经营权保护制度等，解除了农民对土地流转的后顾之忧，支持了农民流转土地的信心和意愿。大力发展现代农业，构建新型农业体系，包括培育种田大户、家庭农场、农民合作社、涉农企业等新型经营主体，推行适度规模经营的农业经营方式政策，使土地流转成为可能，能够"流得出"。农地"三权分置"下流入方权益的增量，加大了农地流转的主动性和积极性。试想：如果没有这些配套制度和政策工具的供给，农民土地承包经营权何以流转？其权利实现又何以顺畅？

2. 农民宅基地使用权实现与制度供给

农民宅基地使用权及其实现的制度供给是相对不足的。虽然包括宅基地使用权在内的宅基地制度在 20 世纪 60 年代就已基本形成，并且在 2007 年的《物权法》中以用益物权实现了法定化，但宅基地使用权的权能却仅限于占有和使用，"限制流转，禁止抵押"的规定泯灭了宅基地使用权的财产价值功能。宅基地使用权作为农民的一项财产权利，由于权能残缺不全，获取财产性收入的通道被封堵。即使在城镇化发展背景下，农民通过"城中村改造"或隐形交易等方式获得宅基地收益，也不属法定权利的实现，充其量是一种非常态下的应然权利的实现。党的十八大之后，中国加快了以彰显农民财产权利的宅基地制度改革，并在一些地区进行试点。2019 年《土地管理法》修改，吸纳了部分改革成果，但仅有"鼓励农村集体和农民盘活利用闲置的宅基地和闲置的房屋""允许进城落户农民依法自愿有偿退出宅基地"这两个原则性规定。这在一定程度上使农民宅基地财产权利法定化有所突破，但宅基地使用权的民事立法尚未完成，现有法律规定与政策走向，特别是宅基地"三权分置"相抵牾，导致宅基地财产权利实现严重受阻。目前，农民宅基地财产权利通过政策性规定拓展了部分权能，如农户可以通过出租、入股、合作等方式盘活利用闲置宅基地和房屋，实现了宅基地使用权在更大范围内的流转，宅基地使用权财产价值得到一定的彰显。农民宅基地退出权立法还仅限于适用进城落户农民群体。进城落户农民通过退出宅基地而获得相应的利益补偿，是宅基地财产权利比较完整、彻底的实现形式，但在实践中权利的实现举步维艰。我们在陕西调研的情况和全国其他试点地区的情况基本一致，即宅基地退出必须借助城乡建设土地增减挂钩等政策性工具才能实现，倘若没有这些政策性工具的运用，基本无法推进。陕西在 2014 年就出台了进城落户农民宅基地退出的政策，并选择了六个县进行试点。但几年下来，试点工作没有任何实质性进展。究其原因，一是农民退出意愿不强，既有观念的原因，也有补偿标准太低的问题。二是所退宅基地一般都面积小，零星、分散，整治复垦成本高。三是补偿资金筹措困难，地方财政无力支持。试点工作不了了之。但另一方面，能够推进和实现宅基地退出的地方，都是与相关政策挂钩的结果，如土地增减挂钩、空心村整治、移民搬迁、新农村建设等政策。核心问题是通过这些政策工具的运用，获得补偿和安置房建设资金来源。陕西高陵是全国 33 个"三块地"改革试点之一。宅基地退出推行"老村规范提升型、新村建设转移型、整村退出融合型"的模式，全区自愿有偿退出宅基地 1776 宗，腾退土地 1065.6 亩，进城市社区居住 253 户、300 余套，其中 123 户新分户用宅基地批复置换社区住房。但这些工作的推进同样是土地增减挂钩政策支持的结果。调研时，一位区领导坦言："宅基地退出的承接主体是农村集体，可没有哪个农村集体有这样的能力和财力进行补偿安置。高陵区农民宅基地退出主要是受益于土地增减挂钩等政策，我们的工业园区建设需要建设用地指标，农民腾退的宅基地建设用地指标，一亩地可拍卖到几百万，问题就解决了。"

3. 农民集体收益分配权实现与制度供给

农民集体收益分配权制度供给一直是一个薄弱环节。虽然农民参与集体收益分配的事实从产生集体经济时起就存在，但其作为一项独立的财产权利却缺乏明晰的制度规定。早期合作化时期曾短暂地实行过一段时间的农民入社资金股息分配，在合作社后期及人民公社时期都实行按劳动日或工分分配集体收益，即按劳分配。这种集体收益分配实为劳动所得，是农民作为参与集体劳动或管理的报酬。如果从法律权利角度来讲，2007 年《物权法》关于农民集体所有为"成员集体所有"的规定，可以作为集体收益分配权的规范渊源。权利存在的形态，既可以规定于法律规范之中，也可以隐含于法律规范之中。农民集体对其动产和不动产享有所有权，包括占有、使用、收益和处分权。成员权作为农民集体所有权实现的重要表现形式，意味着集体成员应依法享有集体收益分配权。明确将集体收益分配权纳入农民财产权利的范畴，规定于党和政府的正式文件及地方性法规之中是近些年才出现的。21 世纪初，工业化、城镇化发展过程中，因大量征占农民土地曾引发征地补偿款分配纠纷大面积爆发，虽然最高人民法院《关于审理涉及农村土地承包纠纷案件适用法律问题的解释》将"承包地征收补偿费用分配纠纷"纳入一审法院案件受理范围，但其规定的出发点是对农民土地承包经营权的保护，并非专门针对农民集体收益分配权而设。开启农民集体收益分配改革和制度建设，应是 2015 年在全国 29 个县（区）开展"赋予农民集体资产股份权能"改革试点，以及 2017 年始在全国逐步推开的农村集体产权制度改革试点工作。这项改革旨在确认农村集体经济组织成员身份的基础上，通过集体经营性资产股份合作制改革，将集体经营性资产折股量化于集体成员，集体经济组织成员依其所享有的股份（份额）作为参与集体收益分配的依据。集体成员所享有的股份具有占有、收益、转让、退出、继承、抵押六项权能，从而构成农民集体收益分配权完整的权能结构。但这些权利还只是政策设计和具有自治性质的合作社章程的规定，还有待于未来的《农村集体经济组织法》予以确认。正是由于农民集体收益分配权制度供给的严重短缺，才导致实践中有关农民集体收益分配纠纷此起彼伏，司法机关对此类纠纷的受理与否摇摆不定，案件的处理上"同案不同判"普遍存在。可见农民集体收益分配权实现存在严重的制度性障碍。农民集体收益分配权实现不仅存在赋权上的不足，法律救济的困境，更为严重的是缺乏权利运行的条件和基础。农民集体收益分配权指向的是可供分配的集体收益，大量无集体收益或极少收益的集体经济"空壳村""薄弱村"的存在，使农民集体收益分配权这一财产权利的实现遭遇根本性的阻滞。近几年，发展壮大集体经济，增加农民财产性收入成为农村集体产权制度改革的重要目标，也成为促进农民集体收益分配权实现的基本路径。

五　农民财产权利实现总体评判

我们以"起点—过程—目标"的逻辑关系，从利益实现、制度供给、产权交易市场和权利救济四个维度对农民财产权利实现状况进行观测和分析，从而对农民财产权利———农民"三权"实现的总体水平有了一个初步的认识和把握。我们的基本判断是：第一，农民财产权利实现的总体水平不高。农民财产性收入在农民收入构成中，无论是占比还是贡献率一直处于低位状态，而且和其他三项收入的占比差距非常悬殊，甚至达到可以忽略不计的程度。第二，农民财产权利实现水平趋高的态势已显现。农民财产权利实现状况目前虽处于低水平位置，但这种状况是由许多因素影响所致，如农民宅基地使用权、集体收益分配权因制度障碍，使其财产价值功能受到抑制，但随着宅基地制度改革和农村集体产权制度改革的推进，相关立法的跟进，这种状况即将得到很大的改变。宅基地使用权流转和宅基地退出、农民获利的实践，以及众多农民从集体经济合作社拿到分红的现实已显示，农民的财产性收入正在大幅度提高，而且未来发展空间很大。第三，农民财产权利实现状况不平衡。这种不平衡首先表现在"三权"之间实现程度的不平衡。比较而言，农民土地承包经营权实现程度较高，主要是基于相关立法完善，配套制度和政策工具支持有力，产权交易市场趋于成熟，权利救济有效所产生的积极效果。农民宅基地使用权与集体收益分配权的实现尚不充分，但发展趋势向好。这种不平衡性还表现在区域差别，受资源禀赋、区域位置、制度供给、市场发育程度差异等因素的影响和制约，农民"三权"实现程度的区域差别较大。东南沿海及经济发达地区较之于中西部地区，城中村、城郊村和经济发达村较之于传统农业地区农村，农民的财产权利实现状况普遍要好。第四，农民财产权利要实现，受制因素较多。目前，农民财产权利实现的外部环境和基础条件较差，如制度供给、产权交易市场建设、权利救济机制等。中国农民财产权利实现目前尚处于权利实现基础条件的建设阶段，而农民财产权利主体权利实现能力的提升则更为任重道远。

第 三 章

农民土地承包经营权实现问题研究

　　20 世纪 80 年代末，中国结束了长期以来一直实行的人民公社政社合一，农村集体土地所有权与经营权高度统一的农业经营体制，逐步建立起了农村土地集体所有，以家庭承包经营为基础，统分结合的农村基本经营制度。在这一制度下，农村集体土地所有权和经营权形成"两权分离"的状态，农民获得了集体土地承包经营权。农民土地承包经营权经历了从债权向物权，以主要体现生产经营社会保障功能向体现财产价值功能的转变，成为农民财产权利的重要组成部分，在增加农民财产性收入上发挥着重要作用。随着农村土地承包立法的逐步完善，特别是土地"三权分置"入法后，农民土地承包经营权权能得到充分的拓展和完善，标志着农民土地承包经营权法定化达到一个新的高度。完善的权利内容和权能结构为权利的实现奠定了坚实的制度基础。农民土地承包经营权经过几十年的发展，基本完成了"确权"和"赋权"，进而转向追求权利充分实现的新目标。其权利实现方式也由以"维权"为主，转向通过更为丰富多样的方式行使和实现权利（易权），从而实现土地承包经营权的财产价值。在新的历史时期，农村基本经营制度的变革、新型城镇化的推进、现代农业体系的构建、乡村振兴战略的实施，以及城乡融合发展体制机制的创新，为农民土地承包经营权充分实现创造了极为重要的条件和契机。我们正是在农村改革这一广阔背景下，思考和探讨作为农民财产权利的土地承包经营权实现问题。

第一节　农村土地承包经营制的产生与发展

一　农村基本经营制度的构建

农村基本经营制度，是立足于农村土地集体所有的基础，针对农业经营主体和经营方式作出的制度性安排。中国在建立了农村土地集体所有制之后，其经营制度经历了由集体土地所有权与经营权"两权合一"的集体经济组织统一经营管理向以家庭承包经营为基础、统分结合的集体土地所有权与经营权"两权分离"的转变。实行集体土地家庭承包经营制是集体所有制实现方式的重大制度变革，也是农民土地承包经营权得以形成的制度安排。农村基本经营制度一方面深刻影响着农民土地承包经营权的产生、性质、内容，同时也深深地影响着农民土地承包经营权的实现。特别是在新的历史时期，农村产业制度、生产制度、经营制度发生了重大变化，农村基本经营制度被赋予了新的内涵和意义，农村基本经营制度对农民土地承包经营权实现的积极影响更加凸显。

土地是农业最基本的生产资料，也是农民收入的基本来源，合理的土地制度设计不仅对农业经济的发展具有重要的促进作用，而且对实现农村社会的稳定和发展具有重要的意义。农村基本经营制度和农村土地制度紧密相连，农村集体经济组织所掌握的最核心的生产资料就是集体土地，农村基本经营制度的前提就是土地集体所有制。二者之间的关系是，土地集体所有制决定着农村基本经营制度，而后者则是农村"基本组织制度"和"基本治理制度"的基础。农村土地制度的核心，一是土地的归属，即土地的所有权；二是土地的利用，即土地的经营主体和经营方式。这两者以国家法律形式加以规定，就形成农村土地所有权制度与集体土地经营制度。

新中国的农村土地集体所有制，形成于 1955 年年底建立高级农业生产合作社的时期；农村集体土地（耕地）实行以农民家庭承包经营为基础的制度，则形成于实行农村改革初期的 20 世纪 70 年代末 80 年代初。正确地认识和把握中国的农村基本经营制度，充分地了解和熟悉中国的农村土地制度，包括其产生、发展演变、未来走向，对于理解和把握农民土地承包经营权的实现问题必不可少。

新中国成立以后，随着政治、经济形势的发展，国家围绕土地使用制度等土地问题进行了一系列的改革探索，逐步建立了有中国特色的农村土地制度。20 世纪 50 年代初期，伴随土地改革的步伐，农村土地所有制的形式，发生了由封建地主所有向农民所有的巨大转变；《土地改革法》于 1950 年颁布后，全国范围开展大规模的农村土地改革，这一改革于 1952 年完成。通过土地改革，全国 3 亿多无地或少地的农民分到土地，实行了"耕者有其田"的土地制度，实现了农业生产力的解放。20 世纪 50 年代中期，初级农业合作化得以实施，农民以土地入股初级社分红，开始实行农民所有、初级社集体经营的农村土地制度。从 1952 年年底全国基本完成土地改革，到 1956 年年底，已有 88% 的农户加入了实行土地集体所有的高级农业生产合作社。在短短的 4 年时间里，拥有了自有土地的农户，在农业生产方式上，经历了不改变土地私有制的农业生产互助组和初级农业生产合作社，紧接着进入了取消土地私有制、实行土地集体所有制的高级农业生产合作社。最后，高级农业合作化、人民公社化相继开展，农民所有、集体经营的农村土地制度，逐步转变为集体所有并统一经营的土地制度。

到 1978 年，伴随以农村土地产权结构重建为重心的经济体制改革的推进，以往"集体所有并统一经营"的土地产权制度，很快让位于以"包产到户"为主的家庭联产承包责任制。安徽省、四川省的一小部分生产队，于 20 世纪 70 年代末即开始筹划并实施农地产权改革，实行土地按户分包和家庭经营。安徽省凤阳县梨园公社小岗生产队 18 户农户，于 1978 年 11 月 24 日秘密签订的包干到户保证书，开始了农村"包产到户"责任制的尝试，紧随其后，全国范围的发展趋势是，先贫困山区和边远山区，再到平原山区及经济发达地区，全面推开并迅速发展。而中央针对农户自发的包产到户，最初是不允许，随后允许例外、小范围允许，最终实行全面推广。

农业经营体制改革的转折点，发生在 1982 年。当年召开的全国农村工作会议上，中央进一步肯定了包括小段包工定额计酬、专业承包联产计酬、联产到劳、包产到户到组等在内的各种责任制形式，认为它们都是社会主义集体经济性质的生产责任制。之后，中央进一步明确指出，建立在土地公有基础上的包干到户，是中国社会主义农业经济的重要组成。1983年，中央完整地提出了在农村实行家庭联产承包责任制，采取集体统一经营与农户分散经营相结合的原则，同时发挥了农村集体优越性与农民个人积极性。1984年中央1号文件《关于1984年农村工作的通知》强调要稳定和完善生产责任制，将土地承包期规定为延长15年不变；同时规定，合理补偿农民向土地的投资；针对自留地、承包地规定，二者不准买卖、不准出租，也不准转作宅基地和其他非农业用地。在随后开展的管理体制改革中，《关于政社分开建立乡政府的通知》于1983年10月发出，政社分设、建立乡政府的工作到1985年就基本结束。自此，由农业合作化运动中通过高级社确立并通过人民公社制度进一步强化的农村土地经营制度终结。1984年，农村地区普遍实行家庭联产承包责任制。以土地集体所有为前提，把土地经营权给予了农民群众。农村土地经营以家庭作为单元，承包地面积按人口均分到户，按地亩承担税费。通过政策和法律途径，农民开始享有长期而稳定的土地承包权。一般土地承包30年，草地30年到50年，林地50年到70年不变。这种土地经营方式一直持续到现在，成为中国土地利用、农业经营的基本方式。

二　农村土地家庭承包经营制的产生

以家庭承包经营为基础、统分结合的农业经营制度，通过土地家庭承包制得以确立。随之，农户家庭成为拥有独立地位的财产主体与经济实体。农村土地家庭承包制的产生和演变，构成了土地利用权领域的真正革命，在这一过程中，农民取得农用土地利用权——土地承包经营权。通过改革，新的土地制度在实践中表现出巨大绩效。一方面的成就是，通过包产到户，中国农业总要素生产率在1980—1984年提高20%，占到同期种植业增长率38%的一半以上；另一方面的成就是，它引发了随后国民经济连续20多年高速增长。

改革初期的制度选择是，坚持农村土地集体所有制这一前提条件，在国家、集体与农户之间，形成"留足国家的、交够集体的、剩余是自己的"的合约，集体土地被分包给集体成员；分离集体土地所有权和使用权，集体成员享有承包农地的使用权、收益权和流转权，农户家庭变成了农业经营主体。因而，农村基本经营制度的根本是土地农民集体所有，核心为保障农民权利，其基础是农地家庭经营，同时完善统分结合的双层经营体制。其法律表达为"农村集体经济组织实行家庭承包经营为基础、统分结合的双层经营体制"。农村基本经营制度的核心是农地集体所有、家庭承包经营。

从农村土地家庭承包经营的产生过程可以看到，农民以"承包"的方式，不改变农村土地集体所有这一前提条件，而使集体土地所有权、农户土地承包经营权实现"两权分离"，从而找到了农村集体土地的有效经营形式。"两权分离"维护了农村土地的社会主义集体所有制，又使农户成为相对独立的农业经营主体，一方面能够发挥集体经济组织的优越性，另一方面又能够充分调动承包农户家庭的积极性。生产关系必须适应生产力的发展水平，这是决定一种新制度是否可以持续的关键所在；如果违背了这一规律，即使通过强制性制度变迁形成的制度形态，也很难有生命力。

可以说，农村基本经营制度的产生和演变，就是通过生产关系的不断调整，适应生产力发展水平的发展史。从解放初期进行土地改革开始，经过各种形式的合作化形式、人民公社体制，最终形成以家庭承包经营为基础、统分结合的双层经营体制，其间中国农村经营体制发生了巨大变化。这一系列的变化过程，是农业农村现代化的积极探索，形成了一系列新的机制，包括激励机制、保护农业的机制等。其中最核心的作用，正是妥善处理好农民和土地的关系，不断赋予农民充分而有保障的土地权利。

农村土地家庭承包制产生后，很快为中国宪法和法律所确认并加以保障。现行"宪法"第 8 条，规定中国农村集体经济组织实行家庭承包经营为基础、统分结合的双层经营体制。其第 10 条规定，中国农村和城市郊区的土地，除由法律规定属于国家所有的以外，属于集体所有；宅基地和自留地、自留山，也属于集体所有。2003 年实施、2018 年修改的《农村土地承包法》第 3 条，规定中国实行农村土地承包经营制度，农村土地承包采取农村集体经济组织内部的家庭承包方式。除此之外，不宜采取家庭承包方式的荒山、荒沟、荒丘、荒滩等农村土地，可以采取招标、拍卖、公开协商等方式承包。《农村土地承包法》中确立的以家庭承包经营为基础、统分结合的双层经营体制，其主要作用在于，通过赋予农民长期而有保障的土地承包经营权，维护了土地承包经营权人的合法权益，进而促进了农业、农村经济发展和农村社会稳定。

根据现行法律的规定，农村土地制度能够概括为：农村土地属于每个农村集体经济组织的成员集体所有；农村集体土地（耕地）实行以家庭承包经营为基础、统分结合的双层经营体制。农村基本经营制度的主要内涵为：一方面，集体经济组织与农户家庭是发包与承包的关系，"家庭承包经营"是集体经济组织内部的一种基础性经营活动；另一方面，农村集体经济组织内部实行双层经营，集体负责水利、防疫、技术、购销等统的经营，而农户负责农作物的生产管理等分的经营。农村基本经营制度涉及农村集体土地所有权、农户承包经营权和其他人（组织）通过合法方式所获得的经营权，其中包含着极其复杂的土地利益关系。

三　农村土地家庭承包经营制的发展

农村土地家庭承包经营制建立后，随着中国农村改革的不断深化，其也在发展变化，逐步走向成熟和完善。农村土地家庭承包经营制的发展不仅推动了农村土地承包经营立法的发展，使土地承包经营权的内容和权能不断地丰富和拓展，同时还为创新土地承包经营权实现机制提供了基础条件与重要契机。

周振、孔祥智认为，中国农业经营体制的发展演变，经历了以土地农民私有为基础的家庭经营制，经由农业合作化运动产生的合作制、以人民公社为载体的集体经营制，再经改革开放后形成的双层经营体制，以及新世纪以来双层经营体制的创新拓展等五个阶段。其中，多层经营制阶段的突出特点，是"家庭承包、多层经营"。在多层经营制中，"统"的主体，由农村集体经济组织向新型农业经营主体等扩展；而"统"的功能从过去的社会化服务向生产性服务转变、从公益性向经营性拓展。[①]

1980 年前后，中国农村社会发生的巨大变迁，是由人民公社制转向家庭联产承包责任制。伴随这一变迁过程，农村经营体制也由土地集体所有、统一经营的方式，转变为融合集体统一经营与农户分散经营的方

---

① 周振、孔祥智：《新中国 70 年农业经营体制的历史变迁与政策启示》，《管理世界》2019 年第 10 期。

式，双层经营体制由此构成中国农村经济基本制度。双层经营体制的实质在于，坚持土地集体所有制，农民家庭承包土地、获得承包经营权，进而实现集体统一经营和农户分散经营的结合形态。实施这一体制的基础在于，集体拥有土地、农户承包土地。在这一制度安排中，集体统一经营表现为其拥有土地发包权；而农户分散经营则表现为农户承包并直接经营土地，在其承包的集体土地上从事种植业和养殖业等生产经营活动。

伴随工业化、城镇化、信息化的大力推进，近年来中国农村经济获得强大的发展动力，然而在土地、资金和劳动力等生产要素流动方面，又遭遇不少的问题和挑战。农村社会内部，随着富余劳动力转移到城镇就业，大量的新型经营主体涌现出来，包括合作社、家庭农场、农业产业化龙头企业等。同时，农村土地的流转速度明显加快，土地的规模化和集约化经营水平迅速提高，在土地经营方式上，开始呈现多元化的格局。土地承包权与土地经营权分离、经营权流转成为重要的土地经营方式。这些变化为农民土地承包经营权财产功能的彰显和财产价值的实现提供了条件和契机。

近年来，针对"三农"所处的内外部环境变化，党和政府针对如何巩固和完善农村基本经营制度、如何深化农村土地制度改革，逐步出台了一系列新政策和新举措。2013年，习近平总书记就提出了农村土地集体所有权、土地承包权和土地经营权三权分置的改革思路，对农村土地制度改革多次作出重要批示。"三权分置"改革的提出，是家庭联产承包责任制后的重大制度创新，丰富和完善了农村双层经营体制的内涵。家庭联产承包责任制主要解决农民生产积极性问题，"三权分置"则通过运用市场法则，解决农业的规模化、集约化经营问题。事实上，农地"三权分置"改革的提出，使得农村双层经营体制有了新的内涵拓展。2019年发布的《中共中央、国务院关于坚持农业农村优先发展做好"三农"工作的若干意见》提出，"坚持家庭经营基础性地位，赋予双层经营体制新的内涵"。这一新的提法，反映出中央政策对于社会实践的及时回应。

深化农村土地制度改革的基本遵循，就是巩固和完善农村基本经营制度。从其政策要求来看，就是坚持土地集体所有和家庭承包经营，稳定农村土地承包关系。基本经营制度的核心要求，是土地农民集体所有；

而农民家庭拥有土地承包权，构成基本经营制度的根本。因而，应当以土地集体所有、家庭承包经营、农村土地承包关系的长久不变，以应对土地经营权流转和农业经营方式多样化的现实需求，进而使基本经营制度保持制度活力。正如习近平总书记多次所讲的，农村基本经营制度的基本实现形式，是家家包地、户户务农。而农村基本经营制度新的实现形式，则包括家庭承包、专业大户经营，家庭承包、家庭农场经营，家庭承包、集体经营，家庭承包、合作经营，家庭承包、企业经营等多种形态。

构建新型农业经营体系目标的提出，是土地家庭承包经营的最新发展。在进行一系列政策设计和实践经验的基础上，2015 年中央提出要"加快构建新型农业经营体系"。根本上，农业现代化的必由之路，是发展多种形式的农业适度规模经营。加快培育新型农业经营主体，包括家庭农场、专业大户、农民合作社、农业产业化龙头企业等，形成符合国情和发展阶段的立体式、复合型现代农业经营体系，提高农业经营集约化、规模化、组织化、社会化、产业化水平是实现构建新型农业经营体系的目标的重要方式。党的十九大报告进一步强调，要构建现代农业产业体系、生产体系和经营体系，完善农业支持保护制度，发展各种形式适度规模经营，培育新型农业经营主体，健全农业社会化服务体系，实现小农户和现代农业发展的有机衔接。

四 农村土地承包经营主要政策梳理

自 20 世纪 70 年代末，中国开始探索和推行农村土地家庭承包经营制以来，四十年的时间里，党和政府出台的用以调整规范农村土地家庭承包经营关系的政策数以百千计。几乎所有涉农重要文件都会涉及农村土地家庭承包经营问题。中国立法，尤其是涉农立法有一个重要的传统或曰特点，就是"政策先行、试点实践、总结经验、再行立法"。在这方面，农村土地承包经营立法则尤为典型。1982 年全国大部分地区就已开始推行农村土地承包经营，但在经历了 20 多年的政策调整之后，直至2002 年才颁布了《农村土地承包法》。所以，我们有必要从政策层面去认识和把握农民土地承包经营权可能更为客观、准确。这里，我们并不进行全景式的扫描梳理，而是仅从土地承包经营权作为农民财产性权利实现的角度，围绕土地承包经营权的产生、内容、性质、权能等方面具有重要意义的政策做一简要梳理。从农村土地家庭承包经营制度和农民土地承包经营权政策的发展过程，深入理解土地家庭承包经营制度得以产生与运行的社会基础，以及农民土地承包经营权运行与实现的社会基础。

（一）从关心农民经济上的物质利益到赋予农民更多财产权利

早在 1979 年 9 月，党的十一届三中全会通过的《中共中央关于加快农业发展若干问题的决定》中就指出，确定农业和农村政策的首要出发点，是八亿农民社会主义积极性的发挥。要求在思想上加强对农民进行社会主义教育，在经济上充分关心农民的物质利益，政治上切实保障农民的民主权利。此时，还是从调整生产关系、解放生产力的立场出发调动农民的积极性，解决其温饱问题。而到了 2012 年党的十八大时，提出的则是"赋予农民更多财产权利"。已由对农民温饱问题的解决，变为增加农民财产性收入。农民的"三权"（土地承包经营权、宅基地使用权和集体收益分配权）作为农民财产权利的主要内容，受到党和政府的高度重视，并通过一系列深化农村改革的举措，促进农民财产权利的实现，增加农民财产性收入。

（二）从"稳定和完善"到"巩固和完善"农村基本经营制度

党的十三届八中全会上，总结概括了农村改革十几年来形成的一些行之有效的基本政策，强调要把家庭联产承包为主的责任制和统分结合的双层经营体制，作为农村集体经济组织的一项基本制度长期稳定下来并不断充实完善，且第一次明确提出"农村基本经营制度"的概念。在党的十五届三中全会上，"以家庭联产承包为主的责任制、统分结合的双层经营体制"被修订为"以家庭承包经营为基础、统分结合的双层经营体制"。强调长期稳定以家庭承包经营为基础、统分结合的双层经营体制，是党的农村政策的基石。2008 年 10 月 12 日，党的十七届三中全会通过的《中共中央关于推进农村改革发展若干重大问题的决定》（以下简称《决定》）提出稳定和完善基本经营制度。《决定》强调：以家庭承包经营为基础、统分结合的双层经营体制，是适应社会主义市场经济体制、符合农业生产特点的农村基本经营制度，是中国共产党农村工作政策的基石。自此以后，在党和政府的文件中多次出现"稳定和完善"或者"坚持和完善"农村基本经营制度的表述；到了党的十九大报告中，正式表述为"巩固和完善农村基本经营制度"。党和政府之所以如此高度重视农村基本经营制度，并不断强化要"稳定和完善"直至"巩固和完善"，就是因为其适应了社会主义市场经济体制、符合农业生产特点和农民群众愿望，是党的农村政策的基石。由于农业生产力在发展，农业生产关系必须不断地与之相适应，因而要求"完善"。从法律角度来讲，农村基本经营制度已入宪。作为一项法律制度，其规范和调整了农村土地集体所有权、农户作为土地承包经营者的法律地位、农民土地承包经营权利等一系列重大问题。

（三）从保持农村土地承包经营关系"长期不变"到"长久不变"

1984 年，全国范围基本上都实施了家庭联产承包责任制，农民群众被赋予长期有保障的土地使用权。全国第一轮农村土地承包期为 15 年；到 1993 年 11 月，中共中央、国务院《关于当前农业和农村经济发展的若干政策与措施》中提出"在原定的耕地承包期到期之后，再延长三十年不变"；同时规定，为了避免承包耕地的频繁变动和防止耕地经营规模不断被细分，提倡在承包期内实行"增人不增地、减人不减地"的办法。至 1998 年，全国各地普遍完成了农村土地二轮延包。党的十七届三中全会（2008 年）决定中，明确提出要赋予农民更加充分而有保障的土地承包经营权，同时，现有土地承包关系要保持稳定并长久不变。土地承包经营关系从"长期不变"变为"长久不变"，其目的在于要给土地承包经营权人以稳定的经营预期，巩固和完善基本经营制度。2013 年中央 1 号文件提出，全面开展农村土地确权登记颁证工作。要求健全农村土地承包经营权登记制度，强化对农村耕地、林地等各类土地承包经营权的物权保护，为农民"定铁权、颁铁证"，给农民吃"定心丸"。2015 年，中央提出，要修改农村土地承包方面的法律，以明确现有土地承包关系保持稳定并长久不变的具体实现形式。党的十九大报告中，明确要保持土地承包关系稳定并长久不变，提出第二轮土地承包到期后再延长三十年。中共中央、国务院《关于保持土地承包关系稳定并长久不变的意见》（2019 年 11 月）明确了长久不变的政策内涵，具体内容为：首先，保持土地集体所有、家庭承包经营的基本制度长久不变，确保农民集体有效行使土地所有权、集体成员平等享有土地承包权。其次，保持农户依法承包集体土地的基本权利长久不变，家庭经营在农业生产经营中居于基础性地位；农村集体经济组织成员有权依法承包集体土地，任何组织和个人都不能剥夺和非法限制。最后，保持农户承包地稳定，农民家庭是土地承包经营的法定主体，发包方及其他经济组织或个人不得违法调整其承包地。可见，作为用益物权的农民土地承包经营权不断得到稳定和巩固。

（四）从严格限制农民土地承包经营权权能到不断丰富拓展权能

基于农村土地承包经营产生的基础和动因就是要解放生产力，调动广大农民生产积极性，这既具有生产经营功能，又兼具社会保障功能。所以早期的土地承包经营政策目标就是"赋予农民长期有保障的土地使用权"，以满足其生产经营为限，因而农民土地承包经营权的权利内容和权能范围是极其有限的，主要表现为占有和使用权，而无收益和处分权。例如，1982 年 1 月中共中央发布的《全国农村工作会议纪要》就强调：社员承包的土地，既不准买卖、不准出租和转让，也不准荒废，否则集体有权收回承包地；当社员无力经营、转营他业时，则应退还集体。其实，农民土地承包经营权的内容和权能范围主要是通过是否允许土地流转和以何种方式进行土地流转的政策来体现的，只要允许土地有偿流转就意味着农民土地承包经营权被赋予了收益与处分的权能。所以在此后，土地流转政策经历了从有限流转、允许流转、规范流转到鼓励促进流转的发展变化过程。在这一过程中，由起初单一的，且要经过发包人同意的转包流转形式，发展到多种多样的土地流转形式。随着土地流转方式的丰富，农民土地承包经营权的内容和权能也得到不断拓展。中共中央《关于做好农户承包地使用权流转工作的通知》（2001 年 12 月）规定，农户家庭承包地使用权流转要在长期稳定家庭承包经营制度的前提下进行，同时，该使用权的流转必须坚持依法、自愿和有偿的原则。《中共中央关于全面深化改革若干重大问题的决定》（2013 年 11 月）围绕深化农村土地制度改革进行了一系列的部署安排，在理论和政策上都取得重大的突破。其中最为突出的一点，是赋予农民更多的土地权益，使得土地承包经营权的权利内容更加丰富，并在更广泛的领域得到行使和运用。中办、国办《关于引导农村土地经营权有序流转发展农业适度规模经营的意见》（2014 年 11 月）提出，要抓紧研究探索集体所有权、农户承包权和土地经营权在土地流转中的相互权利关系和具体实现形式；同时，稳步推进土地经营权抵押和担保试点工作，探索建立抵押资产处置机制。此后的农地"三权分置"政策则更加丰富了农民土地承包经营权的内容，完善了农民土地承包经营权的权能结构，为《农村土地承包法》修法奠定了基础。

第二节　农民土地承包经营权基本内容

农民土地承包经营权的内涵、性质、特点及其权利内容和权能结构的界定和理解，无疑当以法律的明文规定为依据，即通过权利的法定化和法定化的权利作为我们研究农民土地承包经营权实现问题的出发点。由此，关注农民土地承包经营权立法，包括立法历程、权利内容、权能结构、权利特点等，对我们研究农民土地承包经营权实现问题尤为重要。

一　农村土地承包经营立法回顾

中国自 20 世纪 80 年代推行农村土地承包经营制以来，历经二十余年的政策调整，至 2002 年 8 月 29 日才颁布《农村土地承包法》以专门法律调整农村土地承包关系。从此，农村土地承包经营进入法治化的轨道。然而，农村土地承包经营之法治化是一个渐进的过程，在《农村土地承包法》颁布之前就已有相关宪法和法律内容的规定。如宪法、《民法通则》、《土地管理法》、《物权法》等，为出台专门法律奠定了一定的基础。《农村土地承包法》颁布实施之后，随着农村改革的深入，农村土地承包经营制度运行的社会基础和政策环境发生了重大变化。2018 年 12 月 29 日，《农村土地承包法》进行了重大修订，农村土地承包经营法制建设进入了一个新的发展阶段。以下，我们对农村土地承包经营相关立法做一简要回顾，以便了解农村土地承包经营法治化之进程。

（一）宪法中的相关规定

宪法作为国家根本大法，是一切立法之基础和依据。农村土地承包经营立法自当依宪而制。农村土地承包经营涉及国家土地制度，包括土地所有权制度和使用权制度，也涉及农村基本经营制度，而这些制度正是由宪法所规定的，从而构成农村土地承包经营立法的宪法基础和依据。

1982 年宪法规定中国土地实行公有制，包括国家所有制和农村集体所有制。城市市区土地属于国家所有，农村和城市郊区的土地，除由法律规定属于国家所有的以外，属于集体所有。同时规定，任何组织或者个人不得侵占、买卖、出租或者以其他形式非法转让土地。一切使用土地的组织和个人必须合理地利用土地。由此，农村土地集体所有制得到宪法的确认和保护。1988 年宪法修正案中"土地的使用权可以依照法律的规定转让"的规定，打开了国有和集体土地所有权与使用权"两权分离"的制度通道，成为农村土地实行承包经营的制度基础。1993 年 3 月 29 日宪法修正案，根据党的十三届八中全会决定精神，增加了"农村集体经济组织实行以家庭联产承包为主的责任制和统分结合的双层经营体制"的内容；规定"农村中的家庭联产承包为主的责任制和生产、供销、信用、消费等各种形式的合作经济，是社会主义劳动群众集体所有制经济"。家庭联产承包责任制被首次写进了宪法，使其成为国家基本经济制度的主要内容。而 1999 年宪法修正案则对 1993 年关于土地承包经营制的规定，又进行了修改完善，明确规定：农村集体经济组织实行家庭承包经营为基础、统分结合的双层经营体制。至此，在农村土地集体所有前提下，以家庭承包经营为基础、统分结合、双层经营的农村基本经营制度正式确立。农村土地承包经营制度上升为国家宪法制度。

（二）《民法通则》中的相关规定

无论是土地所有权制度还是使用权制度都是重要的民事权利法律制度。农村土地承包经营作为重要的民事活动应由民事法律予以调整和规范。1986 年 4 月 12 日通过颁布的《民法通则》规定，公民、集体依法对集体所有或国家所有、由集体使用的土地的承包经营权受法律保护。农村土地承包经营权得到民事基本法的确认。《民法通则》进一步细化了宪法规定的集体所有权的客体，明确规定：劳动群众集体组织的财产属于劳动群众集体所有，其中就包括法律规定为集体所有的土地和森林、山岭、草原、荒地、滩涂等。《民法通则》还对"集体经济组织"做出了较为具体的规定：集体所有的土地依照法律属于村"农民集体"所有，由村农业生产合作社等农业集体经济组织或者由村民委员会经营、管理。已经属于乡（镇）农民经济组织所有的，可以属于乡（镇）农民集体所有。《民法通则》亦对农民通过土地承包合同获得的承包经营权提供了法律保护。在赋予农民土地承包经营权的同时，还增加了个人、集体享有森林、山岭、草原、荒地、滩涂、水面的承包经营权的规定，为今后确立农村土地承包法适用范围奠定了基础。

（三）《土地管理法》中的相关规定

《土地管理法》从土地权属和土地利用管理的角度对农村土地承包经营做了一些规定。1986 年《土地管理法》规定，集体所有的土地，由县级人民政府登记造册，核发证书，确认所有权；国有土地的使用单位、集体所有制单位使用的国有土地，可以由集体或个人承包经营，从事农、林、牧、渔业生产；承包经营土地的集体或个人，有保护和按照承包合同规定的用途合理利用土地的义务；土地的承包经营权受法律保护。特别是《土地管理法》第9条规定，国有土地和农民集体所有的土地，可以依法确定给个人"使用"，在中国法律中第一次非常明确地规定了农户个体的土地"使用权"，其"土地使用权"这一词汇的出现为中国之后理论研究和立法规范土地权利概念奠定了基础。1998 年修正后的《土地管理法》除对集体土地所有权的规定进一步具体化外，更为重要的是在第14 条第一次以法律的形式将农民的土地承包经营权期限确定为 30 年，极大地稳定了农民的生产积极性，有利于农业投入增长和农业长期发展。第 15 条赋予农村集体经济组织以外的单位和个人承包经营农民集体土地的权利，为社会资本进入农业，实现农业集约化经营和农村集体土地使用权市场化流转创造了制度条件。

（四）2002 年出台《农村土地承包法》

2002 年 8 月 29 日，第九届全国人民代表大会常务委员会第二十九次会议通过《农村土地承包法》，以法律形式对农村土地承包经营重要问题进行明确和规范。该法明确规定，国家实行农村土地承包经营制度。农村集体经济组织成员有权依法承包由本集体经济组织发包的农村土地。任何组织和个人不得剥夺和非法限制农村集体经济组织成员承包土地的权利。国家保护集体土地所有者的合法权益，保护承包方的土地承包经营权，任何组织和个人不得侵犯。对农村土地承包中发包方和承包方的权利和义务、承包的原则和程序、承包期限和承包合同、土地承包经营权的保护、土地承包经营权的流转、其他方式的承包、争议的解决和法律责任等问题做了具体规定，为农村土地经营进行了操作层面的正式的法律制度安排，标志着中国农村土地经营进入了法治化阶段。《农村土地承包法》的主要特点在于：（1）稳定和完善以家庭承包经营为基础、统分结合的双层经营体制；（2）赋予农民长期而有保障的土地使用权；（3）尊重农户的市场主体地位，保护承包方进行土地流转的权利；（4）保障妇女的土地权利。《农村土地承包法》在稳定农村土地经营秩序、维护农民土地利益方面产生了重要的作用。

（五）《物权法》中的相关规定

2007年3月16日《物权法》的颁布实施，标志着中国土地承包经营权的保护进入了新的历史阶段。《物权法》对土地承包经营权规定的主要突出点在于：（1）明确了土地承包经营权的性质为用益物权，具有财产权利的属性，规定土地承包经营权人依法对其承包经营的耕地、林地、草地等享有占有、使用和收益的权利，明确了上地承包经营权的内容和权能范围，完成了土地承包经营权内容的法律构造，为权利的实现提供了必要的制度供给。同时，土地承包经营权的物权化，将进一步稳定农村承包经营关系，也为承包经营权的流转奠定了基础。（2）明确将农民个人承包经营权损失纳入征收补偿范围。第132条规定，征收农民土地必须对农民个人承包经营权损失进行补偿。这是以前法律所未明确的，它对于农民财产权利的保护意义十分重大。（3）明确了集体所有权内涵，即集体所有指集体组织成员所有（第59条）。《物权法》将传统的"集体所有权"改为"集体成员集体所有权"，进一步明确了集体所有权的性质，以及集体财富享受主体范围，对于正确认识和理解农民土地承包经营权、宅基地使用权、集体收益分配权，以及准确理解和把握农地、宅基地"三权分置"内涵具有重要的意义。（4）给予土地承包权人在权利受到集体经济组织侵害时向法院起诉的权利（第63条）。此前，集体经济组织成员对集体经济组织、村民委员会以集体名义做出的决定，或者这些组织负责人做出的决定，认为侵害自己合法权益的，不能进入司法程序，无法得到及时有效的法律救济。《物权法》赋予土地承包经营权用益物权性质，从而在法律上最终确立了土地承包经营权作为私权的地位。在保护农民财产权方面，中国立法又前进了一大步。

（六）2018年修改《农村土地承包法》

2018年12月29日，第十三届全国人民代表大会常务委员会第七次会议作出《关于修改〈中华人民共和国农村土地承包法〉的决定》。新修改的《农村土地承包法》，对农村土地"三权分置"、承包到期后再延长30年、进城农民的土地承包权利、农村妇女的土地承包经营权进行了规范，既落实了三权分置和长久不变的政策要求，也加强了对农民权益的保护。《农村土地承包法》修订的最大亮点是农村承包地"三权分置"入法。具体体现为：首先，土地承包经营权与土地经营权分开，土地经营权可以流转和融资担保。其次，土地经营权的受让方范围扩大，将土地经营权受让主体的限制由原有的"须有农业经营能力"修改为"须有农业经营能力或者资质"，经营主体不局限于农民个体，也包括工商资本。再次，关于土地经营权流转的风险防控，强调对于社会资本流转农地的资格审查、项目审核与风险防控。最后，规定"土地经营权流转期限为五年以上的，当事人可以向登记机构申请土地经营权登记"，为流转期限较长的转包人提供了保障。但从土地承包经营权实现的角度来看，此次《农村土地承包法》修改最为重要的是，丰富了土地承包经营权的权利内容，拓展了土地承包经营权的权能范围，为农民土地承包经营权的行使方式和实现路径创新提供了充分的制度空间和实践可能。2020年5月颁布，2021年1月1日起施行的《民法典》，将"土地承包经营权"纳入"用益物权"，做了专章规定。

此外，2010年1月1日，《农村土地承包经营纠纷调解仲裁法》正式实施，不仅标志着农村土地承包法律体系进一步健全，更为重要的是，为保障农村土地承包经营权实现提供了一种符合中国农村、农民实际，高效、便捷、低成本的法律救济方式。"发生农村土地承包经营纠纷的，当事人可以自行和解，也可以请求村民委员会、乡（镇）人民政府等调解"，"当事人和解、调解不成或者不愿和解、调解的，可以向农村土地承包仲裁委员会申请仲裁，也可以直接向人民法院起诉"，从而完善了以和解、调解、仲裁、诉讼为主要方式的多元化的农村土地承包经营纠纷解决机制。

二　农民土地承包经营权的内容

根据《宪法》和《农村土地承包法》的规定，中国实行农村土地承包经营制度。农村集体经济组织成员依法享有承包本集体经济组织发包的农村土地的权利，在其承包土地之后，即享有土地承包经营权。考察和研究农民土地承包经营权实现当以明确界定土地承包经营权法定权利内容为起点，离开了对农民土地承包经营权权利内容和权能结构的准确理解和把握，就无法完成对农村土地承包经营权实现问题的认识和把握。农民土地承包经营权的权利内容及其权能结构，在 2002 年 8 月 29 日颁布的《农村土地承包法》及 2018 年 12 月 29 日修订后的《农村土地承包法》中都有清晰而明确的规定。虽然农村土地承包经营在不断发展，农民土地承包经营权内容也在发展变化，但无论是在"两权分离"还是在"三权分置"状态下，农民土地承包经营权的内容和权能在立法上都是明确而具体的。农民通过承包集体土地，获得土地承包经营权之后，既可以自己经营土地，也可以保留土地承包权，将土地经营权流转与他人经营，从而形成"两权分离"或"三权分置"的状态。农地"两权分离"或"三权分置"具有不同的权利体系构造，即"所有权—承包经营权"的"两权分离"权利体系和"所有权—承包权—土地经营权"的"三权分置"权利体系。但我们认为承包权的本质是一种依法获取集体土地承包经营权的资格，属成员权的范畴，本身并不具有土地承包经营权的物权属性。土地经营权虽然独立设权，但它终归是农民让渡部分土地承包经营权权利的结果。农民土地承包经营权作为用益物权，农民对所承包土地应享有占有、使用、收益和有限制的处分权利，其中占有权能是一项最基础性的权能，构成土地承包经营权行使的基础。它以农村集体经济组织成员通过行使承包权请求集体经济组织分配承包地，并实际获得承包地为标志。但实践中，出于对妇女等特殊人群的歧视，不分或少分承包地、违规收回承包地等剥夺、侵害土地承包经营权的行为仍然存在。使用权则是承包人实际利用土地进行生产经营的权利。收益权则既可表现为承包人获取承包地上的生产经营收益，也可表现为承包权人通过让渡部分或全部土地承包经营权获得相应补偿和利益，如以转让或交回等方式退出土地承包经营权，以出租（转包）、入股等方式流转土地承包经营权，从而获得相应利益的权利。土地承包经营权的财产功能正是通过其收益权而实现的。由于农地集体所有的性质，所以承包人处分权能受到一定的限制，如土地承包经营权的转让须在本集体经济组织内部进行、土地流转仅限于土地经营权的流转和在一定期限内的流转等。根据现行法律规定，土地承包经营权具体权利内容和权能范围如下：

（一）依法互换、转让土地承包经营权的权利

互换土地承包经营权是同一集体经济组织内部成员为了方便耕作、使用承包地而相互交换地块的行为。现实中，由于土地承包时，往往按照土地等差均匀分配，造成同一农户承包的土地被切割而处于不同的地理位置。一是形成"绺绺田"，一家承包地被分割为几块、十几块，甚至几十块；二是形成区域位置差异，甚至有"飞地""插花地"的现象，致使农户耕作起来很不方便。于是农户之间通过协商，调换承包地块，使其相对集中。由于农村集体经济组织具有社区性、封闭性的特征，互换土地承包经营权，必须是在同一集体经济组织内进行。互换土地承包经营权，除承包地地理位置发生变化外，其他承包法律关系都不发生变化。转让土地承包经营权，实际上就是农村集体成员放弃土地承包经营权，终止土地承包法律关系的一种法律行为，其法律后果是集体经济组织成员丧失土地承包经营权，发包方要与新的承包主体确定承包关系。土地承包经营权转让也必须是在集体组织内部进行，新的承包主体必须是同一集体经济组织成员。应当注意的是，互换、转让行为所针对的都是土地承包经营权，其与出租（转包）、入股所针对的是土地经营权是有原则区别的。二是，互换应是对等地块的交换。实践中，面积不等的地块互换，一般通过相互找补解决。转让土地承包经营权当以依法、自愿、有偿为原则，其有偿性实质上是土地承包经营权财产属性的体现，是一种土地财产权利实现的方式。这种有偿与土地承包方交回承包地或发包方依法收回承包地的做法，对承包方因在承包地的投入而获取的利益补偿性质是不同的。

（二）依法流转土地承包经营权的权利

土地经营权是农地"三权分置"入法后的一种新型权利设计，它是从土地承包经营权中分离出来的一种独立形态的土地权利。农民土地承包经营权主体自己不经营承包地的，在保留承包权的前提下，可通过出租（转包）、入股等方式将土地经营权流转给第三方经营。第三方所获得的土地经营权是一种非人格化的市场主体所拥有的权利，即第三方不再有集体经济组织成员的身份限制，只要具有农业经营能力或资质的任何公民或组织都可以成为受让方。土地经营权的设置与土地经营权流转权的设计，为农地产权交易引入市场化机制，为农民土地承包经营权实现，

增加财产性收入开辟了新的路径。土地经营权出租（转包）是一种最普遍常用的土地流转方式。随着农业产业体系、生产体系、经营体系的现代化，以入股方式流转土地也开始被广泛地使用，如以土地经营权入股专业合作社、社区股份经济合作社、土地股份合作社、村庄基础建设等。

（三）承包地被依法征收、征用、占用的，有权依法获得相应的补偿的权利

农村集体土地征收的后果不仅是农村集体土地所有权发生转移，同时也使农民土地承包经营权因此而丧失，经济利益受损。被征地农民除应获得承包地上的青苗、附着物的补偿外，同时还应获得土地补偿款分配、社会保障费用等补偿。土地征用、占用虽然不发生土地所有权转移，导致农民土地承包经营权丧失，但其将导致一定期限内农民土地承包经营权占有、使用、收益等权能的行使受限，因此而蒙受利益损失。所以，应享有获得合理补偿的权利。从求偿权的角度来看，农民自愿交回承包地的，在满足提前告知义务的前提下，也享有求偿的权利。

（四）土地承包经营权退出权

基于现阶段中国土地承包经营权仍具有一定的社会保障功能，所以中国土地承包经营权立法一直朝着物权化的方向发展，由债权转变为用益物权，由长期不变转向长久不变，并通过立法两次延长土地承包经营权期限。即使对进城落户农民，其土地承包经营权也受到特别保护，规定不得以退出土地承包经营权作为农户进城落户的条件。但稳定土地承包经营权，并不意味着土地承包经营权一经取得就一成不变。为了有效利用土地，激活土地要素在城乡自由流动，以及发挥土地财产权利功能，增加农民财产性收入，中国又适时建立了土地承包经营权退出机制，并将之法定化。其实，针对进城落户农民，中国早就出台了鼓励、引导和支持其在自愿有偿的原则下依法退出包括土地承包经营权、宅基地使用权、集体收益分配权"三权"权益的政策，这是城镇化发展的客观要求。2019 年 8 月修改的《土地管理法》就有"允许进城落户农民依法自愿有偿退出宅基地"的规定，在农村集体产权制度改革中也赋予了农民集体资产股份退出权能。新《农村土地承包法》关于土地承包经营权的退出，分为两个层面。一是进城落户农民通过向本集体经

济组织内部转让土地承包经营权的方式永久退出土地承包经营权；二是进城落户农民或其他集体经济组织成员以"自愿交回承包地"的方式在一定期限内退出土地承包经营权。自愿交回承包地就是土地承包人将承包地自愿退还集体经济组织，其法律后果是，承包人"在承包期限内不得再要求承包土地"。可见，自愿交回承包地的退出方式，一是发生在承包期内，且是自愿的，并履行了提前告知的义务；二是将承包地交回发包方，即承包地所有权人，并可获得合理补偿；三是自愿交回土地后，并不丧失土地承包权，只是对其承包权的行使进行了限制，即在承包期限内不得再要求承包土地，但并不影响其在新一轮土地承包时要求承包土地的权利。所以，它是一种有期限的土地承包经营权退出，而非永久退出。

（五）用承包地的土地经营权向金融机构融资担保的权利，即以土地承包经营权抵押贷款的权利

中国《物权法》和《担保法》对农村土地承包经营权和宅基地使用权均未赋予抵押担保的权能，这是基于担保物权的行使可能会导致农民丧失具有重要保障功能的土地承包经营权和宅基地使用权，影响其生活和居住的考虑。这一立法虽然具有一定的合理性，但同时也减弱了土地承包经营权的财产功能，限制了农民的融资能力。土地承包经营权及宅基地使用权同样都是农民最主要的财产，如其不能设定抵押担保权，则将再无其他重要财产可用于融资抵押担保。为解决这一问题，中国于2015年开始在全国232个县（市区）试点"两权抵押贷款"，即农村土地承包经营权和农民房屋财产所有权（包括宅基地）抵押贷款。由于抵押物处置法律上的障碍和现实困难，以及抵押人生活居住保障问题的影响，"两权抵押贷款"举步维艰。2018年《农村土地承包法》修订之后，规定"承包方可以用承包地的土地经营权向金融机构融资担保，并向发包方备案"，此次修法，将用于设定担保物权的客体不再是土地承包经营权，而是土地经营权，增强了权利的可行性。当然，在承包地"三权分置"状态下，通过流转方式取得的土地经营权的受让方，在征得承包方书面同意并向发包方备案后，也可用土地经营权设定担保物权，进行融资。

（六）土地承包经营权继承问题

土地承包经营权是否可以继承，一直是一个有争议的问题，有肯定和否定两说。新《农村土地承包法》并未赋予土地承包经营权继承权能，但针对耕地承包和林地承包做了分别规定。对承包耕地的承包人应得的收益，依照继承法的规定继承。即承包人死亡，其土地承包经营权不发生继承，所应得的承包收益作为遗产由其继承人继承。这种规定是由农村土地集体所有权的性质所决定，承包经营权是农村集体成员基于其特定身份所享有的财产权利，而且农村土地家庭承包的承包方是本集体经济组织的农户，是以户为单位的。农村集体经济组织又具有社区性和封闭性的特征，如继承人是非本集体经济组织成员，当然不应享有土地承包经营权，更遑论继承土地承包经营权。但在实践中，经常发生承包地继承纠纷，如父母与子女同属一个集体经济组织，又分门立户。当父母死亡后，其承包地农村集体经济组织一般不做收回处理，而是由其子女"继承"，这虽然在法律上没有依据，但在实践中却客观存在。对于"承包人应得的承包收益"范围如何理解同样也是一个问题。如承包人生前以土地承包经营权入股各类经济体所形成的股权，可能永续存在，由其继承人所继承。特别是在农村集体产权制度改革中，在广大中西部地区农村，农民以土地承包经营权入股集体股份经济合作社是普遍现象，而国家政策规定，赋予农民集体资产股份继承权能，继承人自然通过集体资产股份继承这种转化形式"继承"了土地承包经营权。我们认为，这是由于农村集体成员和土地家庭承包退出机制不完善所形成的制度漏洞所致。如果承包方"绝户"，其承包地应依法收回，其如承包经营转化为股权应作价赎回，赎金作为所获收益由继承人继承。与耕地承包不同的是，现行法律规定，林地承包人死亡的，其继承人则可以在承包期内继续承包。这一规定同样不属继承权的范畴，只是基于林地承包投资较大，回收投资周期长的特点，为了保护承包人的利益，通过变更承包主体，由其继承人作为新的承包主体承接原承包人承包的林地，但仅限于在承包期内。

三　农民土地承包经营权的特点

我们从前边关于农村土地承包经营产生的历史背景、制度基础，所承载的社会功能及其政策法律调整的发展演变，土地承包经营权内涵的界定和权利权能范围的明确规定的考察，可以感知和观察到土地承包经营权的属性和特征变化。把握这些权利特点，是我们思考农民土地承包经营权实现问题所必须考量的重要因素。

（一）从债权到物权的属性变化

关于土地承包经营权是"债权"还是"物权"的争论从来就没有停止过，因为"兹事体大"，关涉土地承包经营权的性质、权利内容和权利保护方式。在"农村改革初期，土地承包经营权是按照债权思路设计的，村集体与农户签订承包合同，通过契约明确集体与农户的权利义务"。①正是因为这种债权的定位与设计，在实践中非法剥夺、侵害农民土地承包经营权的行为比比皆是，其与党和国家赋予农民长期有保障的土地承包经营权的改革目标背道而驰，从而无法达致稳定土地承包关系的目的。从农村土地承包经营制的发展过程，我们可以看出，党和政府一直努力稳定农村土地承包关系，朝着物权化的方向发展，仅从土地家庭承包经营期限的规定就可窥一斑。从第一轮承包期在 15 年以上的规定，到二轮延包 30 年，再到二轮土地承包到期后，再延长 30 年，使土地承包关系"长久不变"获得法律的表达和确认。2002 年颁布的《农村土地承包法》并未明确土地承包经营权具有物权的属性，但从承包方具有"依法享有承包地使用、收益和土地承包经营权流转的权利"的规定可知，其已具有用益物权的特征，至少也是"债权物权化"的表现。2007 年颁布的《物权法》则明确了土地承包经营权"用益物权"的属性，从而使土地承包经营权产生物权的效力，获得《物权法》的保护，其具有用益物权属性的权利内容和权能范围实现了法定化。更为重要的是土地承包经营权财产权利的属性与地位得到确认和肯定。2018 年修订《农村土地承包法》，将"三权分置"入法，完成了"三权分置"权利结构的法构造。农民土地承包经营权包含了"承包权"和"土地经营权"的双重内容，前者凸显其身份特征，后者则彰显财产权利特征。承包方承包土地后，即享有土地承包经营权，既可以自己经营，也可以流转土地经营权，由他人经营。在承包地未流转的情况下，承包方既承包又经营，仍保持

① 刘振伟：《巩固和完善农村基本经营制度》，《农村工作通讯》2019 年第 1 期。

"两权分离"下用益物权的权利状态。在承包地流转的情况下，承包方则保留承包权，让渡土地经营权，从而处于"三权分置"之权利状态。从土地承包经营权实现的角度来看，农民通过让渡一定期限的土地经营权，从而获得相应的财产性收入，是其土地财产权利实现的重要表现。但我们对问题的认识不能停留在仅对农民权利保护的这一单一视角。其实，对土地经营权受让方权利的合理设定及其合法权益的充分保护，同样是对农民土地权利的保护，是促进农民土地经营权流转，实现财产价值的重要方式。对土地经营权赋予"次级物权"效力和充分的权能，意味着土地经营权的流转更充分、更顺畅，市场化程度更高，农民的土地经营权不仅能"流得出""流得好"，也"流得稳"，财产价值实现得也会更加充分。

（二）从保障性权利向财产性权利转变

农村土地承包经营制的目的就是要通过变革生产关系解放生产力，调动广大农民的生产积极性，以扩大农民的物质利益。所以农村土地承包经营承载着重要的社会保障功能。其体现在对土地承包经营权有限的赋权和土地流转对象、方式、条件的严格限制上。土地承包经营推行的，早期是禁止土地流转，主要权能是使用权，即满足农民生产经营之需求，即使后来允许有限的土地流转也是出于有效利用土地、防止土地撂荒的目的，而非实现其财产价值的考虑。2002年颁布的《农村土地承包法》虽然规定承包方享有承包地使用、收益和土地承包经营权流转的权利，对通过家庭承包取得土地承包经营权的可以依法采取转包、出租、互换、转让或者其他方式流转，但同时又有严格的限制条件，客观上阻滞了土地承包经营权的流转。如土地承包经营权流转的受让方"须有农业经营能力"；转让土地承包经营权须满足"有稳定的非农职业或者有稳定的收入来源，并经发包方同意"的条件；以土地承包经营权入股仅限于"从事农业合作生产"；对承包期内承包方自愿交回承包地的，没有规定可以获得合理补偿的权利；土地承包经营权不得设定抵押担保；规定承包方全家迁入设区的市，转为非农户口的，应当向发包方交回承包地，否则，发包方有权收回承包地。从这些规定可以看出当时土地承包经营权着力于体现社会保障功能，而抑制或屏蔽其财产价值属性。但随着党和国家"赋予农民更多财产权利""土地承包经营权、宅基地使用权和集体收益分配权是法律赋予农民的合法权益"理念、政策、举措的不断强化和推行，以及城镇化的迅速推进，农业的现代化发展，乡村振兴战略的实施，城乡融合发展体制机制的建立，土地承包经营权的价值取向已不再是单一的社会保障，其财产价值功能的重要性日益彰显。在相关政策先行之后，2018 年修订后的《农村土地承包法》，使农民土地承包经营权的财产权利特征在立法中得以充分体现。这集中体现在土地承包经营权权能拓展，以及对行使权利不合理限制的取缔。特别是"三权分置"权利构造，土地经营权的创设，不仅体现了土地承包经营权的财产权利属性，而且为其财产价值的实现创造了充分的制度空间。

（三）从封闭性权利向开放性权利转变

传统的农民土地承包经营权的属性定位、价值取向以及权利内容、权能结构、权利行使方式和权利保护方式的规定都是一种单向的、封闭的"农民视角"和"农村视野"，客观上制约了农村土地承包经营制的发展，压缩了农村土地承包经营制度创新的空间，阻碍了农民土地权益最大化地实现。诚如有的学者所言："这一'两权分离'的法律结构安排与小农经济相适应，切断了土地与资本等生产要素的联系，制约着农业产业化和规模经营的发展。"① 这正是其权利封闭性的重要体现。党的十八大之后，农村改革不断深化，科学地处理农民与土地这一基本关系。在土地承包经营权法律构造上以一种积极的开放姿态主动适应城镇化的需要，满足现代农业经营体系发展的需求，服务于城乡融合的发展。如在对进城落户农民土地承包经营权问题的处理上，一方面要求不得以土地承包经营权作为农民进城落户的条件，对其进行特殊保护；另一方面则允许进城落户农民以多种方式实现其土地承包经营权之财产价值，支持其融入城市、实现完全市民化。进城落户农民既可以流转土地经营权，获取财产性收入，也可以通过有偿转让土地承包经营权获取相应收益，还可以自愿交回承包地获得合理补偿。农民不仅可以在本集体经济组织内部出租（转包）土地经营权，也可向城镇居民、工商企业以出租、入股等方式流转土地经营权。开放的农民土地承包经营权使农民土地财产权利的行使与实现更为便利、更为灵活，

---

① 高圣平：《土地经营权的设权与赋权》，《光明日报》2019 年 2 月 12 日第 11 版。

也更为有效。

　　这里我们仅就农民土地承包经营权的突出变化所呈现的新特征进行了简要的分析，认识和掌握农民土地承包经营权这些变化和特征，对于我们探索农民土地承包经营权实现的路径、方式具有重要的启发意义。

第三节　农民土地承包经营权实现的基本方式

　　我们知道，权利实现是权利主体运用法律规定的方式或法律所允许的方式获得法律所配置的特定利益的活动。其中所运用的方式是手段，获取的利益是目标。可见没有权利实现方式的运用，就不会出现实际享有权利的结果，权利也无法实现。权利实现方式的类型与选择，往往与权利的内容和类型密切相关。有些权利需要通过维权而保有既存的利益状态，有些则需要通过一定的方式行使权利而追求法定的权益，有些则需要运用权利救济排除阻却因素而达致利益目标。因此，权利实现的方式因"权"而异。法定的权利行使方式，一般通过权能的设置体现，因为权能不仅是权利的内容，同时也是通往权利目标的方式和手段，即权利人为实现权利之目标依法可为的行为。农民土地承包经营权包含了土地承包权、土地经营权流转权、土地承包经营权退出权、土地承包经营权丧失、受限求偿权和土地经营权融资担保权等权利内容。这些不同内容权利的实现，往往有着不同的权利实现方式。科学合理地设定权利实现方式与正确、适当地选择权利实现方式对权利实现具有同样重要的意义。根据现行法律规定，农民土地承包经营权实现方式主要有以下几种。

一　农民土地承包权的实现方式

　　农地"三权分置"的权利结构是集体所有权、农户承包权与土地实际使用者的土地经营权同时存在，并行不悖。农户土地承包权的性质与内容一直存有争议，有资格说、实体财产权益说和资格加实体财产权益说之分。其实，我们只要考察一下土地承包权的实际存在和运行状况，问题就会显现出来。首先，农户土地承包权是一种资格权，是农村集体经济组织成员权的内容之一是毋庸置疑的。现行法律明确规定，农村集体经济组织成员有权依法承包由本集体经济组织发包的农村土地，任何组织和个人不得剥夺和非法限制农村集体经济组织成员承包土地的权利，这是典型的资格权规定。农村集体经济组织成员具有承包集体土地的权利并不等于就实际享有了土地承包经营权，而获得土地承包经营权要满足两个条件：一是具有农村集体经济组织成员的身份，二是农村集体经济组织成员与发包方签订了土地承包合同。承包合同自成立之日起生效，自承包合同生效时起，承包方才取得土地承包经营权，获得承包地。自此，在资格权意义上的农户土地承包权获得了实现。然而，承包方在取得土地承包经营权后，承包地经营状态无非有两种可能，一是自营土地，农民土地承包经营权处于完整状态；二是保留承包权，将土地经营权让与他人，由他人经营土地。此时的农户土地承包权的内容就已不限于资格权的内容了，"土地承包权权能中的收益权和受限定的处分权是现实存在的，而不是虚置的权利。"[①] 承包人既可享有收益权，也可在受让方发生法定情形时通过单方解除土地经营权流转合同而收回承包地，或在土地经营权流转合同期限届满时，恢复其土地承包经营权。可见，农户土地承包权存在两种状态或曰具有双重含义，但其权利都存在一个实现的问题。通常情况下，最常见的是农村妇女等特殊群体土地承包经营权被非法剥夺或限制，表现为不予分配或少分配承包地，或违法收回承包地。这种情况在实行土地承包经营制的早期表现得十分突出和普遍。在权利实现方式的选择上也通常都以维权的形式出现，实质是通过法律救济的方式，排除侵权，以达致权利实现的目的。这种对农民土地承包经营权、土地承包权的非法剥夺和限制不仅发生在妇女，特别是出嫁妇女和离异妇女身上，也表现在对进城落户农民要求退出"三权"方面。所以，《农村土地承包法》对妇女和进城落户农民的土地承包经营权做出特别规定，予以保护，以确保其土地财产权利的实现。这类情况提醒我们，对农民土地承包经营权实现问题的认识，不能仅限于农民与集体签订承包合同的土地承包经营权的实现，还应包括农村集体经济组织成员应当享有土

---

① 刘振伟：《巩固和完善农村基本经营制度》，《农村工作通讯》2019 年第 1 期。

地承包经营权，却因农村集体组织非法排除其集体经济组织成员身份，拒绝与之签订土地承包合同，从而非法剥夺和限制农村集体经济组织成员土地承包权，导致其权利不能实现的问题。这类问题在现实中更具实际意义。

二　土地经营权流转的实现方式

新修改的《农村土地承包法》将原来的"土地承包经营权流转"改为"土地经营权流转"，严格界定了土地流转的对象，使土地流转的内涵更加科学严谨。土地流转实质为土地经营权以一定的方式让渡与"具有农业经营能力或者资质"的第三方主体的行为，流出方通过让渡土地经营权而获得一定的收益。这是农民土地财产权利实现最重要和最基本的方式，也是农民增加财产性收入的重要渠道。其具体方式有：

（一）土地经营权出租（转包）

土地经营权出租（转包），是土地承包权人向第三方通过出租一定期限的土地经营权而获取土地租金的行为。出租期限届满可续租，也可收回土地经营权。由于出租土地经营权灵活方便，期限可长可短，收益风险小，所以是一种最常见的、被广泛使用的土地流转方式。实践中，出租土地经营权在整个土地流转中占比最大，构成农民财产性收入中的主要部分。在早些时期，一些外出打工或无劳力种地者主要将承包地出租（转包）给本村或附近农村的村民，也有一些外乡农民到农业经营条件好的地区租赁承包地种植，租金一般比较低。随着农业经营方式的变革，适度规模经营有所发展，以家庭农场、种田大户、农民合作社、涉农企业为代表的新型农业经营主体迅速发展，土地流转的需求越来越大，土地流转的规模也越来越大，从几亩、几十亩到成千上万亩；同时土地租金也在逐步提高，从一亩几十元、几百元到上千元不等。我们从以下这些数据可以明显地感受到土地经营权出租（转包）的发展态势，其表现在：①新型农业经营主体大量涌现：截至 2018 年年底，全国纳入各级农业部门名录管理的家庭农场有 60 万家，依法登记的农民专业合作社 217.3 万家，经县级以上农业产业化主管部门认定的龙头企业 8.7 万家，进入全国从事农业生产托管的服务组织共有 36.9 万个，各类返乡下乡创新创业人员累计达 780 万人。至 2019 年 7 月底，全国依法登记的农民专业合作社已超过了220.7万家，辐射带动的农户数占到全国农民农户家庭的一半左右；① 另外，至2019年7月底，全国已有59.2万个村完成清产核资工作，占总村数的99%。完成集体经营性资产股份合作制改革的村有15万个，超过全国总数的四分之一。2020年农村集体经济制度改革试点全面展开，农村集体经济制度改革的完成，意味着将要成立超过60多万个的农村集体经济股份合作社（或集体经济合作社）。②土地流转面积大幅增长：《中国统计年鉴》数据显示，2004年农村承包地流转面积为0.58亿亩，占全国耕地总面积的2.97%左右。到2018年，全国家庭承包耕地流转面积接近5.4亿亩，占二轮土地承包面积的37%以上；在20743万户农业经营户中，其中规模农业经营户398万户，流转出承包地的农户有7235.2万户；全国农业生产托管面积为13.57亿亩次。③土地经营规模不断扩大：根据第三次全国农业普查结果，2016年耕地规模化（南方省份50亩以上、北方省份100亩以上）耕种面积占全部实际耕地耕种面积的比重为28.6%，比2012年增长了7.1个百分点。

然而，伴随着土地经营权出租（转包）对象的广泛、规模的扩大、租金的提高，其风险也在加大。特别是工商资本下乡流转土地，由于土地流转市场发育程度低，农村产权流转交易平台服务跟不上，农民谈判地位低，信息不对称，风险防范化解能力差，其土地权益很容易受到损害。所以出租（转包）土地经营权的方式利弊皆存，需要引导农民加强风险防范意识。

（二）土地经营权入股

入股，就其本身而言，是指投资主体以一定的财产向经济体出资，从而获取股权，并以其所持有的股权享受经营收益和承担财产责任的投资行为。入股属于一种收益与风险并存，高风险高回报的投资模式。承包地"三权分置"下的土地经营权具有资产和财产权利的属性，既可以货币估价，又可以转让，所以是可以作价入股的。可见，"土地经营权入股是农民将土地经营权作为出资，转让给具有农业经营能力的市场主体，

---

① 农业农村部农村合作经济指导司：《农民合作社已成为振兴乡村的中坚力量》，《农业工程技术》2019年第39期。

使土地经营权转化为股权的过程。"① 2002 年《农村土地承包法》规定以招标、拍卖和公开协商的方式承包的农地，其土地承包经营权可以依法入股，但对以家庭承包方式承包的农地的经营权是否可以入股并未做出规定。基于土地经营权入股，在用活土地经营权，拓展农民财产性收入来源，促进适度规模经营，推进农业产业化经营和实现乡村振兴中资金、技术、人才等资源要素有效集聚等方面的重要作用。党的十八届三中全会明确提出，允许农民以土地承包经营权入股发展农业产业化经营。2015 年、2016 年中央一号文件则进一步要求"引导农民以土地经营权入股合作社和龙头企业"② "引导农户自愿以土地经营权等入股龙头企业和农民合作社，采取'保底收益＋按股分红'等方式，让农户分享加工销售环节收益，建立健全风险防范机制"。农业农村部在 2015 年起即开始组织黑龙江、江苏、浙江等部分省开展试点，探索土地经营权入股的组织载体、运行机制和配套政策。2018 年 12 月 4 日，农业农村部等 6 部委联合发布《关于开展土地经营权入股发展农业产业化经营试点的指导意见》，在总结试点工作的基础上，对创新土地经营权入股的实现形式，土地经营权入股风险防范措施，建立完善土地经营权价格评估体系，加快推进承包地确权登记颁证等提出了具体要求。几乎同时，2018 年 12 月 29日修改后的《农村土地承包法》出台，该法第 36 条规定："承包方可以自主决定依法采取出租（转包）、入股或者其他方式向他人流转土地经营权，并向发包方备案。"土地经营权入股，既是农民土地经营权的一项具体权能，也是农民行使土地经营权，实现土地财产权利的一种重要方式。

　　从现行政策法律和实践来看，农民土地经营权入股的方式主要有：一是农民以土地经营权作价出资加入农民专业合作社。2017 年《农民专业合作社法》明确规定土地经营权可以作为农民专业合作社出资财产。农民专业合作社成员既可以用货币出资，也可以用实物、知识产权、土地经营权、林权等可以用货币估价并可以依法转让的非货币财产作价出资，但其出资并不折算为股份。因为合作社盈余分配主要是按照成员与

---

　　① 荣振华：《农民理性对土地经营权入股决策及制度建构影响——以 2018 年〈农村土地承包法〉为分析对象》，《重庆大学学报》（社会科学版）2020 年第 2 期。

　　② 禤燕庆：《土地入股发展产业化经营迎来发展新机遇》，《农村经营管理》2019 年第 6 期。

合作社的交易量（额）比例返还，而不是按股分配。此外，合作社成员也仅以其账户内记载的出资额和公积金份额为限对农民专业合作社承担责任。可见，这里的农民土地经营权入股仅是一种入社的出资方式。二是农民以土地经营权作价出资公司，根据其出资额拥有一定的股份（权），并根据股权享受权益和承担责任。三是农民以土地经营权入股加入土地股份合作社或社区集体经济股份合作社。这里有两种情况：一种是以土地经营权入股加入土地股份合作社，如早期的广东南海模式，主要采用土地股份合作制形式，将土地以及其他村集体财产作价出资入股，由行政村或者村民小组将土地统一规划后进行管理和经营，村民凭借土地作价后的股权分享土地增值收益。也有的如江苏省苏州市的土地股份合作社，土地一般不作价，入股土地由合作社整合后实行对外发包或租赁，所得收入按入股土地份额进行分配。① 另外一种是在农村集体产权制度改革中，中西部地区的许多农村几乎没有集体经营性资产进行股份合作制改造，就设置"土地股"，即以农民土地经营权入股社区集体经济（股份）合作社，土地经营权经与其他股份（资金股、人口股、农龄股等）一并折股量化成一定的股权或份额，作为今后集体资产收益分配的依据。以土地经营权入股的农户须将承包地交由合作社统一经营管理，不得收回。

土地经营权入股作为一种经济投资具有一定的风险性。土地经营权入股虽然可能带来较大的收益，但风险也较大，特别是土地经营权入股公司（工商企业、社会资本）更具风险性。所以，早期农民的土地流转往往选择风险较小、比较稳妥的土地转包、出租、代耕等方式，而不太愿意选择入股方式。有学者统计，2016 年年末，农户之间的流转面积占流转总面积的 70%，而流转入企业的农村土地仅占流转总面积的 8.7%②。我们在西部调研时，一位农业部门负责人就讲，"农民土地流转有顾虑，不愿流转，宁可给本村人 30 元流转，却不愿给外边人 300 元流转。一旦有外人要地，就抬高要价，"乡镇往往为了发展规模经营热心土地流转，为了发展产业热心引进资本，但一些外来工商企业没诚信，以

---

① 史卫民：《土地承包经营权入股公司的法律规制》，《中国土地》2019 年第 2 期。
② 朱玉龙：《中国农村土地流转问题研究》，中国社会科学院研究生院，2017 年。

涉农为幌子，实际在要土地，搞非农化。经营一旦失败了就跑路。农民既拿不到流转费，也要不回来土地。所以，农民宁可流转费少点，也不愿冒险。"正因为如此，所以国家加大了对工商企业等社会资本通过流转取得土地经营权的资格审查、项目审核和风险防范的力度，积极采取措施防范农民土地经营权入股的风险，保护农民土地财产权益。

以何种方式进行土地经营权流转，农民享有自主选择权。土地经营权入股虽然有风险，但不能因噎废食。关键在于培养农民的市场意识和驾驭能力和健全土地产权流转交易市场。事实上，在东南沿海经济发达地区，由于市场经济起步早、市场发育好，农民的市场经济意识和适应能力也比较强，农民土地经营权入股或向工商企业流转的比例也就比较高。在前面的论述中，我们根据 2013 年中国家庭调查微观数据整理发现，从农村土地流转的去向来看，东部及中部省份土地流向企业或大农户的规模较大，东部如广东省，每户平均流出给企业或大农户的规模在 3.5 亩左右，占总流出比重的 55.6%；中部如湖北省，每户平均流出给企业或大农户的规模在 6.1 亩左右，占总流出比重的 56.0%。再如，广东省截至 2007 年年底，全省土地承包经营权流转总面积已达 422 万亩，占农村家庭承包面积的 14.4%，其中入股 151 万亩，占流转面积的 35.9%。[①] 而西部经济欠发达地区的四川省广元市元坝区下辖 28 个乡镇和一个街道办事处、211 个村。全区土地承包经营权流转面积 31918 亩，其中入股面积1212.88 亩，仅占流转总面积的 3.8%。[②] 这种比较，使问题显而易见。仅仅允许农民土地经营权入股是不够的，土地经营入股只是手段，农民土地财产权利的充分实现，增加其财产性收入才是目标。所以，让农民土地经营权入股有安全、便捷的制度环境尤为重要。

三　土地承包经营权退出的实现方式

从"权利"是一种"资格"、一种有保障力的"利益"来讲，法律既赋予农村集体经济组织成员依法享有承包本集体经济组织农地的权利，

---

① 邹锡兰：《广东土地流转市场化开创全国农村土地政策先河》，《中国经济周刊》2008 年 12 月 9 日。

② 赵文普：《四川省广元市元坝区农村土地承包经营权流转调查与分析》，中国农经信息网，2013 年 3 月 31 日。

同时又赋予农民可以自愿放弃承包土地的权利,也可以在获得土地承包经营权之后,退出土地承包经营权的权利,可谓进退自由,来去保障。前者放弃的是承包土地的权利,应属资格权的范畴;后者虽然也是一种权利的放弃,但有单纯放弃"土地经营权"和放弃"承包权加土地经营权"之分。因此,在土地承包经营权退出权行使和实现的方式上也有所区别。土地承包经营权的退出,从其法律性质来讲是终止土地承包法律关系的行为。但因终止的原因、程度、方式、启动主体不同,而又分为"强制无偿"的"福利性退出"和基于权利的让渡获得财产性收益的"财产性退出"①,部分退出和全部退出,永久退出和有期限的退出。从本课题研究的目的出发,我们所关注的土地承包经营权的退出,当然是基于权利让渡而获取财产性收益的"财产性退出"。

在修改后的《农村土地承包法》中,与土地承包经营权退出相关的法律表述有:"退出土地承包经营权"、"转让土地承包经营权"、"承包方交回承包地"、"发包方依法收回承包地"(第 27 条)、"承包方自愿交回承包地"(第 30 条)。简言之,土地承包经营权的退出方式有"转让""交回"与"收回"。

(一)转让

承包方将其土地承包经营权全部或部分转让给本集体经济组织成员,获取一定经济利益,并与发包方终止土地承包关系的行为。土地承包经营权转让涉及三方主体,一是转让方,二是受让方,三是发包方。转让方须是家庭承包集体土地的农户,既可以是进城落户的农户,也可以是未进城落户的农户。从适应城镇化发展的要求和具有实际转让需求的角度来讲,转让方一般是已脱离农村生产生活进城落户的农民,但不排除未进城落户的农民。所以立法上主张引导支持进城落户农民按照依法、自愿、有偿的原则在本集体组织内部全部或部分转让土地承包经营权。当然进城落户农民土地财产权利的实现有更多的选项,除可以转让土地承包经营权外,还可以自愿交回土地承包经营权或流转土地经营权。土地承包经营权转让的受让方则必须是本集体经济组织的其他农户。土地

---

① 高强、宋洪远:《农村土地承包经营权退出机制研究》,《南京农业大学学报》(社会科学版)2017 年第 4 期。

承包经营权不允许外部流转，严格限定在本集体经济组织内部进行转让。不同于土地经营权的是，土地承包经营权具有鲜明的身份属性，而土地经营权则具有非人格化的特征。土地承包经营权转让须在内部进行，还有一个重要的原因是，通过转让、集体收回或自愿交回的承包地要被集体用于调整承包地或承包给集体经济组织的新增人口。转让土地承包经营权，之所以要有发包方的介入，是由于要对转让后的这部分土地承包权重新配置（发包），而代表集体行使土地所有权的发包方独享此权。所以转让方不得在本集体组织内部随意转让，须经发包方同意才能转让给有资格调整或承包土地的农户，并终止原有承包关系，与受让农户确立新的土地承包关系。

土地承包经营权转让虽然属于财产性退出，但由于转让的范围和对象被严格限制在集体经济组织内部和少数农户，缺乏市场机制，所以转让的有偿性是非常有限的，其财产权利的经济价值被严重抑制。有如我们后边所要研究的宅基地使用权退出如出一辙，要不是通过一定政策工具的支持，引入市场机制，财产权利经济价值的实现几乎不可能。

（二）自愿交回

即承包方在承包期内自愿将承包地交回发包方，获得合理补偿的方式。这种土地承包经营权的退出，发生在承包方和发包方之间，且在承包期内发生。这是基于承包方自愿、主动的一种退出行为，不同于发包方主动、强制收回土地承包经营权的行为。承包方在依法履行告知义务后，可以获得合理的退出补偿，并在承包期内丧失再要求承包集体土地的资格，但在下轮土地承包时则自动恢复承包权。

（三）依法收回

即发包方基于法定事由的出现，强制收回承包方土地承包经营权，并给予相应补偿的行为。这种方式显然不属于我们所研究的土地承包经营权行使和实现的范畴，只是由于发包方依法收回土地承包经营权也具有消灭土地承包关系的法律效果，列此仅为与上述方式进行比较，以便更加准确地认识和把握土地承包经营权转让和自愿交回的本质特征。现行法律并未明确规定发包方可以依法收回承包地的法定事由，但在相关条款规定中列举了违法收回承包地的行为表现，如要求农民以退出土地承包经营权作为进城落户的条件；违法收回已婚妇女、离异和丧偶妇女的土地承包经营权；以划分"口粮田""责任田"等为由收回承包地，搞招标承包；将承包地收回抵顶欠款等。实践中发包方往往因承包方违反承包合同义务或因村集体公益事业而收回承包地，如新农村建设、农村公共设施建设等需要收回农民土地承包地的即属此类。但依法收回承包地，不作任何区分地规定"承包方对其在承包地上投入而提高土地生产能力的，有权获得相应的补偿"，显然是有问题的。对于非惩罚性的收回，如何补偿？补偿后，是否还调整土地？是否还可以在一定期限内再要求承包土地？对此，法律均未作规定，留下制度了漏洞。

这里仅对此三个方面的土地承包经营权实现方式进行简要分析，其他诸如土地征占补偿权、土地经营权融资担保权的实现方式，将在其他有关章节涉及。

第四节　农民土地承包经营权实现的观察与思考

我们在第二部分"农民财产权利实现的一般考察"中，对农民"三权"实现从四个维度进行了一般性的考察，意在从整体上评估和把握农民财产权利，包括农民土地承包经营权实现的基本状况和水平状态。这种一般性的考察仅在权利实现的"起点—过程—结果"链条上进行点状和关键性指标分析，只能了解农民土地承包经营权实现的概貌或水平线，对其权利实现的实际运作过程及结果无法呈现。在此，我们将从农民土地承包经营权实现具体实践的角度进行还原和解析，探寻农民土地承包经营权实现的一般规律。这里应当说明的是，我们考察农民土地承包经营权实现，主要是从土地承包经营权作为财产权利的意义上进行考察分析。

权利实现理论告诉我们，权利的实现不单单依赖于精准的权利制度设计。固然，完整的权利内容、严谨的权利结构、充分的权能配置是权利实现的必要条件，但不是充分必要条件。权利的实现同样离不开权利运行所必需的社会基础和制度环境，更离不开权利主体以合理的方式行使权利，追求法定权益目标的努力和实践。只有三者良性互动和有效结合，权利的实现才可能是有效率和高质量的，即权利充分实现。我们通过对农民土地承包经营权实现具体实践的观察，以了解权利实现的基本状态，以及影响权利实现的消长因素，从而发现促进农民土地承包经营权实现的合理路径。

一　农民土地承包经营权实现的制度环境

任何法律制度的产生都要受制于一定的社会基础，制度一旦植入社会，其有效运作必须要有相宜的制度环境支持，否则难以落地生根。农民土地承包经营权是适应社会发展要求而构建的法律权利，国家通过持续的政策实践和立法实践，致力于权利制度的完善，旨在让所创设的权利能够增加权利主体实实在在的获得感，而非仅具观赏价值的花瓶。为达致此目的，国家在优化土地承包经营权制度设计的同时，更注重权利运行环境的优化，以真正推动和促进农民土地承包经营权的实现。国家的这一行为逻辑，首先是确立了"赋予农民更多财产权利"的理念，进而将农民土地承包经营权定位于"法律赋予农民的合法财产权利"，正视土地承包经营权的财产价值功能，并通过法律予以表达，而深化农村改革的一系列举措，为农民土地承包经营权实现提供了良好的制度环境和条件保障。这里我们选择几个重要节点，观察农民土地承包经营权实现的制度环境。

（一）城镇化发展提供了权利实现的重要契机

城镇化进程迅速推进，城镇化率已越过60%，使城镇常住人口超过了农村人口，也造就了三亿多农民工进城。大量进城农民留在农村的土地怎么办？农二代、农三代已不会种地，"谁来种地"已成了时代问题，"白发农业"能持续多久？另一方面农村大量新增人口无地可供承包，人地矛盾不断激化又怎么办？这一系列问题一方面可谓是难题，但从另一个角度来讲，对农民土地承包经营权流转和退出是重大契机，为进城农民流转和退出土地提供了可能和机会。试想，如果没有城镇化的发展，或仅是一种低速的发展，十四亿人口的大国，成十亿的是农民，中国人均耕地面积又远远低于世界各国平均水平。户户承包，人人种地，土地承包经营权何以流动，何以成为财产权利来增加农民财产性收入呢？正是城镇化的迅速发展，允许进城落户农民转让土地承包经营权获得收益、交回承包地、获得补偿或流转土地经营权、增加财产性收入，从而使农民土地承包经营权的财产价值充分彰显，土地财产权利实现的方式和路径有了更多的选择。

（二）农业经营体系现代化创造了权利充分实现的重要条件

中国具有"大国小农"的特征，拥有 2 亿多个小农户。长期以来，中国农业是一种小农发展模式，农业生产率不高，比较效益较低。一个国家的现代化不能没有农业现代化。中国正在不断调适符合农业现代化要求的生产体系、产业体系和经营体系，建立小农与现代农业有效衔接的体制机制，特别是现代农业经营体系要求培育更多新型经营主体，发展适度规模经营。包括种田大户、家庭农场、农民合作社和农业龙头企业在内的新型经营主体，要满足其生存和发展的需要，就必须发展适度规模经营，只有通过土地经营权流转才能获取其规模经营所需要的土地要素。可见，现代农业经营体系的发展，客观上为农民土地承包经营权实现创造了条件，让土地的需求与供给，资源要素的流动与结合，土地财产权利的实现与财产性收入的增加在发展农业现代化中得到实现。如果我们跳出农业经营体系现代化发展本身，以更广阔的视野审视农民土地承包经营权实现问题，我们可以发现，新型农业经营主体和经营方式的变革与城镇化的发展具有相互关联、相互促进、相得益彰的作用，共同为农民土地承包经营权实现创造了重要条件。

（三）城乡融合发展开辟了权利实现的新路径

乡村振兴战略的实施，必然要求构建城乡融合发展的体制机制。中国解决"三农"问题的思路和策略经历了城乡统筹发展、城乡一体化发展等不同阶段，但总体上都是以单向的"农村视角"或"城市视角"审视和解决"三农问题"，导致城乡二元结构无法破题。以城乡融合推动乡村振兴开辟了新的发展视角，而资源要素在城乡自由流动则是城乡融合的核心问题。农村的最大优势是充沛的土地资源，但缺乏资本、技术和人才等要素的支持和结合。允许土地资源要素在城乡自由流动，吸引城市资本、技术、人才下乡，市场化机制的引入等为各类资源要素的有效结合提供了制度平台和有效机制。与以往单纯的工商资本下乡、流转土地不同的是，在城乡融合发展的背景下，国家鼓励农村"三产"融合，鼓励工商资本参与农村基础建设，发展新型农业业态，与新型经营主体结合。国家不仅开放农业设施用地，同时允许盘活利用农村的闲置宅基地、闲置农房、闲置的公益用地，以及集体经营性建设用地，使用权可以以转让、租赁、入股等方式"入市"。政策的组合效应，为资源要素流动和结合提供了制度性保障。工商资本下乡发展的空间更为广阔，农民土地承包经营权实现的路径也更为通畅。各类农业园区、科技园、田园综合体蓬勃发展，农民土地经营权以租赁、入股等方式流转获得了空前的机遇，其财产性收入也随之得到提升。

（四）土地承包经营权确权为产权流转交易奠定了扎实基础

农村承包地确权登记颁证就是把承包地块的面积、空间位置和权属证书落实到农户，以具有法律效力的农村土地承包经营权权证载明承包主体及其家庭成员，承包地的面积、空间位置、四至边界等权利状况，实现"确实地、赋真权、颁铁证"的目标。在先行试点的基础上，2013年，中央作出"用5年时间基本完成农村土地承包经营权确权登记颁证工作"的战略部署。至2018年年底，全国共有2838个县（市、区）和开发区开展了农村承包地确权登记颁证工作，涉及2亿多农户，妥善解决了约54万起土地承包纠纷，化解了大量久拖未决的历史遗留问题，确权给农户14.8亿亩承包地，全国农村承包地确权登记颁证工作基本完成。[①] 根据中国社会科学院金融研究所2016年发布的《土地蓝皮书：中国农村土地市场发展报告（2015—2016）》显示，1996年中国只有2.6%的农地发生流转，2004年流转比例提高到10.5%，2013年进一步提高到25.7%，而2018年年底农经年报分析显示，全国平均土地流转率已达到33.8%。农民土地承包经营权不仅需要有法律明确而肯定的赋权，其作为用益物权，还需要以法定权证予以确认和记载，从而成为确定明晰无争议的产权。土地承包经营权确权的意义不仅仅是权利证明，更重要的是为建立归属清晰、权责明确、保护严格、流转顺畅的现代农村产权制度创造了条件，为实现土地承包经营权奠定了坚实的基础。产权明晰是产权保护、变更和交易的前提，或是农村土地产权流转交易安全的重要保障。无论是土地承包经营权保护、转让、互换，还是土地经营权流转、抵押融资、承包地有偿退出，或是涉农补贴、农田整治，解决地块细碎化等，莫不以明晰的产权为前提。一个归属不明或有争议的产权无论以

---

① 农业农村部2019年9月19日对十三届全国人大二次会议第8778号建议的答复。

何种方式流转交易都是不安全的，可能存在潜在的风险和隐患，为降低风险也会加大流转交易的成本。无疑，归属不明或有争议的产权与产权流转交易市场必然是格格不入。反之，就可以放心、安全地流转交易，从而促进农民土地财产权利的实现。我们以西部某省为例，该省农村土地承包经营权确权登记颁证涉及 107 个县（市、区），1243 个乡镇，129811 个村民小组，640.25 万农户。该省"国土二调"（全国第二次土地调查于 2007 年 7 月 1 日全面启动，于 2009 年完成）耕地面积 5988 万亩，确权登记颁证调查应该确权耕地面积 5901.76 万亩。截至 2017 年 5 月 31 日，全省所有涉农县乡全部开展了确权登记颁证工作，完成确权面积 5521.51 万亩，占应确权面积的 93.56%，向 605.91 万户农户颁发了经营权证书，占农户总数的 94.64%，省、市确权登记颁证信息应用平台全部建设完成。我们观察到：2013 年年底，该省全省农村土地流转面积仅有 538 万亩，占家庭承包土地面积的 11.7%。但到了 2019 年年底，全省农村土地流转面积已达到 1416.62 万亩，占到家庭承包土地面积的 24%。这些数字变化，显然有农村土地承包经营权确权的贡献。①

（五）产权流转交易市场建设为权利实现提供了安全便捷的技术平台

农村土地产权流转交易市场化，是农民土地承包经营权实现最为安全、便捷、高效的机制和平台。规范、公开、公平、透明的交易规则和程序以及与农村土地产权流转交易相匹配的各种中介服务是农村土地产权流转交易市场的天然优势。其与天然闭塞、信息不对称和充满信任危机的农村土地产权自发交易形成鲜明的对比。土地经营权流转、抵押担保等是农民土地承包经营权实现最主要的方式，是否实行市场化运作，在很大程度上决定着能否实现利益最大化。近些年来，国家高度重视农村土地产权流转交易市场建设，各地普遍建立起了由县（市、区）、乡镇、村三级组成的农村产权交易市场体系。即各县（市、区）依托各级农村经营管理机构，建立由县级农村产权流转交易中心、乡（镇）农村产权流转交易服务站、村级农村产权流转交易信息员组成的农村产权交易市场体系。有的省份甚至在省市层面也建立起了农村产权流转交易机构。与此相适应，大量中介服务机构涉足农村产权流转交易服务。截至

---

① 笔者根据陕西省农业农村厅材料调研整理。

2018 年年底，全国共有 2 万多个县乡成立了土地流转服务中心，为流转双方提供信息发布、价格指导、政策咨询等服务。此外互联网、大数据等新科技、新技术也运用到农村产权流转交易中。土地流转催生了一批线上线下流转信息服务平台。土地流转网络平台已有 10 多家，如土流网、土地资源网、聚土网等平台。2009 年创办的农村土地流转信息服务平台——土流网，至 2017 年已累计发布土地亩数 3.5 亿亩，完成交易达1.2 亿亩。这些平台除了提供农地流转的信息发布，还涉足土地金融业务，从事土地经营权抵押贷款，并在短时期内就可以拿到高额度、低年息的贷款。① 农村产权流转交易市场在促进农民土地承包经营权实现中的地位和作用将越来越重要。

综上所述，我们可以看出，近些年来，特别是党的十八大以来，农民土地承包经营权实现的制度环境发生了深刻变化。这是一种趋好的变化，是一种有利于农民土地承包经营权实现的变化。

二　农民土地承包经营权的侵害与保护

法律赋予农民长久而稳定的土地承包经营权，国家通过政策和法律，司法和行政等手段予以强力保障，加之农民自身的强力维权，农民土地承包经营权实现的整体水平和质量不断提升。根据学者研究文献、司法实践和我们的实地调研发现，从侵权的角度来看，农民土地承包经营权实现仍然存在许多障碍，影响着权利的充分实现。其主要表现为：一是侵害农民土地承包经营权的行为时有发生，一些顽疾并未得到根本性的治理，如剥夺和限制妇女等特殊人群的土地承包权，违法调整和收回农民承包的土地等。二是在不同时期侵害农民土地承包经营权的行为有不同的表现形态，在土地确权、农村集体产权制度改革、集体成员身份认定等中都有所表现。面对来自基层政府、工商资本、村集体乃至"多数人"村民的侵权，有些受害者表现为习以为常的服从，有些表现为无可奈何的忍让，有些则表现为激烈的维权。

---

① 张恒：《全国土地流转比例超过 35% 农村生产关系等待变革》，经济观察网，2017 年9 月 30 日。http：//finance. sina. com. cn/china/gncj/2017 - 09 - 30/doc - ifymkxmh8113096. shtml。

（一）侵害农民土地承包经营权的主要形态

《农村土地承包法》在总则和相关章节条款中对农民土地承包经营权保护都有明确的规定，并设第四节"土地承包经营权的保护和互换、转让"进行专门规定。第四节的规定对进城农户、进城落户农民的土地承包经营权以及妇女，特别是离异、丧偶妇女的土地承包经营权进行特殊保护。同时明确规定，在承包期内，发包方不得收回和调整承包地，对需要调整土地的适用条件、程序、土地来源都进行了严格的限制。但在现实中，却仍然存在违法剥夺、限制部分农民承包集体土地权利的情形；许多地方违法调整甚至收回农户承包的土地；一些基层政府为了调整产业结构、发展规模经营而不尊重农民意愿，强制农户流转土地经营权；工商资本凭借资本优势与乡村权力结合侵犯农民土地承包经营权；一些村集体以解决新增人口承包地为由，频繁调整承包地；在新农村和新型农村社区建设中强占农民承包地不予补偿或补偿不合理；因一度盛行"土地财政"，地方政府大量强行征占农民土地，直接损害农民土地承包经营权。与此同时，在农村内部侵害农民土地补偿分配权的矛盾纠纷也大量发生。这些侵害农民土地承包经营权现象的存在，严重阻滞了农民土地承包经营权的实现。其中一些现象具有阶段性的特征，而一些侵权行为几乎伴随着土地承包经营一直存在，却始终得不到根本性的解决。2018年，我们在西部某省农村调研发现违法调整和收回农民承包地的现象至今依然存在。以我们所调研的古水村为例，该村辖三个自然村，四个村民小组，600多户，2400多人。20世纪80年代人均1—2亩地，现在人均3.7分地。村里人多地少，土地基本不流转。农民惜地，无撂荒者，基本都是留守妇女或60岁左右的老人种地，以种植小麦、玉米和猕猴桃为主。土地前后被工业园区和公路建设征去500多亩，土地补偿款按家庭人口和承包地面积各占50%进行分配。之后承包地打乱重新分配，群众无意见。承包地实行大稳定、小调整，四、五年动一次地，回收出嫁女和去世老人的承包地，分给新增人口。集体留有机动地，每个队都有40—50亩，大部分是不好承包的边角地。访谈村支书，他认为，农村的主要矛盾是人地矛盾。一是新增人口的承包地需求，二是一家几个男娃的庄基地（宅基地）要求。村里必须面对，并要想办法解决。他坦言："土地确权时，虽然政策和县上都要求确权确地，四至清楚。但在确权前我们还是调整了土地，解决人地矛盾突出问题。预计几年后人地矛盾又会出现，政策归政策，但也要考虑农村实际，该调整就得调整。"其实，持有这种观点的农村干部不在少数。因此，调整和收回农民承包地的情况在西部农村是比较普遍的。我们在陕西高陵何村调研时，村民谈到在新型农村社区建设中占用农民承包地的问题。何村新社区建设规划占地263.06亩，占用了部分农民承包地。村里对被占用了承包地的农民，有机动地的，用机动地弥补；无机动地或机动地不足以弥补的，用日后旧宅基地复垦后的土地弥补。在土地实际弥补之前被占地农户的收益损失，以当地土地流转每亩900元的价格作价补偿。这部分费用的补偿有的村由政府承担，有的村则由入住新区的农户分担。但问题是，何村农民以种大棚菜为主，每个大棚年收入都在三万元左右，而每亩地900元的补偿，显然不足以补偿其损失。这种情形实际上就是对农民土地承包经营权的侵害。

（二）妇女土地承包权益受侵害尤为突出

长期以来，农村妇女土地权益保护问题一直备受关注，因为农村妇女土地权益受剥夺和侵害的问题一直未能得到有效解决。由此而引发的信访和司法诉讼案件不断攀升，对社会稳定造成了严重影响。2018年3月，崔郁委员以全国妇联名义向全国政协十三届一次会议提交的提案中就指出："2016—2017年，全国妇联本级收到妇女土地权益相关投诉8807件次，比前两年增长182%。"全国妇联委托农业部农研中心在固定观察点所做的抽样调查显示，有30.4%的女性在土地承包经营权证上没有登记姓名，有80.2%的女性在宅基地使用权证上没有登记姓名。①

实践中，剥夺和侵害妇女土地承包权益，通常表现为通过制定村规民约或在合作社章程中，对结婚、离婚或丧偶妇女的土地承包权益、集体经济收益的分配权益等进行限制。有学者调查发现剥夺和侵害妇女土地承包权益的典型情况有：（1）二轮土地承包后的大多数新生女性未分到承包地。因为承包地"三十年不变"和"增人不增地，减人不减地"政策的实施，使1999年以后的新生人口几乎没有承包地。（2）二轮土地承包时一些妇女未分到承包地。一些村组实行"土政策"，没有给外嫁且

---

① 田珊檑：《在深化农村改革中维护妇女土地权益》，《中国妇女报》2018年3月5日。

户口未迁出的妇女分配承包地。（3）个别乡村存在侵犯妇女土地承包权益的问题。如农村妇女出嫁后，娘家村在其尚未在新居住地取得承包地的情况下就以其不再是本集体经济组织成员为由违法收回或调整其承包地；而婆家村又以"增人不增地，减人不减地"为由拒绝为嫁入本村的妇女分配土地，造成这些妇女土地权益"两头空"。个别村在农村妇女离婚或丧偶后，强制其迁出户口并收回或调整其承包地。① 到农村调研，此类情况甚多。洛川某村妇女与丈夫离异，带儿女外走他乡，男子又与当地一女子结婚生有一子一女。村上土地确权时，将承包地确权给该男子新组家庭的四口人。此时，其前妻携子返乡，称男子承包地中有她和孩子的地，要求予以确权。经查该妇女虽离异外出但户口仍在村上，因其先后四次离异，在村里名声不大好，没人愿意证明当时给她分地。当然，这个问题可以查证解决。承包地是按人口分的，当时分了几亩地，即可以推算出该户有几口人，该女子是否分地就清楚了。另在离婚判决书中载明，承包地归男子使用，男子给前妻支付了3000元。现在的问题是该妇女不仅要求确权确地，还要求参与集体权益分配，而村上再无地可调。该妇女认为村集体和前夫侵犯了她和子女的土地承包权，遂开始上访。另一村一出嫁女要求参加娘家村的集体收益分配，村民代表会议认为该女已出嫁，遂决议不予分配。该女便主张承包地确权，因家庭承包经营是"按人分地，家庭承包"，所以娘家承包地中有其一份，应予确权。既然在村上有承包地就有权参与集体收益分配。该女子诉至法院且胜诉。有些村子的村规民约或合作社章程直接规定，女子出嫁，无论是否迁移户口都丧失集体经济组织成员资格，收回承包地。

（三）侵害农民土地承包经营权的新形态

近年来，在承包地确权、集体产权制度改革中出现了一些新的侵犯农民土地承包经营权的情形。如在土地确权中，有部分农民的承包地未进行确权。前述中所提及我们调研的西部某省仍有5.36%的农户尚未确权颁证，涉及2626个村民小组、5.12万农户。拿不到土地承包权证的农户，不仅土地承包经营权被悬置，在土地流转、融资担保等方面的权益也会受制。一些地方确权登记后不给农民发放权证。调研某区农经站，

---

① 宋新建：《农村妇女土地承包权益保护问题分析》，《农村经营管理》2019年第7期。

发现办公楼道堆放大量制好的土地承包经营权证。问为啥不发给农民，负责人回答：不能发给农民，农民拿到权证就认为土地是自己的了，政府征收土地时难度就加大了，农民要么不同意征地，要么漫天要价。类似的情况在其他地方也曾发现。确权中，一些地方违背农民意愿搞确权不确地或确权确股不确地。在农村集体产权制度改革中，一些经济欠发达地区，因没有或极少集体经营性资产，就强制要求农民以土地承包经营权入股集体股份经济合作社，承包地交回集体统一经营管理，否则就以调整承包地或不得享受集体任何福利相威胁，迫使其就范。一些村子在农民以土地承包经营权入股合作社时，村集体拒绝以确权后权证上记载的承包地面积折股量化，而仍以土地二轮承包面积为依据。现实情况是二轮延包时面积一般小于确权颁证记载的面积。造成这种情况的原因有，当时多划了土地（如差地、边远地等），后来多占了边角地或开荒新增了土地。对这种情况，村集体统一以二轮承包面积为准，多出的土地不予承认，收回集体。理由是，占地没有依据，而且使用了近二十年的时间，领取了各种惠农补贴，不追回这些利益就可以了。这样做的结果是"确权"的土地承包经营权不被认可，从而失去部分权益。更为突出的一种情况是出现了"三权联动"一损俱损的情形。农民集体成员权，包括"三权"在内，都是以集体成员身份为前提，由于中国尚无统一的集体成员认定标准，实践中的认定标准五花八门，其中有许多地方以"二轮土地承包分配有承包地"为认定标准，导致大量在二轮承包时未获得承包地，或二轮承包之后的新增人口无法获得集体成员身份。其不但土地承包经营权未落实，集体资产股份权、宅基地使用权的获取也因无成员资格而遭遇阻碍。

三　农民土地承包经营权实现的实践样态

农民能够依法获取土地承包经营权、并免遭不法侵害，或在发生不法侵害时能得到及时有效的法律救济，是农民土地承包经营权实现的前提条件和重要保证。从财产权利及其实现的角度来讲，农民通过让渡土地经营权或行使土地承包经营权退出权获取财产性收入是农民土地承包经营权财产价值实现的最主要也是最有效的途径和方式。在《农村土地承包法》修订之前，人们把土地承包经营权权利让渡、主体变更等笼统称作土地流转，在《农村土地承包法》修订后进行了严格的界定，将出租、入股等土地经营权流转与土地承包经营权转让、交回等土地承包经营权退出严格区分开来，构成两类不同性质和特点的土地流转形式。但无论是"三权分置"下的土地经营权流转，还是"两权分离"下的土地承包经营权退出，都是农民土地财产权利及其经济价值实现的重要方式。在此我们主要考察农民土地经营权流转和土地承包经营权退出的实践样态。在本研究报告的第二部分，我们曾对中国土地流转情况做过一些考察，主要是从土地流转交易对农民财产性收入影响的角度进行分析，包括土地流转率、流转方式、流转去向、流转价格等方面。这里我们主要是从土地经营权流转实现的角度进行观察，主要通过对西部某省土地经营权流转和土地承包经营权退出实践样态的考察，分析和把握农民土地承包经营权实现的基本特征和发展趋势。

（一）土地经营权流转的整体状况

根据中国社会科学院金融研究所 2016 年发布的《土地蓝皮书：中国农村土地市场发展报告（2015—2016)》显示，1996 年中国只有 2.6% 的农地发生流转，2004 年流转比例提高到 10.5%，2013 年进一步提高到 25.7%，到 2014 年这一数据达到 30.4%。农业农村部数据显示：截至 2016 年年底，土地经营权流转的面积达到 4.7 亿亩，占整个二轮承包面积的 35.1%。全国 2.3 亿户流转土地的农户超过了 7000 万人，比例超过 30%，东部沿海发达省份农民转移多的地区这一比例更高，超过 50%。2018 年年底农经年报分析显示：全国平均土地流转率 33.8%，全国土地流转率在 50% 以上的省市为：北京 95%、江苏 55%、上海 53.8%、浙江 53.7%，土地流转率在 20% 以下的省份为广西 19.7%、云南 19.2%、山西 17.7%、贵州 16.4%、新疆 15.5%、海南 8.4%。

2013 年年底全国农村土地流转的平均水平是 26%，陕西排序约为第 20 位左右。截至 2013 年年底，陕西省农村土地流转面积 538 万亩，较上年增长 18%，占家庭承包土地面积的 11.7%。杨凌、安康流转最快，占比分别为 59% 和 25%，延安、宝鸡流转较慢，占比分别为 2.1% 和 4.7%。土地流转主要采取转包、出租、互换方式，其中转包 257 万亩，占流转面积的 48%，出租 154 万亩，占流转面积的 28.6%，互换 59 万亩，占流转面积的 11%。另外还有转让、股份合作等方式，占比都不大。

土地流转的流向分别为：流向农户 346 万亩，占流转面积的 64%，流向企业 69 万亩，占流转面积的 13%，流向农民专业合作社 68 万亩，占流转面积的 12.6%。农村土地流转以后种植粮食作物的 159 万亩，占流转面积的 29.5%。

2018 年年底农经年报分析显示，全国平均土地流转率 33.8%，陕西 27.1%，位居全国 30 个省区市第 21 位。2018 年陕西土地流转率由大到小排序为：杨凌 93%、西安 34.1%、韩城 33.7%、安康 31.2%、延安 30.9%、渭南 28.8%、咸阳 27.2%、汉中 26.7%、宝鸡 25.1%、榆林 23.7%、铜川 22.9%、商洛 21.6%。土地流转方式以出租（含转包）为主，共 1167 万亩，占比 77.6%，其次是互换、股份合作、转让，占比分别是 10.2%、4.8% 和 2.5%。流转的对象以农户和新型经营主体为主。流转入农户、合作社和企业的分别占 46.95%、20.3% 和 23.3%。

到 2019 年年底，陕西全省农村土地流转面积已达到 1416.62 万亩，占家庭承包土地面积的 24%。榆林、渭南流转面积最多，占比分别为 27% 和 15.8%；杨凌、韩城流转面积最少，占比分别为 0.4% 和 1%。土地流转主要采取出租（转包）、互换、入股方式，其中出租（转包）1091.02 万亩，占流转面积的 77.02%，互换 132.33 万亩，占流转面积的 9.34%，入股 76.75 万亩，占流转面积的 5.42%。另外还有转让、其他形式等方式。土地流转的流向分别为：流向农户 616.87 万亩，占流转面积的 43.55%，流向企业 334.37 万亩，占流转面积的 23.6%，流向农民专业合作社 328.25 万亩，占流转面积的 23.17%。农村土地流转以后种植粮食作物的 483 万亩，占流转面积的 34.09%。

从以上数据来看，中国农村土地流转面积大幅增加，流转率逐步上升，土地流转农户人口比例不断提高，表明农民土地承包经营权实现态势良好，土地流转收益构成农民财产性收入的重要组成部分。但同时也看到，中国农村土地流转，无论是流转率还是土地流转农户人口比例在东西部之间存在较大差距，发展不平衡的态势比较明显，中西部处于落后状态。地处西部的陕西农村土地流转率虽然也在提高中，但与全国平均水平相比较显然还有较大差距。

我们选取数据的时间节点恰好是党的十八大以来，这期间正是深化农村土地制度改革时期。六年来，陕西农村土地流转面积由 2013 年的

583 万亩，提高到 2019 年的 1416.62 万亩，增加了 2.63 倍，特别是在流转方式和流转去向上发生了重要变化。在流转方式上从以出租、转包为主转向出租（转包）、互换、入股多种方式并存，且入股占比有所上升；在流转去向上，向农户流转虽仍占优势，但流向工商企业、农民合作社的比例上升较快。这些变化意味着，农村土地流转的规模、速度、收益都将会有更大的发展空间，农民土地承包经营权实现前景非常乐观。

（二）土地经营权流转方式实践样态

我们选取地处西部的陕西作为考察点，因为陕西具有一定的代表性。陕西有耕地面积 5988 万亩，640.25 万农户。从资源禀赋来讲既有广袤的陕北黄土高原，"八百里秦川"的关中平原，也有秦巴山地；从产业结构来讲既有传统农业、文化旅游业，也有石油煤炭能源工业；2019 年全省常住人口 3876.21 万人，城镇化率为 59.4%（2019 年全国常住人口城镇化率为 60.60%）。陕西是人口流出省，有大量的劳动适龄人口外出到省外务工。这些都是影响农民土地承包经营权实现必须考虑的重要因素。我们在陕北、关中、陕南进行了深入的实地调研，收集了翔实的数据和典型的案例，对农民土地经营权流转有了较为全面的认识和把握。

1. 土地流转至工商企业

工商企业等社会资本通过流转取得土地经营权既是建立新型农业经营体系、发展现代农业的需要，也是实施乡村振兴战略、实现城乡融合的需要。工商企业等社会资本下乡通过流转土地从事农业生产、服务等早已有之，只是近年来在农地"三权分置"和城乡融合发展的背景下，国家积极采取多项措施引导支持工商企业等社会资本参与乡村振兴和农村建设发展，使得工商企业等社会资本通过流转取得土地经营权的问题引起了人们的高度关注而已。工商企业等社会资本下乡是城市资金、技术、管理等要素与农村土地资源要素实现有效结合的最佳途径。工商企业等社会资本，特别是龙头企业具有资本雄厚、管理先进、产业稳定、效益显著、辐射带动效应大等优势。其所经营的项目规模一般比较大，需要流转的土地也会更多，客观上必然能够促进农村土地流转的规模与速度。与此同时，工商企业的优势地位、资本逐利的天然本性等可能导致侵害农民土地权益，甚至改变土地用途等问题的出现。所以，国家对工商企业等社会资本下乡流转土地一直采取比较审慎的态度，实行严格的资格审查和项目审核制度。但工商企业等社会资本下乡流转土地势在必然，不可逆转，我们只需要合理地平衡农民和工商企业等社会资本的利益，保护好双方的合法权益。榆阳区麻生圐圙村地处毛乌素沙漠边缘，榆林西北，村子往北两公里就是内蒙古的乌审旗。该村辖 10 个村民小组，823 户、2281 人，村民大部分从事种养业，年人均收入 1.5 万—1.8 万元。村庄有耕地 32700 亩，其中村庄用地 4000 多亩（村庄公共用地及伙场，每户伙场 5—6 亩，大的有几十亩的。伙场不同于宅基地，指房前屋后的场地。集生产、生活于一体，居住和种养殖结合），农户承包地 4000 多亩，流转给明杰农业 23000 亩。

明杰农业是个上市公司，以出租方式流转该村 23000 亩土地种植马铃薯，每亩年租金 180 元，租期 30 年。我们站在一高处，极目远眺，一望无际的农田，一片绿色。我们看到农田中巨大的喷灌设施，可移动的巨臂机器正在给农田喷水。"这些就是明杰农业租我们村地种的马铃薯。这是现代化农业，耕种、浇灌、洒药、施肥一体化，电脑操控，机械耕作，无人机喷洒。公司搞的都是订单农业，肯德基就用这里的马铃薯，每斤可以卖到 8 毛钱，不过成本也很大，水、肥、药用量很大。"村支书介绍着，"这些农田，原来都是我们村的林地，实际就是风沙草滩地，是沙梁子。明杰农业把土地流转去，拿到土地整治项目，自己整治农田，每亩政府补贴 7000 元。一是把沙梁子推平，二是把沙子下面的黄土覆盖到上面来，就可以耕种了。地表的沙子一般只有二三米厚，再往下挖上几米就有地下水了。……流转给明杰农业的土地，原来都承包给了农户，是村集体从农户手中集中起来流转的，每年的流转费全部归农户，村上一分钱不留。明杰农业完全是农业机械化，只能吸纳村上少量农民临时用工，月工资 1120 元。"

我们问及土地租金这么低，为什么不考虑土地入股？村支书说："赚流转费肯定不合算，但不这样做，没人会来这里投资改造土地。先引进来把这里带动一下，再做长远打算。我们还有一万多亩沙地可以改造，但我们自己没这个能力，一是拿不到土地整治项目，二是没有资金。我们也考虑拿土地入股搞联合开发。"

明杰农业一次集中地以租赁方式流转农地 23000 亩，规模大、周期长、租金低，村集体从中发挥了重要的组织作用，但无牟利行为。在榆林类似这样向农业企业等新型农业经营主体流转土地的情况比较多，主要分布在榆阳、定边、神木、府谷、靖边、横山等区县。明杰农业是流转规模最大的一家，中稷农业园区、大地种业土地流转规模在 2 万多亩，流转上万亩的有 8 家。全市流转给工商资本的土地在 30 万亩以上，一般是通过占补平衡政策，将未利用的耕地连片整治后再流转给工商企业，仅榆阳区就新增耕地 25 万亩。流转费每亩从 30 元到 150 元不等。收益先补给农民集体，再按比例分给农户。

农民一般不愿把自己的土地流转给工商资本，担心工商资本若经营不好，会影响其生活保障，也担心土地被整治后不再属于自己。所以，基层政府和村集体在组织大规模土地流转中发挥着重要的作用。

延安市志丹县出台了《志丹县关于激励扶持现代农业全面提升的十条措施》，加强资金扶持，鼓励土地流转，把土地流转和产业发展结合起来，明确提出流转土地发展苹果产业，面积达到 50 亩及以上的奖补 1.5 万元；100 亩及以上的奖补 3 万元；以此类推，面积每增加 100 亩，奖金增加 3 万元。截至目前，志丹县已流转土地（果园或耕地）面积 15.7 万余亩，解决撂荒地 5.3 万多亩，累计兑付土地流转奖补资金 1102.625 万元。如引进的陕西果业集团，已在志丹县流转土地 2 万多亩，并在该县义正镇稠树梁村实现了土地资源整村流转，流转土地 5600 余亩，用于发展现代果业。志丹县为陕果集团志丹公司流转两万亩土地发展产业奖补了 200 万元。志丹县的做法显然是极具现实意义的，既调动了工商企业流转土地的积极性，实现了土地规模经营，促进了农村产业发展，又增加了农民的财产性收入。[①] 地处关中平原的礼泉县白村，村集体组织农民一次性流转土地 700 多亩给工商企业发展现代农业科技，每亩年流转费 1500 元，租期 15 年，第一次先支付五年的租金。这样的土地流转费在当地是比较高的，我们调研时，农民对土地流转费和支付方式非常满意。

商洛地处秦岭山区，耕地资源不充足。山阳县农村产权流转交易中心提供的数据显示，截至 2019 年 6 月，共完成流转鉴证业务 16 宗，涉及 11 个镇（办）16 个行政村、土地流转面积 5460 亩，金额 438 万元，其中林地 3800 多亩。流转期限 30—50 年（农地先签到 2028 年），流转价格

---

① 志丹县农业农村局办公室：《志丹三农》第 7 期，2020 年 4 月 24 日。

农地为 400—1000 元/亩，山坡地 200—300 元/亩。全县单笔交易最大的林地为 1700 多亩，用于种茶；农地 1100 多亩，用于种药材。土地流转规模比较大的流入方基本都是工商企业。如山阳县两岔口村，辖 9 个村民小组、885 户、2588 人，属贫困村，村域面积 15.8 平方公里，耕地面积 5231.32 亩，林地 19408.1 亩。全村土地流转共计 3600 亩，其中流转 1600 亩耕地到陕西智源食品有限公司，年租金 420 元/亩；流转 59 户 2000 亩坡地到恒永祥生态农业发展有限公司，年租金只有 30 元/亩。而调研中我们所去的另一个与该村相距只有 10 公里的法官庙村的土地流转费则是平地 700 元/亩，坡地 500 元/亩。两村相距很近，土地租金差别却这么大。

2. 土地流转至农民专业合作社等新型经营主体

近年来，培育和发展农业新型经营主体是国家农村改革和发展的一项重要策略，也是实现农业现代化的重要举措。种植大户、家庭农场、农民合作社等新型经营主体无论是在数量质量上还是经营规模上都有很大的发展。新型经营主体的发展为实现适度规模经营奠定了组织基础，也为农民流转土地提供了更多的选择，客观上也促进了农村土地流转，增加了农民的财产性收入。由于种植大户、家庭农场、农民合作社等新型经营主体一般都是本地人，具有"熟人社会"的亲和力，加之流转规模也与小农户土地拥有量相匹配，流转方式灵活、操作方便、信任度高，农户更青睐向农民专业合作社等新型经营主体流转土地。

比如，榆林市横山区水稻田流转。横山区富士水稻机械化生产专业合作社位于横山区响水镇驼燕沟村，成立于 2007 年，有成员 2104 户，其中农民成员 2095 名，流转土地 1.3 万亩，水稻种植 1.1 万亩，固定资产 2500 万元，生产设备 71 台（套），注册了"十里水乡""驼铃大仓"商标，产品获得无公害认证，2014 年被农业部评为国家级示范社。2016 年合作社销售收入 3087.7 万元，利润 400 万元。合作社成立之初，依托村集体组织，将闲置撂荒耕地统一流转到村集体后再转包给合作社有偿使用。2013 年，合作社转变土地流转方式，在农民自愿的基础上，将农户土地经营权以股份的形式流转到合作社，成员享受三部分利益返还，一是每亩土地在任何情况下都保证给 40 斤大米（按市价折现）；二是以粮食产量为依据返还 5% 的产品，当粮食产量超 800 斤/亩，还有 5% 的分红

（提成）；三是每年按纯利润3%—5%留取公益金，在发展到一定时期，按成员股权比例转为成员股金。

再如，延安市志丹县积极发展新型经营主体，现有家庭农场1530家、农民专业合作社383家，各类新型经营主体累计达到3752家。各类新型经营主体355户流转土地面积约2.3万亩，涉及农户2359户。全县共培育20亩以上产业大户3126户，20亩以上的生产基地总面积达到了17.2万亩，为农民土地流转增加财产性收入创造了条件，也为实现从小农户零散发展到规模化集约化现代农业发展奠定了基础。

3. 土地流转至社区集体股份经济合作社

这类情况比较复杂。一种是早先时候，在东南沿海发达地区农村率先成立土地股份合作社。农民以承包地入股合作社，由合作社统一经营管理。合作社按农户入股土地面积折股量化，经营收益按股分配。有些地方的土地股份合作社不搞股份制，按农户土地作价出资份额分配土地收益。

在农村集体产权制度改革中，经济欠发达地区农村由于没有集体经营性资产，便统一要求农户以土地承包经营权（承包地）入股合作社，合作社将此与其他股份（如人口股、资金股、农龄股等）一并折股量化给农户作为集体收益分配（分红）的依据。实践中，这种所谓的入股又有两种情况：

一种是名为入股，实为出租，合作社统一经营管理农户承包地要向农户支付流转费。如榆阳区上盐湾镇寨坬村，314户1019人，常住人口716人，劳动力420人。全村土地总面积8550亩，其中林地面积3500亩，耕地面积1806（水地）亩。产改中成立了集体股份经济合作社，设土地股，农户土地全部交由合作社统一经营。合作社通过土地整治，小块变大块，集中连片，现在一块田有好几十亩的。整理好的土地发包或流转出去，每亩流转费240—250元，其中200元返还农户，剩余40—50元留在合作社。

另一种是真正入股合作社，根据股份参与集体收益分红。

还有一种情况是农户以土地经营权入股社区集体股份经济合作社，合作社再以土地经营权出租或入股工商企业，工商企业对农户实行"保底+分红"（保底实际上是对农民保基本收益的底，即土地租金。能否分红则视经营状况）。其不同于农户直接以土地经营权出租或入股工商企业，中间多了一个入股合作社的环节。例如，长安唐村中国农业公园实行的农户土地经营权委托入股模式。长安唐村中国农业公园总规划面积约 38 平方公里，范围涉及 10 个行政村，是西北首个中国农业公园共建单位、陕西省农村改革试验区，也是西安市首批田园综合体。其中长安区王曲街道南堡寨经济合作社与天朗控股集团进行土地承包经营权合作 1200 余亩，发展有机蔬菜、大田花卉种植及绿色水稻种植。南堡寨塬土地流转农用地 663 亩（其中一类地 632 亩，二类地 31 亩），土地租金为：1700 元/亩/年（一类地）、1200 元/亩/年（二类地）。农业项目采取"企业 + 村级集体合作社 + 农户"的发展模式。企业与合作社入股成立有限合伙企业，负责项目的日常运营管理；农户以土地经营权作价入股村集体经济合作社成为股东，参与项目的实施过程，在享受保底收益的同时年底按入股比例获得项目分红。[①] 这本是两种不同的财产法律关系，但被搞得模糊不清了。

4. 土地入股托管

土地入股托管，即土地信托，也是一种土地经营权流转方式。受托方可以是信托公司，也可以是农村集体经济合作社。

西安市高陵区张卜街道张桥村集体股份经济联合社按照"家庭承包、集体经营"的思路，建立土地入股托管模式，村集体为农户提供土地全程托管，即按照地亩面积和地力等级确定农户占有的股份，实行"保底 + 分红""村党支部 + 合作社 + MAP + 入股托管"的全程托管模式，由村集体为群众提供 2019 年秋季玉米生产"耕种防收售"一条龙的服务，每亩收获籽粒平均超过 1300 斤，产量提高约 120 斤，生产成本降低 55元。综合匡算，群众每亩玉米托管后收益达到 412.63 元，每亩增收近百元。目前，张卜街道张桥村、新建村，鹿苑街道江流村在村党支部的引领下，村集体为群众提供全程托管累计 1000 亩。

张桥村有 481 户 2081 人，2930 多亩耕地，人均耕地一亩多一点。村里 80% 的人在外打工，种地的都是老人和留家照看孩子的妇女。所以，村集体经济合作社开始实践土地全程托管，从耕、种、防、收到售，全

---

① 资料来源：西安市长安区唐村宣传册。

由合作社管理。村合作社全程托管土地，可以利用 MAP 测土配方，提高产量，降低成本。每亩给农民保底收益600元，收益超出部分由合作社和农户三七分成，农户占大头。一年两季，一季小麦、一季玉米。2019年种秋粮开始，小麦保底价350元/亩，玉米保底价250元/亩（小麦亩产1000斤左右，售价每斤1元左右；玉米亩产1300斤左右，2019年售价0.69—0.70元/斤）。除保底价外，还能给托管户分红140元/亩。起先农民心里没底，但一个在外务工未参加托管的村民，因回家收割庄稼影响务工而少收入了两千多元的事例深深刺激了其他村民，大家开始接受土地托管了。目前，对土地托管的不利因素有：托管的土地连片不够、土地分散、管理成本大，5亩以上才可以托管；农户一般都把比较差的地交给集体托管；另外，周边邻村土地流转费1300元/亩，所以农户土地收益期望值较高。

（三）农民土地承包经营权退出

包括农民土地承包经营权在内的农民"三权"退出问题，在政策、法律与实践之间存在一定的张力。从政策角度而言，党和政府近年来出台的一系列文件中，一方面强调，不得以退出农民土地承包经营权、宅基地使用权、集体收益分配权作为农民进城落户的条件；另一方面则又支持引导进城落户农民依法自愿有偿转让"三权"权益。这些政策在立法上也得到了相应回应。2018年的《农村土地承包法》和2019年的《土地管理法》对进城落户农民土地承包经营权和宅基地退出都有原则性的规定。与此同时，法律还规定"承包期内不得收回承包地"，即将进行的二轮承包到期后再延长30年的试点，也是秉承"大稳定，小调整"的思路，继续实行"增人不增地，减人不减地"的政策；宅基地使用权无偿取得，长期使用的制度仍未有变。在这种背景下，进城落户农民"三权"退出，除试点地区的探索被媒体和学者所关注外，在实践中了无进展，政策与法律的预期在现实中尚未见效。

农民土地承包经营权退出，就政策法律设计和实际需求与可能性而言，主要针对的是进城落户农民这个特定的群体。退出的制度性路径，一是自愿交回集体经济组织（发包方），二是在本集体经济组织内部有偿转让。从逻辑上来讲，还有一种可能是，已将土地承包经营权入股社区股份经济合作社的农民可通过转让集体资产股权而实现土地承包经营权的退出。

我们在西部某省就农民土地承包经营权退出问题进行调研，从省、市农业行政管理部门、农经站到村委会，得到的结果是：没有发生农民退出土地承包经营权的情况。农业农村厅的一位部门负责人称："据我们所掌握的情况，目前我省还没有自愿退出承包地的，尽管省上早在2014年就有文件鼓励进城落户农民退出'三权'，也确定了几个试点，但没有搞下去，也就不了了之了。"一个以农业为主的市的农业部门负责人直言："在我们市还没有一例农民退出承包地的。"在某村调研时，村支书讲道："尽管我们村有70多户人家在省城买了房，也有住在大城市里的，但没有一家愿意退出承包地，他们宁可把地撂荒或让别人白种也不会退出。"进城落户农民土地承包经营权退出在实践中何以遭此冷遇？其实政府官员的说辞、学者的解释与农民的见解相差无几。这位村支书对这种现象做出了这样的解释："农民进城不愿退出承包地，脚踩城乡两只船是有原因的。一是农民在城里就业难度大，风险大，心里不踏实。即使这一代人在城里能站住脚，但下一代人在城里能不能站住脚心里就没把握了。城里有房，农村有地，进退自如，心里踏实呀。二是农民也看到了农村将来发展的前景是好的，农村土地的价值会越来越大。所以，土地宁可让别人白种着也不会放弃。让你你会退吗？另外，你让有偿退出，钱从哪里来？你从集体白拿的地，现在让集体花钱买回来，哪有这道理？"可见，农民土地承包经营权退出不仅仅是制度设计那么简单。

四　农民土地承包经营权实现的新变化

农村土地承包制发展的历程，也是农民享有土地承包经营权的历程，同时也是农民土地承包经营权实现的实践过程。通过对农民土地承包经营权实现具体实践的考察，我们会发现农民土地承包经营权的实现呈现一些新的特点，或者说是发生了一些新的变化。这些变化和特点给予我们探索农民土地承包经营权实现的有效路径、方式和条件具有重要的启发意义。

（一）从强调权利保护到创造实现条件

国家在《农村土地承包法》及相关法律、法规、司法文件中都一直在强化农民土地承包经营权的保护，特别是对妇女、进城落户农民的土地承包经营权进行特殊保护，通过对工商资本下乡流转土地进行严格的资格审查、项目审查、履约保证等方面对农民土地承包经营权进行全面的保护。这种保护一方面体现在防止各类侵害农民土地承包经营权行为的发生，另一方面则是对发生侵权后的法律救济。这些无疑都是保证农民土地承包经营权实现的重要措施。近些年来，特别是党的十八大之后，在继续强调保护农民土地承包经营权的同时，国家着力于创造和提供农民土地承包经营权实现所必需的资源和条件，努力促进农民土地承包经营权实现。从完善法律权能，到优化制度环境，以及采取多种激励措施，为农民行使和实现土地承包经营权提供必要的条件和保障。这种转变较事后的法律救济更具积极意义，因为这样可以使农民行使和实现土地承包经营权的空间和条件更加充分，而事后的法律救济不过是一种补救而已，即使胜诉也未必权利就一定能够实现。

（二）从突出个人行权能力到政府和集体发挥主导作用

在权利实现中，权利主体的主观努力和行权能力是非常重要的因素。包括权利主体的权利意识、对待权利的态度、法律知识的掌握、行权方式的选择等都会影响到权利实现的程度和质量。但权利实现的社会资源和条件非权利主体主观努力所能决定。政府除提供必要的制度资源之外，还通过政策工具和具体措施支持农民土地承包经营权的实现，如为促进农民土地经营权的流转，政府投资整治土地，解决土地细碎化问题，使土地连片集中，具备规模流转的条件。为鼓励工商资本下乡流转开发土地，对其流入土地行为进行奖补；为促进农民土地承包经营权退出顺畅，政府财政支持村集体退出补偿费的筹措等。农村集体组织通过股份合作制改革吸纳农民以土地经营权入股获取财产性收入，通过发展农业产业让农民土地经营权在社区内就地实现流转。可见，在逐步提升农民权利实现能力的同时，政府和农村集体组织在促进农民土地承包经营权实现中发挥着重要的主导作用。

（三）农民以"运动式"维权转向常态化的权利行使

从农民土地承包经营权实现的方式来看，早期，农民针对来自各方的侵害土地承包经营权行为，主要以"运动式"的维权作为权利实现的方式。一方面是由于土地承包经营权权能不完善，农民行使权利的方式选择空间狭小，另一方面是侵权行为较普遍，基本权益得不到保障。所以，维权就成为农民重要的权利实现方式。特别是农村妇女土地承包经营权、征地补偿款分配权受害尤烈，由此引发的大规模信访、诉讼时有发生。此外针对强征、强拆、补偿不合理的土地征收，农民大规模地进行静坐、围堵政府机关，信访、诉讼等维权活动，甚至发生激烈的对抗冲突，以维护其土地权益。随着国家法律的完善，特别是土地承包经营权权能的拓展，农民行使土地承包经营权的路径、方式的多样化，以及外部制度环境的优化和权利实现所需的各种资源条件供给改善，农民开始关注和实践以何种方式行使和实现权利才能实现利益最大化。土地承包经营权是转让、互换还是退出？土地经营权出租（转包）还是入股？与农户合作还是与农民合作社、工商企业合作？这些都成为农民行使土地承包经营权所必然关注和考量的问题。所以，常态化的权利行使正成为农民实现土地承包经营权的重要方式。

（四）从自发和封闭转向市场和开放

在农民土地承包经营权实现四十多年的实践中，我们发现农民正从自发、封闭的状态向市场、开放的状态转变，尽管目前的市场化程度还比较低，开放还有一定的局限，但这种趋势已明显表现出来。在改革开放实行土地承包经营制的初期，农民土地承包经营权的行使主要是满足其自身的农业耕作需要，进行自主的生产经营，获取经营收益。农民出于对土地财产价值认识的局限和对市场的恐惧，宁可将土地闲置撂荒，也不愿流转。此后出现了交由亲友代耕代种，再向本村村民流转，逐步转向对外流转，以及面向工商企业流转。在流转方式上从基本以出租（转包）方式流转，逐步有选择地入股企业公司、农民合作社，还有的选择土地托管的方式。土地经营权流转大部分是农民自发的私下流转，很少签有合同，也有的是在基层政府和村集体的要求下以统一流转或"返包倒租"方式流转。随着农村土地市场的形成和发育，农村土地产权流转交易市场的建设和发展，土地经营权流转逐步进入市场，以更开放的姿态和方式实现土地承包经营权。这种变化和趋势无疑应是农民土地承包经营权行使和实现的未来方向，可以使农民土地承包经营权实现得更加充分，特别是土地承包经营权的财产价值获得了能够充分实现的制度平台，从而进一步提升农民的财产性收入水平。

五　对几个突出问题的思考

通过对农民土地承包经营权内容、实现方式及其实现状况的系统考察，我们发现农民土地承包经营权实现问题发生了一些新的变化，虽然农民土地承包经营权实现的整体状况和水平有显著改善，但仍存在一些突出问题需要进一步研究和解决。

（一）农村新增人口的土地承包经营权问题

农村新增人口来源主要是农户家庭成员因婚姻、生育、收养等原因新增加的人口，包括所生子女、依法收养的养子女，形成实际抚养关系的继子女以及娶回的媳妇、入赘的女婿等。新增人口的土地承包经营权，就其实际意义来讲，主要指的是农村二轮土地承包之后新增人口，在取得集体经济组织成员身份的前提下未能获得集体承包地的情形。中国法律规定，农村集体经济组织成员享有依法承包由本集体经济组织发包的农村土地，任何组织和个人不得非法剥夺和限制农村集体经济组织成员承包土地的权利。但中国法律同时也规定在承包期内不得收回和调整承包地，坚持实行"增人不增地，减人不减地"的政策，并经土地确权登记颁证或以土地经营权入股社区股份经济合作社进行股权固化，以确保农民土地承包经营权长久不变。虽然法律规定农村集体经济组织可以用集体依法预留的机动地，依法开垦新增加的土地，依法收回的承包地和农民自愿交回的土地用于解决新增人口的承包地问题，但由于二轮土地承包以来农村没有承包地的新增人口基数很大，加之可用于承包给新增人口的土地数量非常有限，甚至无地可供。如此，新增人口的土地承包权如何实现？如何获得土地承包经营权？这是农村当前和今后都要面临的一个严重问题。

中国土地承包经营权制度设计一直朝着权利固化的方向发展，基本封堵了新增人口获取土地承包经营权的通道，即使有通道，也是极其狭窄的。如果现实中不是存在大量通过调整土地解决新增人口的承包地，人地矛盾可能更加突出了，但这种违规调地隐藏着巨大的政策法律风险。其实不仅土地承包经营权存在此问题，新增人口的宅基地使用权及集体收益分配权同样如此。造成问题的原因除制度设计与农村人地矛盾的实际相脱离外，还有对承包地功能的认识存在偏颇。我们一直强调农村承包地具有保障功能，如果"生不增，死不减"，保障的对象是谁？也就是农民所言的"死人有，活人没有"；农村土地归集体所有，具有公有的性质，但这是一种社区公有，是特定主体的公有，从某种意义上讲是一种私有。对于因婚姻、就业等已脱离原集体经济组织的成员，为何还要以私有的财产为他人提供保障？此外，土地承包经营权的取得是依其特有的集体成员身份而取得的权利。集体成员身份可以取得，也可基于法定或约定的事由出现而丧失，如死亡、自愿或强制退出集体经济组织等。集体成员资格丧失即权利主体消灭，应产生权利随之而消灭的结果。但现实是有身份丧失之因，却无丧失之果。这在法理上是讲不通的。现在唯一的解释是农民土地承包，宅基地申请都是以户为单位，因而，新增人口的土地权益通过"户内共享"解决。因此，在我国不存在无地农民。但户是由家庭成员所构成，其成员是有变动性的。因此，二轮承包按当时家庭人口承包的土地及其土地权利在二十多年后的今天，必然导致有的户"人多地少"，有的户"人少地多"，不能公平享受集体资源的结果。从土地财产属性上来讲，同一集体经济组织成员拥有不同量的土地财产，显然是不公平的。我们认为，解决这一问题的出路在于完善农村集体成员制度，建立退出机制，让集体成员资格丧失产生权利消灭应有的法律后果，从根本上解决新增人口享受集体土地权益问题。为保证土地经营权稳定，可以通过利益置换或补偿机制解决。实践中，农村调整土地所使用的"动账不动地"从技术上是可行的。

（二）妇女土地承包经营权保护问题

农村妇女土地权益保护问题之所以是农民土地权益保护的重中之重，是因为现实中侵害妇女土地权益情况比较普遍和严重，因而必须加强保护。关于农村妇女土地承包经营权遭受侵害的状况，学者大多引用的是2000 年第二期中国妇女社会地位调查的数据。2010 年第三期中国妇女地位社会调查则显示，2010 年没有土地的农村妇女占 21%，比 2000 年增加了 11.8 个百分点，其中因婚姻变动失去土地的占 27.7%。[①] 农村妇女土地承包经营权遭受侵害比较普遍是一个不争的事实，但我们在分析这一问题时需要注意的是：第一，侵害的表现方式主要是没有给妇女分配土

_____

① 陈林：《农村妇女土地权益亟需维护》，《学习时报》2016 年 2 月 25 日第 5 版。

地或因妇女出嫁、离异而被收回承包地;第二,问题的产生有着不同的原因。对于农村妇女未分或少分承包地的问题,其中有一部分与前述二轮承包后新增人口未获得承包地问题有部分重叠,这部分是同一性质的问题;因婚姻而失去承包地的问题多与集体成员身份认定标准相关。如果撇开这两个因素而考量,我们就会陷入像有学者所说的农村妇女土地权益的"迷宫"之中走不出来,甚至会出现越是强调妇女土地权益保护,问题却越来越严重的悖论。对于农村新增人口(包括女性)土地承包经营权实现问题是一个共性问题,在前一问题的论述中已涉及。最为重要也是最为普遍的是农村妇女婚姻与其集体经济组织成员身份变动之间的关系问题。传统农村是通过人口的自然增减(出生、死亡)、婚姻嫁娶(嫁出、娶进)来维持和实现村庄土地资源供需平衡关系。所以,大多农村在女子出嫁后户口迁出,并自然成为婆家所在集体经济组织的成员,在新的集体经济组织享受应有权利,终止与原集体经济组织的权利义务关系。但中国目前尚无统一的集体经济组织成员认定办法,在行政管理和司法实践中往往以户口为主要标准来界定集体成员身份,妇女出嫁只要不迁移户口就仍被认定为原集体成员,享受成员权益,包括土地权益。"民间法"与"国家法"冲突,必然在司法审查中被否定。如此,农村集体组织收回出嫁妇女承包地、"剥夺和限制妇女土地承包经营权"的现象就大量发生了。在农村土地承包经营权确权中规定,农村妇女土地承包经营权不能"两头空",即结婚的妇女在婆家未分配到承包地时,原集体组织(娘家所在地)不得收回承包地。在以户口为界定集体成员身份主要依据的模式下,妇女婚后不迁出户口,特别是娘家村集体经济优于婆家村集体经济的情况下更不会迁出。可见,农村妇女土地承包经营权遭受侵害问题是与不合理的农村集体经济组织成员身份认定标准有很大的关系。进入法院裁判文书网就可以看到,几乎所有进入司法程序的农村妇女土地权益案件,都以确认集体成员身份作为案件审理的前置条件,说明农村妇女土地权益问题与集体成员身份认定有着极为密切的关系。所以,需要通过农村集体经济组织立法确立科学的集体成员界定标准,不得简单以户口作为认定标准,应将"妇女因婚姻而脱离原集体经济组织的"作为丧失原集体成员资格的法定事由,确立集体成员退出及其法律后果的规则,以此厘清妇女土地承包经营权保护中不同性质和不同类型的问题，分别对待。

（三）农民土地经营权流转中的利益平衡问题

在农地"三权分置"制度框架下，土地经营权流转是农民土地承包经营权财产价值实现的最有效途径。事实上，农民也正是通过土地经营权的出租、入股获取了较大的财产性收入。市场机制的引入使农民土地经营权流转的规模、速度、收益有了很大发展，而且这种市场化的程度正在逐步加大。在此背景下，工商企业等社会资本成为土地经营权最主要的流入方。从乡村振兴、城乡融合发展的角度来看，工商企业等社会资本下乡是实现城市资本、技术、人才要素与农村土地等资源要素结合的有效途径。所以，国家从政策到法律都鼓励工商企业等社会资本下乡参与乡村建设和发展，工商企业等社会资本也具有在农村发展的需要，基层政府、农村集体组织和农民更希望和欢迎工商资本下乡发展产业。但基于农民市场经济意识、风险防控能力和谈判地位的局限，以及工商企业等社会资本的优势地位和逐利本性，双方很难建立起互信机制。为了防止农民土地权益受到严重损害，影响农村社会稳定，国家相关政策和法律对工商企业等社会资本下乡采取鼓励与规制同行的态度，而且重心放在对农民土地权益的保护。一方面对工商企业等社会资本通过流转方式取得土地经营权进行严格的资格审查和项目审核；另一方面加强对农民权益的保护，要求实行"保底 + 分红"的利益分配机制，以提供履约保证金等方式确保农民利益不受损害。这些举措固然对保护农民土地权益是积极有效的，但是，土地经营权流转的本质是产权交换，是一种市场行为，过度保护一方的利益，则有违市场规律，必将抑制工商企业等社会资本流转土地经营权的积极性，反而延缓和阻滞了农民土地经营权流转的规模、速度和收益。我们在调研中注意到，工商企业流转土地规模一般较大，动辄几千亩、上万亩，为了降低合约成本，一般都会避免与农户直接谈判、打交道，主要面对基层政府和农村集体组织。所以，发挥好基层政府和农村集体组织的作用对于平衡和保护双方权益具有重要意义。农民由于市场意识和知识的局限，存在信息不对称情况下的交易，很容易低价交易或盲目抬价无法成交。一些基层政府既要考虑引进工商企业等社会资本，又要防止其损害农民利益；既要保护农民利益，又要避免因农民盲目抬价影响项目落地，便规定土地流转费的上下限，以行政代替市场。鉴于此，我们认为平衡双方利益，应尊重市场规律，公开公平公正交易，达致这一目的的最好方式是加强农村产权流转交易市场建设。农村产权流转交易市场是市场和法治结合的产物，服务平台功能齐全，交易规范有序，既可以防止农民因市场能力不足而蒙受损失，也可解除工商企业对农民信用的担忧，有利于双方利益的平衡和保护。

（四）进城落户农民土地承包经营权退出问题

农民土地承包经营权的退出面临许多困难和问题。从目前制度性退出路径来看，一是向本集体经济组织内部其他成员转让，为永久性的退出；二是自愿交回集体经济组织，在本轮承包期内不得再要求承包地，为有期限的退出。二者都以退出方自愿为前提，前者可获得议定的转让费，后者可获得一定的补偿。这种制度性退出因缺乏强制性，在不能满足退出方收益和补偿心理预期的情况下，没有退出动力。在集体经济组织内部的转让也会因缺乏市场竞价机制而难以实现土地承包经营权的财产价值。所以，在现行制度框架下，进城落户农民土地承包经营权退出特别是永久性退出难以践行。核心问题是退出补偿能否到位，而承接退出的无论是农村集体组织还是农户都难以满足补偿要求。试点地区的探索和经验要复制和推广，但仍受许多条件约束。宁夏平罗的"集体收储式退出"，其设定的法定退出和自愿退出，其中以强制为特征的法定退出的规定很有借鉴意义，但集体收储的资金来源则是关键，没有政府提供的补偿周转资金是难以成行的。重庆梁平"多方联动、退用结合"退出方式的核心问题还是要解决退出补偿的资金，只不过是集体要找到"接盘手"，即用地者（也是出资者），退出才可行。浙江宁波的"股改"式退出，将土地承包经营权入股社区股份经济合作社获得股权，通过股权转让、退出、回购等方式实现退出。这不过是通过权利转换的间接退出方式。①

"让农民带地进城""让农民带着土地财产权利进城"本身就是为促进城镇化发展所采取的特殊措施，如果将此特殊措施无限期地固化，既不利于集体土地所有权的实现，也会破坏集体成员利用集体资源的公平

---

① 高强：《农村土地承包经营权退出机制研究》，《南京农业大学学报》（社会科学版）2017 年第 4 期。

性，同时也会使集体经济组织成员身份的认定更加混乱。所以，从根本上讲，要通过完善集体成员退出机制解决问题，如根据进城落户农民"市民化"的程度，分时段地强制退出集体成员身份，集体经济组织参照市场价格回购土地承包经营权。考虑到集体经济组织的经济承受能力，也可将其土地承包经营权转化为集体资产股权。进城落户农民交回承包地由集体经济组织统一经营管理，作为非集体成员股东以其股权参与集体收益分配，集体经济组织保留对非集体成员股东所持股权回购的权利。

第 四 章

农民宅基地使用权实现问题研究

　　宅基地使用权是农民的又一重要财产权利，宅基地使用权的实现是农民财产权利实现不可或缺的一部分，就其价值属性而言，更能有效增加农民财产性收入，同时对于促进城镇化发展、实现城乡融合有着极为重要的价值和意义。新中国成立后，中国农村宅基地制度的逐步形成和建立，是以实现农民"住有其所"的功能定位和保障农民居住权为价值目标构建起来的，故多从宅基地的管理方面进行制度建设，形成了"集体所有、农民使用、一户一宅、面积法定、无偿分配、限制流转、禁止抵押"的鲜明特征，其保障功能独显，财产属性不彰。这是由特定的国情和经济社会形势所决定的。事实也证明这一制度对于保障农民居住权，满足农民基本生活所需，节约保护耕地，稳定农村社会发挥了重要的作用。但随着中国改革开放的深入推进，特别是城镇化的发展和乡村振兴战略的实施，农村发展和农民生活发生了深刻的变化，部分地区农村宅基地对农民生活保障的功能逐渐降低，而财产功能渐显，固有制度重居住保障而轻财产属性的弊端日渐显现，并成为资源有效利用、城镇化发展、城乡融合的重要阻滞因素。党的十八大提出，赋予农民更多财产性权利，其中包括农民宅基地使用权，并着力创造条件，开创更多的增加农民财产性收入的渠道。在此背景下，宅基地的资产属性、财产功能被充分认识，并置于重要的位置。党和国家密集出台了一系列的政策和措施，推动宅基地制度改革，2015 年开始施行的"三块地"改革试点，标志着国家层面和法律层面的宅基地制度改革、改革试点期限两次延长，取得了较大的收获，进而影响到相关法律的修改完善。特别是 2018 年中央一号文件提出的宅基地"三权分置"为农民宅基地财产权利的充分实现奠定了政策基础，同时也为相关实践指明了方向，对于农民宅基地财产权实现问题的研究具有重要的指导意义。

第一节　宅基地制度的形成与特点

新中国成立后，宅基地制度产生，发展到最后定型，经历了土地改革合作化时期、人民公社时期和改革开放时期，其间经历了近六十年的时间，出台了大量的政策、法律法规和司法文件。对此，学者们从不同的角度进行了细致的梳理和总结，如姜爱林（2007）、丁关良（2008）、朱新华等（2012）、刘守英（2015）、孔祥智（2018）、叶兴庆（2019），从中我们可以清晰地看到不同时期宅基地政策和立法的内容与特点，为我们了解和把握中国宅基地制度内容、发展规律、未来走向奠定了坚实的基础。基于我们研究的重心所在，不必再做重复，在此仅做简要概述。

一　宅基地制度的形成

"中国农村的宅基地制度是集体化的产物。"[①] 因此对于宅基地制度形成的考察应基于农村集体所有制的建立，中国于1953年开始社会主义改造，至1956年完成，从而建立了社会主义公有制经济基础。而在农村社会则经历了土地改革和合作化的发展阶段，直至1962年进入人民公社时期，才标志着农村集体所有制的最终确立。在这之前，农村土地，包括宅基地及其房屋均属农民私有，这在《土地改革法》、五四宪法及《高级农业生产合作社示范章程》（以下简称《示范章程》）中都有明确的规定，人民政府颁发给农民的也是房屋土地所有权证。高级合作社时期，已开始逐步向集体所有制过渡，但法律上土地仍属于私有性质。《示范章程》虽未有明确的宅基地提法，但从规定内容上看，已涉及宅基地问题，如其中规定社员原有的坟地和房屋地基不入社，社员新修房屋需用的地基和坟地由合作社予以统筹解决，必要的时候合作社可以申请乡人民委员会协助解决。这里的房屋地基，实为宅基地。由此可以看出，这一时

---

① 刘守英：《农村宅基地制度的特殊性与出路》，《国家行政学院学报》2015年第3期。

期的农民拥有对宅基地和房屋的所有权，这是完整的产权类型，包括了占有、使用、买卖、出租、抵押等权能。

到了人民公社时期，"队为基础，三级所有"的农村集体所有制已得到法律制度的确认，土地私有制度已终结，包括宅基地在内的农村土地为集体所有，宅基地为生产队所有。《农村人民公社工作条例》（1962年9月修正草案）中明确规定，社员的宅基地一律不准出租和买卖；社员的房屋永远归社员所有；社员有买卖或者租赁房屋的权利。该条例对社员房屋的权利进行了详尽的规定，包括征用补偿。之后不久，《关于各地对社员宅基地问题作一些补充规定的通知》（1963年）规定，社员的宅基地归生产队集体所有，要求一律不准出租和买卖；宅基地使用权归各户长期使用并长期不变，而生产队则应保护社员的使用权；对宅基地之上的建筑物和构筑物和其他附着物包括房屋、树木、厂棚、猪圈、厕所等，强调永远归社员所有，社员有买卖和租赁的权利；基于房屋的买卖而产生的宅基地权属变动，即房屋出卖以后，宅基地的使用权即随之转移给新房主，但宅基地的所有权仍归生产队所有。该通知对农民宅基地取得方式作出规定，即社员需新建房屋又没有宅基地时，由本户申请，经社员大会讨论同意，由生产队统一规划，帮助解决，社员新建住宅占地无论是否耕地，一律不收地价。从性质看，这是"申请—同意—无偿"的原始取得方式。

这两个重要文件的内容基本奠定了宅基地制度的框架和内容，标志着中国宅基地制度的雏形基本完成。值得一提的是，这两个文件分别第一次使用了"宅基地"一词和"宅基地使用权"这一概念。概括起来，宅基地制度的主要内容为，宅基地的所有权归集体所有，严禁出租、买卖宅基地；其使用权归农户长期使用且长期不变，严格保护；地随房走，房屋买卖后宅基地使用权发生变动，归新房主所有；社员通过申请—同意—批准无偿取得宅基地使用权；宅基地上房屋等建筑物、构筑物和其他附着物永远归社员所有，社员拥有自由买卖或出租房屋的权利，房屋所有权受法律严格保护。

此后一段时间，宅基地制度无甚变化，直到改革开放后，宅基地制度逐步规范化和系统化，形成比较明确的宅基地权利体系和管理制度。这期间出台的一系列宅基地政策法律法规既有对既有制度的巩固完善，也有新制度的创设，还有对部分制度的否定和转向，主要表现在以下几个方面。

（一）不断强化和巩固宅基地集体所有权

自从《人民公社工作条例》（1962 年修正草案）中规定宅基地为集体所有，此后的所有政策和法律法规中都在不断地予以巩固和强化，摒弃一切有损宅基地集体所有的行为。宅基地集体所有，不得买卖、出租，包括禁止变相违法转让建房用地或以租代卖等非法交易行为。

（二）创设新的宅基地制度规则

这主要是一户一宅、面积法定制度。1986 年 6 月 25 日颁布的《土地管理法》及其后 1988 年 12 月 29 日颁布的《土地管理法》（修正案）规定，农村居民建住宅使用土地，不得超过省、自治区和直辖市规定的宅基地标准。《中共中央国务院关于进一步加强土地管理切实保护耕地的通知》（1997 年 5 月）提出，农村居民建住宅，应当严格按照所在的省、自治区和直辖市规定的标准，依法取得宅基地。农村居民每户只能拥有一处宅基地，不得超出规定标准；多出的宅基地，应当依法收归集体所有。《土地管理法》（1998 年修订案）规定实行一户一宅的宅基地制度，要求农村居民一户只能拥有一处宅基地，面积法定、以户为单位分配宅基地的原则得以确立。二是宅基地使用权不得抵押制度。1995 年 10 月 1 日起施行的《担保法》明确规定了不得抵押的财产范围，涉及土地所有权，以及耕地、宅基地、自留地、自留山等集体所有的土地使用权。三是建立进城落户农民宅基地自愿有偿退出制度。

（三）取消城镇非农业户口居民获取集体所有土地建房的规定

1986 年 6 月 25 日《土地管理法》及其 1988 年 12 月 29 日的修订案，随后的《土地管理法实施条例》（1991 年 1 月 4 日）规定，允许城镇非农业户口人员，包括回原籍乡村落户的职工、退伍军人和离、退休干部，以及回乡定居的华侨、港澳台同胞，履行法定程序申请、讨论、审查、批准后使用集体所有土地建造住宅。《土地管理法》经 1998 年修订后，农村宅基地申请主体由"农村居民"改为"农村村民"，取消了之前《土地管理法》中城镇非农业户口可以使用集体所有土地建房的规定。从此以后，农村宅基地仅限于农村村民方可以原始取得的方式获取宅基地使用权。但法律并不杜绝城镇非农业户口居民通过房屋继承等途径取得宅基地使用权。

（四）对宅基地使用权的性质和权利内容加以明确

《物权法》（2007 年 10 月 1 日起施行）中规定，宅基地使用权在性质上属于用益物权，宅基地使用权人享有依法占有和使用集体土地的权利，有权依法利用该土地建造住宅及附属设施。宅基地使用权的取得、行使和转让，适用《土地管理法》等法律和国家有关规定。以用益物权界定宅基地的性质，为完善宅基地制度创造了空间，但有限的权能也成为宅基地使用权作为财产权利实现的制度障碍。

（五）对宅基地使用权流转进行严格限制

虽然法律规定宅基地不得出卖、出租、抵押、非法转让，但法律从未禁止宅基地上房屋的出卖、出租等转让行为，而是实行房地一体转让，即地随房走，宅基地使用权为房屋受让人所拥有。其既不禁止房屋及宅基地使用权的转让，也没有限制受让对象。即使 2019 年 8 月修改后的《土地管理法》也规定，农村村民出卖、出租、赠与住宅后，如果再申请宅基地的，不予批准。这一规定表明，其并不否定因农村村民出卖、出租、赠与住宅而导致的宅基地使用权转移，只是限制村民出卖、出租、赠与住宅后，有再申请宅基地获批的权利。然而由于房地一体，房屋的买卖、出租、抵押、继承必然产生宅基地的使用问题。宅基地为社区集体所有，主要作为集体成员居住保障，具有社区成员福利的特点，加之，20 世纪 90 年代不断升温的"炒地热"和农村集体土地转让管理方面出现的混乱，加上各地城郊农村宅基地流转不断增加，小产权房愈演愈烈、屡禁不止，甚至一度出现一些地方政府鼓励城镇居民在农村买地建房，故农村房屋从自由转让逐步走向严格限制。最初，国务院办公厅《关于加强土地转让管理严禁炒卖土地的通知》（1999 年 5 月）规定，农民的住宅不得向城市居民出售，同时城市占用农民集体土地建住宅不予批准。这一规定开启了限制农民宅基地使用权转让和房屋处置权利的先河。国务院《关于深化改革严格土地管理的决定》（2004 年 10 月）中规定，对城镇居民在农村购置宅基地加以禁止。国土资源部《关于加强宅基地管理的意见》（2004 年 11 月）进一步强调严禁两类行为：一是城镇居民在农村购置宅基地，二是为城镇居民在农村购买和违法建造的住宅发放土地使用证。这种限制既包括禁止城镇居民在农村购买宅基地建房的直接限制，也包括禁止城镇居民以购买农民住宅为由取得宅基地使用权的间接限制；既限制转让范围，也限制受让对象，从而使农民房屋和宅基地使用权转让，仅限于农村集体经济组织内部这一狭小范围。

（六）开启了宅基地制度改革完善的探索

党的十八大报告提出，依法维护包括农民宅基地使用权在内的农民"三权"。在十八届三中全会作出的《中共中央关于全面深化改革若干重大问题的决定》中，提出要保障农户宅基地用益物权，改革完善农村宅基地制度，通过选择若干试点，慎重稳妥推进农民住房财产权抵押、担保和转让，进而探索农民增加财产性收入的渠道。

中共中央办公厅和国务院办公厅《关于农村土地征收、集体经营性建设用地入市、宅基地制度改革试点工作的意见》（2014 年 12 月 31 日）则揭开了"三块地"的改革试点。国土资源部于 2015 年在全国范围内选取 15 个县（市、区）作为改革试点，并于 2017 年将试点增加到 33 个。随后，2018 年中央一号文件中，提出要完善农民闲置宅基地和闲置农房政策，探索宅基地所有权、资格权和使用权"三权分置"，适度放活宅基地和农民房屋使用权。"三块地"改革试点两度延长试点期限，部分改革成果已为 2019 年 8 月新的《土地管理法》所吸收，如国家允许进城落户的农村村民依法自愿有偿退出宅基地，同时规定，鼓励农村集体经济组织及其成员盘活利用闲置宅基地和闲置住宅等。

二　宅基地制度的内容

宅基地制度的形成及演变是从历史的维度考察中国宅基地制度的形成过程和变迁轨迹，其主要依据是不同时期有关宅基地的政策、法规、文件、司法解释等。然而，时至今日其中一些政策法规文件已过时，一些政策法规已为新的法律所替代，一些新的制度还处于试点阶段，正在形成中。作为正式制度，当唯以现行有效的法律法规、相关的国家规定为依据。据此做一简要的梳理，中国宅基地制度主要包括三个方面，即宅基地所有权制度、宅基地使用权制度和宅基地管理制度。

（一）宅基地所有权制度

宪法第十条、《土地管理法》第九条明确规定，城市的土地属于国家所有。针对农村和城市郊区的土地则规定，除由法律规定属于国家所有的以外，属于集体所有；宅基地和自留地、自留山，也属于集体所有。《物权法》第五十九条规定，农民集体所有的不动产和动产，属于本集体成员集体所有。其中集体所有的不动产包括宅基地在内的法律规定属于集体所有的土地和森林、山岭、草原、荒地、滩涂。《物权法》第六十条、《土地管理法》第十一条规定了集体土地所有权的行使主体，即农民集体所有的土地依法属于村农民集体所有的，由村集体经济组织或者村民委员会；已经分别属于村内两个以上农村集体经济组织的农民集体所有的，由村内各该农村集体经济组织或者村民小组经营、管理；已经属于乡（镇）农民集体所有的，由乡（镇）农村集体经济组织经营、管理。审视以上法律，可以看出其确立了中国宅基地所有权制度。可见，农村宅基地属于农村集体所有，是一种本集体成员集体所有，由特定组织作为所有权行使主体的土地产权形态。总之，农村集体享有完全的宅基地所有权权能，通过行使宅基地控制权、分配权、监督权、收回权、收益权等权能实现所有权。

（二）宅基地使用权制度

所谓宅基地使用权，是农村村民依法对集体所有的宅基地占有、使用，利用该土地建造住宅及其附属设施的权利。所谓宅基地使用权制度，则是针对宅基地使用权取得、行使、转让、消灭等内容的相关规定和规则。

1. 宅基地使用权取得制度

包括宅基地使用权申请资格制度，如必须是"农村村民"，有的地方性法规还规定必须达到法定年龄等；宅基地使用权取得方式制度，分为原始取得和继受取得，即符合条件的农村村民通过申请批准分配取得宅基地使用权的原始取得，或农村村民通过出卖、出租、赠与、继承住宅而获得宅基地使用权的继受取得；宅基地"一户一宅"、面积法定、无偿取得、长期使用制度。此外还应包括农村村民宅基地使用权保障制度，例如，遇到宅基地因自然灾害等原因灭失的情况，要对失去宅基地的村民重新分配宅基地。在人均土地少、不能保障一户拥有一处宅基地的地区，县级人民政府在充分尊重农村村民意愿的基础上，可以按照省、自治区、直辖市规定的标准，采取措施保障村民实现户有所居的制度。

2. 宅基地使用权行使制度

主要表现为对宅基地使用权权利内容和权能限制的规定，如农村村民依法对集体所有的宅基地享有占有、使用的权利，具有依法利用该土地建造住宅及其附属设施的权利。农村村民通过向本集体经济组织成员出卖、出租、赠与住宅而转让宅基地使用权的权利；同时，允许和鼓励村集体及其成员盘活利用闲置宅基地和闲置住宅，采用自主经营、合作经营、委托经营等方式，依法依规发展农家乐、民宿、乡村旅游等。鼓励村民在征得宅基地所有权人同意前提下，可以向本集体经济组织内部符合宅基地申请条件的农户转让宅基地。此外，相关法律法规对宅基地使用权行使作了限制性规定，如耕地、宅基地、自留地、自留山等集体所有的土地使用权均不得抵押；严禁城镇居民到农村购买宅基地，严禁下乡利用农村宅基地建设别墅大院和私人会馆，严禁借流转之名违法违规圈占、买卖宅基地等。

3. 宅基地使用权消灭制度

主要涉及宅基地使用权因宅基地灭失、集体收回、使用权人自愿退出等原因而消灭。比如，宅基地因自然灾害等原因灭失的，其使用权消灭；集体组织收回违法违规取得或超标多占的宅基地；国家允许进城落户的农村村民依法自愿有偿退出宅基地等。

（三）宅基地管理制度

主要是农村村民建住宅的，应当符合乡（镇）土地利用总体规划和村庄规划，节约集约用地，保护耕地，特别是严格保护永久基本农田的制度安排；农村村民住宅用地审核批准制度，以及不动产登记制度等。

三　宅基地制度的特点

中国宅基地制度的特点，学者们已做了较多和较为全面的总结概括，如"集体所有、成员使用、一户一宅、限制面积、免费申请、长期占有、房地分开、差别赋权"[1]，"一户一宅、福利分配、无偿回收、限制流转、禁止抵押、严禁开发"[2]，"集体所有、成员使用、一户一宅、限定面积、

---

[1]　叶兴庆：《宅基地的产权重构》，《中国经济时报》2015 年 5 月 15 日。

[2]　张云华：《完善与改革农村宅基地制度研究》，中国农业出版社 2011 年版。

无偿分配、长期占有"①，"集体所有，成员使用；一户一宅，限定面积；无偿分配，限制流转；长期占有，适时收回"②，"两权分离、主体特定；一户一宅、面积法定；限制流转、禁止抵押；分级审批、严格管理"③。原农业农村部部长韩长赋将之概括为"目前，中国形成了独具特色的农村宅基地制度，即：集体所有、成员使用，一户一宅、限定标准，规划管控、无偿取得，长期占有、内部流转。"④ 这些表述虽然很精练，但都是仅就宅基地制度规定的内容所进行的不同概括而已，并没有把宅基地制度的突出特征表现出来。准确把握宅基地制度的特征，对研究农民宅基地使用权实现问题，具有重要的引领价值。根据事物的特质，我们将会获得独特的解决问题的路径，避免泛泛而论。因此，我们试图转换一个角度来描述中国宅基地制度的特征。

（一）公法私权，法益混同

中国宅基地制度在宪法、《物权法》、《担保法》、《土地管理法》、《村民委员会组织法》等多部法律中都有所规定和体现，更多的内容则是规定在相关行政法规和政府部门规章中。这些法律法规、部门规章既有公法也有私法。其所规定的宅基地制度内容，其中既有民事权利，如宅基地所有权、使用权（用益物权），宅基地使用权的取得、行使、消灭等私权内容的规定，也有有关宅基地用地规划、审批、不动产登记等行政管理的内容。而问题是本应由私法加以规定的私法内容却由公法加以规定，宅基地使用权作为用益物权的权能也在公法中被加以限制。最为典型的是《物权法》第 153 条规定，宅基地使用权的取得、行使和转让，适用《土地管理法》等法律和国家有关规定。民事权利由公法规定，而《土地管理法》第 62 条规定，村民一户只能拥有一处宅基地，同时宅基地的面积不得超过省、自治区、直辖市的标准。这个村民取得宅基地使用权的基本准则，在物权法中却未予规定和体现，本应由物权法对宅基

---

① 董祚继：《以"三权分置"为农村宅基地改革突破口》，《国土资源》2016 年第 12 期。

② 徐忠国等：《农村宅基地三权分置的经济解释与法理演绎》，《中国土地科学》2018 年第 8 期。

③ 参见《农业农村部对十二届全国人大一次会议第 2086 号建议的答复》。

④ 韩长赋：《中国农村土地制度改革》，《农业经济问题》2019 年第 1 期。

地用益物权取得方式的规定却莫名其妙地借助于公法表达。①。2018 年 12 月 23 日，国家自然资源部部长陆昊在第十三届全国人民代表大会常务委员会第七次会议上所做的关于《〈中华人民共和国土地管理法〉、〈中华人民共和国城市房地产管理法〉修正案（草案）》的说明中指出，考虑到宅基地所有权、资格权和使用权属于重要的民事权益，目前的试点面还不够宽、时间比较短，可复制推广的制度经验还没有形成，各有关方面对三权分置的具体界定、相关权利的实现方式等未形成共识，直接确定其为法律制度的条件不成熟，建议待进一步试点探索和总结经验后，再通过立法加以规范。但在 2019 年 8 月修改后的《土地管理法》中仍有宅基地使用权行使和消灭等民事权利的规定，如国家允许进城落户的农村村民依法自愿有偿退出宅基地，鼓励农村集体经济组织及其成员盘活利用闲置宅基地和闲置住宅等内容。这种宅基地立法中表现出来的公、私法规定内容交叉错位，导致宅基地民事权利的规定不完整，甚至被行政管理所限制和取缔。

（二）集体所有，两权分离

宅基地所有制度自确立以来，不断得到强化和巩固，为历次宪法和相关法律所确认和保护。保持土地集体所有权不变，是农村土地制度改革包括宅基地制度改革在内的底线，任何形式的改革不能改变农村土地集体所有的性质，否则就是对社会主义公有制的动摇。但从农村宅基地权利的结构形式观察，该权利包括宅基地所有权、宅基地使用权两部分内容，实行两权分离。宅基地所有权为农村集体成员集体所有，由法定的农村自治组织或集体经济组织作为行使主体。宅基地所有权主体通过行使所有权的各项权能，包括宅基地支配权能、监督权能、收回权能、收益权能而实现所有权。宅基地使用权则通过村民依照宅基地分配或住宅出卖、出租、赠与和继承等方式依法取得，并依法享有占有、使用、建造住宅等建筑物和构筑物等权利。宅基地使用权人通过行使宅基地占有、使用权能，进而实现宅基地使用权。如农村土地承包经营，为适应现代农业发展、城镇化发展和增加农民财产性收入的需要，实行承包地

---

①　陈小君：《我国涉农民事权利入民法典物权编之思考》，《中国农业资源与区划》2019 年第 4 期。

所有权、承包权和经营权"三权分置",农村宅基地制度改革也必将从维护宅基地集体所有权不变,既保障农民基本居住权,又要发挥宅基地的财产功能,使得闲置的宅基地和住宅得以盘活利用,实现宅基地使用权财产权利的要求出发,实行宅基地所有权、资格权和使用权"三权分置"。

（三）重居住权保障,轻财产权实现

宅基地首先是也主要是农民的基本生活资料,是实现"居有其所"的基本条件。因而,宅基地制度的基本价值取向,应当是保障农民居住权。以此为基础,宅基地制度得以构建起来。无论是"一宅一户""面积法定""无偿取得""长久使用"还是"限制流转""禁止抵押",无不旨在保护农民的居住权。《物权法》中,尽管将宅基地使用权界定为用益物权,具有财产权利的属性,然而在权能设计上却仅赋予了占有和使用权能,并未赋予收益权能,对其财产权利功能仍进行制度性约束。可见长期以来,中国宅基地制度是重居住权保障而轻财产权利实现。直至党的十八大之后,在"赋予农民更多财产性权利"的背景下,才开始重视宅基地使用权的财产权利属性,在强调依法维护农民宅基地用益物权的同时,开启了以拓展宅基地使用权权能和盘活利用闲置宅基地、农房为主要内容的宅基地制度改革。经过几年的改革试点,部分改革成果已在《土地管理法》修改中得到回应。

（四）房地分离,差别赋权

房依地建,地为房载,房地天然一体。但中国农村土地产权集体所有的性质,决定了无论是承包地还是宅基地,农民只能拥有使用权（用益物权）而无所有权。集体所有,两权分离是农村土地产权的基本构架。宅基地是农民利用其建造住宅及其构筑物的集体土地,而其上所造住宅及附属设施,农民则拥有所有权,一种完全产权。这种宅基地产权制度架构造成了"一宅两权"的结果,即宅基地使用权和住宅所有权。两种财产权利泾渭分明,分别受两种制度调整,导致在权利行使和实现上的背离。宅基地使用权不得出卖、出租、单独抵押,只可在有限的范围内通过房屋出卖、出租、赠与、继承实现间接转让。而宅基地上的住宅及构筑物,从理论和制度上来讲是可以自由流转的,但"房地一体"的物理属性,即使农民住宅转让,也会受到宅基地制度的约束,从而使农民住房财产权在转让和抵押权能上不得不受到严格限制。农村房屋不得向城镇居民转让，城镇居民不得购买农村宅基地和房屋的限制也由此产生了。

（五）突出身份，区域分割

宅基地原始取得的申请主体限定在"农村村民"，一是以拥有本集体经济组织成员身份为前提，二是排除了城镇非农业户口居民获得宅基地的资格。基于农村集体所有是一种农民集体成员集体所有。集体成员身份构成农民享有集体财产权利、民主权利以及集体福利的前提条件。农村土地承包经营权、宅基地使用权和集体收益分配权的享有，无不是以集体成员身份作为基础。这种制度设计使得宅基地使用权的取得、行使和实现具有强烈的社区分割和城乡分割的特色。

第二节　宅基地使用权的内涵及制度设计

权利实现是指法定权利的实现，是权利人依据法律规定之权利内容、权能设置，通过依法行使权利，并获得物质的、法律的支持和保障，从而达致利益目标的活动过程及其结果。它是以法定权利的设定为起点，所以，完备的法律制度和合理的权利结构，包括完整的权利内容和明确的权利行使方式是权利及实现权利的先决条件。反之，权利内容的不完备性和权能设置的残缺性，必然导致权利实现的阻滞和不充分。鉴于此，我们考察宅基地使用权的实现，必然要从宅基地使用权法律规范出发，沿着从制度到实践的方向进行审视和分析。

一　宅基地使用权的内涵及其规范内容

从宅基地制度形成过程的考察中，我们可以看到，中国宅基地制度包括宅基地使用权制度，于1962年《人民公社工作条例》（修正草案）基本确立，经过不断完善，至2007年《物权法》的颁布实施，宅基地使用权作为一种权利类型，其权利属性、权利内容和权能设置获得法律上的最终确认、成形，从而完成了宅基地使用权的法定化。

（一）宅基地使用权的规范渊源

宅基地使用权的法定化，从规范渊源来讲并不是单一的，虽然《物权法》对宅基地使用权的性质、内涵、权能作出规定，但同时规定，宅基地使用权的取得、行使和转让，适用《土地管理法》等法律和国家有关规定。由此，《土地管理法》《担保法》《村民委员会组织法》等法律，以及国家有关规定，包括行政法规、部门规章对宅基地使用权相关内容的规定共同构成宅基地使用权规范体系。这些法律文件也都构成宅基地使用权的规范渊源。这种由不同类型、不同层级的规范性文件规定的宅基地使用权使其权利结构变得复杂，甚至在价值取向上存在差异。虽然，2020 年《民法典》的出台，废止了《物权法》和《担保法》，并专章规定了"宅基地使用权"，但宅基地使用权复杂的规范渊源状况仍然没有改变。

（二）宅基地使用权的性质

《物权法》将宅基地使用权在"用益物权"之下单列，表明了宅基地使用权属于用益物权，具有财产权利的属性。

（三）宅基地使用权权利结构

从宅基地使用权相关规定内容来看，涉及宅基地使用权主体、客体和内容以及宅基地使用权的取得、行使和消灭。尽管这些内容分散在不同的规范性法律文件中，但共同构成宅基地使用权的逻辑体系和权利结构形态。

（四）宅基地使用权权能设置

《物权法》对宅基地使用权权能设置的直接表达是，宅基地使用权人依法对集体所有的土地享有占有和使用的权利，有权依法在宅基地之上建造住宅及其附属设施。也就是说，宅基地使用权权能仅限于占有和使用权能，并未赋予收益权能和处分权能。不仅如此，在其他法律中对宅基地使用权权能进行了一系列的限制。如《担保法》中规定禁止宅基地使用权设定抵押。《土地管理法》以及其他"国家有关规定"中，对通过转让住宅而转让宅基地者再次申请宅基地作出"不予批准"的限制，对城镇居民在农村购买宅基地或住宅同样列入禁止之列，从而对宅基地使用权处分权能进行了极为严格的限制，即使后来的《民法典》对宅基地使用权权能的规定也不曾有所突破。

二　宅基地使用权法构造的矛盾

宅基地使用权的性质决定了权利范围、权能设置和权利行使等方面的规定内容，即宅基地使用权的法构造必须服从和体现其权利的性质。但从现行法律规定来看，宅基地使用权的法构造与其权利性质存在明显的矛盾，乃至背离。

（一）宅基地使用权权能的残缺

根据物权原理及《物权法》之规定，物权是权利人依法对特定的物享有直接支配和排他的权利。物权包括所有权、用益物权和担保物权。用益物权人对他人所有的不动产或者动产，依法享有占有、使用和收益的权利。宅基地使用权作为用益物权，其理当应有占有、使用和收益等基本权能，然而现行法律仅赋予其占有和使用两项权能，对处于核心地位的处分、收益权能并未规定。不仅如此，还进一步通过限制转让、禁止抵押等规定，几乎封堵了宅基地使用权通过权益处分而获取收益的所有通道，使其收益和处分权能近于丧失殆尽，唯存的一道缝隙就是宅基地使用权人可以在本集体经济组织内部对住宅进行出卖、出租和赠与，从而实现宅基地转让，但又以再申请宅基地将不予批准而继续封堵。权能是权利的基本内容和行使方式，是权利实现的可行通道。一项权利赋予什么样的权能，应依其性质而定。固然权能不是封闭不变的，立法者可根据特定物之性能、功用的发展变化和国家政治、经济、社会需求进行一定的拓展和限制，但这种拓展和限制不得突破该权利的特质边界，不能取缔其最基本的权能。否则，权利的性质将会被改变，甚至走向该权利的异化。就宅基地使用权的性质和权能构造而言，明显存在二者悖反的矛盾。一方面，确认宅基地使用权属于用益物权，具有财产权利的功能属性，另一方面在权能设置上，直接抽去了用益物权最基本的处分收益权能，屏蔽了其财产功能和否定了财产权利的属性。在这样的法构造之下，宅基地使用权如何实现？即使占有和使用权完全实现，又如何体现其权利的性质和功能？

（二）宅基地使用权价值缺失

法律不仅仅是一种规则体系，同时也是一种意义体系。任何法律、规则、权利的创设都以一定的价值为引领，蕴含着一定的价值取向。因此，法定权利的质量如何，衡量的一个重要指标就是看这项权利的内容是否准确地反映和体现了立法者的价值目标。宅基地使用权的设权与赋能同样要体现立法者的价值取向。宅基地首先是农民重要的生活资料，是解决和实现农民居有其所的物质基础，保障农民居有其所是宅基地使用权设立和构建的重要价值取向。宅基地使用权规范体系的构建充分地体现了这一价值目标。无论是宅基地使用权原始取得方式中主体（农村农民）的限定，还是一户一宅、面积法定、限制转让、禁止抵押、无偿取得、长期占有等一系列的规定，无不体现着这一目标价值。可以说，现行宅基地使用权制度内容最大限度地体现了这一价值取向。但与此同时，我们应当看到，宅基地使用权设置的目标价值或价值取向并不是单一的农民居住权保障，至少还应包括宅基地财产权的保障。《物权法》之所以将宅基地使用权界定为用益物权，就是基于对宅基地使用权资产功能，财产权属性的认识和认可的基础上所做出的法律表达。承认宅基地使用权的财产权属性，并保障该财产权的实现，同样是宅基地使用权的价值取向之一。保障宅基地居住权功能与保障宅基地使用权财产权功能是并行不悖的宅基地使用权立法的共同价值取向。但现行立法中关于宅基地使用权权能设置的直接后果是，最大化地彰显了居住保障的价值取向，而几乎未体现财产权保障的价值取向，导致宅基地使用权立法在价值取向上出现偏颇和缺失。

（三）宅基地使用权功能发挥失衡

宅基地使用权制度具有明显的社区福利性和社会保障功能，这是城乡二元结构下，农民保障居住权的制度性安排。宅基地使用权立法积极回应了这一制度安排，通过宅基地使用权各项权利内容的规定、权能的设计、价值取向上的凸显，系统全面地支持了农民居住权保障的制度安排，从而使宅基地使用权的居住保障功能得到充分的释放和发挥。2019年8月新《土地管理法》仍在强化这一功能，针对人均土地少，不能保障一户拥有一处宅基地的地区，授权县级人民政府在尊重农村村民意愿的基础上，可以采取必要的措施，保障农村村民实现户有所居。问题是依宅基地使用权的性质，其作为用益物权，是一种财产性权利，具有资产的功能，是增加农民财产性收入的重要渠道。但宅基地使用权权能设计的偏狭，以及对它权利让渡的严格限制，乃至对抵押担保的禁止，使得宅基地使用权资产功能的发挥几无空间。可见，宅基地使用权两种功能的发挥呈现"跷跷板"的状态，严重失衡。

三　宅基地使用权法构造对农民财产权实现的影响

宅基地使用权法构造所表现出来的权能残缺、价值缺失、功能失衡问题，无疑对农民宅基地使用权实现产生重要影响。就整体而言，农民宅基地使用权的占有和使用权能得到较为充分的实现，然而宅基地使用权的收益权能、资产功能则被抑制和屏蔽，增加农民财产性收入的通道几乎被封堵，宅基地使用权作为农民财产权利遭到制度遏制，其权利实现也就无从谈起。这种状况引发了一系列的负面效应。

（一）宅基地使用权部分权能得以充分实现

在现行法构造下，即使宅基地使用权完全充分实现，也不过仅仅是占有权能和使用权能得到了充分实现。据第三次全国农业普查数据，2016 年年末，全国 95.5% 的农户拥有自己住房，其中拥有 1 处住房的农户占 87.0%。住房城乡建设部数据显示，截至 2017 年，农村实有住宅面积 246 亿平方米，人均住宅面积 32.57 平方米。另一份统计数据显示，农村人均居民点用地面积为 300 平方米，是城镇人均建设用地面积的两倍，远超国家标准上限①。调研获知，西部某省 2013 年时共有行政村 27018 个，农村户籍人口 2750 万人、714 万户。全省共有村庄建设用地 706 万亩，占全省建设用地的 70.9%，其中农村宅基地占地 613 万亩，占村庄建设用地的 86.8%，户均约 0.86 亩，远高于该省农村宅基地管理实施办法规定的"城市郊区每户不超过 2 分，川地、原地每户不超过 3 分，山地、丘陵地每户不超过 4 分"的标准。据统计测算，全省农村空宅率至少在 10% 以上，空闲宅基地约 47 万亩。这些数据表明农民宅基地使用权部分权能，即占有权和使用权得到较为充分的实现。

但以上是就整体而言的，事实上仍存在一些人均土地少，不能保障一户拥有一处宅基地的地区；一方面一些确需建房的村民申请不到宅基地，而少数村干部及一些"有钱、有势"的村民却拥有"一户多宅"甚至是"超大宅院"；在工业化、城镇化进程中，各地新增建设用地指标普遍紧张，

---

① 柯炳生：《宅基地难题如何破解？》，《农民日报》2018 年 5 月 9 日第 3 版。

宅基地指标往往被市、县级项目用地挤占挪用，农民真正需要的新增宅基地却无法满足。如西部某县，在两年中，24 个乡镇共分配宅基地 30 亩，平均每年一个乡镇只能分到 2 户宅基地，80% 以上的行政村多年都分配不到一宗宅基地，导致一些农民必需的建房不得不强行占地①。

（二）宅基地农房巨量闲置，"资产沉睡"

国土资源部数据显示，中国城镇建设用地面积为 91612 平方公里，农村建设用地面积为 191158 平方公里，农村建设用地面积高出城镇建设用地面积 2 倍多。在农村 19 万多平方公里的建设用地中，农村宅基地面积为 13 万平方公里（2 亿多亩，刘守英称有 2.5 亿亩的宅基地存量），约占 70%。由于 2.8 亿农民进城打工，常住在外地的农民工已经超过 1.7 亿人，加上近亿人近年来变成城镇居民，大量的宅基地处于闲置与低效率利用状态，有些人估计占三分之一，也就是 6000 多万亩，而闲置不用状态约有一半，也就是 3000 多万亩②。中国社会科学院农村发展研究所《中国农村发展报告（2017）》指出，21 世纪第一个 10 年，农村人口减少 1.33 亿人，农村居民点用地反而增加了 3045 万亩，相当于现有城镇用地规模的 1/4。每年因农村人口转移，新增农村闲置住房 5.94 亿平方米，折合市场价值约 4000 亿元③。《农村绿皮书：中国农村经济形势分析与预测（2018—2019）》的调查数据显示：近年来，中国农村宅基地闲置问题，无论东南部、中西部还是东北部普遍存在，而且日趋严重。2018 年，农村宅基地闲置程度平均为 10.7%，样本村庄宅基地空置率最高达到 71.5%④。据测算，全国约有 360 万亩农村宅基地空置。另根据农业普查公报显示，全国约有 2.3 亿套农村房屋。按照 10.7% 空置率计算，有接近 2500 万套住房空置。来自地方的数据同样反映出宅基地和农房的高闲置率。江苏农房空置率平均达到 35% 左右，有的地区甚至超过 50%。江苏乡村人口 2581 万人，乡村人均居住面积 55 平方米，总面积 14.2 亿平

---

① 参见陕西省原国土资源厅文件。

② 郑风田：《让宅基地"三权分置"改革成为乡村振兴新抓手》，《人民论坛》2018 年第 10 期。

③ 王立彬：《如何一子下活满盘棋？——宅基地"三权分置"要过三关》，新华社 2018 年 2 月 9 日。

④ 魏后凯、黄秉信：《农村绿皮书：中国农村经济形势分析与预测》（2018—2019），社会科学文献出版社 2019 年版。

方米，按空置率35%测算，闲置农房面积近5亿平方米，按30%建筑密度推算，农村闲置农房面积所占用的农村宅基地面积近248万亩①。专家分析认为，农村宅基地闲置最主要的两个原因是家庭成员长期外出务工和城镇有其他住房。

无论如何，农村宅基地和农房高闲置率是一个不争的事实。宅基地使用权制度性障碍，对农村宅基地和农房流转的严重桎梏，致使农民宅基地财产权利实现阻滞。一方面是巨量的宅基地和农房闲置，另一方面则是农民财产性收入占比低微，大量宅基地和农房成为沉睡的资产。

（三）宅基地隐形交易问题突出

宅基地或宅基地使用权交易自始受到法律的禁止，并为之后的历次修法所强化。所以，现实中直接进行宅基地使用权交易的虽有，但相对较少。然而借助于房屋转让而"暗度陈仓"、实现宅基地使用权转让的情形一直存在，且愈演愈烈。尽管政府三令五申、连篇累牍地发文禁止、取缔，但效果甚微，屡禁不止。即使司法介入，对宅基地使用权交易判定无效，乃至入刑②，仍然挡不住宅基地使用权隐形（地下）交易的脚步。

早在20世纪90年代初，随着工业化、城镇化的发展，农村土地开始出现巨大的增值空间，特别是在城中村、城郊村和经济发达乡村地区，区位优势使其土地和房屋价值倍增，在巨大的利益刺激下，"农户开始自行对宅基地利用进行边际调整，宅基地自发交易的现象不断出现。"③ 这种自发流转或称隐形交易、地下交易，由于违反了国家相关政策和法律规定，属于非法交易，受到禁止和取缔。但农村集体组织和农户却罔顾国家政策和法律，宅基地进入隐形市场交易日趋普遍化和多样化，致使限制宅基地使用权流转的政策法律流于形式。我们在调研中，也经常会

---

① 邹建丰、朱璇：《交汇点新闻》2018年3月14日。

② 中共中央、国务院关于进一步加强土地管理切实保护耕地的通知（中发〔1997〕11号）、国务院办公厅关于加强土地转让管理严禁炒卖土地的通知（国办发〔1999〕39号）、国务院关于深化改革严格土地管理的决定（国发〔2004〕28号）、国土资源部印发《关于加强农村宅基地管理的意见》的通知（国土资发〔2004〕234号）等多个文件强调，农民的住宅不得向城市居民出售，也不得批准城市居民占用农民集体土地建住宅，有关部门不得为违法建造和购买的住宅发放土地使用证和房产证。并指出，原宅基地使用者未经依法批准通过他人出资翻建房屋，给出资者使用，并从中牟利或获取房屋产权，属于"以其他形式非法转让土地"的违法行为之一。

③ 张梦琳：《农村宅基地流转模式或演进机理研究》，《农村经济》2017年第5期。

获得有关宅基地使用权隐形交易的信息。例如，我们在全国农村宅基地制度改革试点区的西安市高陵区调研时就获知，全区宅基地和农房闲置率在 1.8%左右，1000 户以上。农民对闲置宅基地自愿有偿退出的热情一点都不高，但宅基地私下流转（出租）问题却比较突出，宅基地使用权私下流转量占闲置宅基地总数的 27%左右。

宅基地使用权流转或隐形交易的主要类型有：一是通过房屋买卖，出租、出资、抵押、互换、赠与、继承等进行流转。由于房地一体，地随房走，在房屋产权流转过程中，实现了宅基地使用权的流转。当房屋转让给城镇居民或本集体经济组织以外的成员时，构成宅基地使用权的非法转让。二是农民以将宅基地修建成房屋或商铺出售或出租给集体经济组织以外的成员。特别是城中村和城乡接合部的农村，由于农地被全部或大部分征收，无地种粮就"种房"，在宅基地上密集多层建房，形成独特的城中村"握手楼""接吻楼"景观。这些房屋主要出租给进城务工人员和拆迁过渡人员，"房租经济"成为城中村农民的主要收入来源。三是农民以宅基地与城镇居民或工商企业合作建房，也有的在老宅基地上翻建多层楼房出售。四是举家进城落户的农民，将农村闲置的宅基地出让或租赁给他人盖房。现实中，还有农村集体组织为增加集体收入，向城镇居民售卖宅基地的。在西部某省会城市甚至出现政府发文鼓励机关干部到郊区农村买地盖房"奔小康"的情况，导致后来征地拆迁补偿时引发大量矛盾纠纷①。

宅基地使用权的大量隐性入市，也引发了大量矛盾纠纷发生。北京市通州区宋庄镇"画家村"房屋买卖合同纠纷是最典型的代表。"画家村"许多农民将房屋低价出售给外来人口，当房价上涨后，农民便反悔诉至法院要求解除房屋买卖合同②。北京市高级人民法院《农村私有房屋买卖纠纷合同效力认定及处理原则研讨会会议纪要》（京高法发〔2004〕391 号）称"近年来，我市法院受理了一批涉及农村私有房屋买卖的合同

---

① 刘守英：《农村宅基地制度的特殊性与出路》，《国家行政学院学报》2015 年第 3 期；贺达水、高强：《农村宅基地制度改革研究》，《理论探索》2018 年第 4 期；丁关良、蒋莉：《我国农村宅基地使用权转让制度改革研究》，《中州学刊》2010 年第 5 期。

② 《北京市通州区人民法院审理李玉兰与马海涛买卖合同纠纷案民事判决书》〔（2008）通民初字第 02041 号〕。

纠纷案件"，并进一步分析了这类纠纷的特点：这些纠纷主要是农村村民将房屋卖给城市居民或外村村民，买卖行为完成少则两年，多则已有十多年，但由于土地增值以及土地征用、房屋拆迁等因素，房屋增值或拆迁补偿价格远远高于原房屋买卖价格，卖方受利益驱动而起诉，要求确认合同无效，并收回房屋。这类纠纷不只是在北京发生，全国各地都有。2010 年 5 月，贵州省高级人民法院就有关人员与农民联合在农村宅基地、责任田上违法建房出售如何适用法律的问题请示最高人民法院。最高人民法院于 2010 年 11 月 2 日作出《关于个人违法建房出售行为如何适用法律问题的答复》（法〔2010〕395 号）。其中也称："一段时间以来，在全国一些地方，有关人员与农民联合在农村宅基地、责任田上违法建房出售现象比较普遍。"贵州省高级人民法院反映，近年来该省部分地区个人违法建房出售行为较为普遍，城镇居民以拆少还多、高额补偿等作为报酬，在城乡接合部、城市开发区和"城中村"，与有地农民通过"合作建房""合伙联营"的方式，在农民所有的宅基地或者部分农用地上，未经批准或者超出批准范围、面积违法修建住宅楼，除部分用于偿还农民外，多数被出售或者出租。此类非法房屋的购买者多为进城务工人员、低收入职工等低收入群体。

在司法实践中，也有将通过房屋买卖非法转让宅基地使用权行为定罪入刑的案例。据案情介绍：刘某是广州市花都区某村村民，2012 年 9 月，与同村村民杜某签订了房屋租赁合同，合同约定杜某以人民币 175 万元的价格将其一块宅基地的房屋出租给刘某，租期 70 年，刘某享有加建、改造、出租、转让等权利。刘某得到地块后，通过加建、改造的方式，拓宽宅基地的面积，并于数月后如法炮制，将该地块又以人民币 235 万元的价格转让给了四川籍的吴某，从中获利人民币 60 万元。吴某遂将地上原先的一层楼房拆除，重新建了六层半的楼房，并以小产权的名义对外租售。花都区国土资源和规划局对此进行查处，并移送花都区公安分局。① 检察机关认为，刘某以牟利为目的，违反土地管理法规，将本村土地倒卖给外地户籍的吴某，其行为已触犯《中华人民共和国刑法》第

---

① 广州市人民检察院网上检察院："广州花都一村民倒卖宅基地使用权，被判刑十个月"，https：//www. jcy. gz. cn/xw/1047. jhtml. 2019 - 02 - 22。

228 条"以牟利为目的，违反土地管理法规，非法转让、倒卖土地使用权，情节严重的，处三年以下有期徒刑或者拘役"之规定，涉嫌构成非法倒卖土地使用权罪，作出批准逮捕的决定，之后又依法提起公诉。花都区法院经审理认为，检察机关指控刘某某犯非法倒卖土地使用权罪的事实清楚，证据确实、充分，指控的罪名成立，依法予以支持。综合刘某某的犯罪情节和悔罪表现，判决刘某某犯非法倒卖土地使用权罪，判处有期徒刑十个月，并处罚金人民币 12 万元；追缴刘某某的违法所得 60 万元，上缴国库①。

那么，何以使农民不顾国家禁令而冒违法之风险而转让宅基地使用权呢？这种隐形交易又何以能够呈现普遍化、多样化的趋势呢？有人解释这是出于农民作为经济理性人，受利益驱动所做出的自主选择。也有人解释这是农民宅基地私有观念的体现。据一些机构的调查，63% 的村民认为宅基地归个人所有，是私有财产，可以自主处置；还有不少村组干部认为农村土地归集体所有，村组有权安排或买卖宅基地。这些认识，在一些地方直接导致了"村民想多占、干部想多卖"的乱象。这些解释固然从一定意义上来讲，反映了问题发生的原因，但如果我们再追问一下，这种隐形交易为何主要发生在城中村、城郊村和经济发达村区域呢？传统农区的农村为何少有发生？事实上，恰恰是工业化、城镇化的发展，农村人口的流动，城市土地资源的匮乏为宅基地使用权隐形交易提供了市场基础，同时也激发了宅基地使用权财产功能的释放。

我们可以从最简单直观的角度来看，农民宅基地使用权隐形交易产生的直接效果是什么？回答应该是：一方面农民增加了财产性收入（当然，这里主要指的是城中村、城郊村和经济发达村区域的农民），彰显了宅基地使用权的财产权利功能；另一方面在一定程度上解决了进城人口的居住问题，促进了城镇化的发展。那么，再反观我们的宅基地使用权制度：对宅基地使用权转让的过度限制，所带来的直接后果则是抑制了宅基地财产权利功能的发挥，造成宅基地和闲置农房的巨大浪费。如此，我们宅基地使用权制度的局限性也就显而易见了。

---

① 何生廷：《广州花都一村民倒卖宅基地使用权被判刑十个月》，《新快报》2019 年 2 月 19 日。

第三节　宅基地使用权制度改革与权利重构

农民宅基地使用权实现是宅基地使用权作为法定权利的实现，而非作为应然权利的道德呼唤。因而，宅基地使用权内涵的法律界定是至关重要的，即现行法律制度给这项权利赋予了什么样的内容和权能。这种权利的构造决定着权利实现的方向、方式和程度。前边的考察告知我们，中国的宅基地使用权制度形成于 20 世纪 60 年代，定型于八九十年代，以 2007 年的《物权法》为标志，完成了宅基地使用权制度的法构造。在宅基地使用权法构造完成的同时，中国也进入了一个社会大变革的时期，社会结构、社会体制、社会利益格局正发生着全面而深刻的变化。包括农村宅基地制度在内的农村土地制度成为农村改革的核心部分，特别是党的十八大以来，加速了农村土地制度改革，并以"处理好农民和土地的关系"作为农村土地制度改革的指导思想和行动指南。继农地"三权分置"政策的提出到入法，2018 年中央一号文件又提出了宅基地"三权分置"的政策，宅基地制度改革试点工作也在不断推进、拓展，并两次延长改革试点期限。宅基地"三权分置"政策的推行，直接影响到宅基地使用权的法构造，进而会影响乃至决定农民宅基地使用权的实现状况。然而，学界对宅基地制度的功能与改革目标有不同的认识和预期，对宅基地"三权分置"的政策内涵与法构造有着不同的解读和设想，改革试点地区有着不同的取向和模式。如何正确把握宅基地制度改革的目标价值，如何正确解读宅基地"三权分置"的政策内涵，法律上如何回应宅基地制度改革中的一系列问题，是研究宅基地使用权实现问题所无法回避和绕开的问题。我们需要从宅基地制度改革的现实背景、政策走向、改革实践、法律构造等层面认真梳理和探索。

一　宅基地制度改革的社会背景

任何制度都具有时代的烙印和特征，因为制度总是根据特定时代的社会需要和要求而设置的，社会的发展变化也必将引发制度的变革，与社会脱节的制度终将成为社会发展的桎梏，为社会所抛弃。因此，把握制度产生和运行的社会基础及制度变革的社会背景是深刻把握制度内涵及其发展变化规律的不二法门，宅基地使用权制度改革亦然。

（一）高度重视农民财产权利的"新时代"

中国立法的一个重要特征是"政策先行"，试验成熟之后再行入法。依此逻辑，关注一下 21 世纪初，党和政府密集出台的一系列关于农民财产权利的政策，我们就会深深感到一个高度重视农民财产权利"新时代"的到来。早在 2011 年 12 月的中央农村工作会议上，温家宝总理就指出，土地承包经营权、宅基地使用权、集体收益分配权等，是法律赋予农民的合法财产权利。无论他们是否还需要以此来作基本保障，也无论他们是留在农村还是进入城镇，任何人都无权剥夺。推进集体土地征收制度改革，关键在于保障农民的土地财产权。讲话说明，农民"三权"不仅仅具有社会保障的功能，更具有财产的属性和功能，农村土地制度改革的一个重要目标就是保障农民的土地财产权利。2013 年 2 月 6 日，国新办举行的新闻发布会上，时任农业部部长韩长赋在答记者问时，也有着同样的表达。他指出，推进土地制度改革的基本出发点是为了增加农民的财产性收入……改革的出发点是从维护农民权益角度来考虑的。

其实，之前党的十七大上就释放出了重视农民财产权利的信号，并首次提出了"创造条件让更多群众拥有财产性收入"，十八大报告则明确要求"多渠道增加居民财产性收入"。农民财产性收入的主要来源是承包地、宅基地和集体收益，也就是通过激活和实现农民的"三权"以增加其财产性收入。十八届三中全会的决定则进一步指出"赋予农民更多财产权利"。此后的农村改革，特别是土地承包经营权、宅基地使用权以及集体产权制度改革无不以此为指导思想进行设计和实践。改革始终"坚持农民的权利不受损，不能把农民的财产权利改虚了、改少了"这一基本价值取向。在这样一个大背景下，推动宅基地使用权制度改革势在必行。因此，将宅基地使用权设定为农民重要的财产权利，通过宅基地使用权的充分实现以增加农民财产性收入已成为宅基地使用权制度改革和法构造的时代要求。既有宅基地使用权制度囿于居住保障功能，而忽视其财产权功能的设计，显然不符合彰显农民财产权利的时代特征和要求。

（二）城镇化进程的迅速推进

自 20 世纪 90 年代以来，中国城镇化发展进入快车道，几乎每年以一个百分点的速度快速推进。到 2018 年，中国城镇化率已达 59.58%，城镇常住人口已超出农村人口近 20 个百分点，达到 8.31 亿。

城镇化快速发展的第一个方面的显性结果是，大量农村人口流向城市，进城务工人员已高达 2.88 亿，加上他们的家属和子女，形成了一个庞大的人群。这部分人中有的已在城市有了稳定的就业和生活，还有一部分人一年大部分时间工作和生活在城市。然而，他们在农村的宅基地和住房已完全或大部分时间处于闲置状态，形成了巨大的浪费。另一方面，进城落户的农民尚未完全市民化，在城市生存和发展需要必要的资金支持，包括住房、医疗、养老及子女教育等支出和保障。进城务工人员处于"两头受困"的窘境，农村一头是宅基地住房的闲置浪费，城市一头则是生存发展资本的极度匮乏。

第二个方面的结果是，大量务工人员涌入城市后加剧了住房资源的短缺，同时也刺激了城中村、城郊村和经济发达地区农村建房的冲动和房屋租赁市场的活跃，为这些地区宅基地使用权隐形交易创造了条件和契机，以致宅基地使用权隐形交易和变相违法转让愈演愈烈，屡禁不止。法律对宅基地使用权流转进行严格限制，包括禁止买卖、出租、抵押和各种变相转让宅基地的行为，而唯一的流转空间仅为通过住宅出卖、出租、赠与而实现的"地随房走"的宅基地使用权让渡，且严格限制在本集体经济组织范围内。然而严格的法律终究阻止不了充满"市场契机"的宅基地使用权流转。宅基地使用权隐形交易在城中村、城郊村和经济发达地区的农村始终存在，并渐呈普遍化的趋势。我们不能不正视这一现实，不能不反思我们的制度设计。当一种违法成为普遍现象，且屡禁不止、人人趋之之时，不能罔顾这种违法背后的真正动因。现实中有太多这样的事例，我们一方面斥之违法，另一方面却束手无策，甚至放任或默认。如果我们既不"执法"，又不"修法"，导致的结果只能是法治被轻蔑乃至破坏。

第三个方面的结果是，一些地区，特别是城中村、城郊村和经济发达地区农村的宅基地使用权居住保障功能正在逐渐弱化，而财产权功能却日渐彰显和突出。宅基地使用权隐形交易之所以能够在这些地区呈现普遍化、多样化的趋势，从另一个角度来讲，恰恰印证和说明了在这些地区宅基地使用权功能发生了变化的事实，即居住保障权功能在弱化，财产权功能在彰显。居住保障已不再是主要功能,与财产功能相比已退居次要地位。已有研究表明,东部地区农村大量宅基地、农房闲置的原因,除农民长期进城务工之外,主要是农民不仅在本地有住房,而且在城镇有其他住房,这是在部分地区宅基地使用权居住保障功能弱化的最直接证据。

随着城镇化的进一步发展,进城务工人员社会保障逐步落实,农村宅基地和农房闲置的现象将更加凸显,现行法律对宅基地使用权流转的过度限制与城镇化发展之间的矛盾冲突也将更加显化。固然,宅基地制度自设立始,即以保障农民"居有其所"为基本功能,并一直得到政策和法律的确认和强化。这样的制度安排是由特定历史时期中国基本国情所决定的。但任何制度功能设计都不会是一成不变的,当这一制度赖以产生和运行的社会基础和条件发生变化时,制度的功能和内容将会随之发生一定的变化。宅基地使用权作为用益物权,毫无疑问具有财产权的功能和属性,这种功能属性在一定条件下可以被进行一定的抑制,但也可以在适当的条件下被激活和彰显。我们虽然没有证据说明宅基地使用权制度功能出现整体性的变化,但至少在上述地区已出现了这种变化,而且随着城镇化进一步推进,宅基地使用权制度的财产功能会更加凸显。

(三)城乡融合促进城乡要素自由流动

改革开放,特别是党的十八大以来,中国在统筹城乡发展、推进新型城镇化等方面取得了显著成效,但城乡二元结构的户籍、土地壁垒依然存在,导致城乡要素流动不畅。在统筹城乡发展和推进新型城镇化进程中,又产生了一系列新的问题,如工业反哺农业、城市反哺农村的两个反哺政策的着力点都在单向地对农村进行补偿和补贴,并未充分调动农民谋发展的积极性,也未激活农村闲置资源的有效利用,形成农村发展的内生动力。另一方面,城镇化发展的着力点同样在于单向地强调和促进农业人口向城市转移,而忽略了城市人才、技术、资本等要素向农村的流动和配置,导致农村更多的资源流向城市。鉴于此,2018 年中央一号文件以"城乡融合"为理念,提出了"乡村振兴战略"。为切实推动实施乡村振兴战略,党的十九大又做出了"建立健全城乡融合发展体制机制和政策体系"的工作安排。2019 年 4 月 15 日,中共中央、国务院出台《关于建立健全城乡融合发展体制机制和政策体系的意见》,旨在破除体制机制弊端，促进城乡要素自由流动，实现城乡全面融合。城乡融合已不再是农村或城市资源的单向输送，而是要实现人口、土地、资本等资源要素在城乡之间双向自由的流动，以期建立新型的工农城乡关系。"城乡融合发展的实质就是通过市场来配置资源和要素，打通城乡之间的壁垒。"① 农村最重要的资源就是土地，宅基地以及宅基地上的房产是农村土地资源中最重要的一部分。然而，现实问题是：一方面，现行法律制度使大量闲置的宅基地和农房沦为"沉睡的资产"，既不能实现"物尽其用，地尽其力"，也不能发挥增加农民财产性收入的作用；另一方面，吸引城市人才、技术、资金要素向农村流动，就要解决和满足工商企业、各类新农人、返乡下乡人员产业用地和生活居住条件的要求，在新增建设用地极其有限的情况下，盘活利用闲置宅基地和闲置农房就成为支持城市要素向农村流动的重要途径和方式。近年来在促进城乡融合发展过程中，吸引了一大批农民工、城市白领返乡创业，一批批高校毕业生、退役军人、科技人员和留学归国人员也纷纷入乡创业。"据调查，各类返乡入乡创新创业人员数量已达到850万人，带动乡村就业超过3400万人；农村返乡入乡创新创业覆盖率达到83.6%，即每100个行政村中就有83.6个有返乡入乡的创业项目。"② 因此，相应的制度改革必须及时跟进。否则，返乡入乡创新创业人员会难以留住，"城乡融合""乡村振兴"也就终难落地。

二　宅基地制度改革的政策走向

既有宅基地制度的弊端，无论是产权设计中的权能不足，还是管理在实践中的失效，在高度重视农民财产权利，城镇化迅速推进和乡村振兴战略实施的大背景下愈发凸显，改革势在必行。党的十八届三中全会以来，农村宅基地制度改革紧锣密鼓推进，一系列政策相继出台，改革试点纵深发展，并两次延期，部分改革成果已为2019年新的《土地管理法》所吸收。通览宅基地制度改革政策，洞观和掌握其基本走向，对于科学构造宅基地权利内容和权能，为农民宅基地权利充分实现创造条件，

---

① 李铁：《城乡融合激发增长新动力，改革仍在路上》，《财经》2019年第5期。
② 农业农村部新闻办公室：《返乡入乡创新创业情况报告》，2019年12月27日。

具有重要的价值和意义。根据宅基地制度改革政策，我们从政策内容和走向对宅基地权利法构造和权利实现可能产生的影响做出以下的分析和概括。

（一）宅基地制度改革的总体思路和目标

党的十八届三中全会提出"保障农户宅基地用益物权，改革完善农村宅基地制度，选择若干试点，慎重稳妥推进农民住房财产权抵押、担保、转让，探索农民增加财产性收入渠道"。同时指出"建立农村产权流转交易市场，推动农村产权流转交易公开、公正、规范运行"。之后，2015 年 11 月 2 日，中央两办出台了《深化农村改革综合性实施方案》，明确指出："宅基地制度改革的基本思路是：在保障农户依法取得的宅基地用益物权基础上，改革完善农村宅基地制度，探索农民住房保障新机制，对农民住房财产权作出明确界定，探索宅基地有偿使用制度和自愿有偿退出机制，探索农民住房财产权抵押、担保、转让的有效途径。"2018 年中央一号文件，系统提出了宅基地"三权分置"政策，即"完善农民闲置宅基地和闲置农房政策，探索宅基地所有权、资格权、使用权'三权分置'，落实宅基地集体所有权，保障宅基地农户资格权和农民房屋财产权，适度放活宅基地和农民房屋使用权"。

我们可以看出，宅基地制度改革的整体思路，以及宅基地制度改革政策从局部向整体发展演变的逻辑，都是在既有法律制度的基础上进行的，即以宅基地用益物权为基础，在承认宅基地使用权财产权利属性的前提下进行的改革完善，是基于宅基地使用权财产权属性和权能严重受限的制度现实，以拓展宅基地使用权权能为突破口确定改革的方向。无论是农民住房财产权抵押、担保、流转，还是宅基地有偿使用或宅基地自愿有偿退出，都在突出和彰显宅基地的财产属性和价值。宅基地"三权分置"，借鉴农地"三权分置"的成功经验，突破了"两权分离"的窠臼，从宅基地权利体系构建出发，为宅基地权利内容完善和权能拓展创造了制度空间。这些政策设计的基本取向就是探索农民增加财产性收入的渠道。这些政策的发展演变逐步明确了宅基地制度改革的价值取向、发展方向和改革目标。

（二）宅基地制度改革试点政策设计

在宅基地制度改革总体思路的指导下，宅基地制度改革进行试点试验。试点工作分为两部分内容实施，一个是农民住房财产权抵押、担保、转让试点；另一个是"三块地"改革中的宅基地制度改革。这里我们仅从试点改革内容设计来观察宅基地制度改革的发展走向及其与农民宅基地使用权实现的关系。

1. 农民住房财产权抵押贷款试点政策

根据十八届三中全会《决定》要求和《深化农村改革综合性实施方案》中宅基地制度改革总体思路，进行农民住房财产权抵押试点。为此，国务院于 2015 年出台《关于开展农村承包土地的经营权和农民住房财产权抵押贷款试点的指导意见》，因试点涉及突破《物权法》和《担保法》相关规定，2015 年 12 月 27 日全国人大常委会作出了授权国务院在天津市蓟县等 59 个试点县（市、区）行政区域暂时调整实施有关法律规定的决定，试点为期两年，2016 年至 2017 年 12 月 31 日。随后，中国人民银行等六部门出台了《农民住房财产权抵押贷款试点暂行办法》，后因试点需要，全国人大常委会又延长授权至 2018 年 12 月 31 日，届期恢复了试点地区相关法律的实施。

农民住房财产权抵押贷款是以农民住房所有权及所占宅基地使用权作为抵押所进行的贷款。由于"房地一体"，农民在以住房财产权（所有权）设定抵押贷款时，其所占宅基地使用权亦当一并抵押。在现行《担保法》中，宅基地使用权是禁止抵押的。从学理和一般法的规定上来说，抵押是财产权利的重要权能之一，允许以一定的财产抵押是其财产功能的重要体现。根据国务院《指导意见》试点内容涉及五个方面，其中很重要的一点就是赋予农民住房财产权融资功能，以激活农民土地用益物权的财产属性，拓展农民宅基地使用权权能，促进农民宅基地使用权实现的有益探索。

2. 宅基地使用权制度改革试点政策

2014 年 12 月，中办国办印发《关于农村土地征收、集体经营性建设用地入市、宅基地制度改革试点工作的意见》。2015 年 12 月，全国人大常委会作出授权国务院在北京市大兴区等 33 个试点县（市、区）行政区域暂时调整实施《土地管理法》等条款的决定，试点工作于 2017 年 12 月 31 日之前施行。但之后又两度延长授权，试点工作至 2019 年 12 月 31 日。宅基地制度改革试点起初由原国土资源部选定其中 15 个试点县

（市、区）实施，2017 年 11 月中央全面深化改革领导小组会议审议通过了《关于拓展农村宅基地制度改革试点的请示》，宅基地制度改革遂拓展到全部 33 个试点县（市、区）。

根据两办《意见》中宅基地制度改革试点的政策设计，包括试点政策的原则、内容主要为：一是要坚持"土地公有制性质不改变、耕地红线不突破、农民利益不受损"的改革试点底线。二是改革内容主要是"两完善两探索"，即完善宅基地权益保障和取得方式、探索宅基地有偿使用、探索宅基地有偿退出，完善宅基地管理制度。从改革试点的政策设计来看，宅基地制度改革是极其审慎的。虽然探索宅基地有偿使用和自愿有偿退出宅基地，使宅基地制度在一定程度上朝向财产权利的方向努力，但改革设计并未触及宅基地权能拓展问题，仅有的这两项探索，也附加了严格的限制条件，即严格实行土地用途管制，严格禁止下乡利用农村宅基地建设别墅大院和私人会馆。宅基地有偿使用主要针对因历史原因形成的超标占用宅基地和一户多宅，以及非本集体经济组织成员通过继承、接受赠与房屋等方式占有的宅基地。此外，宅基地有偿退出也仅限于进城落户农民在本集体经济组织内部自愿有偿退出或转让宅基地。可见，改革试点内容较之于宅基地制度改革的整体目标显得有些保守。宅基地制度改革试点虽两次延长授权，但仍难以形成可复制和推广的经验，在立法回应上也少之又少。在宅基地朝向财产权利的改革上，2019 年 8 月修订的新《土地管理法》仅以"国家允许进城落户的农村村民依法自愿有偿退出宅基地，鼓励农村集体经济组织及其成员盘活利用闲置宅基地和闲置住宅"的规定予以回应。相反，农民土地承包权改革和集体建设用地入市改革却成果累累，其权能得到充分拓展，并在《农村土地承包法》和《土地管理法》的修订中得到充分体现。

3. 盘活利用闲置宅基地和闲置农房的政策

2018 年中央一号文件提出，完善农民闲置宅基地和闲置农房政策以及宅基地"三权分置"。此后，围绕如何适当放活使用权，即盘活利用农民闲置宅基地和闲置农房方面出台了一系列政策。其实，在此之前，为了促进城乡要素合理流动，鼓励各类人员返乡下乡创新创业，党和政府就已出台了一系列的支持性政策措施。如 2016 年中央一号文件就提出，支持有条件的地方通过盘活闲置房屋发展休闲农业和乡村旅游。同年，国务院办公厅《关于支持返乡下乡人员创业创新促进农村一二三产业融合发展的意见》中规定，允许各省可以因地制宜，制定管理办法，支持返乡下乡人员依托自有和闲置农房院落发展农家乐，甚至允许返乡下乡人员和当地农民在符合农村宅基地管理规定和相关规划的前提下，合作改建自住房。2017年中央一号文件"允许通过村庄整治、宅基地整理等节约的建设用地采取入股、联营等方式，支持乡村休闲旅游、养老等产业和三产融合发展"。2017年，原国土资源部、国家发改委出台的《关于深入推进农业供给侧结构性改革做好农村产业融合发展用地保障的通知》（国土资规〔2017〕12号）中，鼓励挖潜，探索农村集体经济组织以出租、合作等方式盘活利用空闲农房及宅基地，按照规划要求和标准，改造建设民宿民俗、创意办公、休闲农业、乡村旅游等农业农村体验活动场所。2017年12月中央农村工作会议明确提出，破除一切束缚农民手脚的不合理限制和歧视。随之，2018年1月17日召开的国务院常务会议提出允许利用宅基地建设生产用房，创办小型加工项目，推动返乡人员创新创业。

到了2019年，自然资源部办公厅印发的《产业用地政策实施工作指引（2019年版）》集中汇总了近年来国家出台的相关政策，进一步明确了充分挖掘农村存量土地潜力，利用集体建设用地发展乡村产业的相关支持措施，其中包括盘活农村闲置宅基地和闲置农房，依法依规，以出租、入股、合作等多种方式改造建设农业农村体验活动场所、乡村旅游接待和活动场所等。

而2019年9月11日，中农办、农业农村部出台的《关于进一步加强农村宅基地管理的通知》和2019年9月30日农业农村部出台的《关于积极稳妥开展农村闲置宅基地和闲置住宅盘活利用工作的通知》两个政策文件，可谓该类政策文件的集大成者。特别是后一文件，对盘活利用农村闲置宅基地和闲置住宅的目标、意义、模式、主体、机制以及对盘活利用行为的规制都进行了明确、具体的规定。

（三）宅基地制度改革政策的新特点

通观党的十八大以来的农村宅基地制度改革政策，从产权构建的角度来看，其总体思路、政策目标和具体措施，正在发生重要的变化。"弱产权，强管理"① 的局面有所改观，正朝着重视宅基地财产功能，实现农民财产权利的方向发展。虽然，较之于农地承包权制度改革和集体经营性建设用地入市改革，没有直接从产权权能入手，并迅速得到立法的确认，但从宅基地政策，特别是宅基地"三权分置"政策之下，以盘活利用闲置宅基地和闲置农房为突破口，所采取的一系列举措，使宅基地制度改革的方向已明确，局部政策已有很大突破，为宅基地权利体系、权利内容和权能设置奠定了重要基础。这些努力表现在以下几个方面。

1. 宅基地制度改革政策以维护农民宅基地用益物权为前提

虽然现行宅基地用益物权制度存在重大瑕疵，但改革对法律的尊重，对宅基地用益物权性质的维护，保证了宅基地改革方向不会偏离用益物权的基本法律属性，并以物权法的一般原理和原则统摄改革的内容，进而实现符合《物权法》要求的宅基地权利、权能的法构造。

2. 宅基地制度改革政策以增加农民收入为目标

无论是农民住房财产权（包括所占宅基地使用权）抵押、担保、转让，还是宅基地有偿使用、有偿退出，以及通过自营、出租、入股、合作等方式盘活利用闲置宅基地和闲置农房，在客观上都会增加农民的收入，实际就是财产性收入。特别是允许农村集体通过宅基地整治与以增减挂钩或与集体经营性建设用地一并入市的政策，为农民增收创造了更大的利益空间。以增加农民收入为目标的宅基地制度改革政策，意味着对宅基地财产功能和财产权利属性的认可；允许农民通过宅基地权利行使而获得收益，显然是其收益权能的确认和实现，这与现行《物权法》彰显宅基地保障福利功能而压抑财产收益功能相较而言，已是重大突破。

3. 扩大用途范围，宅基地功能有了新定位

鼓励盘活利用闲置住宅，发展符合乡村特点的休闲农业、乡村旅游、餐饮民宿、文化体验、创意办公、电子商务等新产业、新业态，以及一二三产融合发展项目，使宅基地用途发生了明显变化。宅基地用途已不再完全限于建造住宅和附属设施而满足于居住和生活之功能，而是可以用于生产和经营。可见，宅基地功能有了新的认识和定位，具有一定的

---

① 刘守英、熊雪锋：《产权与管制——中国宅基地制度演进与改革》，《中国经济问题》2019 年第 6 期。

扩张性。

4. 宅基地盘活利用主体多元化，流转对象有突破

盘活利用闲置宅基地、闲置住宅的主体包括农村集体经济组织、集体成员、工商企业及各类返乡下乡人员。宅基地"两权分离"制度框架下，非本集体成员只能通过租赁、继承、接受赠与农房的方式获得宅基地使用权。而在"三权分置"之下，在保证农民宅基地资格权的前提下，非集体成员包括城镇居民和工商企业均可通过租赁、入股、合作等多种方式获得宅基地使用权。如此，农民宅基地权利内容丰富了，行使方式多样了，财产权利实现的方式和渠道也就更多了。

5. 宅基地制度改革政策底线原则始终不动摇

宅基地改革坚持"土地公有制性质不改变、耕地红线不突破、农民权益不受损"，这些基本"硬核"的东西不会改变。涉及农民宅基地成员权包括资格权的取得、转让和退出仍然限定在农村集体经济组织内部运行，不得违法违规买卖或变相买卖宅基地；严格禁止下乡利用农村宅基地建设别墅大院和私人会馆。在鼓励盘活利用闲置宅基地和农房的同时，对盘活利用的方式、经营产业、租赁期限、流转对象进行严格的规范和管理。

三　宅基地权利体系构建的基础

农民宅基地权利实现路径探讨的前提是农民享有什么样的宅基地权利，即我们构建和拥有一个什么样的宅基地产权结构或宅基地权利体系。如果这个前置性问题不解决，谈农民宅基地权利实现则必然会陷入见仁见智、无休止的争议之中。我们思考问题的逻辑，首先是现有的宅基地制度及宅基地权利体系能否满足农民宅基地的权利需求。前边我们对宅基地制度的形成、发展、演变，以及所存在的种种弊端的考察，已回应了这一问题，答案是否定的。一方面，宅基地的功能结构发生了变化，居住保障功能已不再是唯一的功能，在部分地区甚至已退居次要功能，而财产功能不断彰显，宅基地隐形市场无法遏制；另一方面，宅基地大量闲置浪费，一户多宅、超面积现象突出，导致土地这一稀缺资源无效配置和农民获取集体土地资源的公平状态受到破坏；此外，这种产权结构也无法适应城镇化发展和城乡融合的客观需要。这些问题反映在法律

制度上就是现有农民宅基地权利体系存在严重瑕疵，即权利内容和权能设置不科学、不合理、不完善。其次，我们重构宅基地权利体系的价值取向和实现基础是什么？是坚持宅基地居有其所的社会保障功能，还是充分满足宅基地的财产价值功能，抑或寻找二者的平衡点？我们所面对的土地资源管理配置、社会公平正义、城镇化发展、城乡融合对宅基地权利体系构建的客观需求如何考量？最后，宅基地"三权分置"政策的实质究竟是什么？如何完成其法律表达？其能否涵盖宅基地权利体系的全部内容？在此基础上，我们方能根据宅基地权利体系所设定的权利性质、内容和权能探究权利实现的路径。

（一）宅基地功能正确定位问题

这是构建宅基地权利体系的基础，也是宅基地权利体系价值取向的决定因素。重构宅基地权利体系的一个重要依据就是中国宅基地功能结构发生了变化，已由单一的居住保障功能转向居住保障功能和财产权利功能并存，而且在不同区域、不同农民群体中的地位有所不同。新中国成立之后，农村宅基地制度构建及权利设置正是以农民居住保障这一基本功能为基础的，这是由农村集体所有的公有性质和城乡二元结构的社会特质所决定的。《物权法》虽将宅基地使用权界定为用益物权，但权能赋予的有限性和流转的严格限制性充分体现了居住保障的功能定位。随着工业化、城镇化的发展，宅基地的财产功能日渐彰显，开禁流转的呼声不断，乃至形成自发的宅基地隐形市场，这些都是客观事实。对于宅基地功能的新变化，学术和政策层面做出了不同的回应。学界有三种不同的态度：第一种观点是坚守宅基地社会保障功能，否定财产功能，故在宅基地权利构造上，主张维持现有制度，严格限制流转。第二种观点是允许土地要素在城乡自由流动，实现土地资源市场化配置。故应开禁宅基地流转，实行无身份差别的宅基地流转，赋予农民宅基地占有、使用、收益和有限处分的完整权能。第三种观点主张在保障农民宅基地用益物权的基础上，按照"三权分置"的框架重构农民宅基地权利体系，兼顾宅基地的居住福利保障和经济价值利用功能。对此，我们认为，宅基地的二重功能是客观存在、无法回避的。但宅基地保障功能是基础性的、最基本的农民社会保障，这种定位在短时期内是不会改变的。因此，农民居有其所必须在法律上得到确认和保障。"一户一宅""面积法定"

是实现农民宅基地占有权的制度保障。尽管现实中存在大量一户多宅和宅基地闲置浪费的情况，但从农民整体来讲，基本面上还是一户一宅。甚至在人均土地少、土地资源不充分的地区，连一户一宅都难以实现。新《土地管理法》就客观地回应了这一现实，增设了保障农民一户一宅的制度性举措。毋庸讳言，宅基地具有财产功能，无论是《物权法》对其财产权利属性的确认，还是现实中财产功能的隐形实现，都证明了这一事实的存在。但问题是，宅基地财产功能的凸显具有明显的区域和群体特征，主要发生在城中村、城郊村、经济发达地区的农村，即市场化、城镇化先进地区的农村，而广大中西部地区的农村，宅基地财产功能并不显著。我们同时还要看到，城镇居民和农村居民收入差距依然很大，农民增收困难，完全市场化配置土地资源，赋予农民宅基地充分的收益、处分权能，实现无身份差别的自由转让，将会置农民于不利境地，特别是进城落户农民市民化失败后将无路可退。对此，一些学者的担忧以及中央宅基地制度改革稳慎推进的态度不无道理。但也不能将二者对立起来、割裂开来、非此即彼。鉴于此，在宅基地权利体系构建中，以社会保障功能为基础，兼顾财产功能，寻找二者的平衡点，在宅基地"三权分置"框架下分层次、有区别、有限度地开禁宅地基流转是比较稳妥适中的方式。

（二）"三权分置"下的宅基地权利体系

继承包地"三权分置"改革之后，2018年中央一号文件又适时提出了宅基地"三权分置"等一系列宅基地制度改革政策。学界围绕宅基地"三权分置"的内涵和法律表达展开深入的探讨，特别是对宅基地"资格权"的性质、内涵及"宅地基使用权"的性质权能与实现，结合改革试点经验进行了热烈的讨论，见仁见智，意见纷呈。宅基地"三权分置"政策的基本要求是"落实宅地基集体所有权，保障宅基地农户资格权和农民房屋财产权，适度放活宅基地和农民房屋使用权"。这一要求搭建起了"三权分置"下宅基地权利体系的基本框架，即宅基地所有权、宅基地资格权和宅基地使用权。对于宅基地集体所有权，认识比较统一，主要是完善所有权权能，防止宅基地集体所有权被虚置。所有权权能应包括分配权、管理权、监督权、收回权和收益、处分权能。争议的核心问题是宅基地农户资格权的性质和权能以及宅地基使用权的取得方式、性质及权能。

　　学界对此认识分歧较大，直接影响到宅基地权利的内容、权能和行使方式的确定。这也是我们研究农民宅基地权利实现的关键。我们虽然有承包地"三权分置"入法的经验可鉴，但事实上，宅基地"三权分置"远比承包地"三权分置"要复杂得多。其不仅所涉利益重大、农民关注度高，而且和其他许多法律制度交织在一起，特别是和中国城镇化发展以及乡村振兴、城乡融合等重大社会经济问题交织在一起，在价值取向、利益平衡、权益保护等方面错综复杂，难以取舍。所以，对宅地基制度改革，中央一直保持审慎的态度，要求稳慎推进改革的步伐。《农村土地承包法》修法虽已完成，但仍存有争议和批评。承包地"三权分置"与宅基地"三权分置"虽有差异，但在改革的方向和精神实质、逻辑进路上是一致的，对于宅基地"三权分置"的权利构建具有重要的启发和示范意义。我们可以在厘清以下问题的基础上，探讨农民宅基地权利的法构造和实现路径。

　　1. 关于宅基地"三权分置"的政策意蕴与目标

　　对这一问题的不同回答，即对宅地基"三权分置"政策走向的理解把握上的差异，直接影响到宅基地制度改革的方向和权利体系的设计。党的十八大以来，中国农村土地制度和集体产权制度改革的目标是明确的，走向是一脉相承的。始终把"处理好农民和土地的关系"为主线，通过完善农村土地产权结构，激活土地要素，增加农民的财产性收入。无论是农地"三权分置"，还是集体经营性建设用地入市以及农村集体产权制度改革，都是以保护农民财产权益，增加农民财产性收入为指归。但同时我们也看到，增加农民财产性收入是在相融于农业现代化、城镇化发展、城乡融合大背景下推进的，是以不得削弱农村集体所有制、不得破坏耕地资源和损害农民根本利益为底线的。也就是说，农村土地制度改革，包括宅基地制度改革不是简单地追求土地利益最大化，更不是无限度地放大农民的土地财产权利。农村土地制度改革始终坚守这三条底线稳步推进。承包地、宅基地"三权分置"，赋予农民集体资产股份权能，转让、抵押、继承权能，以及农村集体经营性建设用地入市等农村改革，在不断地适应和满足资源要素在城乡自由流动的时代要求。与此同时，农民土地承包权、宅基地资格权、集体资产股份权能的设定，以及进城落户农民"三权"的坚定保护，则充分体现了农村土地改革政策法律给农民"保底"的特点。既要适应市场经济要求，实现资源要素城乡自由流动，增加农民财产性收入，也要坚持底线原则、切实保护农民利益。这就是农村土地制度改革的根本目标。承包地、宅基地"三权分置"权利体系的设计与权能的赋予唯有遵循此目标才不会跑偏走样。

宅基地"三权分置"政策意蕴与农村土地制度改革的背景是吻合的，与改革的目标是同向的，与改革的底线更是相容的。落实宅基地集体所有权，完善宅基地所有权权能是巩固宅基地公有制基础所必需的举措，保障宅基地农户资格权是保护农民根本利益的体现，而适度放活宅基地使用权，引入社会第三方参与盘活利用闲置宅基地和农房，则是激活资源要素，促进资源要素在城乡流动和增加农民财产性收入的必由之路。改革就是兴利革弊，针对传统宅基地制度，农民宅基地使用权权能不足，流转受限过多，财产功能不彰的缺陷，通过三权分置让宅基地使用权动起来，转起来，打破仅在农村集体经济组织内部流转的封闭性和无效性，体现在法律权利上就是赋予农民宅基地更多的权能。但这种资源要素的流动是有限度的，并不是以完全的市场法则自由流动，用中央政策的语言表述就是"适度放活宅基地和农民房屋使用权"，适度放活就意味着已不再盯死看牢限制流转，但同时也不是无限制的自由流转。从中央农村宅基地制度改革的一系列政策的发展演变逻辑和精神来看，允许社会主体进入农村宅基地流转领域是松紧有度，宽严相济的。这种"松宽"表现在宅基地部分权能的转让打破了地域封闭、放开了对象限制、拓展了用途范围、丰富了流转方式。而"严紧"则表现在社会主体第三方进入农村宅基地流转领域的目的主要是参与盘活利用闲置的宅基地和闲置的农民房屋，并不是可以到农村自由买卖宅基地和农房，更不允许到农村买地修建别墅和私人会所。宅基地"三权分置"的政策内涵，为宅基地权利体系构建和权能设置指明了方向，也划定了坐标。这一方面排除了《物权法》关于宅基地使用权权能的简单扩充；另一方面在"三权分置"框架下，为"使用权"创设留下了充分的空间。

2. 关于宅基地"资格权"和"使用权"的称谓与性质

在宅基地"三权分置"政策的解读中，最有争议的是"资格权"和"使用权"，尤其是"资格权"，包括它们的称谓和性质。关于宅基地

"三权分置"中的三权表述，2018年的一号文件的提法是所有权、资格权和使用权，而一些学者专家则基于自己对"三权"的认识，提出了不同的表述，如"所有权、占有权、使用权"（董祚继，2016）、"集体所有权、原始使用权、继受使用权"（叶兴庆，2015）、"集体所有权、成员使用权、流转使用权"（叶兴庆，2019）、"宅基地所有权、宅基地使用权、宅基地租赁权和经营权"（宋志红，2019）。对宅基地"三权分置"中三权的表述不仅仅是一种称谓的差异，同时也反映出人们对各种权利性质、特点和产生方式有着不同的认识，试图通过权利名称区分宅基地三权的不同特点。我们注意到这些学者专家在对宅基地三权表述中，刻意回避"资格权"，而是在保留"两权分离"状态下的宅基地所有权、宅基地使用权（原始使用权或成员使用权）的基础上创设第三权，即由外部主体通过一定方式所取得的宅基地使用权（宅基地租赁权、宅基地经营权或次级用益物权等）。究其原因则是对"资格权"的性质认识存在分歧。

3. 关于宅基地"资格权"，学界和实务界的不同观点

一是"取得资格说"，将其界定为农户取得宅基地的资格；[1] 二是"剩余权利说"，将其界定为农户流转一定期限的宅基地使用权利后的剩余权利[2]；三是"取得资格兼剩余权利说"，认为在宅基地落地前表现为取得资格，在宅基地流转后表现为剩余权利[3]；四是"取得资格兼实体权利说"[4]，认为宅基地资格权是集体经济组织成员获取宅基地用以建造住房，并享有确权、抵押等相关财产权益的身份权利[5]。

但也有一些学者坚持认为，资格权属于农民集体成员权的组成部分，是农村集体经济组织成员实现其成员权的方式之一，其仅是一种分配资格，是农户取得宅基地使用权的前提条件，并不是宅基地使用权的组成部分[6]，甚至可以说，资格权只是取得实体财产利的前提条件之一，资格

---

① 刘锐：《农村土地三权分置如何落地》，《中国国土资源报》，2018年2月1日。

② 李凤章、赵杰：《农户宅基地资格权的规范分析》，《行政管理改革》2018年第4期。

③ 陈基伟：《农村宅基地资格权实现方式浅议》，《中国土地》2019年第3期。

④ 陈耀东：《宅基地"三权分置"的法理解析与立法回应》，《广东社会科学》2019年第1期。

⑤ 宋志红：《宅基地"三权分置"：从产权配置目标到立法实现》，《中国土地科学》2019年第6期。

⑥ 宋志红：《宅基地三权分置的法律内涵和制度设计》，《法学评论》2018年第4期。

权要转化为实体性财产权利要具备诸多条件，还不仅仅是有了身份资格即可成就。其实农民土地承包经营权、宅基地使用权以及集体收益分配权，都是农民集体成员集体所有的具体体现，其首先表现为以一定的身份为前提的成员权，也就是一种资格权，如请求农村集体分配一定数量的承包地、宅基地或集体收益，只有农村集体组织依法定程序分配其承包地、宅基地或集体收益之后，资格权才转化为土地承包经营权、宅基地使用权和集体资产股份权等实体性财产权利。可见，宅基地"资格权"并非与宅基地所有权和宅基地使用权平行并列的实体性财产权利。有学者认为，宅基地"资格权"通过宅基地所有权行使即可解决。由此，宅基地"三权分置"下的权利体系可由宅基地集体所有权、农户使用权和无身份差别的第三方使用权构成，不必以所有权、资格权和使用权而构建。这样可以兼顾现行立法"两权分离"的所有权和使用权，不会因资格权的引入而引起体系混乱。承包地"三权分置"入法亦遵循此例，很好地解决了权利体系问题，分别设置"两权分离"和"三权分置"。在"两权分离"状况下，农户承包权与经营权统一由农户行使，即仍为承包经营权，只有农户将"经营权"以一定方式流转向第三方时，才出现"三权分置"的情形，农户保留土地承包经营权的剩余权，所以，在立法上"承包权"呈现若隐若现的状态[1]，并未刻意强化承包权。宅基地"三权分置"亦循此理，其实也有"两权分离"和"三权分置"的不同状态，而且在很大程度上仍以"两权分离"为主，只有农户将其闲置宅基地或农房流转向第三方时，才会出现"三权分置"状态的权利结构。

如此，宅基地使用权就会出现两种不同情形，一种是农户依其资格权从集体经济组织分配而得的宅基地使用权，主要体现宅基地的居住保障功能；另一种是第三方依一定的方式从农户手中或集体组织手中所获得的宅基地使用权。这又可分为两种方式，一种是通过租赁、继承、赠与、转让农房（集体经济组织内部）而取得，学者以"法定租赁权"界定之；另一种是社会主体以合作、租赁、入股等方式取得农户闲置宅基地的使用权，学者将此概括为"物权性流转"，即宅基地"三权分置"下

---

① 李军波：《"农村土地承包法"修正的十个方面及其法理分析》，《人民法治》2019年2月号（下）。

的使用权，属于"次级用益物权"。可见，宅基地使用权因取得方式不同而具有不同的性质和权利内容。农户宅基地使用权，在现行政策框架下，趋于适当扩充其权能，并可通过一定权能的行使将部分权利予以让渡，社会主体获得具有部分权能的宅基地使用权。所以，宅基地权利结构，即使在"三权分置"状态下，仍可通过对现行宅基地权利结构的部分改造得以完成，即宅基地集体所有权、宅基地农户使用权和宅基地第三方使用权，对于宅基地第三方使用权的称谓可以进一步研究，进行科学的表述。

（三）宅基地使用权取得方式

农村宅基地因其取得方式不同，使用权的性质和内容也有所不同，进而影响到权利的行使和实现方式。传统的宅基地取得方式以农村村民通过法定程序从本集体经济组织获取为主，辅之以农村房屋租赁、继承、赠与、抵押、流转（本集体经济组织内部），依房地一体、地随房走之原则取得宅基地使用权。这种继受取得宅基地使用权的存在，已突破了宅基地使用权人集体经济组织成员的身份界限。宅基地制度改革以来，特别是"三权分置"政策的提出与实践，使得宅基地取得方式趋于多样化。此外，在农村改革和发展中一些政策的实施，同样影响到宅基地使用权的取得方式，如宅基地确权、集体经营性建设用地入市、宅基地整治与增减挂钩、新农村建设、移民安置等。

1. 农村村民依"一户一宅""面积法定"原则取得宅基地使用权

这是最典型的农户宅基地取得方式。通常是符合法定条件的农民以户为单位向本集体经济组织申请宅基地，集体组织依法定程序分配给其宅基地，从而获得宅基地使用权。但在近年来的宅基地制度改革中出现了新情况，农村农民向本集体经济组织申请宅基地并非获取宅基地的唯一渠道，而是通过支付一定费用跨村、跨乡镇获取宅基地使用权，即所谓的"跨村配置"。特别是人均土地少，本集体经济组织已无宅基地可供分配的情况下，为解决新增人口居住保障问题，许多地方政府允许农民跨区域申请宅基地，2019 年 8 月新修改的《土地管理法》固化了这一改革举措。这也反映了农村人口流动，不限于向城市发展，也包括在不同经济组织和乡镇（街）区域内合理流动的现实。农村土地要素不仅可以在城乡之间流动，也可以在农村不同区域之间流动。

与农民"一户一宅、面积法定""无偿取得"的宅基地分配制度相反的一类情况是，农民"一户多宅"、超面积占用宅基地问题。这类情况的形成原因复杂，既有政策变动的因素、历史形成因素、房产继承因素，也由大量违规违法所致。在宅基地确权过程中，除对一些严重违规违法多占的宅基地采取了强制收回措施外，大部分地区采取比较宽容的态度，通过收取超面积宅基地使用费后予以确权，承认其宅基地使用权。

2. 通过房屋租赁、继承、赠与、买卖、抵押权实现而获得宅基地使用权

中国宅基地政策法律虽禁止城镇居民在农村买地建房子和购买农房，也禁止宅基地使用权抵押，但农房租赁、继承、赠与、买卖（集体经济组织成员之间）和一定条件下的抵押，基于"房地一体"和"地随房走"的原则和法理，农房新的所有人和使用人当然取得宅基地使用权。但这种宅基地使用权是有偿使用，还是无偿使用；有期限使用，还是无期限使用；权利主体是本集体组织成员还是非本集体经济组织成员，甚至城镇居民，其权利是否应有区别；有地无房时，是否可以继续使用，是否可以翻建、新建等，一系列问题都有待解决。但至少这是宅基地使用权取得的一种方式，是一种合法的宅基地使用权。

3. 农村非集体经济组织成员的宅基地使用权

这里主要指的是，中国农村宅基地申请主体在变"农村居民"为"农村村民"之前，部分居住在农村的城镇人口依法取得的宅基地使用权，包括华侨、回乡人员等。另一种情形是进城落户农民，他们在进城之前依法取得的宅基地使用权，进城落户后，丧失集体经济组织成员资格，但基于对这部分人特别保护的政策，其"三权"仍受法律保护，包括宅基地使用权和房屋财产权。

4. 移民安置方式取得宅基地使用权

在中国因水利建设、生态保护、贫困治理而产生了大量移民。对移民既有新建小区集中安置，也有分散到其他集体经济组织进行"插花"安置。这些移民在新的安置地获得宅基地使用权。

5. 通过盘活利用闲置宅基地和闲置农房获得宅基地使用权

在宅基地制度改革中，中央出台一系列政策，政策重心在于盘活利

用农村闲置宅基地和闲置农房，既解决土地资源浪费，又可增加农民财产性收入，同时满足城乡融合需求。社会主体通过合作建房、租赁、入股、联营等方式取得宅基地使用权。这也是宅基地"三权分置"政策落地的直接体现。

第四节　农民宅基地财产权利实现的制度性路径

宅基地制度改革，从理论探讨，政策引导，再到试点实践，但终归要走向立法定型，进行宅基地权利体系和宅基地权利、权能的法律构造，完成农民宅基地权利的法定化，为农民宅基地权利的充分实现奠定坚实的制度基础。虽然这些理论研究、政策设计、试点实践对农民宅基地财产权利实现进行了积极有益、卓有成效的探索，特别是试点实践中的各种做法或模式具有重要的启发意义，但这些经验都具有一定的局限性和明显的区域差异性，距离普适性的制度设置尚有时日。所以，在历时五年的"两完善，两探索"的宅基地制度改革试点基础上，国家将进一步深化改革，启动新一轮的宅基地制度改革。新一轮的宅基地制度改革将围绕宅基地所有权、资格权、使用权、"三权分置"，探索完善宅基地分配、流转、抵押、退出、使用、收益、审批、监管等制度的方法路径，总结一批可复制、能推广、惠民生、利修法的制度新成果。可以看出，新一轮的宅基地制度改革，更贴近于农民宅基地财产权利实现路径方式的探索，并直指宅基地相关法律制度的修改完善。改革是一个渐进的漫长过程，而农民宅基地权益保障则是一个时刻被关注和实践的现实问题。农民宅基地权益保障问题，我们从来不缺乏思想和实践，而是缺乏充分、科学而合理的制度供给。所以，我们在考量农民宅基地权利实现问题时，仍应以正式制度，特别是法律制度为依托，从制度性路径出发，以减少社会风险。虽然一些法律的滞后性制约了农民宅基地财产权利的实现，但 2019 年 8 月新修改的《土地管理法》已部分吸纳了近些年中国宅基地制度改革的经验和成果，为农民宅基地财产权利实现提供了基本的制度性路径和方式，能够初步满足农民土地财产权利实现的要求。当然一些具体规则需要在今后的相关修法中加以细化，有些则涉及农民宅基地财产权利实现的具体机制问题，需要在实践中不断探索。

一　农民宅基地财产权利实现的制度安排

中国宅基地制度由《宪法》《民法典》《土地管理法》和国家相关规定所构成，包括宅基地所有权制度、使用权制度和管理制度。本课题研究的主题是农民宅基地财产权利实现问题，所以着重探讨作为民事权益的农民宅基地财产权利制度及其实现。2019 年 8 月修改的《土地管理法》第 62 条所规定的内容是在总结和吸纳近些年宅基地制度改革经验和成果的基础上形成的。观其规定内容，可以说农民宅基地财产权利实现的基本路径都已有所体现。尽管自然资源部部长陆昊在关于《中华人民共和国土地管理法修正案（草案）的说明》中讲道，宅基地所有权、资格权、使用权属于重要的民事权益，目前试点面还不够宽，试点时间比较短，尚未形成可复制、可推广的制度经验，各有关方面对"三权分置"的具体界定、相关权利的实现方式等还未达成共识，当前直接确定为法律制度的条件还不成熟，建议待进一步试点探索，总结经验后，通过立法予以规范。我们认为这里主要指的是宅基地"三权"的内涵及权能的界定与规则设计需要进一步从立法上予以明确，但这并不影响对农民宅基地民事权利的主要内容和实现方式的理解和把握。从第 62 条规定的内容来看，农民宅基地财产权利实现的制度性路径方式主要有三个方面：一是保障农村村民实现户有所居。根据农村村民"一户一宅、面积法定"的原则，要切实保障农民宅基地权益，规定了人均土地少、不能保障一户拥有一处宅基地的地区，允许县级人民政府在尊重农村村民意愿的基础上采取措施，以保障农村村民实现户有所居的权利。有学者认为这实质上就是对农民宅基地资格权和占有权实现的制度保障。实现农村村民户有所居，既是宅基地保障功能的体现，同时也构成农民行使宅基地财产权利的前提和基础。二是宅基地使用权流转。第 62 条从两个方面进行了规定，一方面是"鼓励农村集体经济组织及其成员盘活利用闲置宅基地和闲置农房"。这是当前宅基地使用权流转的主要方式，也是宅基地"三权分置"下农民宅基地财产权利实现的重要途径和方式，并有相应的政策工具予以保障，即通过拓展宅基地用途和宅基地权利行使方式盘活利用闲置的宅基地和闲置农房，增加农民财产性收入，实现农民宅基地财产权利。另一方面规定农村村民通过出卖和出租房屋进行宅基地流转，实现宅基地财产权利。三是宅基地退出。"国家允许进城落户的农村村民依法自愿有偿退出宅基地。"这是针对城镇化过程中，部分农民脱离农村的生产生活，进入城镇就业生活，将农村闲置的宅基地有偿退还集体组织，从而获取进入城市生活和发展资金的一种宅基地财产权利实现方式。此外，农民住房财产权（宅基地）抵押贷款，也是一种宅基地财产权实现的重要途径。2015年国家层面推行的"两权"（农村土地承包经营权和农民住房财产权）抵押贷款试点工作已结束，土地经营权抵押已为2018年的《农村土地承包法》所确立，而农民住房财产权抵押涉及宅基地问题，尚需进一步试点后在未来修法中予以确认。

基于以上立法规定，农民宅基地财产权利实现的制度性路径已基本形成，只是这些制度性路径需要在新一轮的宅基地制度改革中进一步探索完善，并在今后的相关法律制定和修改中予以确立。以下，我们将结合试点经验和地方实践进一步分析农民宅基地财产权利实现的方法、路径和机制，讨论农民如何在现有制度框架内行使和实现宅基地财产权利，同时，为进一步完善农民宅基地财产权利实现路径法治化提供可资经验。

二　农民宅基地资格权的实现

2018年的中央一号文件明确提出了宅基地"三权分置"，宅基地"三权分置"的一个重要特点就是将资格权与所有权和使用权并列为宅基地"三权"，但学界对资格权的性质与内涵理解不一，做出了多种阐释，成为宅基地"三权分置"中最有争议的一个问题。其实，宅基地资格权虽可以说是一个新提法，但却是一个老问题。农村集体所有是一种"成员集体"所有的特质决定了理解农村集体所有权必然涉及"集体"和"成员"的关系，集体是成员的集体，集体所有权是由成员权利集合而成，所以必须要合理界定集体和成员的权利边界。资格权乃成员权的重要组成部分，是集体成员在集体组织中获取各项权利的前提和基础。农民的集体土地承包权抑或集体收益分配权，这些财产权利的实际取得和享有，莫不以通过集体成员身份确认，拥有相应的资格权为前置条件。资格权虽非实体性的财产权利，但是没有资格权，没有资格权的实现，其实体性的财产权利就无从谈起，更遑论财产权利的实现。正是从这个意义上，我们将农民宅基地资格权纳入农民宅基地财产权利实现的范畴加以考量，这是一个颇具有现实意义的问题。

农村集体作为宅基地的所有者拥有宅基地分配权，农民（户）作为集体成员享有请求集体组织依法分配给其宅基地的资格权，这种请求与满足请求的过程和结果就是宅基地资格权的实现，其以农民实际获得宅基地实体性财产和相应法律权证为标志。由此，农民宅基地资格权得以向宅基地使用权转化和衔接。现在的问题是现实中存在诸多影响农民宅基地资格权实现，进而影响农民宅基地财产权获得和实现的因素，需要在制度上和实践中逐步消解。

（一）集体经济组织成员界定对宅基地资格权的影响

集体土地承包权、宅基地使用权和集体收益分配权的取得均以集体成员身份为前提，即首先需要集体经济组织成员身份的确认，获取资格权。但这三项改革并不同步，20 世纪 80 年代农村土地一轮承包时的集体经济组织成员身份边界是清晰的，二轮延包基本沿用了一轮承包的成员身份。期间，即使农村集体内部在不断发生承包地调整，但在成员身份问题上并无争议。2017 年始逐步全面推开的农村集体产权制度改革，一个重要的环节同样是集体"成员界定"，且以此为基础进行集体资产股份合作制改革。而此时的成员界定，情况就变得非常复杂了。由于集体成员界定缺乏国家统一立法，实践中的做法差异较大，纷争不断，加之许多地区实行股权静态管理，"生不增、死不减"，致使农村大量新增人口只有"村民"的身份而无"股民"身份，即没有集体成员资格。一些地方的农村集体在产权改革中给集体成员颁发"成员证"和"股权证"两证。继土地承包制度改革和集体产权制度改革之后，农村宅基地制度改革将逐步推开，其同样会涉及集体成员身份认定问题。宅基地所涉利益更大，如果不彻底解决集体成员界定标准问题，将会引发更大的矛盾，直接影响到农民宅基地资格权、使用权的获取和宅基地财产权利的实现。农村土地二轮承包期限即将届满，再延长三十年的试点已开始，而集体产权制度改革和宅基地制度改革正在进行中，故应统筹三项改革，特别是要加强影响农民成员权、资格权享有的集体成员身份认定标准的协调统一。

（二）农民获批宅基地历史欠账多，资格权实现困难

20 世纪 90 年代以来，随着工业化、城市化的迅速发展，建设用地招标紧缺，各地政府优先考虑城市发展用地，将宅基地审批权上收到县、市，甚至停止对农民宅基地审批，致使农村存在大量"应分未分户"。农民要么在承包地上违法建房，要么苦苦等待。近些年虽然通过新农村建设，新型农村社区建设和农民集中居住点建设消化了一些，但历史欠账仍然很多，农民宅基地权益难以保障。此外，一些农村人均土地少，符合宅基地分配条件的人口多，无地可供。我们在陕西西安市高陵区的调研发现，该区在宅基地改革试点工作中，审批了一千多户农村宅基地，但多数农村已无宅基地可供。区政府便采取建设农民集中居住小区的办法安置，实质上就是农民以宅基地资格权置换上楼安置。获批宅基地的农户，可凭宅基地"批复"以优惠价上楼安置，解决户有所居问题，但一段时间后，房源告罄，仍有许多"应分未分户"的宅基地资格权被悬置，难以实现。虽然新《土地管理法》为解决此类问题授权县级政府在尊重农民意愿的基础上，可采取措施解决，一些试点地区探索跨村组、跨乡镇申请宅基地，但受地方财政、村组乡镇利益协调、有偿使用宅基地等因素的制约，运作起来困难重重，致使部分农民宅基地资格权实现受阻。

（三）"一户多宅"和超标准占用宅基地确权问题

在广大农村地区普遍存在如下问题：一方面新分农户无宅基地使用，户有所居的权利难以实现；另一方面存在大量"一户多宅"和超标准、大面积占用宅基地以及非集体成员拥有宅基地。当然这些问题产生的原因是复杂的，有些是由于历史原因形成的，如一些老宅占地多达一亩，甚至两亩地；有些是由于政策原因所致，不同时期宅基地分配面积标准不同。如西安市高陵区现在实行的宅基地标准面积为 200 平方米，但在之前不同时期实行过不同的宅基地标准面积。根据《高陵县人民政府关于确定村民宅基地标准面积的规定》，宅基地标准面积如下：1962 年 9 月底前的宅基地，标准面积为 0.6 亩（400 平方米）；1962 年 10 月 1 日至 1973 年 12 月 31 日期间划拨的宅基地，标准面积为 0.4 亩（266.67 平方米）；1974 年 1 月 1 日至 1974 年 12 月 31 日期间划拨的宅基地，标准面积为 0.233 亩（155.33 平方米）；1975 年 1 月 1 日至今的宅基地，标准面

积为 0.3 亩（200 平方米）。所以，那些未进行村庄统一规划建设的村庄，农户宅基地占地面积差异是比较大的。也有一部分人是通过违法违规获取或多占、超占宅基地的，如村干部以权谋私多占、超占宅基地。也有一些是由于农村习惯或人情面子违规划拨宅基地。在陕西关中地区，许多外出工作的公职人员在家乡都划有庄基地（宅基地）并建有房屋。在农村宅基地确权过程中，一般对历史原因形成的一户多宅或超标准占用宅基地，以及非本集体成员继承房屋占用的宅基地都纳入有偿使用的范围，对超出标准占用的宅基地收取有偿使用费后予以确权。如西安高陵区宅基地有偿使用的收费原则为"收少数人费，少收费"，收费标准则是："对不符合土地利用总体规划、村庄规划的，超占部分按照 5 元/平方米·年收取有偿使用费用，性质特别恶劣的，按相关规定组织有关部门予以拆除；对于因历史原因形成的一户多宅的，多占的宅基地按 5 元/平方米·年征收有偿使用费；对于非本集体经济组织成员通过继承房屋占用宅基地的，按 2 元/平方米·年征收有偿使用费。"

对农村"一户多宅"及超标占用宅基地历史遗留问题，通过收取有偿使用费的制度化处置后予以确权颁证，可以有效地解决农村宅基地分配、使用、流转中的许多问题。这既可以促进农民宅基地资格权的公平实现，又能够明确产权，保证交易安全，促进宅基地流转，为其他农户提供获取宅基地的机会，同时增加集体经济积累，为解决农户居有其所奠定经济基础。

三 宅基地使用权流转

（一）宅基地使用权流转的限制与开放

宅基地使用权流转是指农户将从集体组织获取的宅基地财产及权利通过法律允许的方式和程序让渡与他人的行为，即宅基地部分权利（能）在不同主体之间发生流动，从而实现优化资源利用和经济效益最大化，就其本质来讲这是一种产权交易，而产权交易则是产权人财产权利和经济利益实现的最基本方式。中国法律从未禁止宅基地流转，只是进行了严格的限制，仅限于农村集体经济组织内部，不允许跨集体经济组织流转，更不允许向城镇居民流转，同时不得以单纯的宅基地流转，而是以房屋买卖、租赁、赠与等方式，通过"房地一体""地随房走"实现流转。现在看来，这种限制客观上制约了宅基地流转的规模和价值最大化，这也正是被广为诟病的原因所在。中国农村宅基地限制流转、禁止抵押的规定有其特定的历史背景，它是基于对农村土地集体所有制性质的认识和宅基地的功能定位而产生的。一方面是出于对集体土地公有制和农民利益的保护，担心宅基地流转有损于公有制的性质和农民利益；另一方面农村宅基地主要是解决农民居有其所，担负着农民的福利保障功能，并未赋予财产权利的性质和功能。在特定的历史时期，这种规定有其必然性和合理性。即使是城镇国有土地使用权的流转也是一个从无到有，逐步认识和发展的过程。从农村土地承包经营权流转到宅基地使用权流转实际上都经历了一个从不允许到逐步放开的过程。宅基地的财产功能和价值也是随着工业化、城镇化的发展才逐步显现和重要起来的，这是由于任何法律、任何权利都会受到一定经济、社会发展的制约。我们需要做的是，如何适时地让法律和权利的规定反映和满足社会发展的客观要求。宅基地使用权流转已不是一个要不要的问题，而是以何种方式流转，开放的尺度究竟多大为宜的问题。既要体现宅基地的财产价值功能，保障农民宅基地财产权利的充分实现，同时又要考量宅基地使用权流转的经济社会制约性，以及其所可能引发的经济、社会风险评估和防控。

（二）宅基地使用权流转的形式

1. 在本集体经济组织内部的转让

这是一种传统的宅基地使用权流转方式，由于其流转范围窄、需求量不大、增值空间小而广受批评。但近年来情况发生了一些变化，我们在调研中发现，一些进城落户的农民具有退出农村宅基地的意愿，但农村集体经济薄弱，无力支付退出补偿，致使退出受阻。这些村庄同时存在土地资源紧缺，对符合宅基地分配条件的农户无地可供。于是，村集体组织负责联系供需双方，协调价格，名义上是将宅基地（房屋）退给集体组织，集体组织再以有偿使用的方式分配给符合条件的农户，完成宅基地的转让。其名为宅基地退出，实为宅基地使用权转让，集体组织仅发挥了组织转让的作用。这种方式适合于进城落户农民分散退出宅基地，既实现了进城落户农民宅基地财产权利，增加了财产性收入，又解决了部分农户宅基地供给问题。在现实中，除整村征地拆迁或政府建设农民集中居住小区可以集中解决成批农民宅基地退出外，一般进城落户农民都是比较分散的，在一个村庄所占比例较小，其宅基地退出比较困难。因此，这种介于退出和转让之间，将二者结合起来的宅基地流转方式是有现实意义的。

2. 宅基地使用权向社会主体转让

为了提高农村土地资源利用效率、增加农民财产性收入，2019 年 9 月 30 日，农业农村部根据宅基地改革政策精神和近年来国家相关部门颁布的有关宅基地改革文件规定，在系统总结各地实践经验的基础上出台了《关于积极稳妥开展农村闲置宅基地和闲置住宅盘活利用工作的通知》，对盘活利用农村闲置宅基地和闲置住房的主体、模式、机制以及利用方式、经营产业、租赁期限、流转对象等进行规范指导。文件明确鼓励利用闲置住宅发展符合乡村特点的休闲农业、乡村旅游、餐饮民宿、文化体验、创意办公、电子商务等新产业新业态，以及农产品冷链、初加工、仓储等一二三产业融合发展项目；支持农村集体经济组织及其成员采取自营、出租、入股、合作等多种方式盘活利用农村闲置宅基地和闲置住宅；鼓励有一定经济实力的农村集体经济组织对闲置宅基地和闲置住宅进行统一盘活利用；支持返乡人员依托自有和闲置住宅发展适合的乡村产业项目；引导有实力、有意愿、有责任的企业有序参与盘活利用工作。

据此我们可以看到，农村闲置宅基地和闲置住宅盘活利用政策显然对宅基地制度改革已有重大突破，表现为：一是拓展了宅基地用途，已不限于满足居住之需，还可以用于生产、经营，发展乡村产业项目；二是丰富了宅基地使用权行使方式，包括出租、入股、合作等多种方式；三是扩大了流转对象，既可以是下乡返乡创业人员，也可以是工商企业。这些政策创新对于实践宅基地"三权分置"，特别是对于"适度放活宅基地使用权和农民住房"实践具有非常重要的价值，客观上为推动宅基地使用权流转和促进农民财产权利实现创造了必要条件，开辟了新的路径。

随之，各地涌现出种种闲置农房"激活"计划，创新出多种多样的闲置宅基地和闲置住宅盘活利用方式，即宅基地使用权流转方式，使农民宅基地财产权利获得充分的实现空间，形成多样化的实现样态。

（三）宅基地流转实践考察

宅基地流转实践非常丰富，这里我们以在陕西的调研为例，进行考察分析。

1. 西安市高陵区的"共享村落"

西安市高陵区是国家 33 个承担"三块地"改革任务的试点区县之一。高陵区探索宅基地"三权分置",创新推进"共享村落",即由村集体经济组织将农民闲置宅基地和闲置农房使用权,通过出租方式与社会资本合作,盘活农村闲置资源,增加农民财产性收入。2018 年区政府出台了《西安市高陵区"共享村落"(农民闲置宅基地和闲置农房使用权出租)管理办法(试行)》。文件规定,由农户委托村集体经济合作社,将农民闲置宅基地使用权和农房所有权在高陵区农村产权交易中心进行公开出租,让闲置资源得以重新利用。依法设立的法人、其他组织或具备完全民事行为能力的自然人均可申请共享,出租收益按照农户和村集体经济合作社 9∶1 的比例分配,彰显宅基地集体所有权,保留原住户宅基地资格权。交易完成后,共享人取得不动产权证书,享有新建权、改建权、转让权、经营自主权、经营收益权、融资抵押担保权等权益,可以用于发展乡村旅游、民宿、文化创意等产业,也可以用于休闲居住及养老。共享年限原则上不高于 20 年,具体年限和费用以合同约定为准。

2018 年 7 月 2 日,高陵区发布《关于第一批"共享村落"(农民闲置宅基地和闲置农房使用权出租)的通告》。第一批"共享村落"房源共计 50 户,以单独宅院(含宅基地和房屋)作为独立共享个体,地处渭河北岸,分布于西安市高陵区张卜街道张家村、南郭村。在张家、南郭两村单户出租的同时,耿镇周家、泾渭梁村、张卜贾蔡等村也在积极尝试连排出租和整治后联营等其他"共享"模式。目前,"共享村落"共完成交易 14 宗,成交 150.52 万元。

2019 年 7 月 30 日,我们到高陵区南郭村进行调研,实地考察"共享村落"的实施情况。村主任领我们参观成交落地的一家"共享村落"。这家闲置的农家小院占地有三四分,前庭后院。房子和院落经新主人装修装饰后,显得很雅致,农味已无,"闲"气十足,引人入胜,这或许正是许多厌倦城市喧嚣者的向往。房院被一位西安人租了三十年,租金三十三万,年租金十一万,租金一次性付清。村集体收取租金的 10%,作为宅基地所有权人的收益,其余全部归宅基地使用权人享有。

村主任介绍,村上有十多家农户房屋闲置,这些农户或进城买了房定居，或被城里的子女接去安享晚年。目前，来村里看房的人络绎不绝，特别是周末，但成交的只有 6 宗。农户全权委托村合作社对外洽谈签约，自己不直接面对租房者。在成交的 6 宗里，租期最长的 30 年，也有 10 年、20 年的。租金最高的年租金 1.2 万元，最少的年租金 4000 元。年租金 4000 元的这家房少院大，被一对城里的老夫妇租下，在院子里种些花草和蔬菜。

我们对高陵区"共享村落"的运行状况还在不同层面进行了调研。座谈会上，一位街办负责人讲："盘活利用闲置宅基地，引入社会资本，发展'共享村落'（民宿），这是区上要求街道办做的，通过奖补推动街道办去做。租期一般是 20 年，也有个别超过 20 年的。有些项目投资很大，租期短了，合作方觉得不合算、不愿意。目前来看经营得不是很理想，处于半运行状态。"一位农村产权交易流转中心的负责人也觉得"共享村落"有些叫好不卖座。他认为主要原因是，这些"共享村落"的房子夹杂在村民住宅中间，周边环境不是很好；村子发展不是很好，除了休闲再没啥吸引人的；房源太分散，不连片，不能满足一些人的需求。而一位区负责人则认为，这是城市资本进入乡村的渠道不畅。城市资本对乡村振兴很重要，农村需要城市资本，城市资本也有进入乡村的愿望，但由于政策不明确，城市资本不敢贸然进入，仍处于观望状态。他甚至认为，搞"共享村落"的主要意义并不在于搞活了多少闲置宅基地，关键在于打通了城市资本进入乡村的一个通道。

农村闲置宅基地、闲置住宅盘活利用，无疑对激活农村资源，增加农民财产性收入，促进农民财产权利实现具有重要的价值和作用。但也要看到这种宅基地流转方式的运行要受到诸多条件的影响和约束，包括政策约束、自然禀赋约束、产业发展约束等。特别是在一个没有什么特色、优势的村庄，仅凭几处孤零零的闲置住宅，通过行政手段推行"盘活利用"是极其困难的，也是不经济的，难以达到预期目的。调研中，一些乡村干部提出要通过延长租期到 50 年，甚至 70 年以吸引投资者，对这种倾向一定要警惕。多次延长租期必然会带来损害宅基地集体所有权和农民宅基地权益的恶劣后果。

2. 西安市鄠邑区胡家庄村的宅基地"村、企、户合作利用"

西安市鄠邑区胡家庄村闲置宅基地、闲置住宅盘活利用模式显示，其宅基地流转和农民宅基地财产权利实现则是在另一种背景和模式下完成的，即工商资本下乡，在深度介入和参与村庄产业发展的基础上，农户以闲置宅基地、闲置住宅入股的方式进行宅基地使用权流转，通过"公司＋村集体股份经济合作社＋农户"的经营合作模式，实现宅基地财产权利。

西安荣华集团有限公司是一家实力雄厚的房地产开发企业。鄠邑区玉蝉街道胡家庄村位于城区西南 10 公里，南距环山旅游路 1.5 公里，东距西汉高速 2 公里，地处秦岭北麓，涝河两岸，交通方便，风景宜人。全村农户 220 户，村民 1020 人，6 个村民小组，耕地面积 1080 亩，村庄占地 109 亩，建筑面积约 4.4 万平方米。

2011 年，西安荣华集团有限公司为了贯彻省委省政府、省工商联"万企帮万村"精准助农、脱贫攻坚的要求，在西安市鄠邑区玉蝉街道胡家庄村建立了西安荣华扶贫基地。几年来，扶贫模式不断更迭升级：1.0 版"千企千村"产业扶贫增收模式，帮助农民调整产业结构，变种植小麦为种植葡萄。2.0 版"万企帮万村"产业扶贫增收模式，荣华集团与胡家庄村集体共同成立荣华镇兴公司，采用"企业投资、农户投地、村集体持股（股权比例 10%）"产业经营的"三变"模式。3.0 版为三元融合PVT（现代农业产业园＋田园综合体＋特色小镇）产业乡村振兴模式。村民不失地、不失业、不失利。胡家庄村民 2011 年至今参与产业化经营，人均纯收入增长了十倍，达到了 21000 元。

2018 年 11 月与胡家庄村集体股份经济合作社成立西安荣华镇兴文化发展有限公司。胡家庄村以 102.88 亩废旧厂房作价入股，以村集体经济组织为主体，推行"企业＋合作社＋农户"的发展模式。统筹运用田园综合体、现代农业产业园区和特色小镇、美丽乡村、村级集体经济等方面已有的建设成果，结合区位条件、产业基础等基本条件，着力打造温泉街区酒店。

在此基础上，荣华公司和胡家庄村又联合开发利用村内闲置宅基地、闲置住宅共同打造和发展精品餐饮民宿项目。村内三户闲置宅基地（老旧农用房）作为提升改造试点，打造具有关中民俗、民居特色的民宿和餐饮，并充分利用当地特有的"户县农民画"文化资源，设立农民画画室，配置农民画展厅，推广全民农民画艺术，提升乡村旅游的品质。

胡家庄盘活利用闲置宅基地和闲置住宅发展精品餐饮民宿项目，采取"公司＋村集体股份经济合作社＋农户"的经营合作模式。新建或改造后的房屋产权归农户所有，公司对 20 年的经营权统一招商运营。按照约定农户持有 4.5% 的股权，村委会持 0.5% 的股权。每户每年保底分红金额 4500 元，村委会每年保底分红 500 元。截至 2019 年 10 月，胡家庄村已在 1 家农户的旧宅基地上进行了重建，对 2 家农户的闲置住宅进行了改造提升。目前，胡家庄村的 3 户民宿样板房已竣工并投入运营，第一批闲置宅基地改造利用规划工作正在进行。预计到 2020 年年底，全村 23 户改造提升的精品民宿将投入运营。

胡家庄村盘活利用农村闲置宅基地和闲置住宅，不是自行和单一地发展民宿及乡村旅游，而是在和工商资本深度合作融合，充分发展乡村产业的基础上，将盘活利用农村闲置宅基地、闲置住宅自然地嵌入村集体和工商企业的产业发展中，从而使农民宅基地使用权以入股的方式流转有了产业依托，强化了农民宅基地财产权利实现的可靠性和稳定性。

3. 长安唐村·中国农业公园综合流转模式

长安唐村·中国农业公园，由农业农村部下属的中国村社发展促进会、长安区委区政府与天朗控股集团共同打造，总规划面积约 38 平方公里，范围涉及 10 个行政村，是西北首个中国农业公园共建单位、陕西省农村改革试验区，也是西安市首批田园综合体。

长安唐村依托中华农耕文明发祥地的文化地域优势，以柳青精神为指引，以绿色生态保护为导向，以农业产业升级为主旨，以农耕文化复兴为载体，以盛唐田园文化体验为目标，通过实施美丽乡村改造、基础设施建设、生态环境修复、农业产业升级、乡风文明建设等系统工程，打造乡村连片区域综合治理与产业发展区。

南堡寨村是长安唐村农业公园项目的先期实施区域。

南堡寨村位于陕西省西安市长安区王曲街道中国农业公园内，北依神禾原，南接终南山，村庄所在位置距离十三朝古都西安极近，有着得天独厚、无可比拟的区位、人文、生态旅游资源。辖区内拥有众多历史遗迹，十三省城隍庙、三圣宫、药王庙等是目前民俗文化集中体现地。同时，村庄周边拥有长安郭氏民宅、柳青墓、杜甫宅、华严寺、香积寺、岑参别业、张学良旧居等历史人文气息浓厚的历史人文遗迹。

南堡寨村原址在塬上，已有百余年的历史，因为缺水和交通不便，于15年前整村迁移塬下，老村已被彻底弃废，房屋破败不堪。南堡寨塬上片区整体规划为长安唐村农业公园项目先导区。北侧集体建设用地主要规划项目展示区、民宿康养区、唐道艺术区等。南侧农地区域为配套景观区、农民节主会场。南侧规划为蔬菜、黑麦、油菜等农作物规模种植区附带观光农业相关功能。既需要农业用地，也需要建设用地。

一方面是，农户土地经营权委托入股。目前已与南堡寨及劳动村集体经济合作社进行土地承包经营权合作1200余亩，发展有机蔬菜、大田花卉种植及绿色水稻种植。南堡寨塬土地流转总亩数约866亩，其中村集体建设用地203亩（一类地），农用地663亩（其中一类地632亩，二类地31亩）；劳动村塬上（北与南堡寨农地区域接壤）流转农用地约220亩（一类地）。土地租金为：1700元/亩/年（一类地）、1200元/亩/年（二类地）。农业项目采取"企业＋村级集体合作社＋农户"的发展模式。企业与合作社入股成立有限合伙企业，负责项目的日常运营管理，农户以土地经营权作价入股村集体经济合作社成为股东，参与项目的实施过程，在享受保底收益的同时年底按入股比例获得项目分红。

另一方面是，利用农户闲置宅基地等集体建设用地进行合作经营。第一阶段：村集体经济合作社将村内目前已有的建设用地资源（包括集体经营性建设用地、集体闲置公益用地、批新交旧的闲置村民宅基地等），进行资源变资产，经营权委托至村集体合作社统一经营。针对资源的原始承包经营权/使用权的所属情况，合作社自行与相关村民（股民）商议资产经营收益分配，切实保障村民的合法财产权益。第二阶段：根据合作社资产情况，合作社以资产折价入股，公司按照双方合作股权比例配股，成立权责明确的村集体资产运营管理平台（形式：合资公司/合伙企业/其他），共同进行运营。村集体建设用地根据本村农业产业规划，发展农业仓储、加工、电商等产业；村民闲置宅基地，依托近山靠塬的优美自然风貌，用于发展乡村民宿、乡村旅游等第三产业。

这种模式的特点是，农户闲置宅基地流转已不是孤立的个体行为，也不是单纯的出租或入股，更不是用于某种单一的用途或产业，而是在更具规模的农业公园、田园综合体建设和打造乡村连片区域综合治理与产业发展区的过程中，集体经济组织、工商资本、农户乃至政府多方介入，以综合方式进行宅基地流转的一种模式。其具有规模效应和辐射效应，可以带动一定区域内更多农户实现宅基地流转。对于农户来讲，这种宅基地流转方式则具有便捷、高效、规范、安全、低成本，有利于宅基地财产权利实现的优点。但我们在调研中发现，这种模式由于工商资本的优势、集体组织的强势，农户往往处于弱势地位，缺乏谈判机会和话语权，其财产权利存在潜在的损害风险。

四　宅基地退出

（一）宅基地退出的特点

新《土地管理法》为农民宅基地财产权利实现开辟的另外一条制度性路径就是宅基地使用权的退出，即"国家允许进城落户的农村村民依法自愿有偿退出宅基地"。从这一规定内容来看，显然，宅基地退出有其特定条件和要求。

（1）从适用对象上针对的是"进城落户的农村村民"。未进城落户的农村村民不适用这一规定，其可通过宅基地使用权出租、入股、转让等方式实现宅基地使用权流转，以增加财产性收入，但非退出。而进城落户的农村村民较之于未进城落户的农村村民在实现宅基地财产权利的路径方式上有了更多、更大的选择自由和空间，其既可以多种流转方式实现宅基地财产权利，同时也可以选择以退出的方式实现宅基地财产权利。可见，进城落户的农村村民可视其自身的条件和需求做出不同的选择。当然，宅基地使用权转让与退出的一个重要差别在于，前者无论以何种方式流转，只是部分权利在一定期限内的让渡，其间并不丧失宅基地"资格权"，而宅基地退出的代价则是退出方因退出行为而丧失宅基地"资格权"。宅基地退出意味着退出方既消灭了其与农村集体组织宅基地使用权关系，同时也丧失了重新获取宅基地的资格。当然，宅基地退出并不意味着必然丧失农村集体"成员资格"。因为，进城落户的农村村民并不都是同时退出"三权"，可能只是选择性地退出宅基地使用权、土地承包权或者集体收益分配权中的某个权利。在"三权"未同时退出时，其集体成员资格依然存在，只是成员权的内容有了减少和缺项。

（2）宅基地退出的承接主体必须是农村集体组织，宅基地只能退给原集体组织，而不能是其他组织或个人，否则将形成另外的法律关系。

宅基地退出的实质就是通过退出行为而结束宅基地"两权分离"状态，将被分离出去的宅基地所有权权能回归所有者，使宅基地所有权重归圆满状态。

（3）宅基地退出的条件是"依法自愿有偿"，即不得强制退出，不得无偿收回。出于对进城落户农民的特殊保护，一方面既不允许以丧失"三权"作为农民进城落户的条件，另一方面又允许进城落户农民可以在依法自愿有偿的前提下退出宅基地，以实现其宅基地财产权利。显然，宅基地退出不同于集体组织单方面实施的宅基地收回。是否退出，以何种方式退出应尊重农民的意愿和选择。宅基地使用权作为用益物权，具有财产权利的属性和有财产价值，在其退出时，应予以合理的补偿。获取合理补偿是进城落户农民退出宅基地的主要动因，宅基地使用权财产价值的实现，为进城落户农民在城市生活和发展提供了重要的经济支撑，有助于城镇化的顺利推进。

（4）宅基地退出是一个复杂的博弈过程。宅基地退出实际运作过程的复杂性远远超过法律的简单规定，其已远不止于农村集体与进城落户农民的利益关系和利益博弈。因为宅基地退出的核心问题是予以"合理补偿"，农村集体是否有补偿的能力，进城落户农民能否获得"合理补偿"成为宅基地退出的关键。而现实是，绝大部分农村集体组织缺乏补偿的动力和能力。地方政府则在城市发展土地指标短缺的情况下，有通过宅基地退出获取急需的建设用地指标的期望，政府既有需求又有财力去推动宅基地退出。所以，宅基地退出的实际运行是在政府、村集体和进城落户农民三方博弈中推进。由于各地政府建设土地需求、财力支持状况的差异，以及使用政策工具的不同，在实践中形成了形式多样的宅基地退出模式。宅基地退出模式的差异，对进城落户农民宅基地退出财产权利实现的程度有着至关重要的影响。

（二）宅基地退出的发展演变过程

宅基地退出从政策到立法经历了一个发展演变的过程。首次提出探索进城落户农民在本集体经济组织内部自愿有偿退出宅基地的正式文件是在 2014 年 12 月，中办印发的《关于农村土地征收、集体经营性建设用地入市和宅基地制度改革试点工作的意见》（以下简称"三块地"改革），探索宅基地自愿有偿退出和流转机制改革试点"两完善，两探索"

的重要内容。之前，中央曾出台一些文件，提出对农村"一户多宅"，有空置住宅的农民，通过一定激励措施，鼓励其腾退宅基地。2004 年的《土地管理法》中也有宅基地收回制度的规定，但这些规定实施的目的在于节约集约农村用地，也并非针对进城落户农民这一特定对象。

宅基地退出是城镇化发展过程中解决城镇化发展所带来的进城落户农民权益保护问题的必然产物。中国城镇化发展迅速，截至 2019 年年末，常住人口城镇化率已达 60.60%，户籍人口城镇化率为 44.38%。全国农民工总量 29077 万人，其中外出农民工 17425 万人，本地农民工 11652 万人。进城落户农民越来越多。这部分人在农村的权益，特别是土地财产权益如何处置，直接关系到城镇化的成败。大量农民进城落户后，其能否成功留下，受多种因素制约，在未完全市民化之前仍存在一定风险。因此对其在农村财产权益的处置，中央一直采取审慎态度，一方面强调地方政府不得强行要求进城落户农民转让其在农村的"三权"，或将其作为进城落户条件；另一方面又积极探索，逐步建立进城落户农民在农村的相关权益退出机制，积极引导和优先支持进城落户农民依法自愿有偿在本集体经济组织内部转让相关权益。进城落户农民宅基地退出，就是在这样的背景下发生和演变的。"三块地"改革试点以来，全国 33 个改革试点区县都进行了积极的探索，并形成了不同的实践模式。重要的是，进城落户农民农村承包地经营权退出和宅基地使用权退出，已分别为 2018 年、2019 年修改后的《农村土地承包法》和《土地管理法》所确认。可见，"自 2003 年以来，相关法律和政策文件在'三权'处置问题上经历了从重保障功能到重财产属性、从直面'一权'到直面'三权'，从强调'维护'到强调'转让'的演进过程。"①

（三）宅基地退出实践模式

事实上，宅基地退出实践在"三块地"改革之前就有了，只是在不同时期有着不同的表现形式和特征。

1. 早期的"城中村改造"模式

中国工业化、城镇化发展的一个副产品就是大量城中村的形成。由于早期城镇化主要是"土地城镇化""要地不要人"，使得处于城市规划

---

① 叶兴庆：《为进城落户农民建立"三权"退出通道》，《农村经营管理》2017 年第 4 期。

内的许多村庄逐渐失去了耕地，迫使其由"种粮"改为"种房"，形成了独特的"房租经济"。一时"城中村"也就成了"脏乱差"的代名词和"黄赌毒"的高发区。于是，在 21 世纪初城中村改造应运而生，并形成了特有的"城改模式"。城中村农民的主要财产就是宅基地和房屋，因此城中村改造的核心问题就是如何拆迁补偿，其实质就是对农民宅基地和房屋财产权利如何补偿的问题，也是农民宅基地财产权利如何实现的问题。曾经实行过的"村庄自主改造""开发商主导"和"政府主导"的不同改造模式，对农民宅基地财产权利实现的程度有着截然不同的影响。由此，在政府、村集体、开发商、农民之间展开了激烈的利益博弈。从整体来讲，由于城中村的区位优势，土地所蕴含的巨大商业价值和农民强烈的权利意识以及较强的维权行动力，所以，在"城改模式"中，其补偿方式、补偿标准都是最接近市场化的运作方式。尽管这种宅基地退出是被动的选择，但客观上，农民宅基地财产权利的实现是比较充分的。

2. 城乡建设用地增减挂钩试点中的宅基地退出模式

工业化、城镇化发展过程中的土地需求不断扩张，直接威胁到"十八亿亩耕地"红线的保护。如何既要"保红线"又要"保发展"成为土地政策制定的重要取向和考量。2004 年，国务院就提出了鼓励农村建设用地整理，城镇建设用地增加要与农村建设用地减少相挂钩的"城乡建设用地增减挂钩政策"。2008 年，原国土资源部出台《城乡建设用地增减挂钩试点管理办法》，并选择一些地区试点。试点实践中形成了一批具有代表性的宅基地退出模式，如天津宝坻的"宅基地换房"模式、浙江嘉兴的"两分两换"模式、重庆的"地票"模式、成都温江的"双放弃"模式等。但这些模式大多是在地方政府主导推动实施城乡建设用地增减挂钩的过程中实施宅基地退出，获取城镇建设用地指标是其主要动力，在实施中存在农民参与度低、农民获得的补偿不合理、农民住房保障力度不够，土地财产权受到一定程度侵害等问题[1]，因而受到一些质疑和诟病。这一轮的宅基地退出的主要政策工具是"土地增减挂钩"，通过宅基地腾退，土地整治，将土地节约指标进行招拍挂交易，其收益主要用于

---

① 张勇：《农村宅基地有偿退出的政策与实践——基于 2015 年以来试点地区的比较分析》，《西北农林科技大学学报》（社会科学版）2019 年第 2 期。

农民拆迁补偿和上楼安置，客观上起到了节约集约使用宅基地，改善农民居住条件，增加住房财产的作用，在一定程度上农民的宅基地财产价值得到了体现，成为农民宅基地财产权利实现的重要尝试。

3. "三块地"改革以来的宅基地退出主要模式

2014年12月，中央出台《关于农村土地征收、集体经营性建设用地入市和宅基地制度改革试点工作的意见》，安排进城落户农民在本集体经济组织内部自愿有偿退出宅基地的试点工作。2015年启动后，先后在全国33个区县试点，并两次延期试点期限，至2019年年底。在这一轮的宅基地退出试点中，同样形成了一批具有代表性的实践模式，影响比较大的是安徽金寨的"置换模式"、宁夏平罗的"收储式"和浙江义乌的变现式。学者们从不同角度对这三种模式进行归纳总结和比较分析，各种模式的特点及其优缺点都得到充分的展现。

这里我们不再对各种模式的具体运作过程进行介绍，而是从宅基地退出作为进城落户农民宅基地财产权利实现的制度性路径，考察其在推进中的约束条件。一是这些模式的推进和实施都是以政府为主导的。宅基地的退出一般有散户和整村退出。只有较大规模的退出，经过土地整治，农民上楼安置，才可有能产生结余土地指标，满足城市发展用地需求。因此，政府对通过较大规模的整村退出获取新增建设用地指标有着巨大的需求冲动；村集体经济组织无力组织土地整治和复垦，也无力为退出宅基地的农民提供补偿和住房。虽然平罗的"收储式"是由村集体经济组织组织实施的，但其仍以政府财政为后盾，否则宅基地退出和补偿难以完成。二是这些模式的实施均需借助一定的政策工具，作为获取宅基地退出补偿的资金来源，包括土地增减挂钩政策、移民搬迁政策、土地整治政策、美丽乡村建设政策、空心村整治政策、宅基地转为建设用地入市政策等。可以说没有这些政策工具，也就没有了宅基地退出。三是宅基地退出都不是通过直接的产权交易完成，而是将其转化为"建设用地指标"或"地票""集地券"等权益证券间接地完成产权交易，表明农村集体经济自我推进、自我管理的宅基地退出机制尚未形成。同时也表明"进城落户农民在本集体经济组织内部进行依法自愿有偿的宅基地退出"举步维艰，以上实践模式都以不同方式规避"在本集体经济组织内部进行"这一限制性规定就恰恰印证了这一点。

　　综上所述，我们可以看到，宅基地退出无疑是农民宅基地财产权利实现的重要途径和方式，但这仅仅是农民宅基地财产权利实现的一个方向性指引，还缺乏具体的制度机制支撑，甚至改革实践在很大程度上已超越了改革设计的轨道，是修正轨道抑或规制实践仍是一个值得深入研究的问题。

第五章

农民集体收益分配权实现问题研究

　　农村集体产权制度改革（以下简称"产权改革"），从改革的动因到改革内容和目标的设计，都直接或间接地指向了农民财产权利实现问题。从已完成产权改革所取得的成果来看，也印证了产权改革是农民财产权利实现的重要路径这一基本命题。那么农村集体产权制度改革何以能够促进农民财产权利实现？其作用机理和作用方式是什么？在这一过程中影响农民财产权利实现的核心因素有哪些？厘清这些问题对于提升农民财产权利实现质量具有重要意义。

　　农民集体收益分配权是农民财产权利的重要内容之一，赋予农民集体收益分配权是农民集体所有制和集体财产所有权的必然要求，也是农民集体所有制和集体财产所有权的外在表现和实现形式。农民集体所有是一种"成员集体所有"。集体财产所有权关系包括对外和对内两种关系。对外是以"集体"的名义和形态表现出来的一种所有权关系，对内则表现为"集体"成员分割权利，实际享有集体资产占有、收益、转让、抵押、继承等股份权能。这些权能的行使和实现的过程，实质上就是农民集体成员权，首先是作为财产权的集体收益分配权的实现过程。所以农民集体收益分配权是农民集体成员所有的逻辑必然，否则"集体"就沦为抽象无所指归，集体资产就会被任人宰割。从这个意义上来讲，农村集体产权制度改革所要构建的"归属清晰、权能完整、流转顺畅、保护严格"的农村集体产权制度就是要厘清集体与成员的关系，通过赋权和权利保护以促进农民财产权利得以充分实现。农村集体产权制度改革的内容和过程集中体现了这一价值目标，而这一目标的实现过程也正是农民集体收益分配权实现的过程，体现了过程与目标的一致性。从权利实现的角度来看，这一农村集体产权制度目标集中体现了权利主体、权利内容、权利行使、权利保障等权利实现的核心要素。鉴于此，我们可以从农村集体产权制度改革的实践过程来理解和把握其促进农民集体收益分配权实现的机理和影响因素。农村集体产权制度改革实践基本环节和主要内容包括：清产核资、成员界定、资产折股量化（股权配置、管理）和成立集体（股份）经济合作社。我们依次分析探讨。

第一节　产权改革：农民集体收益分配权实现的进路

2016 年 12 月，中共中央、国务院《关于稳步推进农村集体产权制度改革的意见》全面部署和启动的农村集体产权制度改革，可以说是促进农民集体收益分配权实现的重大制度创新。目前，农村集体产权制度改革已顺利收官。从农业农村部关于产改情况的通报到对地方实践的观察，我们可以清晰地看到，农村集体产权制度改革在促进农民集体收益分配权实现中的作用和成效非常明显。但与此同时，农村产权改革中一些影响农民集体收益分配权实现的问题也逐步显现。厘清农村集体产权制度改革在农民集体收益分配权实现中的作用机理和影响因素对于探索农民财产权利实现具有重要借鉴意义。

一　产权改革对农民集体收益分配权实现的价值

2013 年中央一号文件指出"改革农村集体产权制度，有效保障农民财产权利"。集体收益分配权是农民财产权利的重要组成部分，农民享有集体收益分配权是由农村集体所有制和农民集体财产所有权的性质所决定的。《民法典》第 261 条规定："农民集体所有的不动产和动产，属于本集体成员集体所有。"也就是说农民集体所有是一种"成员集体所有"性质的所有权。这一规定在一定程度上界定了成员与集体的关系，为集体产权制度改革奠定了基础、指明了方向。长期以来，农村集体所有制在理论上众说纷纭、莫衷一是，制度上含混不清、备受非议，实践中矛盾丛生纠纷不断。集体产权主体模糊不清，集体收益分配不公，集体资产闲置浪费、流失严重的状况曾长期困扰着人们，集体所有陷入了"人人有权，人人无份"的怪圈。

随着工业化、城镇化的迅速推进，大量征占集体土地，农村集体因此也获得了巨额征地补偿款，如何在集体与农民之间，以及农民与农民之间进行土地收益分配，一时间成为全国普遍性问题。由于缺乏统一的法律规范调整这一重大而复杂的利益关系，导致实践中产生剧烈的利益冲突，纠纷四起，上访不断，司法难以应对。集体土地收益分配矛盾纠纷的普遍存在意味着作为农民财产权的集体收益分配权实现遭遇重大阻滞。那么是什么导致农民集体收益分配权实现受阻？从直观上来看，是缺乏相应的法律调整，但在实践中，大量民间法（村规民约）规则处理集体收益分配，替代了国家法的缺位，以至一个县域或一个乡镇里有几种乃至几十种分配规则。这些非正式规则往往与国家法相抵牾，无法经受司法审查的检验。事实上，在无数的集体收益分配纠纷案件中，绝大多数以村委会或村民小组败诉而告终，同时也以农民"赢了官司、输了钱"无法获得收益分配而结束，又以一波又一波的上访而循环往复。为此，国家、集体、个人和社会都付出了惨重的代价，甚至让司法、行政和村民自治一时都陷入困境。21 世纪初，东南沿海农村股份制改革，有效地解决了以嫁城女土地收益分配纠纷为代表的农村集体收益分配纠纷，广东"南海模式"就极具代表性。之后，江浙、上海、北京等地以农村土地股份制为突破口的产权制度改革迅速推开。这些农村产权改革的成果和经验，为探索从根本上解决农村集体收益分配纠纷提供了重要启示——问题的症结在于农村集体产权制度存在瑕疵。农村集体产权制度是有关农村集体所有权的制度性安排，涉及集体所有权的权利结构、权利体系、权利归属、资产的有效配置使用和利益分配。集体产权制度改革就是针对传统的农村集体产权制度存在的弊端进行优化调整，重构产权结构，界定集体与成员之间的利益关系和权利边界，探索集体所有权的有效实现形式，既要保护集体所有权，又要维护集体成员的合法权益，确保农民集体收益分配权的落实和实现。理论上的突破，制度上的重构和实践经验的昭示，充分说明农村集体产权制度改革是促进农民财产权利实现的重要途径。

（一）产权改革具有明确的问题导向

反观历次农村集体产权制度改革，我们都会发现，每一次改革都是直面现实，从问题出发，竭力探索解决问题的根本路径。现实问题的实质就是农民收益分配权难以落实，得不到充分实现，农民财产权利受损，进而影响到农村集体所有制和集体经济的发展。2007 年 10 月农业部出台的《关于稳步推进集体经济组织产权制度改革试点的指导意见》就明确指出："农村集体经济组织产权制度改革，是中国农村城镇化和工业化发展新形势下，生产力发展对生产关系调整提出的要求。近年来，农村特别是城郊接合部和沿海发达地区集体经济组织资产及其成员都出现了新的变化，农村集体经济组织成员转为城镇居民增多，流动人口进入较富裕地区增多，部分地区村集体经济组织成员构成日趋复杂。同时，在城镇化进程中，原集体经济组织征地补偿费、集体不动产收益在集体成员中的分配问题、原集体经济组织成员对集体资产的权益及份额等问题凸显出来，需要通过农村集体经济组织产权制度改革来加以明晰及妥善解决。"而集体经济产权虚置、产权主体模糊、决策独断、监督不善、分配随意等问题，正是传统农村集体产权制度的积弊所在。这种产权弊端严重限制了农民集体收益分配权的实现。2016 年 12 月 26 日，中共中央、国务院《关于稳步推进农村集体产权制度改革的意见》同样指出："针对一些地方集体经营性资产归属不明、经营收益不清、分配不公开、成员的集体收益分配权缺乏保障等突出问题，着力推进经营性资产确权到户和股份合作制改革，切实维护农民合法权益，增加农民财产性收入，让广大农民分享改革发展成果。"

作为集体经济组织的成员，农民清醒地意识到自己对集体资产收益是"有份"的。尽管理论可能含混、制度比较模糊，但农民的感觉是正确的，诉求是明确的。至于这"份"究竟应该哪些人拥有，拥有多少，则应有相应的标准和规则来确定。缺乏标准和规则，或缺乏公平公正的标准和规则就必然会引发矛盾冲突。利益冲突刺激和推动了改革，改革触及了问题的本源，农村集体产权制度改革也就势在必行了。

（二）产权改革聚焦农民财产权利实现

农村集体产权制度改革肇始于农民解决新时期集体收益分配矛盾的基层实践，之后从中央层面开始有步骤地推动农村集体产权制度改革，并逐步深入、系统。包括 2007 年 10 月，农业部出台的《关于稳步推进集体经济组织产权制度改革试点的指导意见》要求在一些条件成熟的地方，开展农村集体经济组织产权制度改革，探索集体经济有效实现形式、保护农村集体经济组织及其成员合法权益等相关问题。改革的主要内容是对集体资产清产核资、资产量化、股权设置、股权界定、股权管理等，并以推进股权合作为主要形式，旨在建立"归属清晰、权责明确、利益共享、保护严格、流转规范、监督有力"的农村集体产权制度。2014 年农业部等三部门出台《积极发展农民股份合作赋予农民对集体资产股份权能改革试点方案》，这次改革是"按照党的十八届三中全会要求，重点围绕保障农民集体经济组织成员权利，积极发展农民股份合作赋予农民对集体资产股份占有、收益、有偿退出及抵押、担保、继承等方面开展试点"。试点只安排在 29 个省（区、市）的 29 个县（市、区）开展。值得称道的是这次改革试点尽管范围不大，但真正触及了农民财产权利的核心问题。在股份合作作为农村集体经济有效实现重要形式的前提下，赋予农民对集体资产股份享有占有、收益、有偿退出及抵押、担保、继承权等重要权能。这既丰富了农民集体收益分配权的权利内容，又使农民集体收益分配权变得具体可及，不再是捉摸不定的抽象权利，更为重要的是这些权能同时也是农民行使和实现财产权的重要方式和途径。这次改革试点取得了许多成功经验，为之后全面开展农村集体产权制度改革奠定了坚实的基础。2016 年 12 月，中共中央、国务院出台《关于稳步推进农村集体产权制度改革的意见》，全面部署农村集体产权制度改革，并确定了改革的路线图和时间表。这次改革较之前的产权改革目标明确、政策界定清晰、环节完整、重点突出。改革的目标就是要"逐步构建归属清晰、权能完整、流转顺畅、保护严格的中国特色的新农村集体产权制度，保护和发展农民作为农村集体经济组织成员的合法权益"。在清产核资、成员界定的基础上，重点进行"经营性资产股份合作制改革，将农村集体经营性资产的股份或者份额形式量化到本集体成员，作为其参加集体收益分配的基本依据"。同时要切实"保障农民集体资产股份权利，组织实施如赋予农民对集体资产股份占有、收益、有偿退出及抵押、担保、继承权改革试点"。这次改革还特别强调"始终要把实现好、维护好、发展好广大农民的根本利益作为改革的出发点和落脚点。改革必须坚持农民集体所有制不动摇，不能把集体经济改弱了、改小了、改垮了，防止集体资产流失；坚持农民权利不受损，不能把农民的财产权利改虚了、改少了、改没了，防止内部少数人控制和外部资本侵占"。

我们从改革的实践来看，同样可以发现或印证农村集体产权制度改革是农民财产权实现的重要方式和途径。我们前边已讲到，广东、浙江、上海等经济发达地区农村集体产权制度改革先行先试已有 20 多年了，积累了许多成功经验。这次农村集体产权制度改革南北方就呈现不同的特点。这些先行先试地区，产改的基本环节早已完成，此次改革的重点和重心已不再是清产核资、成员界定、股权设置等基础性改革，而是对农民集体资产股份权能的进一步落实，是如何更好地实现的问题，诸如集体资产股份的有偿退出、抵押、担保、继承等方面的探索与实践。这些都是农民财产权利实现的最核心问题，也是争议比较多和难度比较大、涉及深层次改革的问题，是农村集体产权制度改革需要攻坚克难的问题。相形之下，大部分北方地区，特别是中西部经济欠发达地区，这次是初涉改革，主要抓基础环节的改革。那些深层次的问题只是作为一种"权利"写在章程中，实践中少有触及。

至此，我们可以清晰地看到，农村集体产权制度改革无论是从改革的目标还是改革的任务，都是围绕和聚焦农民财产权利的实现而展开，使农民集体收益分配权明确具体、触手可及、行使有据、实现有路。

（三）产权改革促进农民财产性收入增加

农民财产权利实现的一个显性标志就是财产性收入的增加。农民的财产性收入主要集中在承包地、宅基地和集体资产，即通过土地承包经营权、宅基地使用权和集体收益分配权的行使和实现，从而增加财产性收入。现实中，农民最为关注和关心的就是集体收益分配权，特别是在经济欠发达地区，土地市场发育不充分，土地流转严重受限，通过土地经营权出租（转包）、入股等获取财产性收入困难重重。另一方面，由于宅基地使用权收益权能的缺位，以此获取财产性收入遭遇制度性障碍。农村集体产权制度改革正是通过盘活资产、激活要素、创新集体经营方式，发展和壮大集体经济，农民按照其所享有的集体资产股份（份额）参与集体收益分红，从而有效增加财产性收入。当然，集体经济的发展状况、可供分配的集体收益的多寡，以及农民所拥有的股份（份额）情况，决定了农民财产性收入的多少与增幅。农村集体产权制度改革有效促进了农民财产性收入的增加已为实践所证明，是不争的事实。对此，农业部经管司司长张红宇曾有比较客观的描述："通过农村集体产权制度改革，发达地区农民收入构成中股金分红占比达15%—20%，证明了改革对农民收入增长的显著促进作用。从全国来看，农民收入四大构成中财产性收入占比仅为3%—4%，欠发达地区尤其偏低，表明增加农民财产性收入潜力和空间甚大。深入推进农村集体产权制度改革，有利于激活农村资源要素活力，有利于增加农民收入特别是财产性收入，切切实实增强获得感。"①

最新数据显示，目前全国农村集体经济组织年收入达到4627亿元，年经营收益超过5万元的村接近30%。其中，完成集体经营性资产股份合作制改革的村有15万个，超过全国总数的四分之一，确认成员有3亿多人，年人均分红315元。

2018年6月19日，农业农村部举行新闻发布会。农业农村部副部长、中央农办副主任韩俊讲道：早在2015年，中央即部署在29个县开展农村集体资产股份权能改革试点，经过3年试点探索，各项试点任务已经全部完成，取得了预期成果。29个试点县共清查核实集体资产1125.6亿元，确认集体成员918.8万人；共有13905个村组完成改革，量化集体资产879亿元，累计股金分红183.9亿元，改革给集体和农民带来了实实在在的好处。

农村集体资产股份权能改革试点，是稳步推进农村集体产权制度改革的重要基础。农业部2016年12月9日公布的《关于农村集体资产股份权能改革试点情况的通报》中认为：农村集体资产股份权能改革给集体和农民带来了实实在在的好处。其所带来的明显成效包括：一方面发展壮大了农村集体经济。通过探索农村集体所有制有效实现形式，盘活集体资产，促进了集体资产保值增值，壮大了集体经济实力。先行开展此项改革的上海闵行区梅陇镇华二村，2005年净资产为8500万元，通过股

---

① 张红宇：《实施乡村振兴战略需进一步深化农村改革》，《农村经营管理》2017年第11期。

份合作，盘活了经营性资产。2015 年该村集体净资产增加到 2.05 亿元，集体年收入也由改革时的 3300 万元增加到 8100 万元，年均增长超过9%。该区虹桥镇虹五村 2000 年改革前，集体经营性资产的年租金最多至1000 万元，2015 年达 1.3 亿元，年均增长 19%。另一方面增加了农民财产性收入。通过发展农民股份合作，创新了集体经营方式，集体经济发展成果按股分红，集体和农民的利益联结更加紧密，从制度上最大限度地维护了成员的财产权利，有效地增加了农民的财产性收入。2015 年，广东佛山南海区村组两级集体经济组织实现可支配收入 73.37 亿元，其中用于股份分红 40.62 亿元，分红比例达 55.36%，78 万名社员股东人均分红 5172 元，占可支配收入的 20%。

上海市是较早开展农村集体产权制度改革的地区之一。截至 2017 年年底，上海市农村镇、村、组三级集体经济组织总资产、净资产分别为5620.2 亿元、1637.7 亿元，同比分别增长 6.0%、0.6%。上海市农村集体总资产占全国总量 3.1 万亿元的 18.1%，位列各省市自治区第二。据统计，2017 年度，有 15 个镇级集体经济组织和 444 个村级集体经济组织进行了收益分红，分配金额达 17.50 亿元，涉及成员 174.9 万人，人均分配 1000 元，2010—2017 年，累计分红总额 70.81 亿元，参与分配人次484.07 万人，人均分配 1462.8 元。[1]

上海市的金山区 2015 年就已全面完成了村级农村集体经济组织产权制度改革，全区 124 个村级组织全部成立了村经济合作社。截至 2018 年年底，全区 124 个村经济合作社总资产为 61.48 亿元，比 2016 年改革前增长了 15 亿元。该区山阳镇杨家村是率先实行村级集体经济组织产权制度改革试点村之一，也是全区率先实现村经济合作社收益分配的村。自2013 年 12 月 28 日成立经济合作社以来，至 2018 年年底，杨家村连续五年累计实现村经济合作社成员收益分配 668.54 万元，户均分配 5305.87元。2018 年，金山区 124 个村经济合作社中有 108 个村经济合作社实现2017 年度收益分配，兑现村经济合作社成员分配总额 3607.02 万元，使村经济合作社成员真正享受到农村改革的红利。

---

[1] 参见《上海 15 个镇 444 个村集体经济组织收益分红 17 亿，人均千元，人大启动相关执法检查》，https：//www.jfdaily.com/news/detail？id＝102516。

浙江德清县也是农村集体产权制度改革的典型，引导村集体以资产资源作价入股，吸引工商资本共同投资，积极发展乡村旅游、田园综合体等新业态，有效推动了农村集体经济的发展壮大和农民财产收入的增加。2013—2016 年，全县村集体经营性收入从 8560 万元增加到 1.25 亿元，增长 46%；股金分红从 7 个村分红 181 万元提高至 32 个村分红 830 万元，增长 358%。① 如果说，以上成就主要来自经济发达，农村产权改革起步早、基础好的地区，我们再看看经济欠发达地区农村集体产权制度改革对发展壮大集体经济、增加农民财产性收入的影响，就以地处西部的陕西省为例。

陕西省有 106 个涉农区县、1253 个乡镇、19578 个村、134547 个村民小组。从农业农村部系统数据看，截至 2019 年 9 月，全省共清查乡村集体经济组织单位 14.4 万家，清查资源型资产 2.27 亿亩，占全省面积 73%，其中农用地 2.02 亿亩，约占集体土地总面积 81.2%，建设用地 1068 万亩，占比 4.7%，未利用地 1393 万亩，占比 9.1%；集体资产 1667 亿元，其中经营性资产 471 亿元，占比 28.3%，非经营性资产 1196 亿元，占比 71.7%。目前，全省已登记集体经济组织 11770 个，占乡村组集体总数的 8.2%，其中登记村级集体经济组织 11109 个，占村级集体总数的 57.4%。2017 年村级集体经济组织资产总额 226.5 亿元，村均资产总额 117 万元。2017 年全省有收益的村 8155 个，占行政村总数的 42.1%，其中 5 万元以上的村 3540 个，占行政村总数的 18.26%。到 2018 年底，已有 78.5% 的村完成了成员资格界定，58.6% 的村完成了股份量化，69.7% 的村建立起农村集体经济组织；1684.9 万个农民拿到了集体股权。农村集体经济得到快速发展，70% 的村有了集体经济。目前，19342 个集体经济组织实现分红 10.4 亿元，210 余万群众受益。② 无论是集体经济发展还是农民财产性收入都进入了一个新的发展时期。近年来，陕西农民收入四项构成中，财产净收入一直是增幅最大的一项，尽管其绝对值低于全国平均水平，更远远落后于发达地区，但它表明了陕西农

---

① 徐刚：《为乡村振兴奠定坚实的制度基础——全国农村集体产权制度改革综述》，《农村经营管理》2018 年第 2 期。

② 数据由陕西省农业农村厅提供，笔者调研整理。

民财产性收入上升的趋势。

地处陕西北部的榆林市榆阳区是国家级产权改革试点县，首批 20 家全国农村集体产权制度改革经验交流典型单位之一。其针对不同区域，形成三种产权改革路径：南部山区土地股份合作改革，解决撂荒地，破解"谁来种地"问题；北部草滩区资源性资产股份合作制改革，解决承包地细碎化，破解"如何种地"问题；城中村集体经营性资产改革，解决成员收益公平化问题。目前榆阳区 317 个行政村中，303 个村整村完成改革。通过改革既壮大了集体经济，又增加了农民收入。通过产权制度改革，2018 年全市有 182 个村集体进行了分红，分红金额 1.1 亿元，其中贫困户分红 386 万元。集体经济无经营收益的村较改革前减少 30%，农民收入增长 20%。全市 88% 的村都有集体产业，55% 的村都有集体经济收入。截至 2019 年 7 月，全区 401 个集体经济组织中，277 个股份经济合作社有集体产业，占 69%。189 个集体经济组织收入达 1.36 亿元。

榆阳区余兴庄办事处的赵家峁村则是榆阳区农村集体产权制度改革的典型和示范村，闻名于全国。赵家峁村位于榆林城南 35 公里处，境内山大沟深，属典型的黄土丘陵沟壑区，是榆阳区 78 个贫困村之一，全村总人口 216 户 754 人，土地总面积 7.8 平方公里，其中耕地面积 2658 亩，退耕地面积 2167 亩。2012 年前，村里大多数青壮年劳动力进城务工，留守人口多为老人、妇女和孩子，全村大多数耕地闲置荒芜，农民经济收入 80% 来自外出务工，产业发展几近处于停滞状态。2014 年 9 月，赵家峁村被确定为全省首批 9 个农村集体产权制度改革试点村之一。2017 年 3 月 16 日成立股份经济合作社，向全体成员颁发股权证。产改后，赵家峁村大力发展集体经济，在推行改革的短短三年时间内，集体资产已逾千万元，农村常住居民可支配收入翻了一番，达到 11200 元，村里发生了翻天覆地的变化。村集体经济由 2012 年负债 2 万多元，到 2018 年集体总资产 5000 万元；农民人均可支配收入由 2012 年不足 3000 元，到 2018 年 16800 元；2017 年实现首次分红 100 万元，人均 1580 元，2018 年再次分红 120 万元，人均 1905 元。①

---

① 数据由榆林市农业农村局提供，笔者调研整理。

农村集体产权制度改革促进农民财产性收入增加已是不争的事实。河北省馆陶县馆陶镇陶西村通过改革，2017 年分红 37 万元，2018 年分红 38 万元，户均增收 1780 元。寿东村是贫困村，改革后，实现了资产规范化运营，2018 年集体收益 30 万元，实现分红 10 万元，人均分红 100 元。① 四川省广元市利州区，截至 2018 年 11 月，全区 54 个贫困村实现集体经济经营性收入 120.5 万元，人均收入 32.38 元，预计人均分红 20 元。② 我们在陕西商洛市农村调研时看到，有个村产改后破天荒的有了人均 12 元的分红。要知道这个一区六县的市，其中六县都是国家级深度贫困县。诚如有的农民所言："活了大半辈子，我可是第一次拿到村集体分红。钱不算多，但意义重大。"③

尽管许多地方集体经济发展还比较缓慢，农民财产性收入增幅不大，特别是经济欠发达地区的贫困村，人均分红百十元、几十元，甚至十几元，但较之于产改前无集体收益，甚至负债累累而言，通过产改实现分红，其意义非同寻常。

二　产权改革对农民财产权利实现的影响分析

（一）产权改革对农民财产权利实现的积极作用

农村集体产权制度改革的内容、过程和目标几乎涵盖了农民财产权利实现的各个环节和基本要素，将之串联起来，农民集体收益分配权实现的路径清晰可辨。

1. 农村集体产权制度改革唤醒了农民的财产权利意识

农民集体所有是一种成员集体所有。农村集体产权制度改革赋予农民集体资产股份权能，让抽象的法律规定获得富有生命力的表现形式，使农民清晰地认识到自己与集体的关系和对集体资产所享有的权利。农民作为集体经济组织成员不仅关心自身财产权利的实现，同时也开始关注与财产权利实现密切相关的知情权、参与权、表达权和监督权。"分得

① 《创新集体经济运行机制　保障农民合法财产权益》，《农民日报》2019 年 8 月 24 日。

② 农业农村部政策与改革司：《实行七权同确　实现赋能共赢——四川省广元市农村集体产权制度改革试点典型经验》，《农民日报》2019 年 6 月 16 日。

③ 白锋哲：《一场统分有机结合的深刻变革——全国农村集体产权制度改革试点工作综述》，《农民日报》2019 年 8 月 27 日第 1 版。

一分钱，既是一份钱，也是一份权"是农民的真情流露。

2. 清产核资不仅摸清了集体资产的家底，有效防止了集体资产被闲置、浪费、贪腐、流失和低效利用，同时也为发展壮大集体经济，维护和实现集体经济组织成员权利奠定了坚实的物质基础。

3. 集体经济组织成员界定、资产量化、股权配置和管理，从根本上解决了长期以来困扰人们的农村集体收益分配范围和分配标准问题，即谁可以参与分配和如何分配的问题，既减少了农民集体收益分配矛盾纠纷，又为解决农民集体收益分配矛盾纠纷提供了可靠依据，使农民财产权利得以顺利实现。

4. 赋能活权，创设了更多的农民财产权利实现形式

农民对集体资产股份享有占有权、收益权和转让、抵押、担保权能及继承权，这既是赋予农民的财产权利，同时也是农民行使财产权利的具体方式和路径，从而使农民的财产权利看得见、摸得着、能落地。

5. 集体经济获得新的发展机遇，农民财产性收入不断增加

农民财产权利实现的一个重要标志就是财产性收入的增加。通过产权改革，集体资产盘活了，各类要素流动了，集体经济发展了，"空壳村"也有收益了，农民拿到了分红，切切实实增强了获得感。

6. 机制创新，助推脱贫攻坚和乡村振兴

改革中，创造性地将扶贫资金、政府拨款、减免税费等方式形成的资产确权到农民集体，并量化为本集体成员特别是贫困人口持有的股份，创设了独特的"扶贫股"，使脱贫攻坚嵌入产权改革，获得持续稳定的内生动力。产权改革不仅激活了集体经济产业发展，实现了农民的财产权利和民主权利，同时也推动了乡村治理的变革，为乡村振兴奠定了坚实的基础。

（二）农村集体产权制度改革对农民财产权利实现的消极影响

1. 改革的整体性、协调性和前瞻性不足

中国农村改革正在全面、深入推进，其涉及内容丰富，覆盖面广、利益重大，农村集体产权制度改革只是其中的一部分。这些改革具有整体性、协调性的特点。它们相互关联，甚至相互交叉。农村集体产权制度改革由于时间紧、任务重，压茬推进，单兵突进，以致忽略了与其他农村改革之间的协调，导致改革之间产生矛盾甚至埋下隐患。例如，农

地、宅基地"三权分置"改革中的承包权、资格权与产权改革中的集体经济组织成员身份界定的关系；土地确权、集体建设用地入市与清产核资范围的关系；特别是在农地"三权分置"和宅基地"三权分置"中落实集体所有权收益权能产生的收益、集体经济组织盘活利用闲置宅基地和闲散公益用地的收益、集体土地被征收占用的土地补偿，以及集体经营性建设用地入市收益等绝大部分还没有折股量化到集体成员，这部分集体收益直接关系到集体成员的收益分配权实现问题。

2. 改革中存在不规范和违反政策法律的问题

这些问题集中体现在，股份经济合作社章程简单套用、照搬照抄，内容不切合实际；在成员界定资产量化和股权设置中以"群众认可"为由，通过合作社章程或村规民约剥夺或减少离异妇女、服刑人员等"特殊群体"的合法权益；有的村以防止农民返贫为由，限制集体成员转让集体资产股份，剥夺农民集体资产股份转让权等。

3. 股权设置管理形态复杂，产权关系不稳定

在股权设置方面：有设集体股的，也有不设的；设有集体股的，占比差距较大，少则10%，多则50%—60%；有的既设集体股，又提取公积金、公益金，但对其用途、使用和管理规定模糊。成员股类型少则只设人口股一种，多则设有人口股、土地股、资金股、房产股、奖励股、农龄股、扶贫股、技术股、劳务股等八九种，不仅种类繁多，有的还混淆了产改股权和其他经济组织股权的性质。在股权管理方面，有静态、动态、静动态结合。一些实行股权动态管理的，调整频繁，规定三五年就一调，有的甚至一年一调，导致集体产权关系和农民集体资产股份权能很不稳定，影响农民集体收益分配权的行使和实现。

4. 出现新的产权关系不清和财产关系紊乱

农村集体产权制度改革的一个重要目标就是建立"产权清晰、权能完整、管理严格、流转顺畅"的现代集体产权制度。产权改革主要是将集体经营性资产折股量化，作为集体收益分配的依据。但在产改中，由于一些农村集体经济空壳，没有或少有经营性资产，于是便将农民承包地、资金、房产、技术等其他资产折股量化，并由新成立的合作社统一经营管理，甚至还以"虚拟资产"折股量化。这些做法混淆了农村集体产权制度改革与三变改革、农地制度改革、农村经营方式改革的关系。

特别是一些地方统一要求以承包地入股合作社，且规定"永久不得收回"，客观上限制了农民土地承包经营权的行使，也制约了家庭农场和农民专业合作社等其他农村经营主体的发展。一些转为社区的城中村将社区财产、合作社财产和社区居民财产不加区分，相互混同，造成新的产权关系不清和复杂的财产法律关系，可能会造成在集体收益分配中一部分人侵害或占有另一部分人利益的情形。

5. 产权一改了之，农民坐等分红

农村集体产权制度改革不是一改了之或一股了之。产权改革的要义是建立现代集体产权制度，盘活资产、激活要素，发展壮大集体经济，增加农民财产性收入。清产核资、成员界定、资产量化、股权设置，仅是产权改革的基础环节，是农民财产权利实现的前提条件。皮之不存，毛将焉附，没有集体经济的发展，哪来的集体收益分配，又谈何增加农民财产性收入？但在实践中，改革任务一完成，农民似乎与集体只剩一个分红关系，别无其他。农民的主体性地位被忽视，农民的知情权、参与权和监督权被虚化，实质上还是农民的集体收益分配权被虚置，无法落实。

6. 重赋权，轻权利落实

"赋予农民更多财产权利"的政策已深入人心，农村产权改革无疑是向农民赋权还能的重要举措。农民享有集体资产股份权能，包括占有、收益、抵押、担保和继承的权利，这既是赋予农民的重要财产权利，同时也是农民行使和实现财产权利的重要方式。从改革实践来看，目前农民集体资产股份权能的收益权普遍得到落实，但其他权能尚未引起足够重视，落实得远远不够。如果其他权能落实不了，收益权就会被稀释或被侵害。

7. 重个体分红，轻集体积累

农民财产权利实现的一个重要标志就是财产性收入的增加，农村集体产权制度改革的一个显性成果就是农民获得集体收益分红。但在大多数农村集体股份经济合作社的章程中都规定，集体收益除提取少量的公积金、公益金之外，主要用于农民分红，有的高达70%—80%。经济欠发达地区的集体经济大部分底子薄、基础差，发展制约多。这种重分红、轻积累，分光吃尽的做法加剧了集体经济发展的困难，难以实现农民财产性收入持续增加。

8. 集体经济发展缓慢，农民增收困难

完成产权改革后，农村集体经济组织都着力于发展集体经济，但从运行的整体情况来看，集体经济发展缓慢，农民增收困难，表现为，资产盘活困难，要素流动不畅；缺项目、少资金、没技术、乏人才；多数集体经济产业发展方向不明，投资盲目；产业项目和资金主要依靠财政支持和扶贫项目以及外部支援，农村集体经济内生动力严重不足。此外，许多地方将农户承包地通过流转或入股方式全部由合作社统一经营管理，加大了合作社的经营风险，同时对合作社经营管理构成巨大压力。因为，一旦经营失败，农民利益受损，极易诱发农村社会不稳定。

9. 股份经济合作社治理机制不健全

农村集体产权制度改革的最后一个环节就是成立集体经济组织——股份经济合作社或经济合作社。这种合作经济及其组织形态既不是20世纪50年代初高级合作社的简单重复，也不是计划经济下的农村集体经济。合作经济是集体经济组织成员利用集体资源进行联合或合作发展的新型集体经济，合作社是集体经济的重要组织形式。改革开放四十年，中国农村实行以家庭承包经营为基础的统分结合的基本经营制度，但分之有余而统之不足，集体经济渐趋式微。广大基层干部和农民群众对于合作经济的性质及合作社的运行机制还不够了解和掌握，不可能一下子就建立起能够妥善处理合作社内、外部关系的治理机制。合作社的治理与运行几乎是过去集体经济模式的翻版，很难适应新型集体经济发展的需要。股份经济合作社治理机制不健全，就无法担负起发展壮大集体经济，增加农民收入的功能。

第二节　农村集体资产：农民集体收益分配权实现的物质基础

清产核资就是对村集体的各类资产进行清查核实，以摸清农村集体的家底，对于农民集体收益分配权的实现具有重要的意义。集体收益分配权虽然不是分割集体资产，但与集体资产有着极为密切的关系。集体收益分配权的对象是集体收益，而集体收益正是由集体资产处置所得和运营所得共同构成。离开了集体资产，就不会有集体收益，也就谈不上集体收益分配和集体收益分配权了。

一 农村集体资产的类型和规模

农村集体资产主要有资源性资产、经营性资产和非经营性资产三类。具体包括：农民集体所有的土地、森林、山岭、草原、荒地、滩涂等资源性资产；用于经营的房屋、建筑物、机器设备、工具器具、农业基础设施（包括小型水利工程）、集体投资兴办的企业及其所持有的其他经济组织的资产份额、无形资产等经营性资产；用于公共服务的教育、科技、文化、卫生、体育等方面的非经营性资产。其中，农民集体所有的土地又有三类：农用地、建设用地（经营性建设用地和非经营性建设用地）和未利用地（"四荒地"和其他未利用地）。

中国农村集体资产总量规模庞大。

（一）资源性资产

全国农村集体土地总面积为 66.9 亿亩，其中农用地 55.3 亿亩、建设用地 3.1 亿亩、未利用地 8.5 亿亩。

（二）集体经营性资产和非经营性资产

根据农业农村部的统计，截至 2016 年年底，全国农村集体资产总额是 3.1 万亿元（不包括土地等资源性资产）。在统计的 55.9 万个村中，经营收益 5 万元以上的村达到 14 万个，占总数的 1/4。集体没有经营收益或者经营收益在 5 万元以下的村有 41.8 万个，占总数的 74.9%。东部地区村均集体资产总额 1027.6 万元，中部地区村均 271.4 万元，西部地区村均 175 万元。到 2017 年年底，全国农村集体资产（不包括土地等资源性资产）总额 3.44 万亿元，村均 610.3 万元，其中：经营资产总额 1.11 万亿元，占资产总额的 32.4%[①]。

（三）清产核资与集体资产保护

农村集体产权虚置、账目不清、分配不公开、管理不透明，导致集

---

① 2018 年 6 月 19 日，农业农村部就集体产权制度改革进展情况在新闻发布会上公布的数据。

体资产被挪用、侵吞、贪占的现象时有发生。中国亿万农民经过长期的辛勤劳动，为集体积累了如此庞大的珍贵的财富，为集体经济发展和农业农村发展，奠定了坚实的物质基础。但由于过去中国农村产权制度的瑕疵和缺陷，长期以来，集体资产闲置、浪费、低效利用，甚至被占有、贪腐，流失甚为严重。农村集体产权制度改革，首先就是对集体各类资产进行清查核实，真正摸清集体的家底，作为产权改革的重要基础。因此，在清产核资中，要求对清查出的应入账或核算不准确的，要如实入账或调整账目；对长期借出或不按规定办理租赁转让的，要清理收回或补办手续；对侵占集体资金和资产的要如数退赔，涉及违规违纪或构成犯罪的要移交纪检监察或司法机关依法处理。事实上，集体资产底子不清或被不法侵占、非法侵吞的现象非常普遍。一方面大量集体经济低收益、无收益，甚至负债累累，另一方面大量集体资产却又被闲置或贪占。清产核资正是从根本上摸清底子，从制度上保护好集体资产。

我们以陕西为例，陕西省作为西部经济欠发达省份，我们从清产核资的情况可以看出农村集体资产的结构和体量，也可以通过数据和事例看到清产核资对摸清集体家底和保护集体资产的意义。

从农业农村部系统数据看，截至 2019 年 9 月，陕西全省共清查乡村集体经济组织单位 14.4 万家，清查资源型资产 2.27 亿亩，占全省面积 73%，其中农用地 2.02 亿亩，约占集体土地总面积 81.2%，建设用地 1068 万亩，占比 4.7%，未利用地 1393 万亩，占比 9.1%；集体资产 1667 亿元，其中经营性资产 471 亿元，占比 28.3%，非经营性资产 1196 亿元，占比 71.7%。

截至 2019 年 7 月 15 日，西安市累计完成清产核资 2384 个村，占全市总村数的 99%，清查出资源性资产 746.06 万亩、经营性资产 123.93 亿元、非经营性资产 248.15 亿元。

地处陕西北部的榆林全市 16298 个镇村组全部完成了农村集体资产清产核资工作，12 个县市区清产核资工作已完成市级验收。通过开展清产核资，村集体资产家底初步摸清，核实资产总额 266.9 亿元，其中，经营性资产总额 85.7 亿元，非经营性资产估值 181.2 亿元，资源性资产方面，清查出集体土地总面积 5831.2 万亩，其中，农用地 4807.9 万亩，建设用地 312.8 万亩，未利用地 710.5 万亩。

陕西省商洛市山阳县位于陕西东南部，地处秦岭南麓，属长江流域汉江水系，是一个"八山一水一分田"的土石山区农业县、国家扶贫开发重点县、革命老区县。2019 年 5 月，全县 18 个镇、239 个村、1754 个组集体资产监管系统全部建立，录入率 100%，清产核资工作全面完成，已通过市级验收。清查出经营性资产 2.80 亿元，非经营性资产 6.69 亿元，负债合计 1.48 亿元。农村集体土地总面积 541.4 万亩，其中耕地 47.0 万亩，林地面积 486.8 万亩，建设用地 3.6 万亩。① 清产核资不仅摸清了集体的家底，同时对于保护集体经济利益和集体成员权益发挥了重要作用。

农业部《关于农村集体资产股份权能改革试点情况的通报》中讲道：通过清产核资摸清了集体家底，明确了产权归属，有效防止了集体资产被平调、侵占，实现了"给农民一个明白，还干部一个清白"。河南济源市承留镇花石村村民聂济东说："自己确实没想到，清产核资能查出 800 多万元集体资产，如今集体家底更清楚了，群众心里更亮堂了。"

我们在调研中，同样会发现清产核资中保护集体资产和集体成员利益的事例，有的甚至解决了常年解决不了的集体资产被侵占问题。

如陕西省咸阳市三原县在 2018 年清产核资中发现，由于村干部换届，原村干部未按规定将集体资产、资源进行移交，导致龙桥花园房地产项目开发商侵占了龙桥村集体土地 7.2 亩。县镇相关部门和人员在调阅大量相关账务资料后，与开发商、村两委及村民代表多次召开协调会，帮助村民追回补偿款 1680 万元，人均分配补偿款 3.5 万元，有效地保护了集体经济利益和村民的合法权益。

西安市某社区有 5 个自然村（小组），2000 多亩耕地，600 多户 2000 多人。2011 年 4 月 22 日城改动迁，2015 年 10 月回迁。城改后，村集体有 49 亩自主开发用地（国有划拨集体使用），村民集资建成了石桥车城，由原村委会主任负责经营。第一次有 400 多户入股，每股 1 万元，承诺每股年付股息 3000 元。第二次集资每股 2 万元。但原村主任一直既不向集体交一分钱，也不给入股的村民兑现股息。座谈会上，社区干部支支吾

---

① 陕西省、西安市、榆林市、商洛市相关数据均为笔者调研整理。

吾，欲言又止，街办干部遮遮掩掩、极力回避。显然，这是一起典型的村干部侵占集体资产和侵害集体成员合法权益事件，但村干部不敢管，街办干部不愿管，集体成员管不了。在产改中将此纳入了集体资产清产核资范围，并进行纠正和规范。

二　农村集体资产与农民财产权利实现的关系

清产核资使集体资产的类型、数量、价值和利用情况、归属关系清晰、明确，为盘活集体资产、发展集体经济奠定了基础，同时也为经营性资产折股量化、进行股份合作制改革创造了条件，为农民集体收益分配权的实现提供了前提条件。

（一）农村集体资产是集体成员的主要财产

农村集体资源性资产、经营性资产和非经营性公益资产作为集体所有的动产和不动产，属于成员集体所有，所以这三类资产也是集体成员的主要财产。农民的主要收入也正是来自对集体资产的利用或对集体资产运营所得的分配。在农民收入结构的四部分中，经营性收入和财产净收入就是直接源于集体资产，即使在转移性收入中也有部分间接地与集体资源性资产和经营性资产利用有关，如一些农业政策补贴和农业项目的财政支持。

（二）集体资产是集体收益的物质基础

农民集体收益分配权的客体是集体收益，而非集体资产本身。集体收益的产生有两种方式，一种是对集体资产运营所获得的资产效益，如以集体土地等资源性资产的出租、入股带来的收益，或以经营性资产运营、投资、入股产生的收益等。另一种是对集体资产进行处置所产生的收益，如征地补偿款等。对此，学界有不同意见，有学者认为征地补偿款不在集体收益之列。征地补偿款固然是集体土地所有权转移的价值形态转换，是财产处分所得，应归于集体，自然属于集体的收入（益）。在集体经济普遍薄弱的地区，征地补偿款是集体经济的主要来源，农民集体收益分配也主要表现为征地补偿款的分配。在数量庞大的农村土地纠纷中，有相当部分就是征地补偿款分配纠纷。

在清产核资中，《意见》要求"重点清查核实未承包到户的资源性资产和集体统一经营的经营性资产以及现金、债权、债务等"。由于农村产权改革分类实施，承包地通过确权登记、颁证确权到户，赋予农民土地承包经营权转让、出租、入股、抵押等权能，并依"三权分置"而进行改革，建设用地分别通过宅基地使用权制度改革和集体经营性建设用地入市改革推进。非经营性资产主要是用好、管好。所以，农村集体产权制度改革主要是针对未承包到户的资源性资产以及经营性资产，在清产核资的基础上，对此进行折股量化，进行股份合作制改革。

但在改革实践中，清产核资是全面进行的，三类资产都要进行清查核实。资产折股量化，也不仅限于未承包到户的资源性资产和经营性资产。因为，许多村庄集体经济薄弱，甚至空壳，很少或几无集体经营性资产，集体资产主要是土地资源性资产和其他非经营性资产，这在中西部经济欠发达地区表现得非常突出。除少量城中村、城郊村和经济发达村外，大量传统农业村庄和以土地资源性资产为主的村庄都将农户承包地统一量化入股合作社，由合作社统一经营管理。还有的村庄将部分非经营性资产，如多余的办公用房、闲置或废弃的学校、卫生所用房转化为经营性资产进行折股量化。

这些资产在清产核资后，都被折股量化，其中既有资源性资产，也有经营性资产，甚至还有部分非经营性资产，统一由合作社经营管理，共同构成发展集体经济的重要物质基础，也成为农民获取集体收益分配的物质基础和条件。农民集体收益分配权能否实现及实现的程度，在很大程度上取决于集体资产的体量和运营状况。

（三）集体资产影响成员集体收益分配份额

从一般意义上来讲，集体成员都有获取集体收益分配的权利，但就某一具体农户或个体来讲，所能获取的集体收益分配量是有差别的。如以承包地折股量化，因农村土地家庭承包经营实际上是"按人分地，以户经营"的，每户人口不同，所拥有承包地的数量就不同，加之二轮延包后，大部分新增人口在严格实行"增人不增地、减人不减地"的情况下没有获得集体承包地；经营性资产的折股量化则要考虑更多的影响因素，要兼顾公平（保障）与效率（贡献），如人口、土地、贡献等。事实上，集体成员在集体资产中拥有的股份（份额）是不同的，所获取的集体收益必然存在差异。

集体收益分配权的实现显然受集体资产的制约。不仅是集体资产的类型、体量对集体收益的规模和集体收益分配权的实现具有实质性的影响，集体资产的低效利用或被侵占流失同样意味着权利的"缩水"，或无以实现。

三　清产核资中存在的突出问题

清产核资的过程与结果涉及集体各类资产的总量，进而影响到集体资产的管理、使用和收益及收益的分配。因此，清产核资的质量至关重要，通过清产核资过程的观察和"回头看"，发现仍存在一些问题。

（一）集体资产被侵蚀现象严重

通常存在的账外资金，小金库、虚拟债务、资产和收益不入账等、平调转移集体资产、隐瞒包括社区在内的集体资产、混淆集体资产和村干部个人资产等，为少数人控制集体资产，甚至非法侵占、贪腐创造了条件，造成集体资产的损失和减少。

（二）农民承包地面积有争议

如一些地方村子的二轮延包对农户的承包面积与土地确权登记颁证的面积不符，多数为确权面积远远大于二轮延包时的面积。造成这种情况的原因比较复杂，既有当初承包时集体有意对差地的尺度放宽（实际亩数大于承包面积亩数），也有农户故意扩大四至、侵占集体或他人的土地，也有的是农户私自开荒扩大了承包地面积。问题是土地确权时，有的地方对这部分土地进行了确权颁证。产改清产核资，特别是以承包地入股配置集体资产股份时，矛盾就发生了。农户强烈要求按确权面积折股量化，村集体坚持以二轮延包时的土地面积折股计股。这类矛盾在山区农村表现得很突出。

（三）农村资源性资产数据差异大

清产核资中，一个普遍存在的问题是农村资源性资产清查数据与自然资源（国土、林业）部门的数据存在较大出入，存在少登、漏登、错登、重登资产的情况，致使农村集体资源性资产数据存疑，影响到农村集体和集体成员的财产权益。我们以西部某省的一个数据表为例，问题可窥一斑（见表5-1）。

表5-1   各市区集体土地面积对比

序号	市区	自然资源部门数据	清产核资报送系统数据（2.28）	清产核资报送系统数据（5.12）	差值（单位：万亩）
1	A市	1058.07	872.04	891.4	166.7
2	B市	489.14	222.02	228.7	260.44
3	C市	2060.36	1500.49	1507.3	553.1
4	D市	1259.72	1079.23	1125.8	133.9
5	E市	1517.77	1253.51	1268.4	249.4
6	F市	3837.16	2832.94	2976.0	862.2
7	G市	3543.83	3430.40	3224.2	319.6
8	H市	6013.10	4876.97	5301.4	711.7
9	I市	3033.17	2207.53	2392.4	640.8
10	J市	2818.71	2930.65	2906.7	-88.7
11	K区	7.57	3.38	11.1	3.53
12	L市	155.07	86.30	86.3	68.8
13	合计	25794.65	21295.43	21921.6	3873.1

资料来源：某省农业农村厅。

第三节　集体成员身份：农民集体收益分配权实现的前置条件

集体收益分配权，从法律关系的构成要素来讲，首先是法律关系的主体，包括权利主体和义务主体。那么在这里，权利的享受者，即权利主体是什么？复杂的问题往往是从最简单、最本初的问题开始。农村集体收益分配是发生在农村集体经济组织内部的有关收益（利益）分配的一种经济活动，参与分配者被严格限定在该组织体内部成员的范围，即以集体经济组织成员为限。这是农村集体所有，是成员集体所有的本质特征所决定的。农民集体收益分配权不过是这种现实经济关系的法律表达而已。可见，集体收益分配权本质上是农村集体经济组织成员的收益分配权，具有鲜明的身份特征，是集体经济组织成员权的一部分，属于财产权利的范畴。

一　"集体成员"身份确认问题的产生

赋予集体经济组织成员集体收益分配权，其作为集体收益分配法律关系主体，通过主张、行使集体收益分配请求权，从而获得集体收益分配中应有的份额。而集体经济组织则负有满足成员收益分配请求的法定义务。至此，所有这些都似乎顺理成章。但现实并非如此，当一个人的集体成员身份处于不确定、受质疑、起争议、遭否定时，矛盾纠纷则必将风起云涌。这类纠纷集中体现在两个方面。一种是侵犯妇女土地承包经营权引发的纠纷。自实行土地家庭承包经营制以来，许多地方出现了对出嫁妇女、离异妇女、离异改嫁妇女不予分配承包地、少分承包地或强行收回承包地的做法，由此引发大量上访、诉讼的发生。另一种是嫁城女征地补偿款分配纠纷。随着工业化、城镇化的迅速推进，农村集体土地被大量征占，农村集体获得巨额征地补偿款，在集体经济组织内部分配土地补偿款时，出现了不给嫁城女分配或少分的现象，引发更大规模的上访或诉讼，此类纠纷几乎席卷全国。在这两类纠纷以及所有涉及集体收益分配的纠纷中，问题集中指向集体经济组织成员身份的界定。集体经济组织以风俗习惯和村规民约为依据，认为所涉人群因婚姻等原因不再具有本集体经济组织成员的资格，故不得享受只属于集体经济组织成员的福利；法院所受理的诸如"农地征收补偿费用分配纠纷""承包经营权确认、流转等纠纷""集体土地收益分配纠纷""环境污染补偿款项分配纠纷""其他集体款项分配纠纷"等为案由的纠纷，虽无直接"集体经济组织成员"身份的确认之诉，但所有这些案件的审查、审理都必须进行"集体成员"身份的甄别和审查。否则，案件审理将失去依托而无法进行下去，因为，是否具有"集体成员"的特定身份是决定其是否享受某种权利的前置条件。然而，由于相关法律的阙如，司法机关陷入了"于法无据"的困境。[①] 于是司法机关不得不在"受理"与"不受理"，"此判决"与"彼判决"之间选择徘徊。这种"受理"与"不受理"或"选择性受理"，"肯定性裁决"或"否定性裁决"，都直接关乎农民财产权利实现的司法保障是否在场和到位。

[①]　江保国：《集体经济组织成员身份确认的可诉性研究》，《中外法学》2018 年第 4 期。

　　既然问题已聚焦"集体成员"身份的确认，那么"集体成员"身份的确认又何以成为问题？确认的依据和标准又是什么呢？

二　早期"集体成员"的边界

　　"集体成员"与集体经济和集体经济组织密切相关。中国宪法规定，社会主义经济制度的基础是生产资料的社会主义公有制，包括全民所有制和劳动群众集体所有制，即国有经济和城乡集体经济，农村集体经济是社会主义公有制经济的重要形式。中国农村集体经济及其集体经济组织形式经历了一个历史的发展演变过程。1953 年 12 月，党中央通过《关于发展农业生产合作社的决议》。1955 年年底，全国初级社增加到 190 万个，入社农户达 7500 多万户，占农户总数的 63% 左右。1956 年底，全国已有 75 万个农业生产合作社，入社农户达 1.2 亿多户，占农户总数的96.3%，其中高级社的户数达 1 亿多户，占农户总数的 88%。1958 年，全国各地响应党中央"小社并大社"号召，相继成立人民公社。至当年11 月初，全国共有人民公社 26572 个，参加的农户共计 12692 万户，占农户总数的 99.1%，全国农村全部实现人民公社化。1982 年 12 月，全国人大五届五次会议修改宪法，作出改变农村人民公社政社合一的体制，重新设立乡政权的决定。1983 年 10 月 12 日，中共中央、国务院发布《关于实行政社分开建立乡政府的通知》。到 1984 年年底，各地政社分设的改革基本完成，实行了 20 多年的人民公社制度宣告结束。[①]

　　中国的改革开放是从农村率先开始的。1978 年，安徽凤阳小岗村十八位村民召开秘密会议，把队里的土地分到了户，首创了"大包干"联产承包责任制，拉开了中国农村改革的序幕。1980 年春天，广西河池合寨村农民选举出了全国第一个村民委员会，揭开了中国基层民主政治的序幕。自此，中国农村的经济、政治、社会管理体制发生了巨大变化。伴随着这一历史进程，国家出台了一系列法律文件。20 世纪五六十年代的《农业合作社示范章程》（1955 年 11 月 9 日）、《高级农业合作社示范章程》（1956 年 6 月 30 日）、《农村人民公社工作条例》（修正草案，

---

　　①　参见徐小青《新中国成立 70 年来我国农业农村发展历程——以农村经济体制改革为线索的回顾》，宣讲家网 http：//www. 71. cn/2019/1015/1062542. shtml。

1962 年 9 月 27 日）以及八九十年代的《中华人民共和国宪法》（1982 年 12 月 4 日）、《村委会组织法》（1998 年 11 月 4 日）等法律文件清晰地记载和反映了这一历史发展过程。从中我们可以看到，农村集体经济形成于高级农业合作社时期，它是劳动农民在自愿、互利的基础上，进行劳动合作的具有开放性质的经济形态，其将社员私有的主要生产资料转为合作社集体所有组织集体劳动，实行"各尽所能，按劳取酬"，其组织形式包括高级农业经济合作社、人民公社（"三级所有，队为基础"），在人民公社解体之后，表现为乡（镇）、村、村民小组等多种形式的农村集体经济所有制和集体经济组织形式。

考察农村集体经济及其集体经济组织形态的发展演变，我们发现，在农村"大集体"时期，"集体成员"的边界是非常清晰的，集体收益分配限定在特定集体经济组织成员范围内，鲜有争议。

一方面，法律明确规定了"集体成员"即社员入社、退社、取消（恢复）、开除社员资格的条件和程序。实质条件包括年龄、对象、资产、政治身份。程序要经过"本人自愿申请，经社员大会或者社员代表大会通过"，有的还要"经过乡人民委员会的审查批准"，如《高级合作社示范章程》第七、十一、十三条的规定。法律的明确规定，使得集体成员边界清晰可辨，集体全年收入的实物和现金，按照社员各自的劳动日进行分配，无可争议。

另一方面，户口制度固化了"集体成员"的边界。20 世纪 50 年代，特定的国情形成了城乡二元结构，与之匹配的户籍制度锁定了城乡的分界，客观上也固化了农村集体经济组织成员，使得户籍管理制度和农村集体经济组织成员边界这两个本无联系的事物却联结在了一起，一直影响至今。1958 年 1 月 9 日颁布实施的《中华人民共和国户口登记条例》规定，"公民应当在经常居住的地方登记为常住人口，一个公民只能在一个地方登记为常住人口""农村以合作社为单位发给户口簿；合作社以外的户口不发给户口簿""公民由农村迁往城市，必须持有城市劳动部门的录用证明，学校的录取证明，或者城市户口登记机关的准予迁入的证明，向常住地户口登记机关申请办理迁出证明。"不仅农村人口流向城市的通道变得极其狭窄，即使在农村之间流动也只限于结婚、离婚、收养、认领、政策移民等法定事由，且要办理户口变动登记。那个年代，没有户口，将寸步难行，也无法在他处生存，否则会被作为"盲流"而遭返回乡；农民脱离集体经济组织，更意味着失去了生活的依托。"人民公社"是在高级农业合作社的基础上联合组成的集体经济组织，实行"三级所有，队为基础"的管理体制。人民公社虽然是政社合一的组织，但在经济上是各生产大队的联合组织，生产大队是基本核算单位，生产队则是直接组织生产和组织集体福利事业的单位。事实上，集体成员主要固定在生产队这一经济体内，从事生产劳动，参与产品和收入的分配，享受相应的集体福利。这一时期集体成员（社员）的身份依然是清晰的。一方面，在高级合作社时期，通过入社、退社等方式确定了成员边界，加之户籍制度的作用，不仅农村人口与城市人口泾渭分明，在农村社会中各经济组织成员的边界也是非常清晰的，无须专门界定。对于因出生、婚姻、收养而产生的新增人口，当然取得"社员"的资格，因为他们再别无选择。而社员资格的丧失，已为户口变动的法定事由所确定，或通过招工、招干、入伍、上学而流向城市，成为吃"商品粮"的"公家人"，或因死亡丧失"社员"资格；也可因婚姻嫁娶、入赘、离异改嫁、收养等事由在不同的农村集体经济组织之间流动。在此期间，虽已无"入社""退社"之规定，但基于法定事由的出现，"集体成员"资格的取得与丧失随之发生。

可见，在"大集体"年代，农村集体经济组织成员的边界主要是由合作社或人民公社的经济属性所厘定，户籍管理制度在客观上进一步固化了这种成员边界。虽然也有因法定事由而引起成员变化，但相对来说集体成员的边界还是清晰而确定的。

三　"集体成员"边界走向模糊

农村"集体成员"边界缘何而走向模糊不清，并成为"问题"而引起学界和政府、司法部门的高度重视呢？我们沿着农村集体经济、集体经济组织的发展变迁方向顺流而下，再从"集体成员"身份确认纠纷四起之时回溯历史，时空的交汇点聚集在了农村"人民公社"的解体和"农村集体经济组织实行家庭承包经营为基础，统分结合的双层经营体制"的确立。农村政治、经济、社会结构的深刻变化，使得农村生产经营方式和社会管理体制发生了根本性的改变。"大集体"的统一生产劳动已不复存在，集体经济也日趋式微。土地主要以家庭承包经营为主，小农户经营重新成为农村生产经营的主要方式，农村双层经营体制也逐步走向"有分无统"或"分得充分，统得不足"。生产经营方式和农村管理体制的变革，为农村富余劳动力流动创造了条件。

工业化、城镇化的快速推进，大量征占集体土地形成了巨量失地农民，加剧了农村人口向外流动，近三亿的"农民工"大军进入各地城市。此外，大量传统农业区的农民，特别是经济欠发达地区的农民进入"城中村"、城郊村和经济发达村务工、经商或承包土地。这些村的"外来人口"远远超过了原住居民，有的还以各种理由"落了户"，"空挂户口"大量形成，这些村以不同方式"接纳"外来人口。村庄的边界不再封闭，外来人口的政治诉求乃至经济诉求也越来越多。南方农村实行股份制改革较早的地方，已出现了"股民"（原住村民）与"村民"（外来人口）的划分，其政治权利和经济权利逐渐变得复杂起来。

伴随着工业化、城镇化的发展，户籍管理随之松动，城乡二元结构开始瓦解。在农村的突出表现，一是，外嫁女、外出上学、就业的人口不再迁移户口，户口仍留在原籍，人户分离现象非常严重，特别是经济发展比较好、福利多的城中村、城郊村更是如此，一些户口迁出的村民又千方百计将户口迁回农村；二是，许多农民进城务工，子女上学，在城镇租购房屋并有了城市户口，形成"双重"户口。

此外，农村人员结构和利益关系错综复杂，既有历史原因造成的，也有政策调整形成的，还有人为所致的。如知识青年上山下乡返城较晚的人员，乡镇企业中"持股"的外聘人员，在农村保留有承包地、宅基地、祖屋的公职人员，违反计划生育超生人口，通过非正常程序将户口迁入农村的人员，还有各类政策移民。加之，近些年来，为促进城镇化发展，保护进城落户农民权益，让农民"带着权利进城"，保留进城落户农民"三权"政策法律的实施，使得农村人员身份关系、利益关系异常复杂，以致在农村集体产权制度改革"成员界定"上，有的地方人员身份情况多达几十多种，甚至上百种需要甄别和界定。

四　"集体成员"身份确认的理论与实践

"集体成员"身份确认问题直接爆发于 21 世纪初，工业化、城镇化发展大量征占集体土地后，农村集体经济组织内部征地补偿款的分配，特别是针对"嫁城女"、离异再婚妇女及其子女应否分配的纠纷几乎遍及全国。之前，农村土地一轮和二轮承包中也涉外嫁女及离异再婚妇女的土地承包经营权问题，但问题的激烈程度远不及后来的"嫁城女"问题。由于集体收益分配纠纷解决的前置条件就是"集体成员"身份的确认，所以，在很早时期，"集体成员"身份确认问题就引起了学界和司法界的高度关注，并进行了大量积极有效的探索。

（一）学界的理论探索

学界将"集体成员"资格纳入成员权的范畴进行研究，而成员权的享有、行使和实现是以一定的身份为前提，涉及"集体成员"资格的确认。所以，学界着力于对集体经济组织成员资格的取得方式、认定标准的概括和解释。

集体经济组织成员资格取得的方式主要有三种：原始取得、法定取得和申请取得。

一是原始取得，主要是指农村集体经济组织的初始成员及其家庭衍生的新增人口。其中一部分是 20 世纪 50 年代，初级合作社和高级合作社时期，劳动农民通过"入社"行为而获得集体经济组织成员资格。另一部分则是初始成员家庭衍生的新生农业人口，其自出生后便自动获得该集体经济组织成员资格，但这部分成员基于国家户籍管理制度又可能会因出嫁、招工、上学、入伍等事由脱离该集体经济组织而丧失集体成员资格。

二是法定取得，是基于婚姻关系、收养关系、政策性迁入等途径和方式获得成员资格。这是一种制度性安排的结果，属于《户口登记条例》规定的户口变动法定事由。这也是外部人员进入集体经济组织的最主要方式。

三是申请取得。在原始取得、法定取得之外，还有少量的外部人员通过申请同意协商取得成员资格。其主要是非婚姻关系、收养关系、血缘关系、户籍政策等原因而要求加入本集体经济组织的农村居民，一般须向本集体经济组织提出书面申请，按民主议事程序协商，经本集体经济组织成员或户代表大会三分之二以上表决通过并签字确认而取得成员资格，如西部地区调庄中的自主性调庄即属此类（有些属于政策移民形成的调庄）。

集体经济组织成员资格的认定标准分为户籍标准、事实标准和复合标准。

以何标准认定是否具有"集体成员"资格是"集体成员"身份确认的关键环节，学界主要对实践中的具体做法进行了总结，形成了"户籍说""事实说""保障说""权利义务说""生产生活关系说""复合说"等观点。这些观点只有概括的详略区别，而无实质性的差异。由于实践中影响"集体成员"资格认定的因素相当复杂，前边讲到有的村有几十种情况，有的甚至上百种情况，难以兼顾，其实以"单一户籍标准"和"复合标准"即可简单概括全部。

尽管相关研究很早，文献极丰，但有理论建树者颇少，对今后立法和实践的指导意义甚微。一是这些观点主要是对实际操作的总结，具有鲜明的技术特征，而缺乏理论阐释。二是所涉认定标准相关因素多为特定时期的政治、经济、社会发展使然，而农村政治、经济、社会发生了巨大的变化，一些影响因素已成历史，一些因素仍在变化中，所以这些观点大多失去了前瞻性。三是"农村集体经济组织成员"资格认定，不能抛开"农村集体经济组织"自身的特质、属性而设置成员资格认定标准，不能"喧宾夺主"。而既有的理论概括和阐释恰恰忽略了这一关键点。因此，这些缺少对事物本质属性揭示的认定标准，可能今天适合，他日就不具合理性了。

（二）地方立法、行政、司法的探索

虽然在现行法律中存在"农村集体经济组织成员"的概念，但没有一部法律涉及农村集体经济组织成员身份如何界定。在缺乏国家统一规范指引的情况下，出于集体经济组织成员身份确认的现实性、迫切性和重要性，司法机关、地方政府、地方立法机关进行了积极的努力，尽可能出台一些规范和标准以应对现实。其基本方式有：一是通过专门的集体经济组织地方立法规定成员身份的确认标准，如《广东省农村集体经济组织管理规定》第十五条设置了若干确认集体经济组织成员资格的基本原则和标准，采取类似做法的还有浙江和湖北等地。二是在《农村土地承包法》的实施办法里规定集体经济组织成员身份的确认规则，如山东、新疆、内蒙古、陕西和辽宁等地。三是通过高级人民法院颁布审理涉及成员资格问题案件的地方性指导意见来指导下级法院的审判，如最高人民法院 2011 年的《全国民事审判工作会议纪要》中说："在界定征地补偿费用分配等纠纷中涉及集体成员资格时，要在现行法律规定框架内，综合考虑当事人生产、生活状况、户口登记状况、农村土地对农民的基本生活保障功能等因素予以认定，并以其是否获得其他替代性基本生活保障为实质性要件，慎重、从严认定集体成员资格的丧失，最大限度地保护农民特别是妇女、儿童以及农民工等群体的合法权益。"还有安徽、陕西、天津、重庆和海南等地司法机关的相关司法文件。四是在省级层面制定集体经济组织成员身份确认的指导意见，由各试点县（市、区）在此基础上制订具体实施方案，目前采用这一做法的只有四川省。此外，一些市、县级区域为了解决迫在眉睫的集体经济组织成员身份确认问题，以疏解相关权益纠纷，还探索出台了一些区域性的身份确认规则或司法政策，如广东省佛山市南海区 2008 年制定的《南海区农村集体经济组织成员资格界定办法》，河北省邢台市中级人民法院 2010 年制定的《关于审理农村集体经济组织收益分配纠纷案件若干问题的意见》等。①

（三）农民的理念与实践

理论界和实务界的努力，力图影响和指导农村集体经济组织的成员界定，实现既有明确规范的指引，也不失纠纷解决的"于法有据"，使其健康有序发展。但实践中"成员界定"依然处于"剪不断，理还乱"的窘境。不仅是既往的"集体成员"身份确认问题丛生，即使在当下正在进行农村集体产权制度改革中的"成员界定"依然五花八门。政策法律的取向与农民的理念实践缘何总是不能契合？

农村集体收益分配在现实中究竟是什么样子的？笔者曾就征地补偿款分配问题在陕西、青海、甘肃的农村进行大量的深度访谈调研。综合分析各种情况发现，尽管各地做法形式多样，但农民关于集体收益分配的基本理念和行动逻辑是基本相同和相对稳定的。从农村收益分配的发展过程来看，在人民公社时期，实行按劳分配原则，实物和现金分配是按劳动日所积累的工分进行分配，不仅要看家庭劳动人口，还要看体现

---

① 江保国：《集体经济组织成员身份确认的可诉性研究》，《中外法学》2018 年第 4 期。

劳动数量和质量的工分，并不按家庭人口分配。虽然也有实行"人劳结合"分配的时候，但按人口分配是辅助性的，主要用于瓜果蔬菜方面的分配。所以，在那个年代，孩子多、劳动力少的家庭，生活一般都很拮据。可见在集体成员边界很清晰的情况下，农民关注的是如何分配的问题，而不存在"给谁分配"的问题。人民公社解体之后，特别是农村普遍存在征地补偿款分配时期，新的农村经营体制和社会管理体制下，已不存在按工分分配了，于是"按人口分配"成为最基本的方式。但"人口"的界定则产生了较大的分歧。一种是"现有人口"（户籍人口），一种是"土地人口"（有承包地的人口），并衍生出"户籍人口"和"土地人口"相结合但权重不同的规则。这种分配规则并没有直接涉及集体成员身份确认问题，如实行"土地人口"分配的，即使是集体成员也有部分人不能参与分配。农民的实际做法是首先排除哪些人不能参与分配，因为不能参与分配的毕竟是小众群体，易于操作。这种排除法实际是对那部分人集体成员身份的不认可，主要集中在"嫁城女""外嫁女"和离异再婚妇女户口未迁出者，男子多次婚姻中转入户口的多个配偶、户口转入城镇的农户等。那么，同样是这些"特殊群体"，为什么在不同的村庄是否认定为"集体成员"有着不同的结果呢？这与村庄各利益群体的博弈，村干部的"治术"，传统习俗的作用等密切相关，不同力量作用的差异形成了多样化的结果。如有的村为减少矛盾纠纷，以单一的户口标准认定，即使其中存在问题也不予过问；有的固守传统习俗，坚持传统认定标准，"只认村规民约，不认法律"；有的含糊其辞，对"特殊人群"承认成员资格，但减少股权份额；有的村庄转移矛盾，有意把皮球踢给司法机关，并不关心法院如何裁决和裁决的结果，只要有了司法裁决，给大家就好交代。农村社会的复杂性，使得政策法律下乡后很容易被以变通的方式消解得无影无踪，"选择性适用"也是农村干部"治术"的重要体现。

农村集体收益分配方式的轨迹已逐渐清晰，从"按劳分配"到"按人口分配"再到"按资（股）分配"。

五　农村集体产权改革中的成员界定

农村集体产权制度改革的一个重要目标就是要保障农民的集体经济

组织成员权利，特别是财产权利。而达致这一目标的重要途径就是将集体经营性资产折股量化，确权到户（人），作为集体成员参与集体收益分配的依据，这是保障农民财产权利实现的重要方式。成员权的获得是以成员资格为前提的，因此，确认农村集体经济组织成员身份，解决集体成员边界不清问题是农村集体产权制度改革的重要环节，也是开展经营性资产股份合作制改革的基础性工作。

鉴于中国尚无统一的农村集体经济组织成员资格认定法律规定，而集体成员界定又是一个十分复杂而敏感的问题，农村人员情况非常复杂，所涉利益关系重大，处理不好不仅会影响到农村集体产权制度改革的进程，还可能会引起社会不稳定。因此，国家顶层设计时十分谨慎，在《意见》中规定了"尊重历史、兼顾现实、程序规范、群众认可"的原则和"统筹考虑户籍关系、农村土地承包关系、对集体积累的贡献等因素，协调平衡各方利益"的具体办法；强调了应注意的问题，特别是要防止多数人侵犯少数人的权益，要切实保护妇女合法权益；着重突出了群众民主协商的地位和作用，鼓励探索在群众民众协商基础上确认农村集体经济组织成员的具体程序、标准和管理办法。把选择权和决定权交给农民，"如何确定成员，让农民自己做主，让农民商量着办"，政府可以给出一些原则性、指导性意见，也可以示范引领，但不得包办代替；提出了农村集体经济组织成员家庭新增人口获取成员资格的路径。由于《意见》是在充分总结2015年开始实施，历时两年在全国29个县（区）试点经验的基础上出台的，所以比较切合实际，能接地气，加之各地政府都出台了具体指导意见，所以集体成员界定情况虽然复杂，但推进却比较平稳，目前全国已确认了三亿多农村集体经济组织成员。

当我们站在农民财产权利实现的角度考量这次全国性大规模的农村集体经济组织成员资格界定的过程和结果时，有以下问题值得进一步思考。

（一）集体成员身份认定尺度的松紧程度问题

在集体成员身份确认工作中，普遍掌握的工作原则是"宜宽不宜严""宽进为本，做到广覆盖、宽受益""从宽认定""宽接受，广覆盖""能宽则宽，应确尽确"，力争不漏一人。在这样的指导思想下，成员认定的尺度放宽了，将长期积累的一些村民待遇问题一次性解决。特别是集体经济薄弱，经营性资产几乎没有的村庄，人们对集体成员认定并不在意，怎么认定都没异议。我们调研发现，有一个村除了外出当了公务员的外，其他原户口在本村的人员，无论现在从事何种职业，全部认定成员资格。村里一些已在公办大学任教的人员也被认定了成员资格，有的村甚至给已成公职人员的也都纳入"股民"范围。村干部普遍都知道"有法依法，无法依规，无规依民"，认为，如何确认成员身份就是村上说了算，并将之写入合作社章程，也没有哪个机构或组织审查合作社章程。相形之下，有的村在成员身份认定时，尺子握得很紧，条件很严格，许多人被排斥在成员范围之外。如湖南省常宁市城北社区，现有7653人，以1983年村改居时为基础，认定为成员的只有248人。我们在西安市的一些村转社区调研时也有类似情况，如莲湖区任家口社区，即以2004年股改时的人口为基数，几千人的村子只认定426人有成员资格，其他"村转居"社区也基本都以十几年前城中村改造时的基准日所确定的人口基数作为"集体成员"界定的时间节点和人员范围，之后新增人口均未获得成员资格。这些原来的城中村普遍集体经济雄厚，集体经营性资产动辄几亿十几亿，利益关系重大。一位社区集体经济组织干部说："这个口子不敢开，太难弄了，弄不好那是要和你玩命的。拿原来扎死的人口基数认定成员资格谁也说不出个啥来（没意见）。现在新增人口这么多，情况那么复杂，都想进来，谁也不想出去。所以没人敢捅这个马蜂窝。"当问及会不会动态调整成员时，一位社区干部称"至少在我任内不会动的，后人怎么做我们管不了啦"。由此可见，集体成员认定的尺度过宽或过紧都会留下隐患，不适当的尺度意味着，或剥夺了部分人参与集体收益分配的财产权，那些本该享有集体成员资格的却未获得确认，从而失去了应有的集体成员权；或侵占了其他成员的财产利益，本不该确认成员资格的人获得确认，享有了多种集体成员权利，实际上是对其他成员利益的侵占。

（二）混淆集体成员资格与"权利在村"人员的问题

一些村对已成为公职人员的原村民也确认了成员资格，理由是这部分人在村内有承包地、宅基地、房屋或为集体资产积累有过贡献。调研发现不同区域都存在这种情况。这种做法实际混淆了集体成员资格与"有利益关系"人员的界限。集体成员和集体是一个整体，其与集体经济、集体经济组织有着不可切断的关系，其本质特征是集体成员之间存在着共同利用集体资源，通过合作或联合共同发展的关系，而已成为公职人员的村民则失去了这个基本前提。当然这部分人虽人不在村，却有"权利在村"。① 他们在农村集体中所拥有的一些财产权利固然要受到保护，获得相应的利益，但不能因此而取得集体成员的资格。实践中，一些地方通过给这部分人某个时段内的贡献予以补偿，享受承包地征收后相应部分补偿款的分配以体现其与集体之间的利益关系，但不予确认成员资格的做法，就较好地处理了这种关系。

（三）集体成员资格认定原则的前瞻性问题

"尊重历史，兼顾现实，程序规范，群众认可"的集体成员资格认定原则，具有重要的现实性和可操作性。中国农村集体经济从 1956 年高级合作社确立时起，至今已有几十年的历史，其间集体经济的实现形式、组织形态、经营管理体制、人员结构都曾经历了极其复杂的发展变化过程，多种因素直接或间接地影响着农村集体经济及其组织形态的发展变化，从而使得集体成员构成纷繁复杂，边界不清的问题在所难免。承认和尊重历史，无疑是我们科学认识集体经济及其集体与成员关系的逻辑起点，也是正确界定成员边界的重要依据。事实也证明了尊重历史，承认特定时期政治、经济、社会等因素对农村集体成员形塑的结果是正确的选择，也会得到群众的普遍认可。然而农村集体经济发展、组织形态变迁是一个连续发展的过程。今天的成员界定在某种意义上是为一个历史阶段画上句号，也是一个特定时间节点的定格，但它不是终结。恰恰相反，通过农村集体产权制度改革，中国农村集体经济将获得新的发展动能而蓬勃发展。产权结构的优化，组织形态的更新，必将要求构成集体基本要素的个体成员在吸纳、变动、退出等方面建立更加科学合理的机制，以支持集体经济和集体经济组织的存续和生机。因此，集体成员界定的原则不只是满足于历史和现实问题的消解，而应以更加开放的态势和前瞻的视野构建集体成员界定规则。农村集体经济组织成员固化是相对的，不可能永久固化。所以今后集体经济组织成员资格将如何取得？《意见》中有两个相互关联的提倡值得注意，一是"提倡农村集体经济组织成员家庭今后新增的人口，通过分享家庭内拥有的集体资产权益的办

---

① 桂华：《让"利益在村"农民越过越好》，《环球时报》2019 年 10 月 18 日第 15 版。

法，按章程获得集体资产份额和集体成员身份"。另一个是"股权管理提倡实行不随人口增减变动而调整的方式"。成员变化与股权变动是相互关联的，成员变化会引起股权变动，股权变动会引起成员变化。集体成员享有对集体资产股份占有、收益、有偿退出及抵押、担保、继承权，但"现阶段农民持有的集体资产股份有偿退出不得突破本集体经济组织的范围，可以在本集体内部转让或者由集体赎回"。这些规定实质上已堵死了集体经济组织吸纳成员的路子。从以上规定的逻辑来看，今后获取集体成员身份只能是通过获取集体资产股份而实现，一是受让股份，二是继承股份，三是实现抵押权、担保权而获得股份。但股份转让封闭性的规定，使得有资格接受股份转让的，只能是本集体成员，因集体成员家庭新增人口不属集体成员，故不能接受转让。抵押权人和担保人若非本集体成员同样不能获得股权，只能获得股权收益。剩下只有继承了，但继承人又有属于集体成员和非集体成员两种情况。《股份经济合作社章程》一般都对非集体成员继承股份做了严格的权利限制，只能成为"非社员股东"，享受相应份额的收益，不具有参与管理的权利，并非真正意义上的集体成员。只有属于集体成员的继承人才可能享有完整的权利，但这种股权变动并不能产生集体成员家庭新增人口获得集体成员身份的结果。由此可见，现行规定是缺乏前瞻性的，限制了集体经济和集体经济组织的发展。

（四）集体成员界定民主协商与法律规制协调问题

集体成员身份确认中充分发挥民主的作用、农民的智慧，探索在群众民主协商的基础上确认农村集体经济组织成员的具体程序、标准和管理办法无疑是具有积极意义的，尤其是在国家相关法律缺位的情况下，在成员界定中，政府的指导、示范引领与群众的民主协商是十分必要的，是农民主体性地位的直接体现。如全国农村集体产权制度改革典型示范单位陕西榆林榆阳区的赵家峁，产权改革就是村里农民"吵了半年的架吵出来的"，不断博弈，最后找到利益的平衡点。我们在另外一个明星村调研时，和村支书讨论集体产权改革的困难，他感慨道：

　　　　改革肯定难嘛！要不我们怎么在两个月内开了六十多次会。反复讨论，协商，做工作。我不怕麻烦，也不生气。大小的人只要提出问题来，我就给你解释，做工作，遇事就是要商量。总有人会有意见，但只要多数人同意了，改革就能搞下去。比如出嫁女、离婚妇女都要成员身份，吵呀，闹呀！另一部分人就是坚决不同意。因为涉及的利益太大了，是不是集体成员得到的利益差距很大。说实在的我们村里有的是钱，不缺钱。我们的脚下是大片的煤田，有三家煤炭公司在这里采煤。我们村的土地好多已成为采矿塌陷区，煤炭公司要给我们大量的补偿。他们还要无偿地复垦旧村，又能腾出大片的土地。另外，政府每年都给我们好几百万的项目费。我们给村民建的别墅是最现代的，屋顶设计为光伏发电，可控制每个房间的温度，想让哪个房子暖就让哪个房子暖。用的建筑材料是最新的高科技新型轻质材料。取暖我们做了两手准备，如果用电太贵了，我们就用天然气，煤矿无偿把天然气管道给我们接通。别墅建起来应该是全国第一流的。

村里这些年发展得这么好，谁都想成为集体的一员。我们就要通过和村民商量解决问题，尽量让大家满意。再比如有的人不愿意把土地交回合作社。我就给他讲，你可以不交，我们采取自愿原则。你的地你自己去种，不要参加集体的任何分配。我给他们算经济账，他们看到集体发展这么好的势头，也就同意了。

协商的过程实质就是一个利益博弈的过程，也是一个情感沟通的过程，减少了许多矛盾和震荡。其实，群众能接受书记的劝导和思想工作，助推协商顺利进行的还有另一种重要因素，就是书记和几个村干部为了推动改革，自己放弃了大量的利益，以此影响群众。书记放弃了30多万元待补修建铁路征地款，原老支书无偿让出100亩林地经营权，监委会主任放弃了10多万元的待补偿款。

汪洋副总理曾就农村集体产权制度改革指出，改革中涉及的重大事项，如怎样认定集体成员，资产如何量化到成员，是到户还是到人，是否保留集体股，保留多大比例等，都应让农民自己做主，让农民商量着办。"一些学者也主张集体经济组织成员身份的确认应根据私法自治精神而为之，因为集体经济组织成员"本来是不同农户入股形成的，随着时间的推移，不同农户的人口数量发生了改变，而且各户对集体发展的贡献也不一样。在这种情况下，谁是成员谁不是成员，应由与集体财产有关的农民坐下来商议确定，其他人无权干涉，政府没有资格，也没有权力说谁是成员、谁不是成员，而应由这些农户按照他们协商的标准来确认"。① 在集体成员界定过程中，农民也普遍认为"有法依法，无法依民"。按照此类观点，集体成员身份确认应属村民自治的范围。我们知道，关于集体成员身份确认除少数地区出台地方性法规或地方政府规范性文件之外，的确无法可依，"无法依民"似乎有了充分的依据。但是，我们应当注意的是：首先，集体成员资格认定将决定村民是否享有集体成员权，关涉广大农民基本民事权利，属于法律保留之事项，应由全国人大常委会做出规定或解释，非村民自治范畴。最高人民法院在 2005 年出台《关于审理农村土地承包合同纠纷案件适用法律问题的解释》说明中，也持此观点；其次，一些地方已出台了相关地方性法规，将集体成员资格认定纳入了地方性法规调整的范围；最后，2005 年最高人民法院司法解释确定人民法院应受理土地补偿费分配纠纷。这些年来，各地法院受理了大量农村集体收益分配纠纷，而这些纠纷的处理都是以集体成员资格的司法审查为前置条件，司法中已确立了一些具体审查标准。

可见，农村集体产权制度改革中，成员资格界定必须要处理好自治与法治的关系，应在法治的框架内"民主协商"，不能以"群众认可"为由，通过村规民约或合作社章程剥夺部分人的集体成员资格。事实上，由于缺乏对村规民约和合作社章程的审查机制，造成其中包含了不少侵犯村民合法权益的内容。

（五）成员资格界定参照因素的局限性问题

《意见》中规定在确认集体成员身份时，要"统筹考虑户籍关系、农村土地承包关系、对集体积累的贡献等因素，协调平衡各方利益，做好农村集体经济组织成员身份确认工作，解决成员边界不清问题"。统筹考虑多种因素进行资格认定，是基于集体成员认定的历史性、复杂性，采用单一标准可能会导致不公正的出现，从而确立的一种复合式标准。有学者通过对 29 个试点县农村集体成员资格认定的地方实践的梳理，总结出"地方一般将农村集体经济组织成员资格认定标准分为户籍标准、事

---

① 江保国：《集体经济组织成员身份确认的可诉性研究》，《中外法学》2018 年第 4 期。

实标准和复合标准",其中复合标准是"在户籍基础上,考虑了比如生存保障、对集体所尽的义务、生产生活关系、土地承包等因素,从而形成权重有别的复合标准"。① 统筹考虑这些因素来认定集体成员资格从操作层面或可以解决复杂的资格认定问题。但如前所述,农村社会自身和影响农村社会的诸多政治、经济、政策、法律等因素都发生了深刻的变化,或正在变化之中。人户分离,二轮延包后新增农业人口大多没有承包地,农村土地生存保障功能弱化等,使得这些参照因素与资格认定的关联性越来越弱。事实上也很难穷尽各种影响因素,无论如何组合这些因素作为认定标准都具有一定的局限性,有受益者,也有受伤者。我们这里不是说不应有这些参考因素的考量,否则问题就无以解决了。我们要说明的是,这种复合标准只适合于"消化""历史遗留问题",即对已然结果的认可或否定,而不能对未来指引或规范。这些历史的产物掺加了过多的外部因素,而忽略了作为集体经济组织成员应有的根本属性。

(六)集体成员资格认定标准创新的合理性问题

农民既是集体产权制度改革的受益者,同时也是推进改革的主体,因此要发挥农民主体作用,积极支持农民的新创造,把选择权交给农民。改革本身是一个创新的过程、实践的过程。但实践创新要符合事物的规律性,具有一定的合理性。农民在农村改革中表现出了可贵的勇气和十分的智慧,大到对制度的突破,小到对具体问题化解的技术,如嫁城女、外嫁女集体成员资格的认定一直是一个热点和难点问题。农民通过集体经济股份制改造,赋予嫁城女和外嫁女集体成员资格,但减少其股权的份额,巧妙地化解了矛盾。浙江省宁波市江北区在实践中创立了"成员退出补偿机制",对在第一轮土地承包末期和第二轮土地承包之后退出或撤销的农村集体经济组织成员予以一定的经济补偿,不再将其认定为集体成员,减少了成员认定中的矛盾和阻力。江北区规定:在第一轮土地承包末期,因婚迁、自谋职业、购房、择校求学、就业、自购保险、政策允许照顾等原因,从本村村民转为非农业人口,按不高于本村集体成员标准的50%给予补助;在第二轮土地承包之后,按不低于本村集体成

---

① 马翠萍、郜亮亮:《从29个试点县看农村集体成员资格认定的地方实践》,《农村经营管理》2019年第8期。

员标准的 50% 给予补助。具体数额由成员代表大会讨论通过。① 而另外一例则是福建省沙县关于集体成员身份认定的做法。福建省沙县是 2017 年全国农村集体产权制度改革 100 个试点县之一。该县在确认集体成员身份工作试点中规定，可以直接取得成员身份的人员，包括原始入社成员（1955 年入社社员）、已认可成员、婚姻嫁入、再婚嫁入、政策迁入、捐资认可六类人员。其中捐资取得成员身份，是指不具备本集体经济组织成员身份条件，但本人自愿要求加入的人员，以无偿捐资的形式，支付给本集体经济组织一定额度的资金，成为该集体经济组织成员，享有其他成员同等待遇。捐资标准为不高于该集体经济组织量化给每一成员的资产额度。这种取得成员身份的方式，主要是为了化解外嫁女、寄挂户等人员成员身份确认难问题。沙县先行在水南村进行了试点，对要求确认户籍所在地集体经济组织成员的外嫁女和寄挂户（非本村村民以协议形式将其户籍迁入本村寄挂的人员），采取捐资的办法确认其成员身份，经过村民多次反复讨论，42 户外嫁女和寄挂户，同意按照量化到人资产额度的一定比例向村集体经济组织捐资，该村集体经济组织确认其为成员。捐资取得成员身份的做法和捐资标准取得试点成功后在全县推广。②

　　这种做法虽然本人愿意，村民同意，而后政府全面推广。但我们看到，这种成员资格是"买来"的资格，而且是按照量化到人资产额度一定比例的资金捐予集体经济组织后，即可成为集体经济组织成员，享有其他成员同等待遇。问题是量化到人的资产额度仅是集体资产中的经营性资产，捐资还不是这个额度的全资，仅是一定比例的资金，即可与其他集体成员同权同利，参与集体收益分配。集体收益不仅是经营性资产的经营成果，还包括资源性资产（未承包到户的农地、四荒地等），可转化为经营性资产的公益性资产的经营收益，以及征地补偿款中的集体留存部分，集体经营性建设用地转让、出租、入股的收益，均属于集体收益，纳入分配范围。此外，这部分成员不仅享有集体收益分配权，还享有成员权中的其他财产权利，如宅基地资格权、农地承包权等。这种看

---

① 张兆康、朱芸：《界定成员资格应在操作程序上建立七项制度》，《农村经营管理》2019 年第 8 期。

② 罗阿平：《农村集体"确员"的沙县五统一法》，《农村经营管理》2019 年第 7 期。

似两相情愿的交易，被作为成功经验而推广，实质上是这部分人对集体经济组织和其他集体成员财产利益的严重侵占，损害了集体和成员的合法权益。

（七）集体成员资格认定中的特殊群体权益损害问题

在集体成员身份确认中，包括嫁城女、外嫁女、离异再婚妇女、丧偶妇女，"空挂户"人员、入赘婿、回乡退养人员、回迁人员、返乡人员等特殊群体的身份认定一直是一个疑难问题，也是颇有争议的问题，尤其是上述妇女的身份认定十分困难，发生侵犯妇女合法权益的现象屡有发生。尽管多部立法强调保护妇女合法权益，《意见》中又特别强调，成员身份确认既要得到多数人的认可，又要防止多数人侵犯少数人权益，切实保护妇女合法权益，但现实中，始终走不出侵害妇女权益的"迷宫"[1]。据全国妇联调查，没有土地的人群中，妇女占 70.8%，其中从未分过土地的占 26.3%，因婚姻而失去土地的占 44.5%。由于成员身份认定的重要参照因素就是户籍、土地承包关系，妇女因婚姻人户分离、人地分离十分普遍，没有户籍和土地承包关系成为失去成员资格的主要因素。此外，出于传统习俗的影响，多数农民主张嫁城女、外嫁女、离异妇女、离异再婚妇女即使户口仍在本村或有承包土地，也不能赋予其成员资格，并通过村规民约或合作社章程剥夺其成员资格或限制其权利内容。

2018 年，我们在陕西北部某村进行农村集体产权制度改革调研时，曾就妇女集体成员身份确认问题与村支书做了访谈。访谈反映出的问题在传统农村极具代表性。该村是区和镇上的先进村、标杆村。在集体产权制度改革中，该村严格区分股民和村民。其界定集体经济组织成员的规则是产改基准日之前户口在村上的村民，但出嫁的女子（包括领取结婚证和虽未领取结婚证，但举行了婚礼仪式的女子）无论户口是否在村上，一律不属股民，只有村民的身份。基准日之后新增人口也只能是村民，不能成为股民。以下是对话实录：

---

① 程雪阳：《农村女性土地权益保护制度迷宫的破解及其规则再造》，《清华法学》2019 年第 7 期。

"虽然已出嫁，但在村上有地有户口也不行吗?"

"她们当然不能成为股民，按照村规民约和祖祖辈辈传下来的习惯，女子出嫁了就不是村上的人了，应到婆家去。"

"离婚的妇女，户口在村上为什么不行?"

"她随时可能改嫁，跟人走了。"

"如果她不改嫁呢?"

"那是她自己的问题，村上没让她不嫁人，嫁不出去说明你人有问题。所以，我们这样处理，大家是认可的，这些人也没有来找我们要股民资格的。离婚不是什么好事，他们自己和家人都觉得是丢人的事，咋还会找村上的麻烦?"

村支书还特意加上句："有法依法，无法依规，无规依民嘛，这都是群众认可的。"

就这样，妇女集体成员资格在"村规民约""祖祖辈辈传下来的习惯"和"群众认可"中化为乌有。

在另一个村子调研的情况则是：集体成员界定坚持"宽接受、广覆盖、民主决策"的原则，确立 2017 年 9 月 30 日为产改基准日。村里现有人口 2345 人，确认集体经济组织成员身份 2208 人，另外 137 人为"村民"而不是"股民"。这部分"村民"主要是出嫁的女子、离异的妇女、产改基准日之后新增的人口等。这些妇女不享有合作社的股份，但可参与征地补偿款的分配。此外，正在服刑的本村村民也只能享有 50% 的股份。在这里，出嫁的女子、离异的妇女几乎与前一村子同样的理由不被赋予集体成员资格。类似的问题还有，有的村子规定"再娶的妻子不占任何股份"。她们和正在服刑的村民一样权利被剥夺或受到了限制。

第四节　股份合作制改革：农民集体收益分配权实现的基本路径

农村集体产权制度改革的核心问题是实行经营性资产股份合作制改

革（以下简称"股份合作制改革"），所以，经营性资产股份合作制改革是农村集体经济产权制度改革的重头戏。所谓经营性资产股份合作制改革就是集体资产中的经营性资产折股量化，确权到户（人），集体成员以其所拥有的集体资产的股份或份额作为分享集体收益的分配依据。这里的折股量化到人、确权到户的含义，不是说将集体资产进行分割，分配给集体成员，而仅仅是将集体经营性资产按照一定的方式方法折算成股份或份额，确权给集体成员，确权的内容是股份权利，而不是集体资产的所有权。集体资产的所有权始终是成员集体所有而不是成员个人所有，集体成员所拥有的集体经营性资产的股份或份额，仅作为其分配集体收益的依据，即可获得集体收益中的比例或份额的依据，这种股份或份额绝不意味着集体资产所有权性质的改变，更不是媒体所宣传的"集体资产由共同共有转变为按份共有"。集体所有依然是成员集体所有，成员集体所有具有不可分割的本质属性，绝不是成员个人所有的总和或可分割的按份共有。这是进行集体经营性资产股份合作制改革的前提条件。那么为什么要对集体经营性资产进行股份制改革？改革的内容是什么？具有什么样的特点？

一 股份合作制改革的意义

资产既具有财产的属性，所有者可根据资产的性能、用途而加以利用和消费，同时资产也成为所有者或经营者的经营对象，通过投资、运营而获取收益。从这个意义上来讲，盘活集体资产，就是通过资产投资经营功能的发挥使集体资产保值增值，否则再多的资产也是"死产"或"沉睡的资产"，只能被消费掉或消耗掉。从更宏观的角度看，集体经营性资产股份合作制改革是集体所有制实现的表现形式之一，通过界定集体与成员权利的合理边界，构建有意义的产权结构，激发和调动成员的活力与积极性，从而实现集体利益和成员利益的最大化。当然，我们这里主要是从农民财产权利，具体到农民集体收益分配权实现的角度来考量集体经营性资产股份合作制的价值。任何权利的实现都是一个实践的过程，这个实践过程要求必须有确定的权利主体，权利内容，权利行使的路径、方式和必要的物质、法律保障，否则权利永远停留在抽象的法条或政治性的宣示，毫无实际意义。农民集体收益分配权的实现同样如此，当权利缺乏权利实现的基本要素，必然导致权利沦为抽象的玩偶或捉摸不定的游戏。当集体所有陷入"人人有权，人人无份"的窘境时，集体资产就会轻而易举地被少数人所操控，甚至被外部人所控制。当集体所有权被界定为"成员集体所有"，而成员边界清晰，拥有股权（份额）确定，各项权能完整，集体收益分配权就可以成为看得见、摸得着、能落地的权利，其行使有据，实现有望。

二　股份合作制改革的特点

集体经营性资产股份合作制改革的推进，从逻辑上必须要回答和解决对什么样的资产进行折股量化，折股量化给谁和如何折股量化。前述集体产权制度改革的清产核资、成员界定已做了逻辑的铺垫。清产核资要求对集体资源性、经营性和非经营性资产这三类资产都要进行清查核实，但折股量化的对象并非全部集体资产。

（一）资产量化范围的延展性

折股量化的资产范围仅限经营性资产，其主要原因是国家对集体资产改革实行分类施策，以土地为主的资源性资产主要是通过确权登记颁证和"三权分置"进行改革，非经营性资产主要用于公益，要解决好使用和管护的问题，而经营性资产体量庞大，通过运营可以实现保值增值，且极易发生闲置浪费、挪用贪腐流失。所以，要对集体经营性资产实行股份合作制改革。

尽管制度设计中股份合作制改革主要针对的是经营性资产，但在实践中折股量化资产的范围却有所拓展，已不限于经营性资产。一是部分可用于经营的资源性资产纳入了折股量化资产的范围，主要是未承包到户的机动地、四荒地等；二是可转化为经营性资产的非经营资产，如闲置的农村校舍、办公场所、水塔、小型水利工程设施等；三是用于资产收益扶贫的财政投入所形成的资产，如将财政拨款、税费减免等方式形成的资产确权到农民集体，并量化为本集体成员特别是贫困人口的股份。近些年，中央财政不断加大脱贫攻坚投入力度，2019 年安排专项扶贫资金 1261 亿元，连续四年保持 200 亿元增量。资金审批权限下放到县级，由地方结合本地实际，用于支持产业扶贫项目。同时，深入开展贫困县涉农资金整合试点工作，支持贫困县贯彻贫困县脱贫攻坚规划。2016—

2018 年，832 个贫困县实际整合资金超过 9000 亿元。《财政部、农业部、国务院扶贫办关于做好财政支农资金支持资产收益扶贫工作的通知》（财农〔2017〕52 号）要求"用于资产收益扶贫的财政投入所形成的资产，收益权要优先分配给贫困村和贫困户，并鼓励向丧失劳动力或弱劳动力的贫困户、贫困残疾人户倾斜"，"对于脱贫农户，经过一段时间的巩固期并核查认定已稳定脱贫的，不再享受针对贫困户的优先扶持政策，调整出的资产收益权可分配给其他贫困户，或用于发展村级公益事业"，"健全农户与实施主体间的利益联结机制，发挥村集体和农民合作社的纽带作用，鼓励将资产折股量化给村集体、合作社或其他村集体经济组织，只将资产收益权明确到农户，便于收益分配的动态调整。"地方政府也加入财政支持脱贫攻坚战的行列。如《中共陕西省委陕西省人民政府关于贯彻落实〈中共中央国务院关于打赢脱贫攻坚战的决定〉的实施意见》规定："探索将财政资金和其他涉农资金投入设施农业、养殖、光伏、水电、乡村旅游等项目形成的资产折股量化给贫困村和贫困户，尤其是丧失劳动能力的贫困户，资产可由村集体、合作社或其他经营主体统一经营，贫困户享受收益；明确资产运营方对财政扶贫资金的保值增值责任，建立健全收益分配机制，确保资产收益及时回馈持股贫困户。"

在积极探索资产收益扶贫的同时，加大了财政扶持壮大村级集体经济的力度。2018 年 11 月，在前期试点的基础上，中央组织部、财政部、农业农村部联合印发了《关于坚持和加强农村基层党组织领导扶持壮大村级集体经济的通知》（中组发〔2018〕18 号），计划从 2018 年到 2020 年在全国范围内支持 10 万个左右行政村发展壮大集体经济，同时地方政府也通过财政支持，积极发展集体经济。如陕西全省确定了 21 个县区 690 个行政村作为中央扶持的对象，以每个村 50 万元标准予以补助，将 3.45 亿万元中央补助资金下发各市。为了加大对贫困村的扶持力度，陕西省财政厅统筹资金又补充了 6 个县 186 个村，每个村以 50 万元标准予以补助，扶持资金 9300 万元，到 2023 年 103 个农业县区将全部实现覆盖。

折股量化资产范围的扩大，客观上为发展壮大集体经济，增加农民财产性收入，保障农民集体收益分配权充分实现创造了基础和条件。

值得注意的是，在实践中，一些地区，特别是经济欠发达地区，由于缺少甚至没有经营性资产，故将农民承包地也折股量化，并收回合作社统一经营管理。在中西部地区农村产改中普遍设有土地股或叫耕地股。这里有几种情况，一种是仅将农民承包地按面积折股量化，作为股权（份额）的一部分，并非以土地承包经营权入股交由合作社统一经营管理。另一种则是将农民承包地按照一定方法折股量化，入股合作社，由合作社统一经营管理，股东不得收回承包地；有的仅对承包的林地折股量化，耕地不折股量化；有的虽然在章程中写的是股东以承包地入股合作社，并折股量化，但实际上是股东将承包地统一流转给合作社，合作社统一经营管理或再流转给工商资本，土地流转费返还给农民。还有的章程规定，所有集体资产全部折股量化，并要求集体成员将耕地、林地、宅基地、伙盘子（房前屋后土地，有的多达十几亩）全部交回合作社。对于没有经营性资产的折股量化，有的地方采取以"虚拟资产"进行折股量化，作为以后分配集体收益的依据。

以上折股量化可分为三类情况：一是严格执行《意见》规定，仅对经营性资产折股量化；二是有条件地适当扩大折股量化资产的范围；三是任意扩大折股量化资产的范围，这种情形有违经营性资产股份合作制改革的初衷，不符合集体资产改革分类施策的要求，也使集体收益分配依据失去客观标准，影响了农民集体收益分配权的行使和实现。

（二）折股量化范围的封闭性

集体经营性资产在什么样的范围内进行折股量化，即折股量化给谁。农村集体收益分配纠纷往往起于对参与分配的主体范围发生了争议，村民自治组织或集体经济组织经过身份识别，将一部分人排除在分配群体之外。也就是说集体收益分配是一个村庄（集体经济组织）的内部问题，不允许不具有特定身份的人员介入和分享。集体经营性资产股份制改革只允许在集体经济组织内部进行，具有社区性、封闭性的特征。这是由集体所有制经济的社区性、封闭性和不可分割性所决定的。在这一点上其迥然不同于工商企业股份制改造所具有的开放性、市场化的特征。这一特点一方面是集体经济的本质使然，另一方面体现了对集体成员权益的强力保护。显然集体成员身份确认为集体经营性资产股份合作制改革奠定了基础、创造了条件，使得经营性资产股份合作制改革能够在特定集体经济组织内部实施，集体资产股份权能准确地赋予集体成员，权有所属，权有所归。

实践中，这种封闭性并不是绝对的。集体成员身份界定的标准，股权管理的模式不同或许使这种封闭性有了"缝隙"。如前所述，一些村子在身份界定和资产量化中规定了"资金股"的享受对象可以是"本村出去参加工作的人员"包括公务员；有的将股东划分为"正式社员股东和非正式社员股东"，非正式社员股东五年后可转为正式社员股东（但在未转正期间其分配比例明显低于正式社员股东）；有些股东的权利（收益权或参与管理权）受到一定的限制，如嫁城女和非集体成员继承人股份权利的限制即是；也有的将未成年集体成员的股份进行限制，体现了股份的差异化配置。这种限制如果不当，就会造成损害农民集体收益分配权现象的发生。

（三）权利归属的确定性

《意见》要求"将农村集体经营性资产以股份或份额的形式量化到本集体成员，作为其参加集体收益分配的基本依据"。资产量化的对象和权利的归属，实践中将此表述为"量化到人，确权到户"，也有的是"量化到人，确权到人"。量化到人即量化到每个集体成员，不存在争议。一般都是以成员个体为量化对象，体现成员的权利平等。但确权单元则有"到户"和"到人"的不同实践。对此，中央政策和地方政府指导文件都未做强制性规定，把选择权交给了农民自己。"户"在中国农村具有特殊的意义，不仅具有生产、生活、伦理的价值，还具有法律意义。从1986年的《民法通则》到2017年的《民法总则》，再到2020年的《民法典》都将农村承包经营户规定为一类民事主体。中国农村基本经营制度实行的就是以家庭承包经营为基础，统分结合的双层经营体制。农村土地承包实际上是"按人分地，家庭经营"，土地承包经营权确权登记、颁证工作也是以户为单位发放"农村土地承包经营权证书"，只是权利人项下要载明每个家庭成员的姓名。在农村集体产权制度改革实践中，有的地方给农民发放"两证"："成员证"和"股权证"。有的地方是先确权到人，后来改为确权到户，如广东南海的实践。

1993年7月23日，广东南海里水镇下沙村村民用举手表决的形式，通过了《南海市里水镇下沙村股份合作经济社章程》，开始了农村股份合作制改革。此后，这种模式从南海起步，推广至全省、全国，开启了农村从土地承包进入股权合作的时代。很长一段时间内，南海实施的是确权到人，把股权与人挂钩。村民家中因出生、死亡、婚嫁等导致的人口变动，都与分红密切相关，稍有疏漏，就会引发纠纷。2014 年，南海区开始试点，探索"确权到户"，形成了"确权到户、户内共享、社内流转、长久不变"的股权管理模式，既减少了管理工作量，降低了成本，也对于保护"外嫁女"等特殊群体权益具有重要意义。一方面，确权到户后，"外嫁女"等能否享受分红将不再提交到村级层面讨论，而由家庭内部协调解决；另一方面，股权流转为"外嫁女"等以赠与或购买方式获取集体股权打开了豁口。股权确权到户，也使村级分配的股权份额不再随着户内人口的增减而发生变化，成员股权趋于稳定。①

集体资产股份确权到人与确权到户并无本质的区别，即使确权到户，并不影响作为集体成员的每一个家庭成员的财产权利行使与实现。在实践中可能的影响是，由于土地承包经营权保持长期稳定，有的地方严格执行"增人不增地，减人不减地"，而产权改革中，成员界定、股权配置往往又与土地承包挂钩。确权到户，户内共享，积极的方面是成员家庭新增人口可以分享家庭内部拥有的集体资产权益，但成员家庭人员因婚姻、就业等脱离该家庭或该集体经济组织时，虽然法律上允许其通过赠与、转让股份或份额实现权利，但家庭的伦理性使得这部分成员的财产权利很难通过转让方式实现，只有被动地"放弃"权利。这种发生在农村家庭内部的侵权损害被家庭伦理所掩盖和淡化。虽然家庭成员可以通过仲裁或诉讼主张和实现这部分财产权利，但往往要以牺牲亲情为代价。所以，确权到户从一定意义上讲是把一些矛盾从集体转移到成员家庭内部。

三　股权配置与管理

将农村集体经营性资产以股份或者份额形式量化到本集体成员，作为其参加集体收益分配的基本依据，实质是把股份制的股权管理办法引入合作领域。② 这也是成员集体所有的实践形式，通过股权设置表达成员

---

① 毛蕾、黄文婷、崔艺文：《农村股份合作制改革推动经济腾飞农民富裕，引领农村改革的南海探索》，《佛山日报》2018 年 12 月 6 日第 4 版。

② 方志权：《完善农村集体资产股份权能的实践与探索》，《东方早报》2016 年 3 月 15 日。

在集体中的权益。从某种意义上来讲，股权设置和管理，是集体收益分配权借以实现的技术化、可操作化的方式和手段。经营性资产折股量化于成员，并予以确权，从产权结构上明确了产权的主体及其收益的归属，以股份或份额的形式准确表达或记载了集体成员的权利，并使之成为一种可计量的权利。集体成员持有股份、享有股权，界定了集体与成员的权利边界；集体成员持有不同数量的股份，也厘清了集体成员之间的权利边界，从而为权利主体行使和实现权利提供了清晰而准确的行为指南。

（一）股权配置

股权配置涉及股权设置什么样的类型和股权在什么范围内进行分配以及如何分配的问题。股权配置是保障集体成员实现集体收益分配权的关键环节。股权类型将直接影响到成员在集体收益中可获利益的整体比重，同时影响到各个成员拥有集体资产收益分配的份额的多少。设置的股权类型不同，成员权利实现所获利益大小就不同。

1. 股权的类型

从《意见》对股权设置的表述来看，股权分为集体股和成员股。股权设置应以成员股为主，是否设置集体股由本集体经济组织成员民主讨论决定。但在实践中，成员股又被具体化，各集体经济组织结合本村的实际情况，掺入多种考量因素，形成少则一种、多则十多种的成员股类型。表现为：至少1种，为人口股；多的有6种，为人口股、土地股、农龄股、资金股、贡献股、扶贫股。甚至还有更多的，如人口股、土地股、资金股、房产股、奖励股、农龄股、扶贫股、技术股、劳务股等十多种。有的还设有公益股、孝敬股、美丽股等。有的学者也将此分为权益股和发展股，基本股、保障股、贡献股和发展股。

整体来讲，成员股的考量因素和类型主要有：一是人口股，也称成员股。人口股是个人股中的基本股，以人口实际存在为基础，凡是户籍在村集体经济内的成员都可以按人口平均量化，享有人口股份，体现了人口福利。二是贡献股，包括劳动贡献股和特殊贡献股。劳动贡献股，也称农龄股，是以集体成员在本集体经济组织内从事农业生产劳动的年限为基础的，按照不同的劳动年龄折算不同的股份数，体现了集体成员对集体资产的贡献度。特殊贡献主要是为集体经济发展做出特殊贡献，如招商引资。三是用于维持农村集体经济发展需要和保障集体成员基本生活水平的股份类型。主要包括用于筹集发展资金而设置的募集股（资金股）、不动产股，服务于脱贫攻坚的扶贫股，为享有土地承包经营权的村民配给的资源股（耕地股、林地股），以及为没有承包地但长期固定在村里生产生活的村民和特殊人群配给的物业股。四是为解决其他特殊问题而设置的股权类型，如考虑伦理道德树立新风尚的孝敬股、美丽股等。

关于是否设置集体股的问题，实践中做法不一，有的设，有的不设。但从农业部通报的试点情况、各类文献、新闻报道和我们的调研观察来看，是否设置集体股基本由村集体通过民主协商决定，也有的地方政府的指导文件中规定不设集体股；经济发达和经济欠发达地区的农村都有设集体股和不设集体股的情况，设立集体股的目的主要是用来支持村"两委"的日常运转和解决一些公共开支。因为，仅仅依靠转移支付和政府的一些专项拨款不足以解决这些问题。在经济欠发达地区，设置集体股还有一个重要的原因和作用是集体经济底子薄，基础差，试图通过加大集体积累解决集体经济发展资金不足的问题。也有一些集体经济发展很好的村庄同样注重设置集体股或提取公积金，这与村庄领导人的认识和理念有很大的关系。他们认为村庄的发展，农民的富裕，集体经济是根本保障，不仅要设集体股，而且要加大集体股的比重。如陕西"第一股改村"西咸新区沣东新城和平村，地处西安西郊、西三环外，全村356户、1527人，人均土地0.75亩。30多年来，该村始终坚持"少数人富了不算富，全村富了才算富"的理念，大力发展壮大集体经济，走出了一条非农化、工业化、集体经济股份化、自主城改主动城镇化的共同富裕道路。2018年，村集体可支配收入达5600多万元，村民人均纯收入超过4万元，其中村集体直接给股东（村民）每人年分红及福利性补助等超过1.5万元。这个村集体经济积累已突破6.5亿元的村庄，用于股民分红的收益也只占50%。全国闻名的农村集体经济制度改革典型榆阳区赵家峁村，股份经济合作社收益分配制度规定，在集体经济总收入中，50%用于股民分红，50%留于集体，其中，用于公积金20%，公益金20%，风险保障金10%。

不设集体股的理由，从政府层面来讲，主要是从改革的彻底性上看问题，设置集体股又会形成一部分产权不明的资产，导致二次改革；从农村干部和群众的角度来讲，一些干部嫌麻烦，担心以后产生新的矛盾，"砍了树免得老鸹叫"形象地反映了他们的心态，而对更多的农民群众来讲则希望集体留得少些，个人得的多些，主要诉求是多分红，甚至分光吃尽。

设有集体股的，集体股在总股本中的占比情况同样是各有不同，高的达到50%，低的只有5%。有的地方规定集体股占比不超过20%，但大多在20%—30%。

在集体股的配置上，有两个问题值得注意。一是集体积累与成员分红的关系。实践中一种倾向是轻积累、重分红。这些村不设集体股，尽量降低公积金、公益金提取比例，提高集体成员分红比例，通常高达80%。从本质上讲，集体经济发展的最终目的是增加农民的财产性收入，解决好公共和公益事业，二者并不矛盾。但是从发展的过程来看，如何处理好积累与分配的关系，往往认识不一致。一些有远见的村干部无奈地说："农民太注重眼前利益了，生怕留到集体的被别人拿走了。"农民普遍的心理是"到手的才是真金白银"。我们在陕西南部一些贫困地区调研发现，集体经济普遍空壳，主要依靠扶贫项目和资金发展集体经济，有的村年人均分红不到50元，甚至只有十几元，但还是要分掉。集体经济发展陷入恶性循环，总是走不出低谷。

第二个应注意的问题是集体股和公积金、公益金的关系。一些村既设集体股，也提取公积金、公益金和经营风险基金；有的村不设集体股，但提取公积金和公益金；还有的不设集体股，但设有公益股。存在的问题是，他们并没有真正搞清楚各自的性质和作用，混淆了三者的关系，用途错置，使用混乱，特别是对集体股和公积金的用途和使用范围存在认识上的错误，导致使用错误，功能发挥不足。一些合作社章程规定集体股由村委会持有，一些村的公积金比例很小，而公益金的比例却较大。集体股、公积金、公益金、风险防控基金占比过大，会影响成员财产权的实现，但集体股主要用于公共开支，而忽略其发展集体经济的支持作用，不利于集体经济的发展壮大，特别是公积金过少，几乎失去了扩大生产经营规模的功能。集体经济薄弱的村子，尤其要处理好这些关系。

2. 股权分配

股权分配是指各股种的分配对象或称作享受对象，各股种在总股本中的占比，以及同一股种在分配于成员时的权重系数。股权分配是否公平、合理直接影响到成员在集体收益中的利益，显示出成员权利实现的程度。关于集体股在总股本中的占比及其影响前边已做论述。这里我们主要分析成员股的分配问题。

第一，各股种比例合理配置法。各股种在总股本中所占的比例往往是极易引起争议的一个问题，可以说每一个股种的背后就是一个利益群体。由于各集体经济组织在股权设置时股种多少不一，如是单一股种，即为100%，不成问题。若股种在两种以上就涉及各股种的比例了，若股种更多，三五种或五六种的，各股种的占比问题就更突出了。各股种在总股本中的权重不同，决定着各成员最终所享有的股份数量的差异和利益的大小。各股种的权重究竟多大为宜，集体成员都会根据自己的优势所在，朝着利益最大化的方向努力。从讨论到最后决议的形成，实质上是各种利益群体反复博弈的一个过程。

对此，我们以赵家峁为实例分析。位于陕西榆林榆阳区南部的赵家峁村，下辖五个村民小组，总人口216户754人。2014年赵家峁村被确定为陕西省农村集体产权制度改革省级试点单位，2016年榆阳区成为全国农村集体产权制度改革试点县区。2017年3月16日，赵家峁村成立股份经济合作社。2018年赵家峁村集体资产达到5000万元，全村人均可支配收入1.68万元，较改革前翻了三番。五年多来，通过农村集体产权制度改革，赵家峁村由一个昔日的深度贫困村，转变为远近闻名的农村集体经济发展示范村，为陕西探索农村集体产权制度改革迈出了坚实的第一步。2019年，农业农村部将榆阳区列为全国第一批农村集体产权制度改革经验交流20个典型单位之一，在全国推广赵家峁模式与经验。

赵家峁村股份经济合作社共有股民630人，设置了5种股权：土地股、人口股、劳龄股、资金股和旧房产股。其中土地股占38%、人口股占22%、劳龄股占5%、资金股占23%、旧房产股占12%。合作社以人确股，以户颁证，全体股民共持有224642股。同时规定集体收益50%用于股民分红，50%留于集体，其中，确立了用于公积金20%，公益金20%，风险保障金10%的集体收益分配规则。设置劳龄股是为了充分尊重历史上的劳动贡献，设置旧房产股是为了盘活资产、发展乡村旅游，资金股是激活资源的关键要素，占比从最初量化的40%下降到23%，主要是让老百姓的利益最大化。

赵家峁村在农村集体产权改革中，清产核资、成员界定的推进都比较顺利，但股权设置却成了大难题。赵家峁村的股权分为土地股、人口股、劳龄股、资金股和旧房产股五种。当初讨论股权比例时，前前后后调整了50多次，耗费了半年多的时间。第一次村民代表大会讨论时，有的希望土地股占比多，有的希望资金股占比多，有的希望人口股占比多，各有各的考量，迟迟不能统一。争议最大、矛盾最集中的是资金股的占比。实际上就是"外面入资金多的这部分人"（外出经商回村投资的老板）和村民之间的利益冲突。回村投资的老板在赵家峁改革之初注入了大量资金，为赵家峁的发展做出了重要贡献，故要求资金股的占比应大一些，但村民们不认可，认为有钱人股份占大头会损害大家的利益。用村支书的话说就是："在利益面前，尤其是我们这些地方的人，说白了就是一百块钱的亏都不想吃。我们怎样让群众受益？我们只能让外面入资金多的这部分人，说得直白点就是让一步，让利于老百姓"，"起初资金股要占60%，然后退让成50%—40%，最后一直压到23%。原则上人口和土地不能低于60%，旧房产基本平衡着，老先人留下来的多多少少都有了，基本差别不大。再就是劳龄股基本差别不大，所以我们77%的股都是老百姓的，基本就平衡着，23%的资金股最大的一个也就是60万。"资金股占比从最初量化的40%下降到23%，实现了老百姓利益最大化。[1]

第二，权重系数分配法。成员个体享受某一股权时所适用的权重系数，是一种差异化的股权分配方法。如对非正式社员股东或外嫁女股权分配系数往往小于正式社员股东或其他集体成员，若其他集体成员的权重系数为1时，这部分人的权重系数可能是0.8或0.5等。我们以已收集整理的部分股份经济合作社章程所载内容来观察这一问题。

---

[1] 西部网—陕西新闻网：《赵家峁村集体产权改革启示录：群众的内生动力让"村民变股民"》，http：//news.cnwest.com/ssxw/a/2017/06/27/15094452.html，2017-06-27。

榆阳区小纪汗镇可可盖村股份经济合作社章程

本合作社下设 5 个分社，分别是可可盖村第一分社、可可盖村第二分社、可可盖村第三分社、可可盖村第四分社、可可盖村第五分社，股权设置人口股、耕地股、林草股、资金股（平衡股）四种股份，其中：

1. 按实行股份合作制改革基准日 2017 年 12 月 31 日前户籍在本村（按政策不享受人员除外）的村民及其家庭成员人口设"人口股"，共认定人口 1044 人，每人享受 1.2 股。

2. 按基准日前最近一次留地人口份额设"耕地股"，共认定耕地份额 1011 份，每人份耕地享受 0.6 股。

3. 按 1982 年分林草地人口份额设"林草股"，共认定林草地份额 625 份，每人份林草地享受 0.2 股。

4. 为了解决各分社人口、耕地、林草股占比不平衡矛盾，按照各分社的实际情况设"资金股"，即一、二、五组每股资金股为 3 万元，三、四组每股为 5 万元，但是资金股原则上不能超过本人的人口、耕地、林草股份总份额 2 股。

本社共有股东 1502 个，总权股 1984.4 股，其中：人口股 1251.6 股，占 63.1%，耕地股 607.8 股，占 30.6%，林草股 125 股，占 6.3%。

人口股享受比例原则上为 60%，人口股为动态股，每 3 年调整一次，但必须经股东代表大会通过认可。

耕地股享受对象及份额：耕地股享受对象为在基准日前已经取得各分社最近一次留地份额的村民，享受比例原则上为 30%。

林草股享受对象及份额：按照各分社 1982 年分林草地人口份额享受，享受比例原则上为 10%。

第三，权益平衡分配法。股权类型的多样化，在成员折股量化时，会呈现不同的权益结果，股权份额出现了差异化，甚至差距很大，造成集体成员持股的不平衡。这类情况集中体现在人地矛盾突出的地方。在农村二轮土地延包后，有的村民未分到承包地，在严格执行"增人不增地，减人不减地"的土地政策，不进行土地调整的情况下，农户人口自然增减变化，就形成了一些农户"人多地少"，另一些农户则是"人少地多"，"死人有地，活人无地"的状况。一个村同时设有人口股和耕地股（林地股）时，就会发生有的集体成员既享受人口股，又有耕地股，而有的集体成员则只能享受人口股，没有土地股的情形。集体成员持股数量不同，利益平衡被打破，极易引起矛盾纠纷。于是，就产生了权益平衡的股权分配办法。我们还是以实例为证。

榆阳区鱼河峁镇的柏盖梁村，位于该区南部山区，距榆林城区 37 公里，总土地面积 10956 亩，其中耕地面积 2630 亩，林地 3760 亩。全村辖3 个村民小组，总人口 354 户 1108 人，其中常住人口 423 人，在册贫困户 11 户 17 人，是榆阳区 80 个贫困村之一。

2017 年柏盖梁村开始了产权制度改革，设置了人口股、耕地股、资金股三种股，人口股每 1 人为 1 股，耕地股每一个人份的承包地为 1 股，资金股每 3000 元为 1 股。2017 年 10 月 25 日柏盖梁村股份经济合作社成立，登记股民 1131 名，总持股 2223 股，其中人口股 1106 股，耕地股1037 股，资金股 80 股。三种股份均为成员股，不设集体股。合作社提取净收益的 25% 为公积金（其中 5% 用于精准扶贫，贫困户所分红利不超过该户应分红的 2 倍），75% 用于股东分红，股份实行静态管理，生不增、死不减。

《柏盖梁村股份经济合作社章程》规定，资金股享受对象要求：①根据自身情况出资参与入股，资金股只能用于弥补人口股和耕地股，保证每个股东持股不能超 2 股（不包括继承转让股）；②本村外出工作人员可以出资参与入股；③非本村村民不可出资入股。设置资金股的目的是解决人地矛盾。二轮延包未分配到承包地的股民，只有人口股，而无土地股。这样造成集体成员权益股不平衡，甚至差异很大的现象。为解决这一问题，通过总股值和总股数折算后，计算出每一股股值，设资金股换取耕地股。人口股每人一股，人人平等，但耕地股则不相同，按一人份（以人均耕地面积为一人份）一股折算，有的家户多，有的家户少。二轮延包未分得承包地者以资金购买，可获得耕地股，资金股以补齐耕地股为原则，不得多购耕地股。可见，资金股在这里虽然具有筹资的作用，但目的不是筹资，而是要解决股权公平问题，使每人拥有的股权相同。柏盖梁村村支书说："最终，大家的股份都一样了，实际也就只有一种股了，就是人口股。"

另一种股权分配的做法是为了解决因农户人多地少或地少人多所造成的户内持股不平衡问题，如《大圪堵村股份经济合作社章程》第十条规定："本社股权设置为人口股、林地股，有人有地占 1 股，有地无人占 0.5 股，有人无地占 0.5 股。共计 1258.5 股（人口股占 707 股，占总股数 56%；林地股 551.5 股，占总股数 44%）。"农民将此形象地概括为"人半股、地半股，有人有地算一股"。

（二）股权管理

从清产核资、成员界定到折股量化，农民集体收益分配权逐步变得明确而具体，成为一种可以看得见摸得着，触手可及的权利。由此，农村集体收益分配权实现的路线图也清晰可辨。集体成员依其所拥有的集体资产股权（份额）参与集体收益分配，确定的权利主体和可计量的权利利益为权利的实现奠定了必要的条件。但问题远远没有至此而完结，距离权利实现的目标仍有一段路程。无论是清产核资还是成员界定以及折股量化的完成只能是一个特定的时空点上的"定格"，而绝不是问题的终结。理论上和政策上可以要求农村集体经营性资产股份合作制改革在特定的时间、空间和组织体内进行闭合性操作，但实践却永远是流动的、开放的。实践中，用以折股量化的资产范围已被突破，"经营性资产"已拓展向部分资源性资产和非经营性资产；成员界定的标准本身就是一个多项选择的复合体；股权设置与分配渗透进了多元的价值与取向。作为参加集体收益分配依据的成员股权（份额）是在一个如此复杂、多元、易变的基础上建立起来，其确定性已大打折扣。接踵而来的问题是成员股权如何管理？股权管理所涉问题的核心是，在将集体经营性资产"量化到人，确权到户"后，其户内股权数额是否还会随着人口的变化而增减？增减与否以及如何增减？对这些问题的不同认识和实践就会形成不同的股权管理模式。股权管理问题，深入分析会发现其必将涉及集体经济、集体经济组织及其运行机理的深层次问题。显然，这些问题已超出本课题研究的范围。我们现在所关注的只是：不同的股权管理模式对农民集体收益分配权的实现将会产生什么样的影响和影响结果是什么。

1. 股权管理模式

从目前的实践来看，根据对股权管理所涉问题的不同回应，形成了静态管理、动态管理和动静态结合管理三类管理模式。

第一类，股权静态管理。所谓静态管理方式，就是在确定股权分配基准日的基础上将集体经营性资产股份"量化到人、确权到户"，每户的总股份数不再因家庭成员的变动而增减，如发生家庭成员的增减或分户，由各户自行协商股份的调整、分割，也就是采取"生不增、死不减、进不增、出不减"的管理办法。也有一些地方采取"确权到户、户内共享"的静态管理模式，以户为单位进行股权登记和分红，保证户内总股数长久不变，提倡户内股权均等化。此类典型尤以广东南海区的"量化到人，确权到户，户内共享，社内流转，长久不变"为代表。

第二类，股权动态管理。所谓动态股权管理方式，是指随着人口增减变动而相应调整股权分配数量，即采取"生增死减"的股权管理办法。集体经济组织通过对成员家庭新增人员增加股份和因离去人员（死亡和脱离）减除股份的方式对股权进行动态调整，在有增有减中实现动态平衡。这既解决了新增人口的利益诉求，也终结了已非集体成员的利益关系。

第三类，动静结合管理。动静结合股权管理方式，也就是根据集体成员的变化情况，对集体股权实行在规定期限内的相对稳定，期限届满即行调整，如"五年一调整"或"八年一调整"的管理办法。也有一种特殊模式，对股权设置中的部分股权实行静态管理，部分实现动态管理，如贡献股实行静态管理，对成员股实行动态管理；土地股实行静态管理，人口股实行动态管理，即对不同种类股权采取差异性管理方式。这种模式体现了公平性、差异性原则，兼顾了各种集体成员类型的股份权益，为探索部分股份权能流转创造了前提条件。[①]

实践总是丰富多彩的，实践中还有一类做法是"先动后静"。2015年5月，农业部等3部门将西安市高陵区确定为"集体资产股份权能改革试点县"，姬家街道杨官寨村被确定为高陵区股份权能改革试点村。通过清产核资、集体经济组织成员资格界定、资产量化、股权设置等一系列程序，实现了对村级集体经济进行统一经营管理和股民收益分配，成立了

---

① 陈晓枫、翁斯柳：《股权的设置与管理：农村集体经营性资产股份权能改革的关键》，《经济研究参考》2018年第3期。

杨官寨村集体经济合作社。村集体经济组织成员（代表）大会讨论决定股权设置，原则上设集体股和个人股两大类。量化的股权在初期实行动态管理，仅对生死、婚迁、身份变化等人群进行微调，待条件成熟后实行"生不添、死不减"。将 9184 万元资产的 70% 量化到 1020 户 3960 人（每人 1000 股，每股金额 16.24 元），30% 量化到村集体，发放股权证书 1021 本（含集体 1 本），作为成员享有集体资产各项权益的依据。2019 年 1 月 23 日，杨官寨村集体经济合作社召开 2018 年收益分红大会，此次分红为 2015 年合作社成立以来第四次为社员股东分红，现场为 4384 名合作社社员发放股权红利 1219.2 万元，其中正式社员股东 3984 名，每人享受 3000 元分红；不满 5 年的未转正社员股东 400 名，享受总股金的 20%，每人分红 600 元；1219.2 万元中 70 万元以其他方式发放。

2. 股权管理模式的选择

对此我们从政策导向、学者主张和实践回应三个层面观察。

（1）政策导向。2016 年 12 月 26 日，中共中央、国务院《关于稳步推进农村集体产权制度改革的意见》中提出"股权管理提倡实行不随人口增减变动而调整的方式"，即提倡股权静态管理。也就是说股权管理在顶层设计上未作统一硬性规定，只是提倡，一种导向性的指引。农业部《关于农村集体资产股份权能改革试点情况的通报》中总结道，在全国 29 个试点县（市、区）"有 24 个试点县（市、区）对量化到人的股权实行'生不增、死不减'的静态管理，提倡今后新增人口通过继承、赠与等方式获得股权，基层认为，静态管理有利于稳定农民对股权的预期"，也体现了提倡股权静态管理的态度，并以试点经验加以佐证。

（2）学者主张。第一类观点，主张静态管理。这些学者认为，在成员确认起点公平的基础上，股权实行"生不增、死不减，进不增、出不减"的静态管理模式，既保障了集体成员的财产权益，节约了管理成本，也有利于保持村集体股权的稳定性，减少股权纠纷，为股权流转创造条件。因为成员一经确认和固化，股权亦应随之固化。成员固化后，成员家庭新增人员就不再天然具有成员身份，调整股权也就缺乏相应的依据。他们批评股权定期调整的做法既不利于稳定农民对其财产权利的预期，也不利于集体资产股权的流动，还增加了基层的工作量和管理成本。因此，股权静态管理模式是今后改革的主要选择。①

与此类似的观点是，也认为静态管理具有以下优点：一是静态管理明确了农民作为集体股东所享有的相关财产权益，实现了集体产权归属清晰、权能完整的要求，有利于完善农村集体资产产权制度；二是静态管理避免了因股权调整引起的纠纷，节约了管理成本，既有利于保持集体股权的稳定性，也有利于保护和发展农民作为农村集体经济组织成员的合法权益，较好地实现了公平和效率的统一；三是静态管理有利于在保持集体股权稳定的基础上，积极探索集体资产股权流转的条件和方式，更好地盘活与壮大集体经营性资产。但基于农村集体产权制度改革目前尚处于试点阶段，股权管理方式的选择不宜强求统一，应当有个过渡期，允许各种股权管理方式并存，逐步向静态管理方式过渡。②

第二类观点，主张动态管理。有学者从实证考察出发，认为股权固化改革为股权纠纷提供了"过度激励"。其以 S 市 2002 年开始在全市范围内统一推行的以"生不增、死不减"，股权固化为核心的股份合作制改革为例，研究发现，改革办法实施 16 年后，股权固化导致的矛盾开始显著化，与此相关的上访、诉讼案件大量发生。因为集体成员固化，亦即股权固化，使股东拥有了一份永久获得股份收益的权利：生前享受，死后子女可以继承。股权固化制度放大了股东身份差异带来的股权收益差别，导致特殊群体竞相低成本争取，对牟利型上访提供了过度的利益激励。而相比之下，在 S 市，只要是集体组织仍然对股权做调整的村社，无论是每年调整还是 3~5 年调整，不稳定案例都相对较少。从全国农村看，凡属集体经济实力较强、虽然设股但没搞股权"生不增、死不减"、仍然有权自主决定收益分配的乡村，也都几乎没有上访。故主张"成员股坚持人权、地权、责任权三分离的原则，设立土地股、人头股和责任

① 农业部经管司课题组：《农村集体产权制度改革几个重要问题的地方实践》，《中国经济时报》2016 年 3 月 18 日第 1 版。

② 陈晓枫、翁斯柳：《股权的设置与管理：农村集体经营性资产股份权能改革的关键》，《经济研究参考》2018 年第 3 期。

股，增设投资股，以此满足成员变动的需求"。①

第三类观点，主张以动态或动静结合为主流的管理模式。股权确定后，针对成员享有的不同股种按不同情况进行动态或静态管理。即个人股中的成员股实行动态管理，死亡或迁出后调减成员股股份，已界定为经济组织成员的迁入或新生儿按规定配置成员股股份。个人股中的贡献股实行静态管理，当集体经济组织成员死亡和迁出，贡献股可以由家庭继承，但不得转让、退股和提现。鉴于动态或动静结合的股权管理模式具有根据情况变化而进行利益微调整的灵活性，受到多数农村社区集体组织的青睐。因此主张，股权管理应因地制宜，以动态或动静结合模式为主流。②

（3）实践样态。我们在典型农业区的陕西榆林市榆阳区随机收集整理了 50 份农村股份经济合作社的章程，发现股权实行静态管理的有 14 个，动态管理的有 16 个，静动态结合管理的有 6 个，其他章程中的股权管理方式不明确，只是规定了股权可继承和转让。这里我们选择部分股份经济合作社章程的内容，以展示股权管理模式选择的实践样态。

选择静态管理："设立人口股、耕地股；人口股占比例 60%，耕地股占比例 40%。本合作社的股份为永久固定股，不得增减（如有变动，需经股东代表大会通过方可）。"③

选择动静态结合管理："人口股享受比例原则上为 60%，人口股为动态股，每 3 年调整一次，但必须经股东代表大会通过认可。耕地股享受对象及份额：耕地股享受对象为在基准日前已经取得各分社最近一次留地份额的村民，享受比例原则上为 30%，各分社耕地股为静态股，不能调整，生不增，死不减。林草股享受对象及份额：按照各分社 1982 年分林草地人口份额享受，享受比例原则上为 10%，各分社林草股为静态股，

---

① 温铁军等：《集体产权制度改革股权固化需谨慎——基于 S 市 16 年的案例分析》，《国家行政学院学报》2018 年第 8 期。

② 夏英等：《我国农村集体产权制度改革试点：做法、成效及推进对策》，《农业经济问题》2018 年第 4 期。

③ 《榆阳区青云镇色草湾村股份经济合作社章程》。

不能调整，生不增，死不减。"①

"本社共有股东 676 个，以集体净资产量化方式出资 321.4154 万元（其中人口股 112.4954 万元，占 35%；土地股 208.92 万元，占 65%）。本合作社的股份有效期为五年，五年为一个周期。"②

"2018 年 1 月 24 日为本社成员资格界定基准日，界定股民 1414 人。股权管理实行动态管理，每 5 年界定一次；林地股永久不变。"③

"土地股静态管理，不作变动。人口股实行动态管理，每 10 年一变动，变动原则为新增出生和新娶人员，以本村户口为准，去除死亡人员，以入土安葬为准。变动日期为变动年度的 12 月 1 日。"④

"股权的调整情况，应当在股份清册和股权证上对应登记，其中本社股权管理为动态管理模式。人口股 5 年一调整，其他股权设置永久不变。"⑤

选择动态管理：调研中，我们发现也有单纯实行动态管理的。这是由一个自然村构成的单村单组的村庄，属于典型的城中村。村上原有 300 多人，300 多亩耕地。城镇化进程中土地逐渐被征收，只剩下 60 多亩。征地过程中劳动力安置招工、转居了 100 多人，现在村人口又有 400 多人了。这个村集体经济发展得很好，而且发展潜力很大，年收入在 600 万元以上，人均分红可达 1.5 万元。我们与村干部和部分村民代表座谈时，村支书讲道：集体收益分配按人头，人人都有。要说股，这就是股，一人一股。我们不搞"生不增、死不减"。这个东西对我们不适用，老百姓不接受，"活人没有死人有"不合理。所以，我们根据婚嫁生死人口变化确定每年参与分配的人数。我们分上半年和下半年出生死亡、婚姻嫁娶的时间确定有无分配资格。上半年去世的人就不参与分配了，下半年去世的人参与分配。上半年结婚娶回的媳妇和出生的孩子，取得分配资格；下半年娶回的媳妇或出生的孩子不参与分配，第二年再参与分配。基准日是每年的 6 月 30 日，以此划分上半年和下半年。"这个规则对大家统

① 《榆阳区小纪汗镇可可盖村股份经济合作社章程》。
② 《榆阳区上盐湾镇尹家庄村股份经济合作社章程》。
③ 《榆阳区大圪堵村股份经济合作社章程》。
④ 《榆阳区唐硷沟村股份经济合作社章程》。
⑤ 《榆阳区大河塔镇方家畔村方家畔组股份经济合作社章程》。

一适用，都认可，没人有意见。"①

实践总是丰富多彩的，实践中还有一类做法是"先动后静"。2015 年5 月，农业部等 3 部门将西安市高陵区确定为"集体资产股份权能改革试点县"，姬家街道杨官寨村被确定为高陵区股份权能改革试点村，通过清产核资、集体经济组织成员资格界定、资产量化、股权设置等一系列程序，成立了杨官寨村集体经济合作社。合作社设集体股和个人股。量化的股权在初期实行动态管理，仅对生死、婚迁、身份变化等人群进行微调，待条件成熟后实行"生不添、死不减"。将 9184 万元资产的 70% 量化到 1020 户 3960 人（每人 1000 股，每股金额 16.24 元），30% 量化到村集体，发放股权证书 1021 本（含集体 1 本），作为成员享有集体资产各项权益的依据。杨官寨村的股权管理方式比较特殊，属于"静动结合"型，实行"生增死减"。其将股东分为正式股东和预备股东两类。预备股东指的是农户在产改基准日之后新增的人口（娶回的媳妇、出生的子女），预备年限为五年。正式股东每次分红按股权全额享受集体资产收益分配；预备股东在预备期内，每年只享受 20% 的集体资产收益分配。正式股东去世，其股权保留五年，期间分红收益，由家庭成员继承。死亡时间届满五年则取消其股权，股权也不得继承。杨官寨村新增人口股权取得和死亡股东股权丧失都有一个五年的过渡期。在过渡期内新增人口获得一定比例的集体收益分配，解决了这部分人的生计问题，又与正式股东区别对待。股东死亡后五年内，仍保留其股权及分配收益，对股权继承进行年限限制，解决了股权永久固化所带来的弊端，体现了农民的公平理念。

2019 年 1 月 23 日，杨官寨村集体经济合作社召开 2018 年收益分红大会，此次分红为 2015 年合作社成立以来的第四次分红，现场为 4384 名合作社社员发放股权红利 1219.2 万元，其中正式社员股东 3984 名，每人享受 3000 元分红；不满 5 年的未转正社员股东 400 名，享受总股金的20%，每人分红 600 元；1219.2 万元中 70 万元以其他方式发放。我们从中可以发现，合作社成立后股东数量已发生变化，相应的股权结构也发生了变化。在吸纳新股东时，对其身份和权益进行了限制，不满 5 年者

---

① 笔者《咸阳市秦都区古渡街办杨家台村调研笔记》，2019 年 5 月 3 日。

为"未转正社员股东"（准股东），在收益分配上仅为正式社员股东权益的五分之一。这种股权管理模式克服了成员界定、股权管理、收益分配中简单绝对的"是与不是""动与不动""全得与不得"的弊端，同样得到大家的认同。①

关于股权管理模式的选择，据一些学者的研究认为，实行纯粹动态管理的试点区为数不多，多数试点区是采取静态管理或"动静结合"的管理方式。一般来说，撤村建居或计划撤村建居的村主要选择静态管理模式，多数的农业村选择动态管理或动静结合的管理模式。② 实行股权固化的地方，大多属于工商业较发达、集体经济收入较高的地区。③

我们从以上观察可知，关于股权管理模式的选择，理论上虽然有争议，但每种理论都有实践的响应者，政策导向虽明确，但实践并未完全遵从政策的引导。事实上，股权管理模式的选择，是一个多因素作用和各取所需的结果。静态管理使重大利益固化于部分群体，更加刺激了新增人口获得成员资格和股权的强烈诉求和行动；动态管理，既增加了管理成本，又使权利人权益无法预期，得不到保障。我们认为，无论采取何种管理模式，只要这种模式可能会引发矛盾纠纷发生，影响乃至阻碍权利充分实现，就是有缺陷的，具有改进的空间。相形之下，动静结合的管理模式对于化解单纯的静态或动态管理所产生的矛盾和对权利实现的冲击具有一定的现实意义：一是保持户内股权数量一定时期的稳定性，增加集体成员对集体资产股权利益的预期，有利于调动成员行使财产权利和民主权利的积极性；二是股权设置为可调整和不可调整的股权，在保证集体成员基本权利稳定的同时，增加一点灵活性，兼顾不同群体的利益，可以减少矛盾纠纷对权利实现的冲击；三是增设具有调节功能的股权类型，给予新增人口获得成员资格的机会，如资金股等。

---

① 资料来自作者 2019 年 12 月 16 日高陵区调研笔记。

② 夏英等：《我国农村集体产权制度改革试点：做法、成效及推进对策》，《农业经济问题》2018 年第 4 期。

③ 温铁军等：《集体产权制度改革股权固化需谨慎——基于 S 市 16 年的案例分析》，《国家行政学院学报》2018 年第 8 期。

第五节　集体资产股份权能：农民集体收益分配权实现的重要形式

党的十八届三中全会《决定》提出："保障农民集体经济组织成员权利，积极发展农民股份合作，赋予农民对集体资产股份占有、收益、有偿退出及抵押、担保、继承权。"2014 年 12 月，农业部、中央农办、国家林业局出台《积极发展农民股份合作赋予农民对集体资产股份权能改革试点方案》（以下简称《方案》）。2015 年 5 月，经国务院同意，农业部、中央农办、国家林业局安排在 29 个省（区、市）的 29 个县（市、区）开展试点。在总结试点经验的基础上，2016 年 12 月 26 日，中共中央、国务院出台《关于稳步推进农村集体产权制度改革的意见》（以下简称《意见》），全面部署农村集体产权制度改革。改革的一项重要内容就是"组织实施好赋予农民对集体资产股份占有、收益、有偿退出及抵押、担保、继承权改革试点"。

根据《方案》和《意见》的要求，集体资产股份合作改革，主要是将经营性资产折股量化到集体成员，而赋予农民集体资产股份权能改革试点的重点则是切实保障农民集体资产股份权利。赋予农民集体资产股份权能改革不仅要将农村集体经济组织成员持有的集体资产股份以股权证书的形式予以确认和保护，还要通过健全集体收益分配制度，把农民集体资产股份收益分配权落到实处。同时还要探索农民对集体资产股份有偿退出、转让、继承以及集体资产股份抵押、担保贷款的具体办法。可见，这项改革的核心就是通过建立明晰的集体资产产权结构，创设农村集体经济组织成员权，通过赋予农民集体资产股份权能，从而使农民财产权利获得充分实现的路径和保障。

一　赋予农民集体资产股份权能的意义

（一）从农村集体所有权产权结构来看

赋予农民集体资产股份权能，是集体所有权实现的具体实践。农村集体所有权长期饱受"主体不明，权能不全"的诟病。事实上，农村集体所有权一直在理论上有争议，制度上较模糊，导致实践中发生"人人有权，人人无份"的怪象。因此，集体资产被闲置、浪费、挪用、贪腐、低效利用，集体收益分配矛盾纠纷层出不穷。集体所有权理论和制度上争议的核心点是"何为集体"，谁代表集体，对此莫衷一是。也有人认为，集体所有权的主体是明确的，并不存在主体不明的问题，因为在宪法、《土地管理法》、《农村土地承包法》等法律文件中明确规定了三类所有权主体，即乡镇集体所有、村集体所有和村民小组所有，但这些规定只界定清楚了集体所有权的外部边界，而内部权利结构仍然模糊不清，因为乡镇集体，村集体和组集体，大小都是集体，集体的内涵仍然不清。至此，集体所有权的核心问题已推及构成集体的个体成员与集体之间的关系。《物权法》关于农村集体所有是成员集体所有的界定，将农村集体所有权理论和制度对集体所有权性质的认识大大向前推进了一步。其实质上就是构建了新的农村产权结构，通过划定集体与其成员的权利边界，推动对集体所有实现形式的积极探索。农村集体产权制度改革也正是"以明晰农村集体产权归属、维护农村集体经济组织成员权利为目的"的一项改革，是农村成员集体所有法律制度的具体实践。无论是农村集体所有权还是集体经济组织成员权，都属农民财产权利的重要范畴，权利不是抽象的，从法构造的角度审视，权利是通过权能体系展示权利的内容和实现方式。由此，赋予农民集体资产股份权能既是集体所有权的实现方式，也是集体成员财产权实现的方式。

（二）从权利与权能的关系来看

赋予农民集体资产股份权能是农民集体收益分配权实现的具体路径和方式。法律权利无论是一种"资格""能力""主张"还是"权益"，都不过是为国家强力所确认和保障的主体参与社会资源分配的方式，其核心是获取社会财富的一部分，财产权尤其如此。法律对权利的确认和保障绝不会停留在权利的创设，而是通过"赋能"，即权能体系的构建以明确权利的具体内容和可实现的路径与手段。可见，权利并不是抽象的诱惑。诚如学者所见："不存在没有权能的权利，也不存在离开权利的权能"，[①]"法律和学理上使用的权能概念，指权利的具体作用或者实现方式

---

① 韩松：《农民集体土地所有权的权能》，《法学研究》2014 年第 6 期。

而言，是权利的具体内容"，① "权能是权利的内容，也是实现权利的能力"。② 学者们更多的是从所有权权能的构成揭示权利与权能的关系。如"所有权权能，亦称所有权之作用，有积极的与消极的两方面，占有、使用、收益等乃指其积极的作用；所规定'并排除他人干涉'，乃指消极的作用"，③ "所有权内容包括积极权能和消极权能，积极权能为占有、使用、收益和处分权能；消极权能为排除他人之干涉"，④ "所有权权能，即所有权的具体内容，是指所有人在法律许可的范围内，为利用所有物的独占利益，而采取的各种措施和手段。"⑤ 而积极权能和消极权能的划分，让人们更清晰地看到权利人是如何借助于权能而行使和实现权利。韩松教授从集体所有权和成员权的关系分析中展示权能的价值以及权能与权利的关系："从集体所有权上享受利益是集体成员的成员权。集体所有权为了实现这一目的就要有相应的手段（权能），否则成员权就无法实现。只讲成员权，不讲集体所有权有使集体成员受益的权能，成员权就缺少了实现的基础。集体使集体成员受益、向集体成员分配利益，集体成员享受利益时其成员受益权得以实现，集体所有权的目的也就得以实现。"⑥

权利与权能的关系，以及权能的价值与功能理论，使我们清晰地看到农村集体产权制度改革中赋予农民集体资产股份权能的价值与意义。农村集体所有权作为一种成员集体所有，集体成员享有成员权，包括享有集体资产收益分配的权利。通过将集体资产折股量化于成员形成的"股权"，须借助于各项权能的赋予使权利内容具体化，权利行使和实现的方式明确化。集体收益分配权没有具体的权能支持则是毫无意义的抽象符号。产权改革中的清产核资、成员界定、折股量化、股权配置，只不过是完成了农民集体收益分配权的"确权"——确定的股权或份额，赋予其占有、收益、有偿退出及抵押、担保、继承权等权能，才是从权利确认走向权利实现的关键和核心。

---

① 龙卫球：《民法总论》，中国法制出版社 2002 年版，第 121 页。
② 韩长赋：《中国农村土地制度改革》，《农村工作通讯》2018 年第 Z1 期。
③ 史尚宽：《物权法论》，中国政法大学出版社 1997 年版，第 62 页。
④ 王泽鉴：《民法物权》，中国政法大学出版社 2001 年版，第 154—155 页。
⑤ 丁海涌、丁南：《民法物权》，中山大学出版社 2002 年版，第 30 页。
⑥ 韩松：《农民集体土地所有权的权能》，《法学研究》2014 年第 6 期。

二　农民集体资产股份权能的实现方式

集体资产股份合作制改革，让农民获得集体资产权利份额，并以此为据参与集体资产收益分配，从而实现集体资产所有权。这种权利份额或曰股权，需要通过赋予具体的权能，才能具体行使和实现。任何民事权利都有权能，一般都会有若干权能。不同的民事权利有着不同的权能。[①] 而且"随着科学技术、社会经济生活的发展，物的范围在不断扩大，人们对物的利用方式也在不断扩展，权能也在不断扩展和充实"。[②] 可见一项权利赋予何种权能要受一定时空条件的限制。现阶段，农民集体资产股份权的权能内容主要表现为占有、收益、有偿退出、抵押、担保和继承权能。赋予农民集体资产这些股份权能意味着，一方面农民集体收益分配权利内容得到具体化和明确化，为其行使权利提供了具有可操作性的行为指引；另一方面，这些权能也是农民行使和实现财产权利的具体路径和方式，通过这些方式达到权利实现的目标，这也是赋予农民集体资产股份权能价值的集中体现。其实，"赋予农民更多财产权利"的政策与法律实践的主要意蕴并不在于权利的创设，而主要在于权能的完善。无论是农地、宅基地"三权分置"，还是农村集体产权制度改革，其着力点都在权能的拓展与完善。如此，才能使农民财产权利看得见，摸得着，能落地，也就是得到充分实现，以增加农民财产性收入。可见，农民集体资产股份权能能否落实和实现，直接关系到农民集体所有权和农民财产权利能否实现，以及实现的程度与质量。

（一）占有权

指农村集体经济组织在清产核资的基础上，通过股权设置，将可折股量化的资产折股量化到集体成员，确权到户，并以股权证书形式予以确认的农民集体资产股份权。其标志是载明集体成员享有集体资产一定份额权利的股权证书，表明集体成员拥有对集体资产股份的实际占有权利。占有权能是其他权能行使和实现的基础。没有实际占有权，将意味

---

① 高留志：《民事权利的理论框架》，郑州大学出版社 2016 年版，第 133—134 页。

② 邹秀清：《土地承包经营权权能拓展与合理限制研究》，中国社会科学出版社 2013 年版，第 20 页。

着农民无权参与集体收益分配和民主管理。从清产核资、成员界定、股权设置、折股量化、确权到户（人），再到股权证书的发放是占有权形成的整个过程和实际结果。当然，因股权转让、退出、赠与、继承、抵押、担保而引起的股权变动及其权属登记，对于股权占有权能的行使与实现同样具有重要的法律意义。此外，股权管理形式同样会对股份占有权能产生实际影响，特别是实行动态管理或静动态结合管理的，因股权调整使占有权内容发生变化。

（二）收益权

集体收益分配权作为一种财产权利，是集体成员依其股份而参与集体收益分配的权利。获取集体资产收益无疑是财产权利实现的目标和指归，所以，收益权能在诸权能中显然居于核心地位。当然收益权与实际获取收益是两个不同的问题，但有权无利不是财产权利的追求，财产权利的实现意味着权利主体对权利所指向利益的实际获取。收益权的实现，除有赖于保障权利实现的集体收益分配制度，诸如分配范围、顺序、方式等程序性保障外，集体经济的发展壮大、形成可供分配的集体收益才是最根本的保障。收益权实现的直观表现是集体成员依其所持有的股份（份额）实际参与了分红，当然正确处理分红与集体积累的关系也是收益权能实现中不容忽视的问题。

（三）集体资产股份有偿退出权

集体成员通过转让、赠与等方式全部或部分让渡其集体资产股份权利属于权利人处分财产权利的范畴。处分权是财产权利的基本权能之一，所以，集体成员转让其集体资产股份从理论上讲应是允许的。但集体经济具有社区性、封闭性、合作性、多功能性等基本特征，为维护集体经济特有的属性，集体成员在让渡其股份权利时会受到一定的约束。因此，在转让的范围、条件、程序等方面应有一系列严格的规定，以确保集体经济性质不会改变。如股份转让严格限制在本集体经济组织的范围内，可以转让给本集体经济组织其他成员，也可以由本集体经济组织回购。转让和受让股份比重有上下限规定，以防止转让方陷入贫困或受让方形成"一股独大"。集体资产股份的有偿退出，仅是集体成员对部分财产权利的处分，其在集体组织仍享有土地承包权、宅基地使用权等财产权利，甚至还享有那些未纳入折股量化的范围的集体资产收益的分配权，如集体经营性建设用地使用权转让，入股所形成的收益，农地征收土地补偿费等集体收益的分配。集体资产股份有偿退出既可以与集体成员资格的丧失有关，也可以无关。通常情况下，集体资产股份的有偿退出并不发生集体成员资格丧失问题。但如果集体成员因脱退集体经济组织而丧失集体成员资格时，其"三权"都将会退出。目前，政策法律对进城落户农民的"三权"都予以保护，但也鼓励这部分人自愿有偿地退出"三权"。

（四）集体资产股份继承权

指持有集体资产股份的集体成员死亡后，其法定继承人享有依法继承被继承人集体资产股份的权利。集体资产股份继承权的确立，是保护公民财产权利的重要体现。由于法定继承人存在属于本集体经济组织成员和不属于本集体经济组织成员的两种可能，所以集体资产股份权继承既可能发生在集体经济组织成员身上，也可能发生在非集体经济组织成员的身上。前者无争议，但允许非集体经济组织成员继承集体资产股份，成为股东，就会损害集体经济组织社区性等特质，不符合集体经济的本质要求。因此，需要对非集体经济组织成员继承人的权属、身份等进行一定的限制。如只享有集体资产股份收益权等财产性权能，而不得享有民主管理权；其身份属于"非社员股东"之列等。由此可见，继承虽然是实现财产代际传递的一种法定方式，但集体资产股份权能继承，不能简单适用《继承法》的规定，而要考虑集体经济组织的特殊性，犹如土地承包权尚未赋予继承权能一样。随着时间的推移，集体资产股份继承问题将日趋突出，故应通过集体经济组织立法从根本上解决此类问题。

（五）集体资产股份抵押、担保权

通过财产及财产性权利抵押（质押）、担保，实现融资，满足权利人生产、生活的资金需求，是财产及财产性权利的重要功能。赋予集体资产股份抵押、担保权能是集体成员财产权利实现的重要方式之一。但集体资产股份抵押、担保贷款涉及农民、农村集体经济组织及金融机构三方的利益和风险。目前，集体资产股份抵押、担保权权能的实现，既有制度上的障碍，也有现实中的困境。制度的改革有赖于对风险的实际防控能力与手段，所以不是一个简单的制度变革问题。集体资产股份抵押担保权的实现要受到抵押、担保方偿付能力、集体经济产权结构、金融机构风险承受等多方因素的制约，既需要法律制度之间的衔接，也需要不同利益的平衡。以农地承包经营权及农民住房财产权为内容的"两权"抵押，虽已制度化推行，但举步维艰。集体资产股份抵押担保试点的局部探索，虽有一定的突破，但困难重重。事实上，金融机构的介入，往往以政府财政建立的"风险基金"和集体经济的强势支持为前提。也就是说，金融机构几乎是在"零风险"的状态下，方才接受集体资产股份抵押，担保贷款。可见，其还尚未真正进入市场化运作。也正是基于这样的现实，顶层设计才提出"慎重开展赋予农民对集体资产股份抵押权、担保权试点"。农民集体资产股份抵押、担保权能的实现，尚缺乏成熟的制度、市场条件和环境，需要进一步探索和实践。

三　农民集体资产股份权能的实践

我们通过农业农村部发布的关于农村集体产权制度改革试点情况通报、农业农村部推出的20个农村集体产权制度改革典型经验交流单位的经验材料、学者和实务工作者研究文献中的相关实证材料，再结合我们自己的调研，综合考察赋予农村集体资产股份权能的改革实践，我们发现农村集体资产股份权能的落实和实现很不平衡，更不充分。以下我们通过农民集体资产股份权能实践的总体情况评估和选择农村集体资产股份权能改革先行地区和比较滞后地区的具体实践进行比较，以展示和说明农村集体资产股份权能落实和实现的区域差异性、不平衡性和不充分性。

（一）农民集体资产股份权能实践的总体情况

在部分发达地区，农村集体产权制度改革已探索了20余年，特别是浙江、北京、珠三角、长三角等地已经完成95%以上，现在的改革重点已转向农村集体资产股份六项权能的完善，并为各地推进农村集体资产股份六项权能改革提供了示范性经验，如浙江宁波江北区、广东佛山南海区、浙江杭州江干区、上海闵行区等。

2015年开始实施赋予农民对集体资产股份占有、收益、有偿退出及抵押、担保、继承权改革，全国29个试点县（市、区）均开展了占有权、收益权试点，通过建立成员股权台账，颁发集体资产股权证书，落实了成员的占有权；通过实行按股分红，落实了成员的收益权。有10个试点县（市、区）开展了有偿退出权、继承权试点，其中退出都严格限制在集体经济组织内部，对退出条件也作出了具体的规定。另有 9 个试点县（市、区）探索开展了抵押权、担保权试点，在一定程度上解决了农民的融资难问题。这批改革试点，表现出农民集体资产股份占有权、收益权落实得比较好，而有偿退出及抵押、担保、继承权方面的改革则有很大的局限性，农民集体资产股份有偿退出及抵押、担保、继承权的落实比较困难。

更大范围的农村集体产权制度改革，特别是广大中西部地区，就经营性资产改革而言，是从 2017 年中央统一部署下才逐步展开试点的。目前，中央四批试点单位已有 15 个省、89 个地市、442 个县，加上地方自主确定的省级试点单位，各级试点单位已经覆盖到全国 80% 左右的县。截至 2018 年年底，全国已有超过 15 万个村完成股份合作制改革，共确认集体经济组织成员 3 亿多人，累计向农民股金分红 3251 亿元，仅 2018 年全国各级集体经济组织股金分红就达 487.7 亿元，有效增加了农民的财产性收入。但就改革的整体而言，绝大部分地区的农村集体产权制度改革的重心仍在于清产核资、成员界定、股权设置、折股量化、成立集体股份经济合作社等基础性环节。从农民的角度来讲，人们普遍关心的是"我有多少股、能分多少红"的问题，也就是集体资产股份占有权和收益权的实现问题。从基层政府和农村集体经济组织的层面来看，更注重于如何发展壮大集体经济，让改革有成效，特别是能产生显性成果，包括脱贫摘帽、集体经济有收益、农民能分红。至于集体资产股份的其他权能，虽然合作社章程也有集体资产股份转让、继承、退出等权利的一些内容，但大部分相对简单，基本流于形式，这方面的实践探索也很少。这主要是由于改革刚刚开始，这方面的需求还不迫切。另一方面，集体经济薄弱，集体收益较少，甚至没有，使得集体资产股份含金量不高，导致人们并不看重集体资产股份的价值。此外，也与人们的观念有关。如地处西安市城区内的一个社区股份经济合作社，集体经济很强，仅集体经营性资产就达近 10 个亿，集体成员每年分红和福利可达数万元。但该集体股份经济合作社章程规定，集体资产股份只能继承，不得转让。合作社负责人对此的解释是："不让转让是对那些好逸恶劳或不会过日子的人的一种保护措施，防止这部分人把股份卖了挥霍后返贫，到时候集体还得要管他。"当问及对非集体成员的集体资产股份继承人权利是否有一定限制时，回答是："我们还没有考虑到这一步。"

（二）农村集体资产股份权能改革先行地区的实践

案例1. 宁波市江北区作为全国第二批农村集体产权制度改革试点单位，按照"归属清晰、权能完整、流转顺畅、保护严格"的总体要求，在全面开展清产核资、成员身份确认的基础上，将集体各类资产确权到人、拓权赋能，最大限度地保障农民的财产权利。从2009年开始探索股权的继承、转让、抵质押权能，并在全国率先开展农村承包土地经营权、农村集体资产股权、农民住房"两权一房"抵（质）押贷款。此轮改革中，江北区进一步完善农村集体资产股份权能，重点赋予集体资产股权的退出、赠与、担保等权能，提高了股权的内部流通性，拓展了股权的资产属性。目前，已有1425户通过股权质押累计贷款6100余万元。

案例2. 广东南海区在1992年股份合作制改革初步明晰农村集体资产产权的基础上，进一步推动和深化农村集体资产股份合作制改革，"确权到户、户内共享、社内流转、长久不变"的股权确权模式得到了普遍认可。改革中进一步完善资产股份权能，出台了《南海区村（居）集体经济组织成员股权（股份）管理流转交易办法》，允许股权进行跨户转让、继承、赠与、抵押、担保等流转交易，并明确了股权流转范围、交易规则和流程，充分赋予农民对集体资产股份占有、收益、有偿退出及抵押、担保、继承的权利。一方面稳定占有权和收益权。南海区通过对集体经济组织成员无偿配股或允许购股，将股权量化到人、固化到户，并明确股权长久不变且集体经济组织收益的60%作为股份分红。颁发"户内股权及成员证"，作为成员享有股权的正式凭证。另一方面进一步完善继承权和有偿退出权。南海区明确规定，股权必须在本集体经济组织内部以股权户为单位继承，若继承者不是本集体经济组织成员，股权由集体经济组织托管、赎回或流转交易给其他股权户。在不突破本集体经济组织范围且保留一定底数（绝户除外）的基础上，农户股权可在本集体经济组织内部转让、交易、赠与或退回本集体，成员通过多种形式的有偿退出股权获得一次性收益，显化股权价值。全区至今共发生股权流转交易1191宗，其中继承970宗，股权数4209.09股，占流转股权总数的80%；转让83宗，股权数209股，占流转股权总数的3.8%；赠与138宗，股权数 842.1 股，占流转股权总数的 16.2%。南海区允许以股权为质押物向金融机构贷款，股权质押额度原则上不得超过本集体经济组织前三年平均分红的 20 倍。股权抵押担保为农民群众带来实惠，如大沥镇六联村 20 多名股东因治病缺钱而以自有股权及他人股权向股份合作经济组织抵押借支股份分红 200 多万元，解了燃眉之急。南海区还建立了"集体经济组织股权（股份）管理交易"平台，实行股权管理交易规范化。设立镇（街）股权管理交易中心和村（居）股权管理办公室，全面负责股权的动态管理和流转交易。目前，南海区 84 万社员股东的股权全部纳入股权（股份）管理交易平台，通过平台成交的资产 9 万余宗，标的总金额 581 亿元，增值（成交价与底价相比）约 17.5%。①

（三）农村集体资产股份权能改革滞后地区的实践

我们在西北某省调研期间，在该省南、北、中部三个区域各收集整理了百余份合作社章程。整理发现：（1）在同一区域内（市、县、乡、街办）或邻近村子的合作社章程雷同度很高，大同小异；（2）关于成员界定标准，股权设置类型、占比、管理方式的规定，内容比较详尽，且能结合本村实际；（3）关于股份权能的规定大都简单笼统，一般只涉及股份继承、转让，而鲜有股份抵押、担保的规定，更没有集体经济组织成员股权（股份）管理流转交易的另行专门规定。在此，我们摘录部分合作社章程的相关规定，以做比较。

1. 规定股权可以依法转让、继承、赠与，转让范围限定在本村内部（"本集体经济组织内部""本合作社内部"等）

对继承人的范围、权属、身份不作具体规定；对转让、继承、赠与的程序都有规定，但批准机关和办理机构规定不一。

例 1. 股权动态管理（人口股 5 年一调整，其他股权设置永久不变）。"股权可以依法继承、赠与，经理事会批准，可以在本村内部转让。股东发生股权转让、继承、赠与，应向理事会申请，理事会同意后，由合作社负责办理相应手续；合作社将每年的股权变动情况列表，经股东代表大会和办事处确认后，每年向登记机关备案一次。"

---

① 参见《深化股份权能改革，保障农民财产权利——广东省佛山市农村集体产权制度改革典型经验》，《农民日报》2019 年 12 月 2 日。

例2. 股权静态管理（本合作社的股份为永久固定股，不得增减）。"股权可以依法继承、赠与，经本社股东提出申请，董事会批准，可以在本村股东内部转让。股权继承、赠与、转让，应在镇川镇产权交易所办理相关手续。"

例3. "股东的股权可以继承、转让和赠与。经理事会批准后双方股东自行协商确定，然后备案。"

例4. 股权动态管理（5年为一个周期，周期内实行生不增、死不减。5年后的11月30日为下一个基准日，实行生增死减）。"一个周期内，如遇股民死亡，股权需由法定继承人依法继承。如有股民不履行赡养义务，导致老人非正常死亡的，经股东代表大会商议，三分之二以上同意，可将其收益收归总社用于公益事业。"

2. 限制股权继承人范围，禁止退股提现、禁止特定股份转让和继承

例1. 股权动态管理（每3年动态调整一次）："股东的股权可以在本分社范围内依法继承、转让、赠与，但不得退股提现。""经理事会同意，股东代表大会审核通过，股权可以在合作社范围内依法继承、转让、赠送，但股东不得抽资退股。"

例2. 股权静态管理（本合作社股份为固定股）："股权可以依法继承（只限直系子女），经理事会批准可以在本村内部转让。"

例3. "股权可以依法继承、赠与，经理事会批准可以在本集体经济组织内部转让。扶贫股不得继承、内部转让和内部馈赠。"

3. 对股权受让在总股本中的占比进行限制，占比限制要求差距很大

例1. "股权仅限在合作社内部进行流转。每户持股总数不得超过合作社总股份的50%。"

例2. 股权静态管理（生不增、死不减，进不增、出不减）："股权仅限在合作社内部进行流转。每户持股总数不得超过合作社总股份的0.67%。"

4. 允许股份有偿退出

例1. 股权静态管理（增人不增股、减人不减股）："股权可以在社内有偿退出，但不得退股提现，单户受股数不得超过总股数的5%。"

例2. 股权静态管理（生不增、死不减，进不增、出不减），"股权流转只能在合作社内部进行。每户持股总数不得超过本社总股份的10%。

成员抽资退股由退股人提出书面申请，经理事会审核后，提交成员代表大会商议决定。"

当然，也有少量开展农村集体资产股份抵押、担保实践的地区和集体经济组织。如陕西榆林榆阳区就建立了区、乡、村三级产权流转交易信息服务平台，在农商行注入 1000 万元产权抵押贷款风险补偿基金，撬动银行信贷 1 亿元，开展农村承包土地经营权与合作社股权抵押、担保、贷款业务，让股权可交易可融资。目前已为新型经营主体发放贷款 170 万元，为农户发放 860 万元。西安市碑林区西何社区与西安秦农银行联建"双基联动工作站"，以合作社股民股权证做抵押、合作社做担保，即可为股民健康消费、理性置业、创业致富提供 5 万—25 万元的贷款资金。

至此，我们从农村集体产权制度改革切入，对农民集体收益分配权实现问题基本做了一个"全景式"的扫描。从中我们发现，农村集体产权制度改革是新时期有效解决农民集体收益分配权实现问题的基本进路。农村集体产权制度改革中的清产核资、成员界定、股份合作制改革及其折股量化、股权设置与管理、股份权能赋予与行使直击农民集体收益分配权问题，科学而合理地化解了长期以来一直困扰人们的这一难题。需要进一步解决的是，这些关乎农民集体收益分配权的设计尚处于政策与实践层面，亟须完成法律构造，实现权利法定化，让农民集体收益分配权在法律的指引和保障之下获得充分实现。

结　语

　　权利实现是指权利主体以法定的方式或以法律允许的自创方式行使权利，维护权利，并能获得国家物质和法律保障，从而享受权利所带来的利益的活动。由此可见，权利的实现既是一个追求目标利益的过程，也是一种享有目标利益的结果。从权利运行过程来看，权利实现就是从法定权利走向实有权利，赋权只是权利的法定化，是权利实现的前提和起点。科学的权利结构不仅应有明确的权利内容，还应包括权利行使的方式和路径，为权利实现奠定良好的基础。如农民财产权的各项权能，其既是财产权利的内容，也是行使权利的方式和实现权利的路径。纵观权利实现的过程，可以观察到其中包含了一系列的要素和条件：权利实现的内容应包括权利实现的路径、方式、方法、策略、权利实现的保障、权利实现的质量、权利实现的标准等；权利实现的过程包括权利行使、权利维护、权利救济等。权利实现的条件，包括权利主体层面的权利意识、权利态度、行使权利的能力，国家层面的法律制度供给、物质保障、法律救济等，社会层面的权利文化、舆论导向、对权利的尊重程度等。

　　农民财产权利是以土地权利为核心的一系列权利，包括土地承包经营权、宅基地使用权和集体收益分配权。农民财产权利实现，主要是指农民通过法定方式或以法律允许的自创方式行使，维护财产权利，并能获得国家物质和法律保障，从而享受权利所带来的各种利益的活动。

一　农民财产权利实现的观测与总体评估

　　根据权利实现的内涵以及权利实现的一般理论，我们选择以下几个维度对农民财产权利实现状况进行观测，从而对农民财产权利实现状况在基本面上进行评判和整体性把握。

一是利益实现维度。权利的本质不过是以国家名义和法律手段对社会资源所做出的一种分配,作为财产权利则是对具有经济价值的社会资源的制度性配置。所以财产权利实现的目标或结果无疑是一种显性的物质利益的获得,可以表现为实际的占有、利用和收益。由于财产权利的经济价值性和可流转性,权利人并不满足于自己的占有和利用,而往往是通过权利(权能)的让渡而转化为一定的收益,以获取更大、更多的利益,从而形成财产性收入。"赋予农民更多的财产权利"与"增加农民财产性收入",正是对农民财产权利赋权与财产权利实现内在逻辑关系的最好阐释。农民通过财产权利行使获取财产性收入构成权利实现的重要标志。如农民通过转让、出租、入股的方式流转土地经营权,以出租、入股、合作等方式转让宅基地使用权所获取的收益,以及农民凭借集体资产股份权参与集体收益分配(分红),或通过股权转让、抵押等方式所获取收益,凡此种种财产性收入,正是农民"三权"实现的结果。所以,利益实现维度,正是通过农民财产性收入的有无和多少来测量农民财产权利实现的程度和质量。

二是权利救济维度。"有权利就有救济"标示着权利的实现必须要有权威性的保障,否则权利同样会沦为虚设,成为"毫无意义的空气震动"。因为权利既可能在毫无争议和阻碍中顺利实现,也可能因侵权和争议的发生而阻滞。在后一种情况下,就需要通过权利救济排除阻力而通往权利实现的目标。权利救济除一定范围内法律所允许的自力救济之外,更多的是需要建立权威性机构和多元化纠纷解决机制的公力救济来完成。权利实现中是否遭遇侵权、纷争,这些侵权、纷争的数量、规模和复杂性将直接影响到权利能否实现和多大程度的实现。同样,在权利遭遇侵害和纷争时能否得到及时有效的救济,也将决定着权利能否实现,实现的程度和质量。没有及时有效的救济,权利的实现可能会千难万险,风险丛生,充满了不确定性。即使获得救济,也并不意味着权利一定能够圆满实现,如裁判结果不能执行,救济成本高昂也会导致权利不能实现或实现的质量大打折扣。通过权利救济维度,我们可以清晰地观测到农民财产权利实现的程度和质量。

三是制度供给维度。农民财产权利作为一种制度性安排,需要通过法律制度设权、赋权，形成明确而肯定的权利规则。农民财产权利的运行同样离不开制度支持。虽然我们所言的权利实现是以法定权利为起点，但这个处于逻辑起点的权利制度的完备程度，对权利的实现有着至关重要的影响。因为，有关权利的制度性规定，应是一个完整而严谨的体系结构，不仅规定有权利内容、权能设置，还应有权利行使和实现的方式。一个内容含混、权能残缺的权利制度是无法行使和实现的，更遑论权利制度之间存在矛盾冲突。一项权利的行使和实现除了权利规定本身的完备性，还往往需要一些配套制度的支撑，如农民"三权"的退出，如果没有相应的社会保障制度支持，就会因缺乏退出动力而使权利悬置。农地经营权流转、宅基地使用权转让，如没有相应的不动产登记制度和产权流转交易制度支持，这些权利的行使和实现就会因缺乏安全性而受阻。此外，农民财产权利实现往往需要借助于一些政策工具才能完成。如宅基地退出中，土地增减挂钩、移民搬迁、生态和贫困治理等政策工具的运用，是农民宅基地退出权得以实现的重要条件，否则难以成行。所以，制度供给维度包括规定农民财产权利的法律制度本身和支持权利实现的配套制度以及相应的政策工具三个方面。

　　四是产权流转交易市场维度。法律上的设权、赋权、确权为权利的实现创造了前提性条件，但权利的实现还有赖于权利的行使、流动和保障，否则权利永远处于抽象和休眠状态。产权的流转和交易就是让权利动起来，通过权利让渡，在运动中实现权利的独占利益。以土地权利为核心的农民财产权利的实现过程，在很大程度上就是一个产权流转交易的过程。产权流转交易以安全、便捷、高效和利益最大化为基本取向，而产权流转交易市场化则是满足产权流转交易基本取向的最佳路径。完善的平台、规范的运行、优质的服务、准确的信息、灵敏的反应是成熟的产权流转交易市场的基本特征，也是产权流转交易者实现利益最大化的根本保证。与之相反，孤立、低效、信息闭塞、信息不对称、信用风险、合同欺诈等恰恰是农民个体自发产权流转交易的致命弊端。农民对产权流转交易市场的认知度、参与度、交易活跃度及交易完成量可以从另一个角度真实地反映出农民财产权利实现的程度。

　　通过以上四个维度对农民财产权利实现状况进行观测和分析，从而对农民财产权利实现的总体水平有了一个初步的认识和把握。我们的基本判断是：第一，农民财产权利实现的总体水平不高。农民财产性收入在农民收入构成中无论是占比还是贡献率一直处于低位状态，而且和其他三项收入的占比差距非常悬殊，甚至达到可以忽略不计的程度。第二，农民财产权利实现水平趋高的态势已显现。农民财产权利实现状况目前虽处于低水平，但这种状况是由许多因素影响所致，如农民宅基地使用权、集体收益分配权因制度障碍，使其财产价值功能受到抑制，但随着宅基地制度改革和农村集体产权制度改革的推进，相关立法的跟进，这种状况即将得到很大的改变。宅基地使用权流转和宅基地退出中农民获利的实践，以及众多农民从集体经济合作社拿到分红的现实已显示，农民的财产性收入正在大幅度提高，而且未来发展空间很大。第三，农民财产权利实现状况不平衡。这种不平衡首先表现在"三权"之间实现程度的不平衡。比较而言，农民土地承包经营权实现程度较高，主要是基于相关立法完善，配套制度和政策工具支持有力，产权交易市场趋于成熟，权利救济有效所产生的积极效果。农民宅基地使用权与集体收益分配权的实现尚不充分，但发展趋势向好。这种不平衡性还表现在区域差别，受资源禀赋、区域位置、制度供给、市场发育程度差异等因素的影响和制约，农民"三权"实现程度的区域差别较大。东南沿海及经济发达地区较之于中西部地区，城中村、城郊村和经济发达村较之于传统农业地区农村，其农民的财产权利实现状况普遍要好。第四，农民财产权利实现受制因素较多。目前，农民财产权利实现的外部环境和基础条件较差，如制度供给、产权交易市场建设、权利救济机制等。中国农民财产权利实现目前尚处于权利实现基础条件的建设阶段，而农民财产权利主体权利实现能力的提升则更为任重道远。

二　农民财产权利实现的新变化

值得注意的是，通过对农民财产权利实现具体实践的考察，我们发现农民财产权利的实现正呈现一些新的特点，或者说是发生了一些新的变化。这些变化和特点对我们探索农民财产权利实现的有效路径、方式和条件具有重要的启发意义。

第一，从强调权利保护到创造实现条件。

国家在赋予农民财产权利的同时，也一直在强化农民财产权利的保护，特别是对妇女、进城落户农民的土地承包经营权、宅基地使用权和集体收益分配权进行特殊保护，通过对工商资本下乡流转土地进行严格的资格审查、项目审核、履约保证等方面对农民土地承包经营权进行全面的保护。通过限制城镇居民在农村买地建房、禁止工商资本下乡建别墅大院搞房地产、规定宅基地使用权流转合同不得超过二十年，保护农民的宅基地。这种保护一方面体现在防止各类侵害农民财产权行为的发生，另一方面则是对发生侵权后的法律救济。这些无疑都是保证农民财产权实现的重要措施。近些年来，特别是党的十八大之后，在继续强调保护农民财产权利的同时，国家着力于创造和提供农民财产权利实现所必需的资源和条件，努力促进农民财产权利的实现。从完善法律权能到优化制度环境，以及采取多种激励措施，为农民行使和实现财产权利提供必要的条件和保障。这种转变较事后的法律救济更具积极意义，因为这样可以使农民行使和实现财产权利的空间和条件更加充分，而事后的法律救济不过是一种补救而已，即使胜诉，权利也未必就一定能够实现。

第二，从突出个人行权能力到政府和集体发挥主导作用。

在权利实现中，权利主体的主观努力和行权能力是非常重要的因素。其包括权利主体的权利意识、对待权利的态度、法律知识的掌握、行权方式的选择等都会影响到权利实现的程度和质量。但权利实现的社会资源和条件非权利主体主观努力所能决定。政府除提供必要的制度资源之外，还通过政策工具和具体措施支持农民财产权利的实现。如为促进农民土地经营权的流转，政府投资整治土地，解决土地细碎化问题，使土地连片集中，具备规模流转的条件。为鼓励工商资本下乡流转开发土地，对其流入土地行为进行奖补；为促进农民土地承包经营权退出顺畅，政府财政支持村集体退出补偿费的筹措等。为促进农民宅基地使用权流转或退出国家推行城乡建设用地"增减挂钩"政策，允许农民闲置宅基地和废弃的公益用地转为集体经营性建设用地入市。农村集体组织通过股份合作制改革吸纳农民以土地经营权入股获取财产性收入，通过发展农业产业让农民土地经营权在社区内就地实现流转。可见，在逐步提升农民权利实现能力的同时，政府和农村集体组织在促进农民土地承包经营权实现中发挥着重要的主导作用。

第三，农民以"运动式"维权转向常态化的权利行使。

从农民财产权利实现的方式来看，早期，农民针对来自各方的侵害财产权利行为，主要以"运动式"的维权作为权利实现的方式。一方面是由于财产权利权能不完善，农民行使权利的方式选择空间小，另一方面是侵权行为较普遍，基本权益得不到保障。所以，维权就成为农民重要的权利实现方式。特别是农村妇女土地承包经营权、征地补偿款分配权受害尤烈，由此引发的大规模信访、诉讼时有发生。此外针对强征、强拆、补偿不合理的土地征收，农民大规模地进行静坐、围堵政府机关、信访、诉讼等维权活动，甚至发生激烈的对抗冲突，以维护其土地权益。随着国家法律的完善，特别是各类财产权利权能的拓展，农民行使财产权利的路径、方式的多样化，以及外部制度环境的优化和权利实现所需的各种资源条件供给的改善，农民开始关注和实践以何种方式行使和实现权利才能实现利益最大化。所以，以常态化的权利行使正成为农民实现财产权利实现的重要方式。

第四，从自发和封闭转向市场和开放。

从农民财产权利实现的实践，我们可以发现农民正从自发、封闭的状态向市场、开放的状态转变。尽管目前的市场化程度还比较低，开放还有一定的局限，但这种趋势已明显表现出来。如在实行土地承包经营制的初期，农民土地承包经营权的行使主要是满足其自身的农业耕作需要，进行自主的生产经营，获取经营收益。由于农民对土地财产价值认识的局限和对市场的恐惧，宁可将土地闲置撂荒，也不愿流转。此后出现了交由亲友代耕代种，再向本村村民流转，逐步转向对外流转，以及面向工商企业的流转。在流转方式上，从基本以出租（转包）方式流转，逐步有选择地入股企业公司、农民合作社，还有的选择土地托管的方式。随着农村土地市场的形成和发育，农村土地产权流转交易市场的建设和发展，土地经营权流转逐步进入市场，以更开放的姿态和方式实现土地承包经营权。宅基地"三权分置"，盘活利用闲置宅基地和闲置农民住房、集体经营性建设用地入市等都引入了市场化机制。这种变化和趋势无疑是农民财产权利行使和实现的未来方向。农民财产权通过流转交易制度平台，使其财产经济价值实现得更加充分，从而有效提升农民财产性收入水平。

三　农民三大财产权利实现问题的思考与建议

从农民土地承包经营权、宅基地使用权和集体收益分配权三大财产权利实现问题的具体研究来看，农民三大财产权利立法状况不同，改革试点进程不同，实现路径、方式、水平迥异，所以在具体研究中的重点内容有所不同，各有侧重。如，农民土地承包经营权立法比较完善，研究的重心也就在权利实现的路径、方式、机制方面。而农民宅基地使用权、集体收益分配权立法严重滞后，正处于改革试点期间。因此，农民宅基地使用权、集体收益分配权立法，即权利的法构造、法定化研究就是极其重要的研究内容，以期解决权利实现的起点问题。

（一）农民土地承包经营权实现问题

农民土地承包经营权包含了土地承包权、土地经营权流转权、土地承包经营权退出权、因土地征收征用土地承包经营权丧失、受限的求偿权和土地经营权融资担保权等权利内容。这些不同内容权利的实现，往往有着不同的权利实现方式。科学合理地设定权利实现方式与正确、适当地选择权利实现方式对农民土地承包经营权实现发挥着同样重要的作用。一方面，比较完善的农村土地承包经营立法，赋予了农民较为完整的土地承包经营权权能，丰富的权利实现方式使农民行使和实现权利拥有了更大的选择空间和更多的有利机会；另一方面，农民土地承包经营权实践的时间长、经验多，加之法律救济力度大，权利实现的制度环境不断优化等有利因素，从而使农民土地承包经营权实现得比较充分。但是，农民土地承包经营权实现也存在一些突出问题需要解决，如农村新增人口的土地承包经营权问题、妇女土地承包经营权保护问题、农民土地经营权流转中的利益平衡问题、进城落户农民土地承包经营权退出问题等。针对各种问题产生的原因，我们提出了相应的解决思路。

1. 农村新增人口的土地承包经营权实现问题

中国土地承包经营权制度设计一直朝着权利固化的方向发展，基本封堵了新增人口获取土地承包经营权的通道，即使有通道，也是极其狭窄的。实践中，一般通过调整土地解决新增人口的承包地，但这种违规调地隐藏着巨大的政策法律风险，或新增人口的土地权益通过"户内共享"解决。但户是由家庭成员所构成，其成员是有变动性的。因此，二轮承包按当时家庭人口承包的土地及其土地权利在二十多年后的今天，必然导致有的户"人多地少"，有的户"人少地多"，不能公平享受集体资源的结果。我们认为，解决这一问题的出路在于完善农村集体成员制度，建立退出机制，让集体成员资格丧失产生权利消灭应有的法律后果，从根本上解决新增人口享受集体土地权益问题。为保证土地经营权稳定，可以通过利益置换或补偿机制解决。

2. 农村妇女土地权益保护问题

农村妇女土地权益保护问题，之所以是农民土地权益保护的重中之重，是因为现实中侵害妇女土地权益情况比较普遍和严重。侵害妇女土地权益的表现方式主要是没有给妇女分配土地或因妇女出嫁离异而被收回承包地。问题的产生有着不同的原因。对于农村妇女未分或少分承包地的问题，其中有一部分与二轮承包后新增人口未获得承包地问题有部分重叠，与新增人口土地承包经营权是同一性质的问题；因婚姻而失去承包地的问题多与集体成员身份认定标准相关。在以户口为界定集体成员身份主要依据的模式下，妇女婚后不迁出户口，特别是娘家村集体经济优于婆家村集体经济的情况下更不会迁出。可见，农村妇女土地承包经营权遭受侵害问题是与不合理的农村集体经济组织成员身份认定标准有很大的关系。所以，需要通过农村集体经济组织立法确立科学的集体成员界定标准，不得简单以户口作为认定标准，应将"妇女因婚姻而脱离原集体经济组织的"作为丧失原集体成员资格的法定事由，确立集体成员退出及其法律后果的规则，以此厘清妇女土地承包经营权保护中不同性质和不同类型的问题，分别对待。

3. 农民土地经营权流转中的利益平衡问题

农民土地经营权流转的市场化趋势越来越明显。由于农民处于弱势地位，所以在政策和法律上采取了一系列特殊保护措施。农民土地经营权流转的本质是产权交换，是一种市场行为，过度保护一方的利益，则有违市场规律，必将抑制工商企业等社会资本流转土地经营权的积极性，反而延缓和阻滞了农民土地经营权流转的规模、速度和收益。我们认为平衡双方利益应尊重市场规律，公开公平公正交易，达致这一目的的最好方式是加强农村产权流转交易市场建设。农村产权流转交易市场是市场和法治结合的产物，服务平台功能齐全，交易规范有序，既可以防止农民因市场能力不足而蒙受损失，也可解除工商企业对农民信用的担忧，有利于双方利益的平衡和保护。

4. 进城落户农民土地承包经营权退出问题

在现行制度框架下，进城落户农民土地承包经营权退出特别是永久性退出难以践行。核心问题是退出补偿能否"到位"，而承接退出的无论是农村集体组织还是农户都难以满足补偿要求。"让农民带地进城""让农民带着土地财产权利进城"本身就是为促进城镇化发展所采取的特殊措施，如果将此特殊措施无限期地固化，既不利于集体土地所有权的实现，也会破坏集体成员利用集体资源的公平性，同时也会使集体经济组织成员身份的认定更加混乱。所以，从根本上讲，要通过完善集体成员退出机制解决问题。根据进城落户农民"市民化"的程度，分时段地强制退出集体成员身份，集体经济组织参照市场价格回购土地承包经营权。考虑到集体经济组织的经济承受能力，也可将其土地承包经营权转化为集体资产股权。进城落户农民交回承包地由集体经济组织统一经营管理，作为非集体成员股东以其股权参与集体收益分配，集体经济组织保留对非集体成员股东所持股权回购的权利。

（二）农民宅基地使用权实现问题

我们通过研究发现，农民宅基地使用权是农民最为重要的财产权利，也是农民增加财产性收入体量最大的财产，但也是农民三大财产权利中实现最为艰难、最不充分的权利。核心问题就是传统宅基地制度存在农民宅基地使用权权能不足，流转受限过多，财产功能不彰的缺陷，而当前宅基地制度改革试点仍在进行中，宅基地"三权分置"入法尚未完成，农民宅基地使用权权能设计争议颇大，宅基地财产权利的法定化任务仍未完成。以现有农民宅基地使用权权能仅限于占有和使用，而无收益和处分权能而言，农民宅基地财产权实现无论是行使权利的方式还是达致权利实现的目标都是非常有限的。可见，农民宅基地财产权利实现输在了起点上，即宅基地法定权利缺陷所致。

农民宅基地权利实现路径探讨的前提是农民享有什么样的宅基地权利，即我们构建和拥有一个什么样的宅基地产权结构或宅基地权利体系。我们思考问题的逻辑，首先是现有的宅基地制度及宅基地权利体系能否满足农民宅基地的权利需求，答案是否定的。一方面是宅基地的功能结构发生了变化，居住保障功能已不再是唯一的功能，在部分地区甚至已退居次要功能，而财产功能不断彰显，宅基地隐形市场无法遏制；另一方面，宅基地大量闲置浪费，一户多宅、超面积现象突出，导致土地稀缺资源无效配置和农民获取集体土地资源的公平状态受到破坏。此外，这种产权结构也无法适应城镇化发展和城乡融合的客观需要。这些问题反映在法律制度上就是现有农民宅基地权利体系存在严重瑕疵，即权利内容和权能设置不科学、不合理、不完善。其次，我们重构宅基地权利体系的价值取向和实现基础是什么？是坚持宅基地居有其所的社会保障功能，还是充分满足宅基地的财产价值功能，抑或寻找二者的平衡点？我们认为二者兼而有之，但首先是保障功能，实现"住有所居"，其次是财产性功能，这也是由农民集体所有是成员集体所有的本质所决定的，也是符合土地资源管理配置、社会公平正义、城镇化发展，城乡融合对宅基地权利体系构建的客观需求的。最后，宅基地"三权分置"如何完成其法律表达？通过三权分置让宅基地使用权动起来，转起来，打破仅在农村集体经济组织内部流转的封闭性和无效性，体现在法律权利上就是赋予农民更多的宅基地权能。核心是赋予农民宅基地收益权，并通过一系列的具体权能设置使农民宅基地收益权获得必要的实现路径和方式。

宅基地制度改革，在"两完善、两探索"，即完善宅基地权益保障和取得方式、探索宅基地有偿使用、探索宅基地有偿退出，完善宅基地管理制度的基础上，推行宅基地"三权分置"，鼓励盘活利用闲置宅基地和闲置农民房屋。事实上，宅基地制度改革在倒逼农民宅基地财产权能的设计。实践中的许多农民宅基地资格权、使用权流转实现方式，为农民宅基地财产权能的设计提供了可资经验。例如，农民以资格权取得的宅基地使用权可通过出租、合作、入股等方式实现流转，获取财产性收入。当然，这种资源要素的流动是有限度的，并不是以完全的市场法则自由流动，用中央政策的语言表述就是"适度放活宅基地和农民房屋使用权"，适度放活就意味着已不再是盯死看牢、限制流转，但同时也不是无限制的自由流转。允许社会主体进入农村宅基地流转领域须松紧有度，宽严相济。这种"松宽"表现在宅基地部分权能的转让打破了地域封闭、放开了对象限制、拓展了用途范围、丰富了流转方式。而"严紧"则表现在社会主体第三方进入农村宅基地流转领域的限度主要是参与盘活利用闲置的宅基地和闲置的农民房屋,并不是可以到农村自由买卖宅基地和农房,更不允许大到去农村买地修建别墅和私人会所。宅基地制度改革的"三不得"原则为宅基地权利体系构建和权能设置划定了坐标。

根据现有法律规定,农民宅基地财产权利实现的制度性路径和方式主要有三个方面:一是保障农村村民实现户有所居。根据农村村民"一户一宅、面积法定"的原则,要切实保障农民宅基地权益,规定了人均土地少、不能保障一户拥有一处宅基地的地区,允许县级人民政府在尊重农村村民意愿的基础上采取措施,以保障农村村民实现户有所居的权利。这实质上就是对农民宅基地资格权和占有权实现的制度保障。实现农村村民户有所居,既是宅基地保障功能的体现,同时也构成农民行使宅基地财产权利的前提和基础。二是宅基地使用权流转。《土地管理法》第 62 条从两个方面进行了规定,一方面是"鼓励农村集体经济组织及其成员盘活利用闲置宅基地和闲置农房"。这是当前宅基地使用权流转的主要方式,也是宅基地"三权分置"下农民宅基地财产权利实现的重要途径和方式,并有相应的政策工具予以保障,即通过拓展宅基地用途和宅基地权利行使方式盘活利用闲置的宅基地和闲置农房,增加农民财产性收入,实现农民宅基地财产权利。另一方面规定农村村民通过出卖和出租房屋进行宅基地流转,实现宅基地财产权利。三是宅基地退出。"国家允许进城落户的农村村民依法自愿有偿退出宅基地。"这是针对城镇化过程中,部分农民脱离农村的生产生活,进入城镇就业生活,将农村闲置的宅基地有偿退还集体组织,从而获取进入城市生活和发展资金的一种宅基地财产权利实现方式。此外,农民住房财产权(宅基地)抵押贷款,也是一种宅基地财产权实现的重要途径。

但是,农民宅基地财产权利实现的这些制度性路径和方式有很大的局限性。一是在立法上都是比较原则性和方向性的规定,缺乏具体制度和规则的支持,操作性较差;二是在实践中要受到诸多客观条件的约束和限制,权利实现难度大。为此,我们建议:

第一,进行宅基地专门立法或细化宅基地相关立法。农民土地承包经营权有《农村土地承包法》专门调整,农民集体收益分配权相关问题也将在《农村集体经济组织法》中作出规定,而农民宅基地使用权在《民法典》和《土地管理法》中都是仅作了原则性的规定。《民法典》第

362 条规定："宅基地使用权人依法对集体所有的土地享有占有和使用的权利,有权依法利用该土地建造住宅及其附属设施。"第 363 条规定:"宅基地使用权的取得、行使和转让,适用土地管理的法律和国家有关规定。"《土地管理法》第 62 条"人均土地少、不能保障一户拥有一处宅基地的地区,县级人民政府在充分尊重农村村民意愿的基础上,可以采取措施,按照省、自治区、直辖市规定的标准保障农村村民实现户有所居","鼓励农村集体经济组织及其成员盘活利用闲置宅基地和闲置农房","国家允许进城落户的农村村民依法自愿有偿退出宅基地"的规定都比较简单。简单原则的规定需要细化,以增强其操作性。如宅基地使用权的取得、行使和转让的具体条件、方式和程序等;农村集体经济组织及其成员盘活利用闲置宅基地和闲置农房的具体条件、范围、方式、程序等;进城落户的农村村民依法自愿有偿退出宅基地的承接主体、资金来源、补偿标准等。

第二,为农民宅基地财产权实现创造和提供必要的条件和保障。农民宅基地使用权的取得流转、退出要受到诸多条件的影响和约束,包括政策法律、自然禀赋、产业发展等方面的约束。如宅基地使用权转让,包括出租、合作、入股等,大多需要依托优质的自然条件、旅游资源或工商资本下乡,否则难以实现转让;宅基地退出的推进和实施基本都是以政府为主导的,都需借助一定的政策工具获取宅基地退出补偿的资金来源(包括土地增减挂钩政策、移民搬迁政策、土地整治政策、美丽乡村建设政策、空心村整治政策、宅基地转为建设用地入市政策等。可以说没有这些政策工具,也就没有了宅基地退出),宅基地退出大都不是通过直接的产权交易完成,而是将其转化为"建设用地指标"或"地票""集地券"等权益证券间接地完成产权交易,表明农村集体经济自我推进、自我管理的宅基地退出机制尚未形成,同时也表明"进城落户农民在本集体经济组织内部进行依法自愿有偿的宅基地退出"举步维艰。所以,无论是国家层面还是地方政府层面都应积极地创造和提供必要的条件和保障,以促进农民宅基地财产权的实现。如,适时地出台必要的政策工具,引导工商资本下乡发展乡村产业以适当的方式流转农民宅基地等。

第三,充分发挥农村产权流转交易市场的作用。目前,农村产权流转交易市场产权流转交易品种比较单调，受限较多。从流转交易的农地产权来看，以农户承包土地经营权、集体林地经营权为主，基本不涉及农户宅基地使用权、农民住房财产权、集体经营性建设用地使用权、农户持有的集体资产股权等方面的流转交易。即使有，也仅限于"三块地"改革试点地区。这样在客观上就限制了农民宅基地使用权的流转和交易，故应扩大农村产权流转交易范围和品种，将农民宅基地使用权纳入农村产权流转交易范围，以促进农民宅基地财产权的实现，增加农民财产性收入。

第四，加强相关制度建设。一是加强农村集体成员管理制度的建设。农民宅基地使用权与农民土地承包经营权、集体收益分配权一样，都是一种以集体成员身份为前提的财产权利，只有拥有特定农村集体经济组织成员身份，才有获得集体宅基地使用权的资格。由于中国缺乏统一的集体经济组织成员管理制度，包括集体成员资格取得、丧失的认定条件和程序，特别是缺乏集体成员退出机制，导致在实践中集体成员资格认定比较宽泛，集体成员有进无退，使一些不具备集体成员实质性条件或已丧失实质性条件的人员仍然拥有集体成员资格，占有集体宅基地资源，致使其他集体成员，特别是新增人口的宅基地使用权无法实现。二是加强宅基地管理制度的执行。农民宅基地使用权获得除受土地资源少的限制之外，还会受到非集体成员占用宅基地资源以及"一户多宅"违规超标占用宅基地等情况的影响。因此，加强宅基地管理制度执行力度，依法处理违法违规形成的"一户多宅"和超标占用宅基地，即时收回闲置宅基地等，又将有利于农民宅基地财产权的实现。

（三）农民集体收益分配权实现问题

农民集体收益分配权是农民财产权利的重要内容之一，赋予农民集体收益分配权是农民集体所有制和集体财产所有权的必然要求，也是农民集体所有制和集体财产所有权的外在表现和实现形式。农民集体所有是一种"成员集体所有"。集体财产所有权关系包括对外和对内两种关系。对外是以集体的名义和形态表现出来的一种所有权关系，对内则表现为集体成员分割权利，实际享有集体资产占有、收益、转让、抵押、继承等股份权能。这些权能的行使和实现的过程，实质上就是农民集体成员权，首先是作为财产权的集体收益分配权的实现过程。所以农民集体收益分配权是农民集体成员所有的必然逻辑和体现。

农民集体收益分配权实现从起点—过程—结果的逻辑关系来看，首先在起点上，即农民集体收益分配权法定化状况，可以说一直缺乏专门的、系统的、明确的法律规定。若要说规范渊源，一是可以追溯到"宪法"有关农民集体所有制的规定和《物权法》有关农民集体所有权的界定，即农民集体所有是"集体成员集体所有"。集体是成员的集体，成员当然享有集体收益分配权，这也是集体所有去实现的重要表现。二是一些地方性法规和政府规范性文件针对征地补偿款和其他集体收益分配做有规定。三是农村集体自治章程，表现为村规民约和合作社章程等。正因为农民集体收益分配权立法严重缺失，才导致农民集体收益分配权纠纷大量发生。特别是伴随着工业化、城镇化发展，大量土地征占而发生的土地补偿款分配纠纷可谓风起云涌，此起彼伏。虽然相关立法滞后，但农民集体收益分配权实现的现实运动一直很活跃。从权利实现过程的具体方式来看，由于集体收益分配主要是土地收益分配，利益关系都比较重大，因此农民有着极强的权利意识，极力主张权利、行使权利和维护权利。上访、诉讼，甚至形成群体性事件成为主要的维权方式，权利实现程度相对比较充分。但农民集体收益分配权实现的非制度化、非理性色彩比较浓。

农村集体产权制度改革为农民集体收益分配权实现开辟了制度性路径。农村集体产权制度改革的目标就是要构建"归属清晰、权能完整、流转顺畅、保护严格"的农村集体产权制度，从制度上厘清集体与成员的关系，通过赋权和权利保护以促进农民财产权利得以充分实现。农村集体产权制度改革的内容和过程集中体现了这一价值目标，而这一目标的实现过程也正是农民集体收益分配权实现的过程，体现了过程与目标的一致性。从权利实现的角度来看，农村集体产权制度改革目标集中体现了权利主体、权利内容、权利行使、权利保障等权利实现的核心要素。

农村集体产权制度改革的基本环节与农民集体收益分配权实现息息相关：清产核资不仅摸清了集体资产的家底，有效防止了集体资产被闲置、浪费、贪腐、流失和低效利用，同时也为发展壮大集体经济，维护和实现集体经济组织成员集体收益分配权利奠定了坚实的物质基础。集体经济组织成员界定、资产量化、股权配置和管理，从根本上解决了长期以来困扰人们的农村集体收益分配范围和分配标准问题，即谁可以参与分配和如何分配的问题。这既减少了农民集体收益分配矛盾纠纷，又为解决农民集体收益分配矛盾纠纷提供了可靠依据，使农民财产权利得以顺利实现。赋能活权，创设了更多的农民财产权利实现形式。农民对集体资产股份享有占有权、收益权和转让、抵押、担保权能及继承权，这既是赋予农民的财产权利，同时也是农民行使财产权利的具体方式和路径，从而使农民的财产权利看得见、摸得着、能落地。

　　但在农村具体产权制度改革中仍然存在一些问题，如改革中存在不规范和违反政策法律的问题。这些问题集中体现在，在成员界定、资产量化和股权设置中以"群众认可"为由，通过合作社章程或村规民约剥夺或减少离异妇女、服刑人员等特殊群体的合法权益，有的村以防止农民返贫为由，限制集体成员转让集体资产股份，剥夺农民集体资产股份转让权，等等；股权设置管理形态复杂产权关不稳定。在股权设置方面：有设集体股的，也有不设的；设有集体股的，占比差距较大，少则 10%，多则 50%—60%；有的既设集体股，又提取公积金、公益金，但对其用途、使用和管理规定模糊。成员股类型少则只设人口股一种，多则设有人口股、土地股、资金股、房产股、奖励股、农龄股、扶贫股、技术股、劳务股等八九种，不仅种类繁多，有的还混淆了产改股权和其他经济组织股权的性质。在股权管理方面，有静态、有动态、有静动态结合。一些实行股权动态管理的，调整频繁，规定三五年就一调，有的甚至一年一调，导致集体产权关系和农民集体资产股份权能很不稳定，影响农民集体收益分配权的行使和实现，出现了新的产权关系不清和财产关系紊乱。农村集体产权制度改革的一个重要目标就是建立"产权清晰、权能完整、管理严格、流转顺畅"的现代集体产权制度。产权改革主要是将集体经营性资产折股量化，作为集体收益分配的依据。但在产改中，由于一些农村集体经济空壳，没有或少有经营性资产，于是便将农民承包地、资金、房产、技术等其他资产折股量化，并由新成立的合作社统一经营管理，甚至还以"虚拟资产"折股量化。这些做法混淆了农村集体产权制度改革与三变改革、农地制度改革、农村经营方式改革的关系。特别是一些地方统一要求农民以承包地入股合作社，且规定"永久不得收回"，客观上限制了农民对土地承包经营权的行使，也制约了家庭农场和农民专业合作社等其他农村经营主体的发展。一些转为社区的城中村将社区财产、合作社财产和社区居民财产不加区分，相互混同，造成新的产权关系不清和复杂的财产法律关系。因此，可能会造成在集体收益分配中一部分人侵害或占有另一部分人利益的情形。产权一改了之，农民坐等分红。农村集体产权制度改革不是一改了之或一股了之。产权改革的要义是建立现代集体产权制度，盘活资产、激活要素，发展壮大集体经济，增加农民财产性收入。清产核资、成员界定、资产量化、股权设置仅是产权改革的基础环节，是农民财产权利实现的前提条件。皮之不存，毛将焉附，没有集体经济的发展，哪来的集体收益分配，又谈何增加农民财产性收入？但在实践中，改革任务一完成，农民似乎与集体只剩一个分红关系，别无其他。农民的主体性地位被忽视，农民的知情权、参与权和监督权被虚化。实质上还是农民的集体收益分配权被虚置，无法落实。重赋权，轻权利落实。"赋予农民更多财产权利"的政策已深入人心，农村产权改革无疑是向农民赋权还能的重要举措。农民享有集体资产股份权能，包括占有、收益、抵押、担保和继承的权利，这既是赋予农民的重要财产权利，同时也是农民行使和实现财产权利的重要方式。从改革实践来看，目前农民集体资产股份权能的收益权普遍得到落实，但其他权能尚未引起足够重视，落实得远远不够。如果其他权能落实不了，收益权就会或被稀释或被侵害。重个体分红，轻集体积累。农民财产权利实现的一个重要标志就是财产性收入的增加，农村集体产权制度改革的一个显性成果就是农民获得集体收益分红。但在大多数农村集体股份经济合作社的章程中都规定，集体收益除提取少量的公积金、公益金之外，主要用于农民分红，有的高达70%—80%。经济欠发达地区的集体经济大部分底子薄、基础差，发展制约多。这种重分红、轻积累，分光吃尽的做法加剧了集体经济发展的困难，难以实现农民财产性收入持续增加。这些问题的发生和存在将直接或间接地影响到农民集体收益分配权的充分实现。为此，我们提出以下建议：

（1）加快《农村集体经济组织法》立法进度。通过《农村集体经济组织法》明确集体经济组织成员的权利和义务，特别是集体经济组织成员的财产权益，包括集体收益分配权，统一集体成员资格认定标准和管理制度，集体资产股份权能的界定与行使，集体经济组织收益分配制度等。这些问题都是农民集体收益分配权实现中的重要问题，也是实践中比较混乱的问题。

（2）制定出台《农村集体经济组织示范章程》。《农村集体经济组织示范章程》是集体经济组织的自治性规范，用以规定农村集体经济组织的名称、性质、资产、经营范围，成员构成及其权利义务，股权类型与配置，股权管理方式，股权的内容与行使，组织架构与权责，财务管理与收益分配等。农民集体收益分配权的行使与实现，首先是在农村集体经济组织内部展开的，依据科学、合理、规范的合作社章程，农民可以有效、有序地行使集体收益分配权，避免和减少矛盾纠纷的发生。

（3）正确处理清产核资与资产管理和资产运营的关系。这三者都与农民集体收益分配权实现密切相关，但各自所处的地位和发挥作用的方式不同。清产核资是摸清家底，厘清可以折股量化的资产范围，构成资产管理和运营的对象，是农民集体收益分配权实现的物质基础。农民集体收益分配权的实现和农民财产性收入的增加需要管理和运用好集体资产。如健全的农村集体资产"三资"管理制度和集体资产投资运营管理制度，以提高效益，发展壮大集体经济，增加农民财产性收入。

（4）准确把握各类集体收益分配的范围和依据。集体收益分配因所分配的收益的性质不同而有不同的分配范围、分配依据和分配标准。农民集体收益分配权针对的不仅仅是经济合作社的经营收益，还应包括诸如征地补偿款收益和集体经营性建设用地使用权入市收益等集体收益。前者是在集体经济组织成员（股东）范围之内，依据股东所持有的股份或份额进行分配；而征地补偿款收益和集体经营性建设用地使用权入市收益并不纳入集体股份经济合作社的收益，也不是仅在股东之间进行分配，而是在集体经济组织成员（是村民而未必是股民）但未必是股东之间依一定分配规则进行分配，二者不得混淆。

主要参考文献

一　著作

黄建武:《法的实现——法的一种社会学分析》,中国人民大学出版社 1997 年版。

史尚宽:《物权法论》,中国政法大学出版社 1997 年版。

程燎原、王人博:《赢得神圣:权利及其救济通论》,山东人民出版 1998 年版。

彭汉英:《财产法的经济分析》,中国人民大学出版社 2000 年版。

杨春福:《权利法哲学研究导论》,南京大学出版社 2000 年版。

张文显:《法哲学范畴研究》,中国政法大学出版社 2001 年版。

纪坡民:《产权与法》,上海三联书店 2001 年版。

王泽鉴:《民法物权》,中国政法大学出版社 2001 年版。

梅夏英:《财产权构造的基础分析》,人民法院出版社 2002 年版。

龙卫球:《民法总论》,中国法制出版社 2002 年版。

丁海涌、丁南:《民法物权》,中山大学出版社 2002 年版。

范进学:《权利政治论:一种宪政民主理论的阐释》,山东人民出版社 2003 年版。

郭道晖:《法理学精义》,湖南人民出版社 2005 年版。

江平:《民法各论》,中国法制出版社 2009 年版。

陈锡文、赵阳等:《中国农村制度变迁60 年》,人民出版社 2009 年版。

韩俊:《中国农村土地问题调查》,上海远东出版社 2009 年版。

蒋省三、刘守英、李青:《中国土地政策变革:政策演进与地方实施》,上海三联书店 2010 年版。

贺雪峰:《地权的逻辑:中国农村制度向何处去》,中国政法大学出版社

2010 年版。

张文显：《法理学》，高等教育出版社、北京大学出版社 2011 年版。

陈华彬：《民法总论》，中国法制出版社 2011 年版。

张云华：《完善与改革农村宅基地制度研究》，中国农业出版社 2011 年版。

高飞：《集体土地所有权主体制度研究》，法律出版社 2011 年版。

杨立新：《民法总则》，法律出版社 2013 年版。

张英洪：《农民权利论》，九州出版社 2013 年版。

管洪彦：《农民集体成员权研究》，中国政法大学出版社 2013 年版。

邹秀清：《土地承包经营权权能拓展与合理限制研究》，中国社会科学出版社 2013 年版。

童列春：《中国农村集体经济有效实现的法理研究》，中国政法大学出版社 2013 年版。

白呈明：《农村土地纠纷及其解决机制的多维观察》，中国社会科学出版社 2014 年版。

郑冠宇：《民法总则》，瑞兴图书股份有限公司 2014 年版。

方志权：《农村集体产权制度改革：实践探索与法律研究》，上海人民出版社 2015 年版。

李周、任长青：《农地改革、农民权益与集体经济：中国农业发展中的三大问题》（国家智库报告），中国社会科学出版社 2015 年版。

邵昱、邵兴全：《农民土地财产权实现机制的创新与政策选择》，西南财经大学出版社 2016 年版。

高留志：《民事权利的理论框架》，郑州大学出版社 2016 年版。

叶兴庆：《农村集体产权权利分割问题研究》，中国金融出版社 2017 年版。

魏后凯、黄秉信：《农村绿皮书：中国农村经济形势分析与预测》（2018—2019），社会科学文献出版社 2019 年版。

二 论文

公丕祥：《论权利的实现》，《江苏社会科学》1991 年第 2 期。

文正邦：《有关权利问题的法哲学思考》，《中国法学》1991 年第 2 期。

易继明、李辉凤：《财产权及其哲学基础》，《政法论坛》2000 年第 3 期。

郝铁川：《权利实现的差序格局》，《中国社会科学》2002 年第 5 期。

李拥军、郑智航：《从斗争到合作：权利实现的理念更新与方式转换》，《社会科学》2008 年第 10 期。

林孝文：《论法定权利的实现——以法社会学为视角》，《湘潭大学学报》（哲学社会科学版）2008 年第 5 期。

丁关良、蒋莉：《我国农村宅基地使用权转让制度改革研究》，《中州学刊》2010 年第 5 期。

周强：《权利实现之一种——试析"耶和华见证人"信仰权的实现》，《西部法学评论》2010 年第 6 期。

颜万发：《论主体形态的权利实现方式》，《九江学院学报》（哲学社会科学版）2010 年第 3 期。

吕建高：《国际人权实现的指标监控：一种法理疏释》，《南京大学学报》（哲学·人文·科学社会科学版）2011 年第 3 期。

沃耘：《让权利得到实现——民法典民事自助行为制度的立法设计》，《政法论丛》2011 年第 6 期。

戴威、陈小君：《论农村集体经济组织成员权利的实现——基于法律的角度》，《人民论坛》2012 年第 2 期。

刘俊、朱小平：《国有土地所有权权利行使制度研究》，《江西社会科学》2012 年第 2 期。

刘灿、韩文龙：《农民的土地财产权利：性质、内涵和实现问题——基于经济学和法学的分析视角》，《当代经济研究》2012 年第 6 期。

胡成蹊：《权利质量之探析》，《厦门大学法律评论》2013 年第 1 期。

吴睿：《法定权利实现的理论模型之建构》，《前沿》2013 年第 14 期。

申亮、梁欢、王强：《农村集体收益分配权研究》，《安徽农业科学》2013 年第 22 期。

张晓山：《关于赋予农民更多财产权利的几点思考》，《农村经济》2014 年第 1 期。

程燎原：《权利理论研究的"再出发"》，《法学研究》2014 年第 1 期。

孔祥智、刘同山：《赋予农民更多财产权利：必要性、内涵与推进策略》，《教学与研究》2014 年第 1 期。

陈红岩、尹奎杰：《论权利法定化》，《东北师大学报》（哲学社会科学版）2014 年第 3 期。

耿卓：《农民土地财产权保护的观念转变及其立法回应——以农村集体经济有效实现为视角》，《法学研究》2014 年第 5 期。

韩松：《农民集体土地所有权的权能》，《法学研究》2014 年第 6 期。

张安毅：《户籍改革背景下农民集体所有权与收益分配权制度改造研究》，《中国农业大学学报》（社会科学版）2015 年第 2 期。

刘守英：《农村宅基地制度的特殊性与出路》，《国家行政学院学报》2015 年第 3 期。

高飞：《农村土地"三权分置"的法理阐释与制度意蕴》，《法学研究》2016 年第 3 期。

张广辉、魏建：《农民土地财产权利与人口城镇化》，《学术月刊》2016 年第 3 期。

董祚继：《以"三权分置"为农村宅基地改革突破口》，《国土资源》2016 年第 12 期。

叶兴庆、李荣耀：《进城落户农民"三权"转让的总体思路》，《农业经济问题》2017 年第 2 期。

张鸣鸣：《"农民上楼"后财产权利的变化》，《中国农村经济》2017 年第 3 期。

高强、宋洪远：《农村土地承包经营权退出机制研究》，《南京农业大学学报》（社会科学版）2017 年第 4 期。

叶兴庆：《为进城落户农民建立"三权"退出通道》，《农村经营管理》2017 年第 4 期。

郑晓英：《嵌入性理论视角下的法定权利实现》，《晋阳学刊》2017 年第 5 期。

张梦琳：《农村宅基地流转模式或演进机理研究》，《农村经济》2017 年第 5 期。

陈美球、廖彩荣、冯广京等：《农村集体经济组织成员权的实现研究——基于"土地征收视角下农村集体经济组织成员权实现研讨会"的思考》，《中国土地科学》2018 年第 1 期。

陈晓枫、翁斯柳：《股权的设置与管理：农村集体经营性资产股份权能改革的关键》,《经济研究参考》2018 年第 3 期。

高圣平:《承包地三权分置的法律表达》,《中国法学》2018 年第 4 期。

贺达水、高强:《农村宅基地制度改革研究》,《理论探索》2018 年第 4 期。

李凤章、赵杰:《农户宅基地资格权的规范分析》,《行政管理改革》2018 年第 4 期。

江保国:《集体经济组织成员身份确认的可诉性研究》,《中外法学》2018 年第 4 期。

宋志红:《宅基地三权分置的法律内涵和制度设计》,《法学评论》2018 年第 4 期。

江保国:《集体经济组织成员身份确认的可诉性研究》,《中外法学》2018 年第 4 期。

夏英等:《我国农村集体产权制度改革试点:做法、成效及推进对策》,《农业经济问题》2018 年第 4 期。

刘圣欢、杨砚池:《农村宅基地"三权分置"的权利结构与实施路径——基于大理市银桥镇农村宅基地制度改革试点》,《华中师范大学学报》(人文社会科学版)2018 年第 5 期。

韩立达、王艳西、韩冬:《农村宅基地"三权分置":内在要求、权利性质与实现形式》,《农业经济问题》2018 年第 7 期。

温铁军等:《集体产权制度改革股权固化需谨慎——基于 S 市16 年的案例分析》,《国家行政学院学报》2018 年第 8 期。

徐忠国、卓越飞、吴次芳、李冠:《农村宅基地三权分置的经济解释与法理演绎》,《中国土地科学》2018 年第 8 期。

郑风田:《让宅基地"三权分置"改革成为乡村振兴新抓手》,《人民论坛》2018 年第 10 期。

田土城、王康:《〈民法总则〉中财产权的体系化解释》,《河北法学》2018 年第 12 期。

刘振伟:《巩固和完善农村基本经营制度》,《农村工作通讯》2019 年第 1 期。

韩长赋:《中国农村土地制度改革》,《农业经济问题》2019 年第 1 期。

陈耀东:《宅基地"三权分置"的法理解析与立法回应》,《广东社会科学》2019 年第 1 期。

尹奎杰：《权利质量研究的理论视域》，《河南大学学报》（社会科学版）
　　2019 年第 2 期。

张勇：《农村宅基地有偿退出的政策与实践——基于2015 年以来试点地区
　　的比较分析》，《西北农林科技大学学报》（社会科学版）2019 年第
　　2 期。

陈基伟：《农村宅基地资格权实现方式浅议》，《中国土地》2019 年第
　　3 期。

陈小君：《宅基地使用权的制度困局与破解之维》，《法学研究》2019 年
　　第 3 期。

李军波：《"农村土地承包法" 修正的十个方面及其法理分析》，《人民法
　　治》2019 年第 4 期。

陈寒冰：《土地权利与农民财产性收入增长的关系》，《郑州大学学报》
　　（哲学社会科学版）2019 年第 4 期。

高海：《宅基地"三权分置" 的法实现》，《法学家》2019 年第 4 期。

李铁：《城乡融合激发增长新动力，改革仍在路上》，《财经》2019 年第
　　5 期。

刘守英、熊雪锋：《产权与管制——中国宅基地制度演进与改革》，《中国
　　经济问题》2019 年第 6 期。

宋志红：《宅基地"三权分置"：从产权配置目标到立法实现》，《中国土
　　地科学》2019 年第 6 期。

高圣平：《土地承包经营权制度与民法典物权编编纂——评〈民法典物权
　　编（草案二次审议稿）〉》，《法商研究》2019 年第 6 期。

程雪阳：《农村女性土地权益保护制度迷宫的破解及其规则再造》，《清华
　　法学》2019 年第 7 期。

宋新建：《农村妇女土地承包权益保护问题分析》，《农村经营管理》2019
　　年第 7 期。

马翠萍、郜亮亮：《从29 个试点县看农村集体成员资格认定的地方实践》，
　　《农村经营管理》2019 年第 8 期。

周振、孔祥智：《新中国70 年农业经营体制的历史变迁与政策启示》，
　　《管理世界》2019 年第 10 期。

任保平：《建设高质量的社会主义市场经济体制》，《政治经济学评论》
　　2020 年第 1 期。

高海：《论农民进城落户后集体土地"三权"退出》，《中国法学》2020 年
　　第 2 期。

高海：《宅基地"三权分置"的法律表达——以〈德清办法〉为主要分析
　　样本》，《现代法学》2020 年第 3 期。

房绍坤、任怡多：《论农村集体资产股份有偿退出的法律机制》，《求是学
　　刊》2020 年第 3 期。

荣振华：《农民理性对土地经营权入股决策及制度建构影响——以2018 年
　　〈农村土地承包法〉为分析对象》，《重庆大学学报》（社会科学版）
　　2020 年第 2 期。

左飞：《产权市场的制度意义及其评价——一个制度变迁的视角》，《当代
　　经济》2020 年第 3 期。

程雪阳：《重建财产权:我国土地制度改革的基本经验与方向》，《学术月
　　刊》2020 年第 4 期。